Das persönliche Gebet

Johanna Lunk

Das persönliche Gebet

Ergebnisse einer empirischen Studie
im Vergleich mit praktisch-theologischen
Gebetsauffassungen

EVANGELISCHE VERLAGSANSTALT
Leipzig

Johanna Lunk, Jahrgang 1980, studierte in Erlangen und São Leopoldo/Brasilien Evangelische Theologie. Seit 2011 ist sie Vikarin der Evangelisch-Lutherischen Kirche in Bayern. Sie wurde mit der vorliegenden Arbeit 2014 von der Universität Erlangen-Nürnberg promoviert.

zugl.: Erlangen-Nürnberg, Univ., Diss., 2014

Originaltitel: Das persönliche Gebet evangelisch Getaufter in Bayern. Ergebnisse einer qualitativen-empirischen Studie im Vergleich mit praktisch-theologischen Gebetsauffassungen.

Bibliographische Information der Deutschen Nationalbibliothek
Die Deutsche Nationalbibliothek verzeichnet diese Publikation in der Deutschen Nationalbibliographie; detaillierte bibliographische Daten sind im Internet über http://dnb.dnb.de abrufbar.

Printed in Germany · H 7820

Das Buch wurde auf alterungsbeständigem Papier gedruckt.

Cover: Zacharias Bähring, Leipzig
Coverbild: WandbilderXXL.de / Barke und Rose GbR
Satz: Johanna Lunk, Schwarzenbach a. d. Saale
Druck und Binden: Hubert & Co., Göttingen

ISBN 978-3-374-03929-6
www.eva-leipzig.de

Vorwort

Die vorliegende Arbeit wurde im Wintersemester 2013/2014 von der Friedrich-Alexander-Universität Erlangen-Nürnberg als Dissertation angenommen.

Mein Dank gilt zuerst meinem Doktorvater Herrn Professor Dr. Dr. Hanns Kerner, der mir dieses Projekt anvertraut hat. Ihm danke ich für die motivierende und gleichsam überaus geduldige Begleitung in den vergangenen Jahren. Des Weiteren danke ich Herrn Professor Dr. Klaus Raschzok von der Augustana-Hochschule in Neuendettelsau für die Erstellung des Zweitgutachtens.

Von der Evangelisch-Lutherischen Kirche in Bayern wurde diese Arbeit durch ein Stipendium unterstützt – auch dafür herzlichen Dank.

Für viele gute und weiterführende Gespräche danke ich außerdem ganz besonders Herrn Dr. Konrad Müller; für das sorgfältige Korrekturlesen Frau Renate Kleiber-Müller und Frau Brigitte Degelmann.

Ohne die Unterstützung durch die Familie wäre ein positiver Abschluss dieser Arbeit nicht möglich gewesen. Hier gilt mein tief empfundener Dank meiner Schwiegermutter Hannelore Lunk und meiner Mutter Martha Schmidt, die immer wieder gerne ihre Enkel betreut und mir dadurch Zeit für das Lesen und Schreiben geschenkt haben.

Widmen möchte ich dieses Buch meinem Mann Daniel und unseren beiden Söhnen.

Schwarzenbach a. d. Saale, Juli 2014 Johanna Lunk

Inhalt

1 Hinführung

1.1 Was ist ein Gebet?

Das Gebet wird »von einer Reihe von Religionsforschern als eines der zentralen, wenn nicht das zentrale Phänomen der Religion(en) angesehen«[1].

Eine quantitative Studie kommt zu dem Ergebnis, dass 51% der Deutschen das private Gebet »mindestens in einer *mittleren* Intensität«[2] pflegen. Beim Gebet mit *hoher* Intensität kommen die evangelischen Christen auf einen Wert von 25%.[3] Dieser Wert mag auf den ersten Blick

---

1 Nach Rainer Flasche, Art. Gebet, in: HRWG Bd. 2, 1990, 456-468, hier 456, gilt das seit Friedrich Heiler seine große Monographie zum Gebet veröffentlicht hat.

2 Stefan Huber u. Constantin Klein: Kurzbericht zu ersten Ergebnissen des Religionsmonitor der Bertelsmann Stiftung (Befragung in Deutschland), URL: http://www.bertelsmann-stiftung.de/cps/rde/xchg/SID-0A000F0A-2EC650FA/bst/hs.xsl/85217_85220.htm (Stand: 08.07.2008), 16. Dieser ins Internet gestellte Bericht schlüsselt im Gegensatz zu den Veröffentlichungen in Buchform Ergebnisse zum Gebet nach Konfession (*katholisch* und *evangelisch*) bzw. Konfessionslosigkeit auf. Die Intensität wurde zum einen über die Frage nach der Gebetshäufigkeit (»Wie häufig beten Sie?«), zum anderen aber auch über die Frage nach der Wichtigkeit des Gebets für das Leben der Befragten (»Wie wichtig ist Ihnen das persönliche Gebet?«) ermittelt (vgl. a.a.O., 15f.). Demnach gibt es im Hinblick auf die Intensität einen großen Unterschied zwischen den Konfessionen: 42% der katholischen Christen üben das Gebet mit hoher Intensität, aber nur 25% der evangelischen. 47% der Bevölkerung stehen in Distanz zum Gebet. 23% pflegen das Gebet mit einer mittleren Intensität, 28% mit einer hohen.

3 47% der Bevölkerung stehen in Distanz zum Gebet. Überhaupt fällt auf, dass »das Verhältnis von Religiösen zu Hochreligiösen bei den Katholiken wesentlich stärker zu Gunsten der Hochreligiösen« ausfällt; 27% Hochreligiöse gegenüber 57% Religiösen bei den Katholiken, 14% Hochreligiöse gegenüber 65% Religiösen bei den Evangelischen (vgl. Huber/Klein, Kurzbericht, 9f.). Die Einteilung in hochreligiöse, religiöse und nichtreligiöse Menschen wird erläutert bei: Stefan Huber, Aufbau und strukturierende Prinzipien

niedrig erscheinen, doch er besagt zum einen, dass mehr Evangelische beten, als sie den Gottesdienst besuchen,[4] zum anderen, dass bei immerhin einem Viertel aller evangelischen Christen in Deutschland das Gebet einen vergleichsweise hohen Stellenwert hat.

Derartige Zahlen und Statistiken zeigen, dass das Phänomen *Gebet* unter evangelischen Christen Relevanz hat. Sie kommen aber an ihre Grenzen, wenn es um die Frage geht, *wie* Menschen beten. Bevor statistische Erhebungen durchgeführt werden können, muss festlegt werden, was unter dem Terminus *Gebet* verstanden wird. Gemäß dem *Religionsmonitor* der Bertelsmann Stiftung ist ein Gebet »von seiner Grundstruktur auf ein Gegenüber bezogen«. Es wird davon ausgegangen, dass dem *Gebet* ein »theistisches Transzendenzkonzept« zugrunde liegt.[5] Das Pendant bildet in diesem Untersuchungsansatz die *Meditation*, die sich »eher auf das Selbst und/oder auf ein alles durchdringendes Prinzip« bezieht und eben nicht auf ein wie auch immer definiertes Gegenüber.[6] Diese Unterscheidung des *Religionsmonitors* mag für den internationalen Vergleich sinnvoll sein. In der Auswertung für Deutschland, die nur Christen und Konfessionslose einbezieht,[7] ist sie hingegen nicht unbedingt aussagekräftig, da das Christentum Gott sowohl als Gegenüber verstehen kann als auch als alles durchdringende Kraft.[8] Es besteht folglich die Möglichkeit, dass in dem Wert von 25% weit weniger erfasst

---

des Religionsmonitors, in: Religionsmonitor 2008, hrsg. v. Bertelsmann Stiftung, Gütersloh 2007, 19-28, hier 25.

4 Die vierte EKD-Mitgliedschaftsstudie hat erhoben dass etwa 10% der Kirchenmitglieder im Westen Deutschlands regelmäßig einen Gottesdienst besuchen. (WOLFGANG HUBER, JOHANNES FRIEDRICH u. PETER STEINACKER [Hrsg.], Kirche in der Vielfalt der Lebensbezüge. Die vierte EKD-Erhebung über Kirchenmitgliedschaft, Gütersloh 2006, 453.)

5 HUBER/KLEIN, Kurzbericht, 15.

6 Vgl. ebd.

7 Die Anzahl der Befragten anderer Religionsgemeinschaften war zu gering, um daraus repräsentative Ergebnisse ableiten zu können; z.B. wurden nur 21 Muslime in Deutschland befragt. Vgl. dazu HUBER/KLEIN, Kurzbericht, 9.

8 Vgl. WOLFGANG HUBER, Glaube ist auch dort wichtig, wo Religion nicht selbstverständlich ist. Ein Kommentar aus evangelischer Perspektive, in: Religionsmonitor 2008, hrsg. v. Bertelsmann Stiftung, Gütersloh 2007, 70-75, hier 73. Der christliche Glaube ist durch beide Vorstellungen gekennzeichnet; »durch die Vorstellung, dass Gott der von ihm geschaffenen Welt gegenüber steht, also nicht in ihr aufgeht, wie von der Überzeugung, dass Gott in der Welt wirkt und durch seinen Geist das Leben der Menschen zu bestimmen vermag.«

ist, als evangelische Christen in Deutschland unter einem Gebet verstehen und praktizieren. Die Festlegung der Begriffe, die zweifelsohne notwendig ist, um quantitative Ergebnisse zu erheben, bedeutet auch eine Einengung und es kann nicht garantiert werden, dass die Befragten die Begriffe auch in der intendierten Weise verstehen.[9]

Es erweist sich allgemein als schwierig, den Gebetsbegriff exakt zu bestimmen. Vielleicht ist es sogar unmöglich, eine möglichst umfassende Gebetsdefinition zu finden. Diese Vermutung ist nicht neu: »[B]eim Nachdenken zum Thema Gebet« ist schon »sehr häufig die Begrenztheit dieses Unternehmens angesprochen worden«.[10] Selbst systematisch-theologische Arbeiten, die sich zum Ziel gesetzt haben, systematisch-theologische Antworten auf die Frage nach dem Gebet zu geben, um das Gebet nicht »der Frömmigkeit des Einzelnen zu überlassen« oder um nicht »einzig in praktisch-theologischer Methodik nach dem Wie des Betens zu fragen«, stoßen an Grenzen.[11] Auch sie kommen nicht ohne eine gewisse Offenheit in ihren Antworten aus, denn wer »nach dem Sinn von Beten fragt«, muss sich »zugleich der Frage nach dem Sinn des *religiösen Verhältnisses überhaupt*« stellen:[12] »Wer denkend einen Zugang zu dem eröffnen will, was Beten für den Menschen bedeutet, muß

---

9 Vgl. Manfred L. Pirner, Religiosität als Gegenstand empirischer Forschung, in: Hans-Ferdinand Angel u.a. (Hrsg.), Religiosität. Anthropologische, theologische und sozialwissenschafliche Klärungen, Stuttgart 2006, 30-48, hier 33.

10 Richard Mössinger, Zur Lehre des christlichen Gebets. Gedanken über ein vernachlässigtes Thema evangelischer Theologie, Göttingen 1986, 11. Mössinger verweist in diesem Zusammenhang mit Origenes und Friedrich D. E. Schleiermacher auf zwei Theologen aus sehr unterschiedlichen Epochen. Auch viele zeitgenössische Autoren betonen, dass es sich bei ihren Ausführungen zum Gebet um Versuche oder begrenzte Unternehmen handelt, und maßen sich nicht an, Gebetstheologien zu entwerfen. So will z.B. Robert Leuenberger, Zeit in der Zeit. Über das Gebet, Zürich 1988, 12, seine Abhandlung weder als »Lehre« noch als »Theologie« des Gebets verstanden wissen, sondern als »offenes Nachdenken über das Gebet« oder als »theologisch verantwortete Überlegungen zu einem christlichen Thema«. Auch Mössinger, Lehre, 11, bescheinigt seiner Studie »Fragmentcharakter«. Mit Karl Barth ist er der Ansicht, »daß alle theologische Arbeit immer wieder im Gebet mündet und immer wieder aus dem Gebet geboren wird«. Er fügt hinzu: »Die Wendung des theologisch Arbeitenden ins Gebet gesteht die Bedürftigkeit des nach bestem Wissen und Vermögen ausgearbeiteten Versuchs«.

11 Jürg Wüst-Lückl, Theologie des Gebetes. Forschungsbericht und systematisch-theologischer Ausblick, Freiburg (Schweiz) 2007, 14.

12 Bernhard Casper, Das Ereignis des Betens. Grundlinien einer Hermeneutik des religiösen Geschehens, München 1998, 16.

damit zugleich zeigen, was Religion und das Verhältnis des Glaubens für den Menschen bedeuten können.«[13] Das heißt unter anderem auch, dass das theologische Nachdenken über das Gebet sehr schnell beim Gebetsvorgang an sich – und damit auf der Ebene der (Glaubens-)Erfahrung – anlangt. Diese lässt sich zwar beschreiben, aber nicht im Ganzen denkerisch erfassen. Was der oder die Einzelne im Gebet erfahren, nehmen jeweils nur sie selbst wahr. Erschwerend kommt hinzu, dass das persönliche Gebet für viele Menschen etwas sehr Intimes darstellt, worüber viele nicht sprechen möchten bzw. worüber zu sprechen vielen schwer fällt.[14] Spätestens bei der persönlichen Erfahrung[15]

---

[13] CASPER, Ereignis, 16f.

[14] So gehört das Gebet z.B. nach CHRISTOPH KLEIN, Das grenzüberschreitende Gebet. Zugänge zum Beten in unserer Zeit, Göttingen 2004, 13, »zu den ganz intimen Fragen eines Menschen, über die zu sprechen oder gar zu schreiben, es eine gewisse Scheu zu überwinden gilt«. GERT OTTO, Wandlung der Frömmigkeit. Eine Problemskizze, in: ThLZ 90 (1965), 721-728, hier 724, sieht mit dem Gebet das »Zentrum aller Frömmigkeitsprobleme« angesprochen, da es sich um einen Themenkomplex handelt, der stark »emotional bestimmt« ist und daher der Diskussion oft entzogen wird. Siehe dazu außerdem eine Aussage von ROLF SCHÄFER, Gott und Gebet. Die gemeinsame Krise zweier Lehrstücke, in: ZThK 65 (1968), 117-128, hier 118: »Man empfindet, daß das Gebet es nicht verträgt, aus der Innerlichkeit auf den Markt theologischer Verhandlungen gezogen zu werden.« Auch LEUENBERGER, Zeit, 36, stellt fest, dass man trotz der Fülle an Gebetsliteratur wenig darüber weiß, »was die Menschen im ›stillen Kämmerlein‹ zu beten pflegen oder was bei ihnen vorgeht, wenn sie etwa in einem Gottesdienst dazu aufgefordert werden, nun ›in der Stille ihre persönlichen Anliegen vor Gott zu bringen‹«. Eine ähnliche Beobachtung macht FRIEDRICH W. BARGHEER, Gebet und beten lernen, Die theologisch-anthropologischen Grundlagen und die lebensgeschichtliche Verarbeitung ihrer Krise, Gütersloh 1973, 42.: »Der ›durchschnittliche‹ Protestant [...] schätzt es nicht, in Gemeinschaft einzeln und ›laut‹ zu beten und spricht sich herkömmlicherweise selbst vertrauten Personen seiner Umgebung gegenüber nicht darüber aus, wie er es mit dem Beten hält. Aus diesem Grunde ist über das Gebet des einzelnen wenig Sicheres bekannt.« Auch FRIEDRICH HEILER, Das Gebet. Eine religionsgeschichtliche und religionspsychologische Untersuchung, München ^{5}1969, 27, hält in seinem Werk über das Gebet bereits fest, dass der Gegenstand der Untersuchung schwer zu greifen sei: Schriftlich festgehaltene Gebete spiegeln »nicht echte, spontane Gebete, wie sie aus der tiefsten Not und der innigsten Sehnsucht eines Menschenherzens hervorbrechen«, wider. MICHAEL UTSCH, Gebet als Glaubensmedizin. Überlegungen zu anmaßenden und angemessenen Gebetshaltungen, in: Materialdienst der EZW 67 (2004), 3-11, hier 4, bemerkt, dass die mangelnde Bereitschaft, über das persönliche Gebet zu sprechen, nicht ausschließlich ein Phänomen des Christentums ist. Die Gründe für das Phänomen sieht er darin, »dass der persönliche Gebetsstil tiefe Einblicke in die zugrunde liegende Gottesvorstellung und damit auch in

gerät demnach jeder Versuch einer Gebetsdefinition an eine Grenze: »Die Wirklichkeit, die mit dem Wort ›Gebet‹ angesprochen wird, ist weiter als das Wort und jede Definition.«[16]

---

das eigene Selbstbild gestattet, denn mit den persönlichen Gottes- und Gebetserfahrungen gibt man zugleich eigene Begrenzungen, Ängste und Schwächen preis.«

[15] Es wird noch zu klären sein, was unter dem Erfahrungsbegriff zu verstehen ist. Siehe dazu unten die Ausführungen unter *1.2.1 Erfahrung und Gebet*, 17f.

[16] Leuenberger, Zeit, 17. Vgl. auch Peter C. Bloth, Art. Gebet IX. Praktisch-theologisch, in: TRE Bd. 12, 1984, 95-103, hier 98f.: »Die Vollzüge und Äußerungen des ›religiösen Lebens‹ als persönliches und gemeinsames Beten bleiben hinsichtlich Teilnahme und ›Selbsttätigkeit‹ [...] wohl nicht nur methodisch schwer greifbar, sondern mit Recht des arcanum im Verborgenen.« Was Pirner, Religiosität, 44, über Religiosität im Allgemeinen sagt, gilt auch für das Gebet als Teilaspekt von Religiosität: Nach Manfred Josuttis, Das unerhörte Wort. Zu R. Bohrens Lehre vom Gebet, in: DtPfrBl 104 (2004), 403-405, hier 403f., ist »geltend zu machen, dass Religiosität in den meisten Definitionsversuchen ein konstitutives subjektives Element des ›Glaubens‹, der ›religiösen Erfahrung‹ oder der ›Authentizität‹ beinhaltet, das im Fall der expliziten Religiosität nur über die (nicht ohne weiteres mit ›Wirklichkeit‹ gleich zu setzend) Selbstbeschreibung des Subjekts, im Fall der impliziten Religiosität kaum überhaupt zugänglich ist.« Einen etwas anderen Blickwinkel einnehmend, ließe sich auch behaupten, dass eine »Wissenschaft vom Gebet sich mit der Analyse von Sätzen und Situationen nicht begnügen [kann], sie wird wahr und wirklichkeitsgetreu erst dann, wenn sie doxologischen Charakter gewinnt« (ebd.). Bezeichnend ist, dass es über lange Zeit sowohl im dogmatischen als auch im praktisch-theologischen Bereich vergleichsweise wenig wissenschaftliche Literatur zum Thema Gebet gab. So stellt Bargheer, Gebet. 109, fest: »Auf den Umfang der Dogmatiken und Ethiken gesehen, nehmen die Erörterungen über das Gebet einen verschwindend geringen Raum ein; ja, in einigen Werken fehlt jegliche systematische Behandlung des Gebets.« Ähnlich stellt auch Gotthold Müller, Art. Gebet VIII. Dogmatische Probleme gegenwärtiger Gebetstheologie, in: TRE Bd. XII, 1984, 84-94, hier 85, fest, dass »[k]aum eine moderne protestantische Dogmatik [...] ein spezielles Kapitel über das Gebet« enthält. Und auch Wüst-Lückl, Theologie, 21, urteilt über 20 Jahre später, dass »die Verlautbarungen zum Thema Gebet aus systematisch-theologischer Perspektive« nur wenige seien. Und auch Julia Koll, Körper beten. Religiöse Praxis und Körpererleben, Stuttgart 2007, 140, macht die Beobachtung, dass »das Gebetssujet in der neuzeitlichen Theologie eine Randstellung« einnimmt. Für die letzten Jahre ist hier eine Kehrtwende festzustellen. Klein, Zugänge, 9, stellt zu Recht fest, »daß es eine ins Unübersehbare angewachsene reichhaltige theologische Literatur« zum Thema *Gebet* gibt. Diesen Zuwachs beurteilt er jedoch folgendermaßen: »... betrachtet man diese [Literatur] eingehender, wird man feststellen, daß es sich um eine Reihe von wertvollen, gründlichen und ausführlichen Spezialuntersuchungen handelt, die sich auf Teilgebieten des Problems (wie biblische, dogmatische, geschichtliche und praktisch-theologische Themen) beschränken oder – und diese Literatur überwiegt – praktische Hinweise, Erfahrungen mit

1.2 GEBET ZWISCHEN THEOLOGIE UND EMPIRIE

Eine Möglichkeit, sich dieser Wirklichkeit – vor allem auch der Wirklichkeit des persönlichen[17] Gebets – anzunähern, bieten qualitative Studien, die die Gebetspraxis und die Gebetserfahrungen einzelner Personen detaillierter betrachten als quantitative Studien.[18] Sie lassen die Betenden selbst zu Wort kommen – im Idealfall ohne einen Gebetsbegriff vorzugeben.[19] Wo menschliche Erfahrungen Gegenstand von theologischer Reflexion werden, muss jedoch vorab geklärt werden, in welchem Verhältnis die Theologie und der Erfahrungsbegriff in Bezug auf das Gebet stehen.

---

dem Gebet, erbauliche Anweisungen oder gar – besonders von der fernöstlichen Gebetstradition inspiriert – Außenseiterpraktiken vermitteln.« Sehr umfassend und aktuell sind die Zusammenstellungen der Gebetsliteratur bei Wüst-Lückl. Er unterscheidet zwischen deutschsprachiger, systematisch-theologischer Literatur zum Gebet, »Schriften praktisch-theologischer Natur, die zum Gebet ermutigen wollen und von einem Leben aus dem Gebet Zeugnis ablegen«. (Vgl. WÜST-LÜCKL, Theologie, 21.) Ausgewählte Werke systematisch-theologischer Literatur stellt er in einem »Literaturbericht« (a.a.O., 21ff.) vor. Zusätzlich listet Wüst-Lückl eine Reihe von (systematisch-theologischen) Aufsätzen und Aufsatzsammlungen zum Gebet auf, die er aber nicht in seine Darstellung übernommen hat (a.a.O., 22, Anm. 6 u. Anm. 7). Ebenfalls nicht aufgenommen wurden bei Wüst-Lückl die bereits erwähnten praktisch-theologischen Arbeiten, die aber ebenfalls aufgelistet werden (vgl. a.a.O., 21f., Anm. 4). »Arbeiten zu Gebetstheologien bestimmter Autoren« werden ebenfalls nicht berücksichtigt (vgl. a.a.O., 22, Anm. 5). KOLL, Körper, 141, sieht »eine gestiegene Aufmerksamkeit der Dogmatik am Gebet«, an deren Anfang »Gerhard Ebelings Versuch [steht], das Phänomen des Gebets als hermeneutischen Schlüssel der Gotteslehre zu etablieren«.

17 Mit dem Ausdruck »persönliches Gebet« ist im Folgenden das Gebet einer einzelnen Person gemeint. Dabei steht persönlich aber nicht ausschließlich für Gebetserfahrungen, die diese Person macht, wenn sie allein ist. Erfahrungen mit dem gemeinschaftlichen oder gottesdienstlichen Gebet sind eingeschlossen. Letztere werden aber nur im Blick auf den Einfluss auf das Gebetskonzept des Einzelnen betrachtet. (Zum Begriff des *Gebetskonzepts* siehe unten die Ausführungen unter *4.2.1.1 Begriff »Gebetskonzept«*, 291f.) Von *privatem* Gebet ist dann die Rede, wenn zum Ausdruck gebracht werden soll, dass es nun dezidiert um das Gebet geht, das der Einzelne für sich allein vollzieht, ohne sich in einer Gemeinschaft zu befinden.

18 BLOTH, Gebet, 99, sah bereits 1984 »eine der Hauptaufgaben praktisch-theologischer Gebetsforschung« in der »Auswertung« empirischer »Materialien und Beobachtungen«.

19 Siehe dazu unten die Ausführungen unter *1.3.3 Vor- und Nachteile des Studiendesigns für eine Sekundärauswertung zum Thema* »Gebet«, 23.

1.2.1 Erfahrung und Gebet

Gebetserfahrungen zu beschreiben ist deshalb schwierig, weil es sich »im weitesten Sinne um unmittelbare Erfahrungen«[20] handelt, die nur von der betreffenden Person so erlebt werden, wie sie erlebt werden.

Die Erfahrung überhaupt ist – trotz der Möglichkeit, von kollektiven Erfahrungen zu sprechen[21] – »eine Sache der ersten Person Singular«.[22] Eine Erfahrung ist zunächst eine »*selbsterlebte Szene*«. Zur »ausdrücklichen« Erfahrung wird etwas Erlebtes erst dann, wenn es reflektiert und der Deutung unterzogen wird.[23] Erfahrung ist demnach immer ein »*Wechselspiel von Erleben und Deuten, von Emotion und Kognition*« und damit »ein Prozess der Synthese«.[24] Dass religiöse Erfahrungen dennoch nur »im weitesten Sinne« *unmittelbar* sind, liegt daran, dass sie nur durch einen *vermittelten* religiösen »Interpretationsrahmen« als religiöse Erfahrungen beschrieben werden können.[25] Trotz dieses Interpretations-

---

[20] Peter Biehl, Was ist Erfahrung? Erfahrung als hermeneutische, theologische und religionspädagogische Kategorie, in: Peter Biehl, Erfahrung, Glaube und Bildung. Studien zu einer erfahrungsbezogenen Religionspädagogik, Gütersloh 1991, 15-52, hier 24.

[21] Vgl. z.B. Jörg Herrmann u. Jörg Metelmann, Dimensionen des Erfahrungsbegriffs. Skizzen zur Theorie und Phänomenologie der Jetztzeit, in: Wilhelm Gräb u.a. (Hrsg.), Ästhetik und Religion. Interdisziplinäre Beiträge zur Identität und Differenz von ästhetischer und religiöser Erfahrung, Frankfurt a. M. 2007, 23-50, hier 24.

[22] A.a.O., 23.

[23] Konrad Stock, Art. Erfahrung VI. Fundamentaltheologisch, in: RGG[4] Bd. 2, 1999, 1402f., hier 1403: »Eine selbsterlebte Szene wird gleichurspr[ünglich] sprachlich prädiziert, als begehrens- oder verabscheuenswert gefühlt und im Lichte handlungsleitender Überzeugungen betrachtet oder gestaltet. Die sprachliche Prädikation deutet individuelle Ereignisse im Lichte allg[emeiner] Begriffe bzw. Gesetzeshypothesen, die sich einer Geschichte des Wissens verdanken«.

[24] Herrmann/Metelmann, Dimensionen, 25. Vgl. außerdem: Stock, Erfahrung, 1403.

[25] Vgl. Biehl, Erfahrung, 24. Die alte »Frontstellung«, in der die Erfahrung als das unmittelbar Erlebte dem »bloß Überlieferte[n], Ungeprüfte[n], nicht selbst Gedachte[n]« gegenüberstand, ist damit überholt (a.a.O. 16). Diese Erkenntnis stellt jedoch keinen Konsens dar: Nach Christoph Benke, Was ist (christliche) Spiritualität? Begriffsdefinitionen und theoretische Grundlagen, in: Paul M. Zulehner (Hrsg.), Spiritualität – mehr als ein Megatrend, Ostfildern 2004, 29-43., hier 31f., versteht die so genannte »[a]ngelsächsiche Traditionslinie« Spiritualität »als Religiosität, die auf direkter, unmittelbarer Erfahrung von Transzendenz beruht anstelle von ›Glaube aus zweiter Hand‹, durch Autoritäten vermittelt«. In einem solchen Verständnis steht *spirituality* »für die Verinnerlichung von Religion« (ebd.). Friedrich Schweitzer, Gelehrte, gelernte, gelebte

rahmens bleiben die Erfahrungen an die einzelne Person gekoppelt; die einzelne Person erlebt ihr Gebet und deutet es (dabei).

Empirisch-theologischer Forschung ist an »der Wahrnehmung alltäglicher Wirklichkeit«[26] gelegen. In der vorliegenden Untersuchung nimmt sie Aussagen von Betenden zu deren Erfahrungen mit dem Gebet in den Blick. Es wird dabei davon ausgegangen, dass »Gott und Glauben« für den Menschen »in bestimmter Erfahrung zugänglich« sind, aber »gleichwohl als unverfügbar« gelten.[27]

1.2.2 Distanznahme und Selbstreflexion

Das »*Wechselspiel von Erleben und Deuten, von Emotion und Kognition*«,[28] wie es sich im Gebet vollzieht, in Worte zu fassen, ist schon für den Betenden nicht unbedingt eine leichte Aufgabe. Für die wissenschaftliche Arbeit ergibt sich die Schwierigkeit, dass »[j]ede Äusserung, die über bestimmte Gebetsvorgänge gemacht wird – sei es über das eigene oder über das fremde Gebet – [...] *Vermittlungsprozessen*«[29] unterliegt: Wenn jemand von seinem Gebet erzählt, dann deutet diese Person ihr Gebet bereits, indem sie eine bestimmte Form der Darstellung wählt. Auch die Forscherin hat eine bestimmte Vorstellung vom Gebet und

Religion. Zum Verhältnis von Religion, Leben und Lernen, in: ALBRECHT GRÖZINGER u. JÜRGEN LOTT (Hrsg.), Gelebte Religion. Im Brennpunkt praktisch-theologischen Denkens und Handelns, Rheinbach 1997, 142-156, hier 145, sieht die Gefahr einer ähnlichen Aufspaltung für den Begriff der »gelebten Religion«, wenn diese als »persönliche und individuelle Religion« verstanden wird. Ihr Pendant, die »nichtgelebte« Religion, kann entweder in einer »bloß buchmäßige[n] theoretische[n] und abstrakte[n]« Religion oder aber in einer »bloß kirchlich-institutionelle[n]« bestehen.

26 HANS-GÜNTHER HEIMBROCK u. PETER MEYER, Einleitung: Im Anfang ist das Staunen, in: ASTRID DINTER, HANS-GÜNTHER HEIMBROCK u. KERSTIN SÖDERBLOM (Hrsg.), Einführung in die Empirische Theologie, Göttingen 2007, 11-16. hier 13.

27 HANS-GÜNTHER HEIMBROCK u. PETER MEYER, Praktische Theologie als Empirische Theologie, in: ASTRID DINTER, HANS-GÜNTHER HEIMBROCK u. KERSTIN SÖDERBLOM (Hrsg.), Einführung in die Empirische Theologie, Göttingen 2007, 17-59, hier 15. (Der Abschnitt, aus dem hier zitiert wird, wurde von Heimbrock verfasst.)

28 HERRMANN/METELMANN, Dimensionen, 25.

29 HANS U. HAUENSTEIN, Auf den Spuren des Gebets. Methoden und Ergebnisse der empirischen Gebetsforschung, Heidelberg 2002, 5.

setzt diese zu dem Erzählten in Relation.[30] Die große Herausforderung liegt darin, den Aussagen der Betenden gerecht zu werden, indem man ihnen möglichst neutral begegnet, denn »[b]eide, religionskritische und religionsaffine WissenschaftlerInnen neigen manchmal immer noch einerseits zu einem positivistischen Verständnis von Empirie und andererseits zu einer Überschätzung der eigenen Fähigkeit zur [...] Distanznahme.«[31] Um letztere zu wahren, sind einige Vorarbeiten notwendig.[32] In erster Linie muss sich der Forscher bzw. die Forscherin vorab auch über das eigene persönliche Gebetskonzept im Klaren sein.

---

[30] Die Darstellung eines Gesprächs zwischen Industriearbeitern über das Gebet, das in den 70er Jahren des 20. Jahrhunderts von einem Radiosender aufgezeichnet wurde, liefert ein Beispiel dafür, dass sich eine Gruppe in einem solchen Gespräch zunächst über den verwendeten Gebetsbegriff klar werden muss. Hauenstein stellt dieses Gespräch wie folgt dar: Der Erstredner setzt in diesem Gespräch mit seinem ersten Statement den Bezugspunkt, zu dem sich alle anderen Gesprächsteilnehmer im weiteren Verlauf verhalten können. Dieses erste Statement gibt zunächst einen allgemeinen Gebetsbegriff vor. Der Einzelne baut dann in der Folge von diesem Begriff ausgehend seinen eigenen Gebetsbegriff auf und im Laufe des Gesprächs entsteht ein neues Bild vom allgemeinen Gebet, das dann theoretisch die Funktion des Erstbeitrags in folgenden Gesprächen übernehmen kann (vgl. HAUENSTEIN, Spuren, 74-82).

[31] PIRNER, Religiosität, 31. Vgl. dazu auch HEIMBROCK/MEYER, Empirische Theologie, 25: »Mittlerweile gelten positivistische Wissenschaftsideale wert- und theoriefreier Erhebung von ›Fakten‹ oder ›Tatsachen‹ auch in den Sozialwissenschaften als naiv; der induktive Weg der Datengewinnung nimmt explizit oder implizit stets theoretische Annahmen und Kategorien in Anspruch. Die wissenschaftliche Erfahrung vollzieht sich durch Induktion, arbeitet aber nie ohne Abstraktion und Analogiebildung, also Denkoperationen, welche selbst nicht auf sinnlicher Wahrnehmung beruhen.«

[32] Siehe im konkreten Fall unten die Ausführungen unter *1.4.1 Bearbeitung des Interviewmaterials*, 24ff.

1.3 Bayreuther Studie »Rituale, Sinngebung und Lebensgestaltung in der modernen Welt«

1.3.1 Forschungsdesign und Datenerhebung

Die qualitative Studie »Rituale, Sinngebung und Lebensgestaltung in der modernen Welt« – im Folgenden: *die Bayreuther Studie* – wurde vom Gottesdienst-Institut der Evangelisch-Lutherischen Kirche in Bayern mit Sitz in Nürnberg in Auftrag gegeben und vom Institut zur Erforschung der religiösen Gegenwartskultur in Bayreuth unter Leitung von Professor Dr. Christoph Bochinger durchgeführt. Ein wesentliches Ziel dieser Studie war es, »Sichtweisen in Bayern lebender, evangelisch getaufter Menschen in Bezug auf [...] gottesdienstliche Angebote der evangelischen Kirche«[33] zu erheben. Es galt herauszufinden, inwieweit »handlungsleitende Argumente« der Reflexion über den Gottesdienst mit »der Realität der Menschen übereinstimmen, die Gottesdienste feiern wollen«.[34]

Als Erhebungsmethode wurde das offene Erzählinterview gewählt, da dieses Instrument gute Voraussetzungen mitbringt, Erkenntnisse über »das ritualisierte Handeln der Menschen sowie die zugrunde liegenden Weltsichten, Bedürfnisse und Relevanzen aufzuspüren«.[35] Der zugrunde liegende Untersuchungsansatz »basiert [...] auf den von Max Weber, Peter L. Berger und Thomas Luckmann entwickelten soziologischen Grundlagen, etwa im Blick auf das Interesse für die Analyse der Alltagswelten der Menschen und ihrer subjektiven Sinnkonstruktionen«.[36] Für die Interviews war ein »methodische[r] Dreischritt« maßgebend: Das Interview begann mit einer »narrative[n] Phase«, die mit »ei-

[33] JEANNETT MARTIN, Mensch – Alltag – Gottesdienst, Bedürfnisse, Rituale und Bedeutungszuschreibungen evangelisch Getaufter in Bayern, Berlin 2007, 12.

[34] HANNS KERNER, Die Predigt, Wahrnehmungen zum Gottesdienst aus einer neuen empirischen Untersuchung unter evangelisch Getauften in Bayern, Nürnberg 2007, 3. (Diese Sekundärauswertung zur Studie ist erhältlich beim Gottesdienst-Institut der Evangelisch-Lutherischen Kirche in Bayern.)

[35] MARTIN, Mensch, 29.

[36] HARINGKE G. FUGMANN, Von Wendepunkten und Zeremonienmeistern. Kasualtheorien im Lichte zweier empirischer Untersuchungen, Frankfurt a. M. 2009, 17. Fugmann bezieht sich hier auf die Ausführungen von MARTIN, Mensch, 25f.

nem zuvor erarbeiteten Erzählimpuls« eingeleitet wurde.[37] Dabei wurden der Arbeitstitel der Studie und »ggf. einige Beispielrituale genannt [...] sowie die Aufforderung zum Erzählen über die Alltagsrituale oder die Rituale im Lebenslauf«.[38] In einer »Nachfragephase« wurde anschließend »an die Darstellung der Interviewpartner angeknüpft«, mit dem Ziel, bereits Erwähntes »zu vertiefen« sowie zu weiteren Erzählungen anzuregen.[39] Beendet wurde das Interview mit einer »kurze[n] Leitfadenerhebung«, die »wenige standardisierte Fragen zur Person« beinhaltete.[40]

Weder der Forschungsgegenstand *Gottesdienst* noch die Kirche als Auftraggeber wurden im Titel oder während des Interviewverlaufs genannt, wodurch zum einen so genannte »Erwünschtheitsantworten«[41] vermieden werden konnten und zum anderen das Erreichen des Zieles, die Bedeutsamkeit kirchlicher Angebote in der Lebensgestaltung der Menschen zu erfassen, gewährleistet war.

Für die Interviews wurden *evangelisch getaufte* Personen ab 20 Jahren ausgewählt.[42] *Evangelisch getauft* besagt, dass die Personen in der evangelischen Kirche getauft wurden und folglich in irgendeiner Weise in die evangelische Tradition gestellt bzw. evangelisch sozialisiert worden sind; es bedeutet nicht zwingend, dass die Betreffenden auch zum Zeitpunkt des Interviews Kirchenmitglieder waren.

Bei der Auswahl der Befragten wurde »bezüglich des Alters, der Geschlechtszugehörigkeit und des Bildungshintergrundes« ein »breites und ausgeglichenes Spektrum« angestrebt.[43] Gesucht wurden diese Personen im Gemeindegebiet von sechs exemplarisch ausgewählten Gemeinden in Bayern; wobei darauf geachtet wurde, dass die Vermittlung der Befragten nicht durch hauptamtliche Mitglieder der jeweiligen Gemeinde geschah.[44] Bei der Auswahl der Gemeinden wurde ein möglichst großes Spektrum des kirchlichen Lebens in Bayern abgedeckt. Relevant

---

[37] MARTIN, Mensch, 32.

[38] Ebd.

[39] Ebd.

[40] Ebd.

[41] Ebd.

[42] FUGMANN, Von Wendepunkten, 17. Die Bayreuther Studie bietet demnach keine Einblick in die Sichtweisen und Bedeutungszuschreibungen von Jugendlichen (vgl. ebd., Anm. 17).

[43] MARTIN, Mensch, 33.

[44] A.a.O., 34.

waren unter anderem die Kriterien: »Stadt- bzw. Landgemeinde«, »Mehrheits- bzw. Diasporasituation«, die Frage nach der »dominierende[n] soziale[n] Schichtzugehörigkeit der Wohnbevölkerung (Mittel- bzw. Unterschicht)« und »die historische Prägung bzw. Nichtprägung der Gemeinde«.[45] Innerhalb der ausgewählten Gemeinden wurden »acht bis neun Personen« ausgewählt, »die weder Pfarrer noch Laiengestalter sind«.[46] Als *Laiengestalter* werden Menschen bezeichnet, die in irgendeiner Weise in der Gemeinde engagiert sind, jedoch nicht hauptamtlich. Neben diesen acht bis neun Personen wurde jeweils ein Laie befragt, »der sich bei der Vorbereitung und/oder Gestaltung von Gottesdiensten engagiert«, sowie ein Pfarrer oder eine Pfarrerin oder aber ein anderer Hauptamtlicher oder eine andere Hauptamtliche.[47]

Was der Forschungsansatz und die damit verbundene Auswahl der Befragten nicht leisten können und auch nicht leisten wollen, ist eine milieutheoretische Einordnung der Befragten.[48]

Insgesamt gingen aus der ersten Erhebung und einer Nacherhebung 52 Interviews hervor. Diese wurden auf Tonband aufgezeichnet und später transkribiert.

1.3.2 Vorliegende Auswertungen zur Bayreuther Studie

Sozialwissenschaftlich ausgewertet wurde die Studie von Jeannett Martin, die auch einen großen Teil der Interviews führte. Die Ergebnisse können in ihrer Publikation nachgelesen werden.[49]

Aus praktisch-theologischer Perspektive wurde das Interviewmaterial von Hanns Kerner für die Gemeinden zur Predigt, zum Gottesdienst und zur Kirchenmusik ausgewertet. Die Ergebnisse wurden in der Reihe *Perspektive Gottesdienst* am Gottesdienst-Institut der Evangelisch-Lutherischen Kirche in Bayern veröffentlicht.[50]

---

[45] Martin, Mensch, 34.

[46] A.a.O., 33.

[47] Vgl. ebd.

[48] Vgl. a.a.O., 26.

[49] Vgl. Martin, Mensch.

[50] Hanns Kerner, Die Predigt. Wahrnehmungen zum Gottesdienst aus einer neuen empirischen Untersuchung unter evangelisch Getauften, Nürnberg 2007; Hanns Kerner, Der Gottesdienst. Wahrnehmungen zum Gottesdienst aus einer neuen empirischen Untersuchung unter evangelisch Getauften, Nürnberg 2007; Hanns Kerner, Die Kirchenmu-

Haringke Fugmann habilitierte sich 2009 mit einer Auswertung der Bayreuther Studie zu den Kasualien Taufe, Konfirmation, Hochzeit und Bestattung.[51] Teile seiner Forschungsergebnisse wurden ebenfalls in der Reihe *Perspektive Gottesdienst* am Gottesdienst-Institut veröffentlicht.[52]

1.3.3 VOR- UND NACHTEILE DES STUDIENDESIGNS FÜR EINE SEKUNDÄRAUSWERTUNG ZUM THEMA »GEBET«

Das weitgefasste Ziel der Bayreuther Studie hatte zur Folge, dass die Befragten häufig auch von ihrer Frömmigkeitspraxis bzw. ihrer Art, Spiritualität zu leben, erzählten. Die Fülle der Aussagen zum Thema Frömmigkeitspraxis und Spiritualität machte es notwendig, das Feld für eine weitere Sekundärauswertung nochmals einzugrenzen. Da das Gebet als einer der maßgeblichen Indikatoren christlicher Frömmigkeitspraxis gilt,[53] bot sich eine Fokussierung auf diesen Themenbereich an. Zudem war ausschlaggebend, dass etwa die Hälfte der Befragten der Bayreuther Studie das Gebet unaufgefordert anspricht und damit ausreichend Material zu diesem Thema vorliegt.

---

sik. Wahrnehmungen zum Gottesdienst aus zwei neuen empirischen Untersuchungen unter evangelisch Getauften in Bayern, Nürnberg 2008. In einem weiteren Aufsatz gibt Kerner einen Überblick über die Aussagen der Befragten zum Kirchenraum: HANNS KERNER, Lebensraum Kirchenraum. Wahrnehmungen aus einer neuen empirischen Untersuchung unter evangelisch Getauften, in: HANNS KERNER (Hrsg.), Lebensraum Kirchenraum. Das Heilige und das Profane, Leipzig 2008, 7-15. Konrad Müller beschreibt, welche Bedeutung dem Bedürfnis nach *Locality* im Kontext von Gemeinde und Gottesdienst zukommt: KONRAD MÜLLER, Gottesdienst und Locality, in: KLAUS RASCHZOK u. KONRAD MÜLLER (Hrsg.), Grundfragen des evangelischen Gottesdienstes, Leipzig 2010, 79-113. Siehe dazu unten die Ausführungen unter Handlungs- und Deutungsfreiheit des Einzelnen und Locality, 294ff.

[51] FUGMANN, Von Wendepunkten.

[52] HARINGKE G. FUGMANN, Die Taufe. Wahrnehmungen aus zwei neuen empirischen Untersuchungen unter evangelisch Getauften in Bayern, Nürnberg 2008; HARINGKE G. FUGMANN, Die Konfirmation. Wahrnehmungen aus zwei neuen empirischen Untersuchungen unter evangelisch Getauften in Bayern, Nürnberg 2008; HARINGKE G. FUGMANN, Die Hochzeit. Wahrnehmungen aus zwei neuen empirischen Untersuchungen unter evangelisch Getauften in Bayern, Nürnberg 2008; HARINGKE G. FUGMANN, Die Bestattung. Wahrnehmungen aus zwei neuen empirischen Untersuchungen unter evangelisch Getauften in Bayern, Nürnberg 2008.

[53] Siehe Anm. 1.

Dass überhaupt so viele Befragte von ihrem Gebet erzählen, zeugt davon, dass der »inhaltliche[] und soziale[] Rahmen« der Erhebung – wie es intendiert war – ein »relativ unbefangenes Reden« über ein Thema ermöglichte, das »von vielen Menschen als der Privatsphäre zugehörig betrachtet«[54] wird. Dass die Kirche als Auftraggeber der Studie nicht in Erscheinung trat bzw. nicht direkt nach dem Gebet gefragt wurde, erweist sich hier noch einmal als großer Vorteil; denn so ist gewährleistet, dass die Befragten tatsächlich von einem Phänomen sprechen, dass in ihrem Leben Relevanz hat.

Durch die Offenheit der Fragestellung sind jedoch auch Grenzen gesetzt: Zum Gebet konnte nur das erfasst werden, was die Befragten von sich aus erzählten. Es ist dadurch nicht möglich, umfassende Gebetskonzepte zu beschreiben oder gar Gebetstypologien zu entwerfen.

1.4 VORGEHENSWEISE

1.4.1 BEARBEITUNG DES INTERVIEWMATERIALS

1.4.1.1 CODIERUNG DES INTERVIEWMATERIALS NACH DER INDUKTIVEN METHODE

Die bereits in transkribierter Form vorliegenden Interviews wurden mit Hilfe der Textanalysesoftware für Sozialforschung *Maxqda2* bearbeitet. Dieses Programm ermöglicht es, Textpassagen so genannten *Codes* zuzuordnen. »Mit der Definition eines Codes wird, bildlich gesprochen, eine Schublade eingerichtet, in die später beliebig viele Textpassagen einsortiert werden können.«[55] In einer ersten Sichtung des Interviewmaterials wurden zunächst alle Aussagen, die das Gebet betreffen, herausgefiltert, d.h. sie wurden dem Code *Gebet* zugeordnet.[56] Um einen religiös-idealistischen Zugang zu vermeiden, war es hierbei wichtig, nicht mit einem vorgefertigten Gebetsbegriff an die Interviews und ihre Codierung heranzutreten. Das bedeutet, dass nur solche Aussagen unter *Gebet* codiert werden, in denen die Interviewten tatsächlich die Worte

---

54 MARTIN, Mensch, 30. Siehe dazu außerdem oben die Ausführungen in Anm. 14.

55 MAXQDA2.Einführung, Berlin 2004, 24.

56 Um das Gebet von anderen spirituellen Phänomenen abzugrenzen, wurden auch anderen spirituellen Phänomenen Codes zugewiesen.

Gebet oder *Beten* gebrauchen. Die Definitionshoheit über das Gebet wird damit zunächst den Interviewten überlassen. Um die Perspektive zu weiten, wurden in einem nächsten Schritt auch solche Aussagen aufgenommen, in denen nicht explizit die Worte *Gebet* oder *Beten* verwendet wurden, sondern die Befragten davon erzählen, dass sie mit Gott o.Ä. sprechen. Hier wurde eine gängige »Gebetsdefinition« vom Gebet als Hinwendung oder Zuwendung zum Transzendenten zugrunde gelegt, wohl wissend, dass dies eine stark vereinfachte, keineswegs umfassende Definitionsmöglichkeit ist.[57] Nicht aufgenommen wurden Aussagen zu Phänomenen, die unter den Stichworten »implizite Religiosität«, »unsichtbare Religion« oder auch »(säkulare) Spiritualität« ebenfalls als Gebet eingeordnet werden könnten.[58]

In einem zweiten Schritt wurden die Textpassagen des Codes *Gebet* gesichtet und auf einer Unterebene nachcodiert. Auch bei diesem Arbeitsschritt war es erforderlich, nicht in monoreligiöse oder monokonfessionelle Schemata zu fallen. Es war daher hilfreich, sich an einem Fragekatalog, wie er in den Religionswissenschaften zur Anwendung kommt, zu orientieren.[59] Demnach lassen sich in Bezug auf das Gebet folgende Fragestellungen zur Differenzierungen heranziehen: Zunächst kann gefragt werden: »Wer betet?«[60] Damit wird zwischen dem »*individuelle[n]*« und dem »*kollektive[n] Gebet*«[61] bzw. dem öffent

lich-gemeinschaftlichen Gebet unterschieden. Das öffentlich-gemeinschaftliche Gebet steht nicht im Mittelpunkt der hier vorgelegten Untersuchung; es wird jedoch als Teil von *individuellen* Gebetskonzepten[62] in den Blick genommen.[63] Die Frage »Was wird gebetet?« kann Antworten zu Form und Inhalt des Gebets geben. So können z.B. »*freies Gebet*« und geprägtes Gebet unterschieden werden.[64] Auch die Frage »Wie wird gebetet?« gibt Aufschlüsse über die sprachlichen Formen des

[57] Siehe zur Schwierigkeit der Frage nach einer Definition des Gebets die Ausführungen oben unter *1.1 Was ist ein Gebet?*, 11ff.

[58] Vgl. PIRNER, Religiosität, 46.

[59] Vgl. FLASCHE, Gebet, 462ff.

[60] Ebd.

[61] Ebd.

[62] Zum Begriff des Gebetskonzepts siehe die Ausführungen unter *4.2.1.1 Begriff »Gebetskonzept«*, 291f.

[63] Es ist nicht Gegenstand dieser Arbeit, unterschiedliche Formen des kollektiven oder öffentlich-gemeinschaftlichen Gebets näher zu betrachten.

[64] FLASCHE, Gebet, 462.

Gebets, bezieht aber auch die »gestikale Eingebundenheit des Gebets« ein.[65] So kann z.B. »*das stille Gebet*« vom *(laut) gesprochenen Gebet* unterschieden werden.[66] Mit der Frage nach dem *Wann* des Gebets werden die Gebetszeiten erörtert und vor allem das »*spontane*« bzw. *situationsbedingte* und das »*ritualisierte*« Gebet unterschieden.[67] Die Frage nach dem *Wo* benennt die Orte des Gebets. »Warum wird gebetet?« – fragt nach den Gründen bzw. Anlässen des Gebets.[68] Dabei ergeben sich Überschneidungen mit der Frage nach den Gebetszeiten. Die Frage »Wozu wird gebetet?« dient der Entschlüsselung der »Ziel- und Zweckgerichtetheit des Gebets«.[69] Hier können sowohl Erhörungsvorstellungen bzw. Wirkungen des Gebets subsumiert werden als auch die damit eng verbundenen Aspekte der Sinnhaftigkeit des Gebets. Schließlich bleibt die Frage nach dem *Wohin* des Gebets, die die empirische Religionswissenschaft »nur aus dem Selbstverständnis und Selbstzeugnis der unterschiedlichen Religionen« heraus »zu beantworten vermag«,[70] die für die praktisch-theologische Fragestellung aber durchaus zentral ist.

Vor dem Hintergrund dieser Fragestellungen zeigte sich, dass eine Unterscheidung der Gebetshandlung auf der einen Seite und der Begründung bzw. der Deutung des Gebets auf der anderen Seite für die Darstellung der Auswertungsergebnisse sinnvoll ist. Bei der Beschreibung der Handlung oder auch des Vorgehens beim Gebet wird im Folgenden nicht unterschieden zwischen Pfarrern und Laien. Die Bedürfnisse auf der Handlungsebene sind bei Pfarrern bzw. Pfarrerinnen und Laien ähnlich.[71] Auf der Ebene der Begründungen und Deutungen hingegen werden Pfarrer bzw. Pfarrerinnen und Laien getrennt betrachtet, da sich hier größere Unterschiede zwischen beiden Gruppen zeigen. Mit Max Weber wird unter Deutung oder »Sinn« in diesem Zusammenhang »[n]icht etwa irgendein objektiv ›richtiger‹ oder ein metaphysisch

---

[65] FLASCHE, Gebet, 462.

[66] Vgl. ebd. Flasche setzt als Pendant zum stillen Gebet »das ritualisierte Gebet«. Die Gegenüberstellung von stillem Gebet und (laut) ausgesprochenem Gebet ist m.E. die für die vorliegende Arbeit die bessere Unterscheidung.

[67] Ebd.

[68] FLASCHE, a.a.O., 463.

[69] Ebd.

[70] Ebd.

[71] D.h. Pfarrer, Pfarrerinnen und Laien beten z.B. zu ähnlichen Zeiten. In beiden Gruppen gibt es sowohl freie als auch geprägte Sprache.

ergründeter ›wahrer‹ Sinn« verstanden, sondern der »subjektiv *gemeinte* Sinn«.[72]

Da manche Einzelaussagen Antworten auf mehrere der oben genannten Fragen geben, kann es sein, dass ein und dieselbe Aussage in der Darstellung mehrfach aufgegriffen wird.

1.4.1.2 Umgang mit den Interviewzitaten

Die Interviewzitate wurden zur besseren Verständlichkeit ins Hochdeutsche übertragen. Das gilt vor allem für die einzelnen Wörter. Der Satzbau wurde beibehalten, um den Charakter der gesprochenen Sprache nicht zu verfälschen.

Dort, wo es zur besseren Verständlichkeit nötig erscheint, wurden die Zitate ergänzt. Ergänzungen sind durch eckige Klammern gekennzeichnet.

Auslassungsklammern in Interviewzitaten können für eine Textauslassung im Satz stehen. Häufig kennzeichnen sie aber auch eine Unterbrechung des Erzählflusses durch die Interviewerin, wenn diese beispielsweise durch zustimmende Laute ihr Zuhören signalisierte.

Orte und Namen werden aus Gründen des Datenschutzes nicht abgedruckt. An ihrer Stelle finden sich eckige Klammern mit dem Verweis auf einen Orts- oder Personennamen.[73]

1.4.1.3 Zum Vergleich mit anderen empirischen Studien

In den Anmerkungen werden Ergebnisse anderer empirischer Studien zum Gebet dargestellt. Es wurden vorrangig Studien aus dem deutschsprachigen Raum herangezogen, um eine gewisse Vergleichbarkeit zu gewährleisten.[74] An dieser Stelle wird kein Anspruch auf Vollständigkeit erhoben: Die anderen Studien werden vor allem dort herangezogen, wo sich starke Parallelen oder auch Differenzen zu den Ergebnissen der Bayreuther Studie zeigen.

---

[72] MAX WEBER, Soziologische Grundbegriffe, Tübingen [6]1984, 19.

[73] Zwei der Befragten haben ihr Interview zur Veröffentlichung frei gegeben. Sie wurden im Anhang zu Martins Auswertung abgedruckt. (Siehe MARTIN, Mensch, 189-226.)

[74] Eine echte Vergleichbarkeit ist aufgrund von unterschiedlichen Forschungsdesigns – sprich aufgrund von unterschiedlicher Interviewmethodik, anderer Auswahl der Befragten und räumlicher Unterschiede – nicht gegeben. Wenn hier dennoch an manchen Punkten andere Untersuchungen herangezogen werden, so ist dieser Vorbehalt einzubeziehen.

1.4.2 Vergleich mit praktisch-theologischen Gebetsauffassungen

Auf die Darstellung der Auswertung der Bayreuther Studie in Bezug auf das Gebet, folgt die Darstellung einiger ausgewählter praktisch-theologischer Gebetsauffassungen[75]. Das theologische Gesamtinteresse dieser Arbeit soll darin bestehen, »Konsequenzen für [eventuelle] Korrekturen im [Gebetsverständnis] und in der Gestaltung professioneller kirchlicher [Gebets-]Praxis«[76] vorzubereiten. Dafür ist es von Interesse herauszufinden, inwieweit sich praktisch-theologische Gebetsauffassungen und die Gebetsauffassungen evangelisch Getaufter in Bayern überschneiden und wo deutliche Differenzen zu erkennen sind. Es werden ausschließlich praktisch-theologische Entwürfe aus dem evangelischen Bereich herangezogen, da es sich bei den Befragten der Bayreuther Studie um Evangelische handelt und davon auszugehen ist, dass sie vorrangig im evangelischen Kontext beheimatet sind.

---

[75] Zur Wahl des Begriffs *Gebetsauffassung* siehe die Ausführungen unter *3.2.1 Vorbemerkungen*, 103f.

[76] HEIMBROCK/MEYER, Einleitung, 14. (»Glaubensverständnis« wurde im Zitat durch »Gebetsverständnis« ersetzt.)

2 Auswertungsergebnisse zum persönlichen Gebet evangelisch Getaufter in Bayern

Von allen Befragten erwähnt etwa die Hälfte das private Gebet. Nur zwei dieser Befragten stehen dem Gebet ablehnend gegenüber.[77] Die anderen pflegen das private Gebet – der oder die Einzelne für sich allein bzw. mit ausgewählten Personen – in irgendeiner Form.[78]

Unter *privatem* Gebet wird im Folgendendas Gebet verstanden, das ausschließlich in einem privaten Rahmen vollzogen wird. Das bedeutet nicht, dass nur ein Einzelner betet; Gebete im *privaten Kontext* – wie z.B. das Gebet mit Kindern oder das Tischgebet – sind eingeschlossen. Das *persönliche* Gebet schließt gemeinschaftliches Gebet, wie es in Gruppen und Gottesdiensten stattfindet, mit ein.[79]

---

[77] Der eine dieser beiden Befragten sagt: »Und dann habe ich mir gedacht: ›Solange ich ihn nicht anrufe, wenn es mir gut geht, brauche ich ihn auch nicht anrufen, wenn es mir schlecht geht.‹« (E-013/714) Bei diesem Befragten sind die Aussagen jedoch nicht ganz eindeutig. An anderer Stelle muss angenommen werden, dass er dem Dankgebet durchaus nicht abgeneigt ist; vgl. dazu unten das Zitat aus E-013/716, 67, sowie die Ausführungen dazu. Ein weiterer Befragter, dessen negative Einstellung gegenüber dem Gebet schon in der Kindheit entstand, sagt: »Diese Gebete, die waren irgendwie vom Kopf her nicht realistisch nachvollziehbar.« (E-040/64).

[78] Zum Vergleich: In der vierten EKD-Erhebung über Kirchenmitgliedschaft beantworten 71% der Evangelischen aus dem Westen und 69% der Evangelischen aus dem Osten die Frage »Kommt es vor, dass Sie beten – im weitesten Sinne verstanden?« mit »ja«. Das persönliche Gebet ist dabei das am häufigsten praktizierte: Auf die Frage »Wann und in welchem Rahmen beten Sie zumindest gelegentlich: ...?« stimmen 83% (Westen) und 86% (Osten) der Antwortmöglichkeit »alleine« zu, 57% (Westen) und 61% (Osten) der Antwortmöglichkeit »in der Kirche«, jeweils 19% (Westen und Osten) geben an, »mit Kindern und Angehörigen« zu beten. (Huber u.a, Kirche, 462f.) Siehe auch die in der Hinführung dargestellten Ergebnisse des Religionsmonitors unter *1.1 Was ist ein Gebet?*, 11ff.

[79] Diese Unterscheidung wird vor allem im Hinblick auf *4* Abgleich von empirischen Ergebnissen und Gebetsauffassungen, 266ff., wichtig. Siehe dazu auch Anm. 17.

Bedenkt man, dass die Befragten das Thema des Gebets unaufgefordert[80] ansprechen, so handelt es sich um eine beachtenswerte Anzahl von Menschen, die dieses Thema unter dem weit gefassten Titel »Rituale, Sinngebung und Lebensgestaltung in der modernen Welt« für erwähnenswert halten. Drei dieser Befragten sprechen das Thema Gebet ausschließlich im Zusammenhang des Gebet mit Kindern an,[81] eine Befragte vor allem in diesem Zusammenhang.[82]

2.1 Verortung des persönlichen Gebets in religiösen Kontexten

Die Tatsache, dass es sich bei den Befragten um in der evangelischen Kirche Getaufte handelt, impliziert nicht, dass sie ihre Frömmigkeitspraxis ausschließlich christlich (-evangelisch) verorten. Bei den befragten Hauptamtlichen, die sich zum Gebet äußern, ist das Gebet mit einer Ausnahme ausschließlich im christlichen Kontext verortet.[83] Dasselbe gilt für diejenigen der Befragten, die sich selbst dem freikirchlichen Spektrum zugehörig fühlen.[84] Auch unter den eher traditionell geprägten Befragten gibt es einige, deren Gebet sich an christlichen Traditionen orientiert.[85] Allerdings nehmen nicht alle, die unter diese Zuordnung fallen, kirchliche Angebote wahr.

---

80 Es gab von Seiten des Interviewers keinen Gesprächsimpuls in Richtung »Gebet«. Siehe dazu die Ausführungen unter *1.3.1 Forschungsdesign und Datenerhebung*, 20ff.

81 E-004; E-019; E-024; siehe hierzu die Ausführungen unter *2.10 Gebet mit Kindern*, 90ff.

82 E-003; siehe hierzu: *2.10 Gebet mit Kindern*, 90ff.

83 E-029; E-030; E-036; E-47; E-049. Ein Pfarrer, der für seine Frömmigkeitspraxis Anleihen aus anderen Religionen nimmt, bildet hier die Ausnahme; einen Eindruck davon kann das Zitat aus E-048/10-14 vermitteln: »Ich habe auch einen Hausaltar, wenn Sie es so wollen. [...] da habe ich Kerzen und Bilder und da sind eine ganze Reihe von religiösen Symbolen vereinigt aus verschiedenen Religionen. Ich habe zum Beispiel da eine muslimische Gebetskette liegen, eine tibetische Klangschale [...] und ein hinduistisches Aschegefäß, und ein christliches Kreuz liegt da, und dann habe ich verschiedene Ikonen da stehen. Also, das ist für mich [...] eine wichtige Symbolik, dass ich nicht nur sozusagen [in] meine[m] christlichen Denken verharre, sondern mir bewusst mache, dass Gottsuche in allen Religionen stattfindet, und zwar gleichwertig.«

84 E-005[w]; E-005[m]; E-020.

85 E-007; E-008; E-015; E-031; E-038; E-046.

Bei anderen lässt sich keine eindeutige Zuordnung vornehmen.[86] Bei ihnen werden meist die christlichen Prägungen mit Einflüssen aus anderen Religionen oder der Esoterik kombiniert. So bittet z.B. eine Befragte, die in einem Heilberuf tätig ist, um Unterstützung beim »Universum«, bei einem »Gott« oder einer »Göttin« oder auch bei einem »Engel«.[87] Für dieselbe Befragte ist ein Citrinstein ein dem Gebet vergleichbares Hilfsmittel;[88] ebenso erwähnt sie, dass sie ab und an in den Gottesdienst gehe und dort auch etwas für sich gewinne.[89]

Ein Mann erklärt, dass er immer noch bete, obwohl er seinen Glauben über das Christliche hinaus erweitert habe;[90] sein Gebet ist eher als

---

86 E-011; E-012; E-013; E-023; E-035 [m]; E-048.

87 »... ich habe eine sehr körperliche Arbeit, und da kommt halt auch viel Stress und emotionaler Stress von den Patienten auf mich. Und da muss ich schon gucken, mit welchen Hilfsmitteln, [...] das von mir abprallt [...]. [...] in ganz schweren Fällen, früher, wenn ich gedacht habe: ›Ich kann jetzt nicht mehr, ich kann jetzt nicht mehr!‹, dann habe ich dann schon so mir überlegt: ›So, Universum, wer auch immer – huit – lasst fließen, über mich, über meine Hände in den Patienten rein und lass es nicht von mir kommen.‹ Und da rede ich schon innerlich einmal mit Gott oder Göttin oder Engel oder was weiß ich, je nach Momentaufnahme, möchte ich einmal sagen.« (E-012/345-353)

88 »Und wenn ich mir meinen Citrinstein umhänge, damit ich mehr Kraft beim Arbeiten habe, hat [das] ja auch etwas Göttliches für mich, [...] weil er etwas Stärkendes ist und weil ein Stein von Mutter Erde kommt und nichts Künstliches ist« (E-012/327).
Zum Vergleich: Ulrich Schwab beschreibt in einer empirischen Studie eine Frau (»Britta«), die eine ähnliche Bandbreite an Anleihen aus verschiedenen Religionen vorweisen kann: »So verbindet sie schließlich ohne Probleme christliche und buddhistische Ideen mit altkeltischen Vorstellungen von der heilende Kraft mancher Feldsteine und kommt so zu einer durchaus synkretistischen Struktur ihrer Religiosität.« (Ulrich Schwab, Geschlossene Konzeptionen und permanenter Wandel – Religiosität in der Moderne zwischen institutioneller Bindung und individueller Konstruktion, in: Albrecht Grözinger u. Jürgen Lott [Hrsg.], Gelebte Religion. Im Brennpunkt praktisch-theologischen Denkens und Handelns, Rheinbach 1997, 130-141, hier 138.)

89 »... wenn es mir nicht gut geht, dann gehe ich auch häufiger in den Gottesdienst und das, was der Pfarrer oder der Priester sagt, das höre ich mir dann auch genau an und denke: ›Aha, das war heute wieder ganz genau nur für mich‹, [...] weil [ich] etwas da herausholen kann und es mir dann besser geht« (E-012/90-92).

90 »... ich bin ein Mensch, der immer noch betet. [...] also ich habe einfach meinen Glauben erweitert, würde ich einmal sagen. [...] ich gehe nicht in die Kirche [...], weil das einfach nicht so mein Platz ist. Die Rituale in der Kirche, die sind mir teilweise [...] zu verstaubt einfach. [...] ich habe eine Weile bei den Talamanca-Indianern in Costa Rica miterleben können, wie die bestimmte Rituale feiern, das berührt mich ganz anders,

allgemein religiös einzustufen. Ein Gebet, dessen Praxis sich vollständig aus anderen nicht-christlichen Traditionen speist, findet sich bei keiner der befragten Personen, die sich zum Gebet äußern.

2.2 Zeiten und Anlässe für das persönliche Gebet

In den Beschreibungen zum Gebet lassen sich zwei verschiedene Grundmuster der persönlichen Gebetspraxis ausmachen: Zum einen gibt es Befragte, die vor allem im Tagesablauf fest verankerte Gebetszeiten haben; für andere ist es eher von bestimmten Situationen abhängig, ob sie beten oder nicht. Das Gebet ist dann nicht an Zeiten im Tageslauf, sondern an besondere Anlässe oder Punkte im Lebenslauf geknüpft. Eine scharfe Abgrenzung beider Gruppen ist allerdings nicht möglich. Insbesondere Befragte mit festen Gebetszeiten beten auch bei Anlass oder Gelegenheit.[91]

2.2.1 Gebetspraxis innerhalb fester Gebetszeiten

2.2.1.1 Praxis

Als Gebetszeiten sind vor allem der Morgen und der späte Abend respektive das Zubettgehen genannt. Fünf Personen erzählen vom Morgengebet.[92] Am häufigsten ist das Gebet am Abend oder in der Nacht.

---

muss ich sagen. Also, da ist eben doch viel mehr Erdverbundenheit dabei.« (E-016/315-317)

[91] Zum Vergleich: Bei der vierten EKD-Erhebung über Kirchenmitgliedschaft wurde erhoben, welche der Befragten »alleine« beten: 35% der Befragten aus dem Westen Deutschlands und 41% aus dem Osten gaben an, dass sie »regelmäßig« allein beten; 58% (Westen) und 54% (Osten)beten »nur gelegentlich«, 7% (Westen) und 5% (Osten) machten »keine Angabe«. (HUBER u.a., Kirche, 463.)

[92] »Das [Gebet] gehört zum Beispiel in diese Zeit am Morgen rein, und je nachdem, wie man aus dem Bett kommt, nimmt man sich dann zehn Minuten oder eine Viertelstunde oder auch eine halbe Stunde Zeit. Und das ist schon etwas, was uns beiden hilft, so durch den Tag zu kommen.« (E-005[m]/40) »Diese Beziehung [zu Gott] ist für uns auch ziemlich wichtig, also und deswegen ist es auch schön, den Tag so zu beginnen [...] – das machen wir im Moment unabhängig voneinander, weil mein Mann später aufsteht – [...] mit einem Gebet und mit einer Bibellese« (E-005[w]/34); »... bei mir ist das wirklich so, dass ich [...] das, was ich verkündige, auch glaube und das auch liebe, und deshalb fange ich

Die beschriebenen *Morgengebete* sind jeweils Teil eines ritualisierten Ablaufs. Zu einem solchen Ablauf kann neben dem Gebet z.B. das Lesen der Herrnhuter Losung für den Tag bzw. generell die Bibellese gehören. Einmal wird das Morgenritual folgendermaßen beschrieben: »... ich mache das dann meistens so, dass ich dann halt beim Frühstücken mir – also aus diesen Herrnhuter Losungen lesen wir – da einen Bibeltext für den Tag [heraussuche], [um diesen] dann einfach zu lesen und dann da zu beten, und so den Tag auch anzufangen.« (E-005[w]/36)[93] Eine andere Person sagt von sich, dass sie ihr Morgenritual nach den Regeln Martin Luthers vollziehe. Sie spricht zunächst das Glaubensbekenntnis, dann das Vaterunser und Luthers Morgensegen, sie schließt ein Gebet mit eigenen Gebetsanliegen an und liest die Herrnhuter Losungen.[94] Ein weiterer Befragter hat ein weniger festgelegtes Programm: Er erzählt, dass er sich jeden Morgen 20 Minuten Zeit zur Stille nehme und dabei je nach Verfassung Gebetstexte oder auch Lieder auswähle.[95] In einem weiteren Fall ist der ritualisierte Ablauf schlichter gestaltet als in den bisher beschriebenen Fällen und wird zudem nicht jeden Morgen vollzogen. Der Befragte überlegt sich »beim Aufwachen«, was mit dem angebrochenen Tag auf ihn zukommt, spricht dann ein kurzes Gebet und bekreuzigt sich.[96]

---

zum Beispiel den Tag mit einem Gebet an.« (E-029/8) »Ich habe auch einen Hausaltar. [...] und da sitze ich jeden Morgen 20 Minuten. [...] Das ist die erste Aktion am Tag, da zu sitzen – nach dem Badezimmer. [Interviewer: »Und wie läuft das ab?«] Das ist unterschiedlich: Da finden Gebete und Gesänge statt. Ich kann eine ganze Menge geprägtes Gebetgut auswendig. Das kann ich dann zitieren, wenn mir danach ist [...] oder ich sitze und denke nach.« (E-048/10-22) »Und es geht [mir] auch [...] ziemlich oft in der Früh beim Aufwachen [so], dass ich mir denke: ›So diesen Tag fängst du jetzt an!‹ – Das ist ein kurzes Gebet, so wie man es auch von Katholiken kennt« (E-049/302).

93 Vgl. aus demselben Interview auch das Zitat aus E-005[w]/34 in Anm. 92.

94 »Das [Morgengebet] mache ich nach Luthers Regeln. Also, da bete ich das Glaubensbekenntnis und das Vaterunser und Luthers Morgensegen. [...] und dann habe ich so eine Gebetsliste, wo so etwas Besonderes draufsteht und manchmal auch besondere Leute, also besonders Kranke, Leute, die in Schwierigkeiten sind, Leute, die etwas Neues anfangen. Und das ist mir eine Tageshilfe, also, das vergesse ich auch nicht. Und da gibt es so ein Büchlein, das ist von den Herrnhutern herausgegeben worden, schon seit 200 Jahren: [...] die Herrnhuter Losungen. [...] Das gehört auch dazu« (E-029/12-18).

95 Vgl. das Zitat aus E-048/10-22 in Anm. 92.

96 Vgl. das Zitat aus E-049/302 in Anm. 92; im weiteren Verlauf des Gesprächs findet sich zudem folgende Aussage: »Ich habe mich heute früh zum Beispiel bekreuzigt; das ist der Übergang vom Schlaf in den Tag.« (E-049/334)

Die *Mittagszeit* wird nur von einer Befragten als Zeit für eine regelmäßige Gebetspraxis genannt.[97] Auch das Mittagsgebet findet bei dieser Person – wie bereits das Morgengebet – nach einem festgelegten Ablauf statt.[98] Gebete, die regelmäßig für die Mittagszeit erwähnt werden, sind Tischgebete.[99]

Das *Abend-* oder *»Gute-Nacht«-Gebet*[100] spielt vor allem in Familien mit kleinen Kindern eine besondere Rolle und wird unter diesem Aspekt unten nochmals aufgegriffen.[101] Doch auch bei Erwachsenen ist das Abend- oder Nachtgebet eine Form der regelmäßigen Gebetspraxis.[102]

---

97 »Dann bete ich immer mittags um zwölf. [...] Und hier in [*Ortsangabe*] ist so schön, dass genau mittags um zwölf die Glocken läuten, das ist auch eine Erinnerung [an das Mittagsgebet]. [...] Das ist immer mittags um zwölf. Das ist eine Automatik. Aber das ist mir wichtig und das kann ich im Auto machen und das kann ich unterwegs machen, immer mittags um zwölf. Das kommt ganz selten vor, dass ich das vergesse.« (E-029/20-26)

98 »... einige meiner Freunde machen das genauso mittags um zwölf [Anm.: das Mittagsgebet]. Das ist entstanden, nachdem das in Tschernobyl war. [...] Das geht los mit einem Gesang [...] und dann, mit einem mit einem Gemeindegesang [weiter], ein Gebet, Psalm 8: ›Herr unser Herrscher, wie herrlich ist dein Name.‹ Und auch dass man sagen kann: ›Es ist so vieles bedroht. In Menschenhand liegt so viel. Bewahre uns davor [sic!], dass wir mit der Schöpfung gut umgehen und auch alle Menschen, die bedroht sind.‹ Und der Friede, der bedroht ist, [ist auch Thema] und Sie sehen ja, wie aktuell das ist.« (E-029/34-36)

99 Da es sich hier um eine besondere Form handelt, werden diese Gebete gesondert betrachtet: Siehe *2.10.4 Tischgebet mit Kindern*, 97ff. und *2.11 Tischgebet*, 100f.

100 »Das Gute-Abend- oder Gute-Nacht-Gebet, das war immer dasselbe, das ich so von meiner Oma gelernt habe. [...] Also, das war immer, ja! Wobei ich das manchmal jetzt auch noch bete« (E-038/264-266).

101 Siehe unten die Ausführungen unter *2.10 Gebet mit Kindern*, 90ff.

102 Neben den Zitaten im Text äußern sich weitere Befragte zum Gebet am Abend bzw. vor dem Zubettgehen: »Diese Beziehung [zu Gott] ist für uns auch ziemlich wichtig, also und deswegen ist es auch schön, den Tag so zu beginnen [...] mit einem Gebet und mit einer Bibellese [...] und dann auch wieder möglichst [so] zu beenden« (E-005[w]/34); »Ich gehe gerne, wenn meine Kinder schon schlafen, nachts [...] an ihr Bett [...] und gehe einfach noch einmal hin, schaue nach, wie es ihnen geht, und [...] denke mir meinen Teil; das kann einmal ein Gebet sein, das kann auch einmal einfach ein Gedanke an das Kind sein« (E-036/28-30); vgl. außerdem das Zitat aus E-038/264-266 in Anm. 100. Eine weitere Person umschreibt ihr Abendgebet folgendermaßen: »[Ich kann] den Tag wieder an Gott abgeben, [indem ich sage]: ›Ich kann dir nichts geben für diesen Tag, als dass ich den nächsten aus deiner Hand nehme, lieber Gott.‹ – doch das kann ich sagen, und das befreit mich auch.« (E-029/46) Ohne weitere Erläuterung wird das Abend- bzw. Nachtge-

Auch wenn es nicht in allen Fällen beschrieben wird, so wird das Abend- oder Nachtgebet meistens direkt vor dem Einschlafen gesprochen.[103] Dies wird z.B. bei einer Befragten deutlich, die ihr Nachtgebet folgendermaßen beschreibt: »... im Gebet fange ich manchmal fünfmal an, bis ich es einmal zusammenbringe. Dann schlafe ich ein und bringe es manchmal gar nicht zusammen.« (E-015/153) Eine andere Befragte berichtet: »Wenn ich im Bett liege, dann spreche ich immer so ein kleines Abendgebet. [...] Das mache ich eigentlich schon immer, bloß ganz kurz, aber das gehört irgendwie dazu.« (E-046/414-416)

Ein Befragter, der einem festgelegten Gebetsverhalten eher kritisch gegenübersteht,[104] praktiziert in losen Abständen dennoch das Abendgebet. Er beschreibt, dass er gerne abends, wenn seine Kinder bereits schlafen, an deren Bett geht und nachdenkt oder ein stilles Gebet spricht.[105]

Gebete innerhalb eines größeren, ritualisierten Ablaufs, der neben dem Gebet noch Losungen oder Gebetsgesten wie das Bekreuzigen umfasst, werden für das Abend- oder Nachtgebet von Erwachsenen nicht beschrieben.

2.2.1.2 Begründung und Reflexion der Gebetspraxis innerhalb fester Gebetszeiten

Laien

Die Begründungen von Laien für eine regelmäßige Gebetspraxis fallen in einem Punkt sehr einheitlich aus: Die regelmäßige Gebetspraxis wird als etwas verstanden, das im Tagesablauf dazugehört bzw. gebraucht wird, also durch ein Bedürfnis oder eine Gewohnheit geleitet ist.[106] Zum

---

bet in folgendem Gesprächsabschnitt erwähnt: »Na ja, mein Gott, ich meine dein Abendgebet oder so etwas, nicht?« (E-035 [w]/449) »Ja, ich meine, sicher, vielleicht, man betet für sich und [...] also das schon regelmäßig« (E-035 [m]/450-452).

[103] Vgl. neben den im Text zitierten Beispielen auch folgendes Zitat: »Also es ist dann schon so, dass ich immer im Bett liege, meistens auf der Seite und dann schon auch so die Hände falte; und wenn ich jetzt ganz allein bin, dann prappel ich so vor mich hin, und wenn mein Mann so neben mir liegt, dann mache ich das ganz ruhig« (E-038/374-378).

[104] Siehe dazu unten die Ausführungen unter *2.2.2.2 Begründung und Reflexion der Gebetspraxis zu besonderen Zeiten oder Situationen im Lebenslauf*, 43ff.

[105] Vgl. dazu unten das Zitat aus E-036/28-30, 56.

[106] Vgl. dazu neben den im Text angeführten Zitaten auf dieser Seite oben das Zitat aus E-046/414-416, 35.

Morgengebet wird z.B. einmal gesagt: »Das [Gebet] gehört zum Beispiel in diese Zeit am Morgen rein, und je nachdem, wie man aus dem Bett kommt, nimmt man sich dann zehn Minuten oder eine Viertelstunde oder auch eine halbe Stunde Zeit. Und das ist schon etwas, was uns beiden hilft, so durch den Tag zu kommen.« (E-005[m]/40) Eine andere Person sagt über ihr Nachtgebet: »Und das [Gebet vor dem Zubettgehen] hat eben so [...] diesen Ritus. [...] das ist ein ganz kurzes Gebet nur, aber das hat so dieses von früher und, ja, das brauche ich dann einfach.« (E-038/382)

Von den Gesichtspunkten, die Laien zur Begründung oder Deutung einer Gebetspraxis innerhalb fester Gebetszeiten nennen, sind nur zwei unmittelbar auf die Tageszeit bezogen: das Morgenritual als Starthilfe für den Tag[107] und das Abend- oder Nachtgebet als Tagesabschluss bzw. Einschlafhilfe.[108]

Alle weiteren Aspekte, die in Bezug auf das Gebet innerhalb von festen Gebetszeiten genannt werden, sind nicht auf das Gebet zu bestimmten Zeiten beschränkt und werden deswegen in eigenen Kategorien gesondert besprochen.[109]

Pfarrerinnen und Pfarrer

Auch bei denjenigen der Pfarrerinnen und Pfarrer, die eine Gebetspraxis innerhalb fester Gebetszeiten pflegen, ist diese Praxis etwas, das wie

---

[107] Vgl. dazu auf dieser Seite oben das Zitat aus E-005[m]/40, 36.

[108] »Ich weiß [es] nicht: Ist das [Nachtgebet] so eine Angewohnheit oder so? Das ist schon immer so drin gewesen. [...] Und das ist für mich so ein Abschluss, [so dass ich sagen kann:] ›Jetzt kann ich einschlafen!‹« (E-046/420-422)

[109] Dies gilt für das Kraftholen aus dem Gebet und die Beziehungspflege zu Gott durch das Gebet – Aspekte, die einem befragten Ehepaar bei seinem Morgengebet wichtig sind. Vgl. dazu folgendes Zitat: »Also wir ziehen beide, denke ich, viel, viel Kraft aus einer persönlich gelebten Beziehung zu Gott. Das hört sich jetzt sehr fromm an, aber [...] wir glauben daran, dass Gott da ist und dass man zu ihm beten kann und dass er uns viel Kraft schenkt.« (E-005[m]/38) Es gilt weiterhin für den Aspekt des Kindlichen, der oben im Zitat zum Nachtgebet aus E-038/382, 36, anklingt. Dieser Aspekt findet sich im Bezug auf das Nachtgebet noch ein weiteres Mal im Interviewmaterial. Vgl. dazu folgende Äußerung: »Das ist mehr kindlich. [...] Vielleicht habe ich das auch aus der Kindheit noch irgendwie. Da gibt es irgendetwas da innen. Ich lächle manchmal über mich selbst, aber das ist halt einmal so. Das gehört halt dazu. Viele Leute beten ja auch mit ihren Kindern abends« (E-046/424-426). Siehe zum Aspekt des Kindlichen die Ausführungen unter *2.7.4 Kindliches Gebet bei Erwachsenen*, 85ff.

selbstverständlich zum Tagesablauf dazugehört. Es fällt jedoch auf, dass dieser Umstand von Pfarrerinnen und Pfarrern weitergehend gedeutet wird, während sich die Laien auf Begründungen beschränken.

So ist das Morgengebet bei einer Pfarrerin eine Form der persönlichen Umsetzung von dem, was sie verkündigt. Sie sagt: »... bei mir ist das wirklich so, dass ich [...] das, was ich verkündige, auch glaube und das auch liebe, und deshalb fange ich zum Beispiel den Tag mit einem Gebet an.« (E-029/8) In eine ähnliche Richtung weist auch die Aussage eines Pfarrers, die jedoch sehr viel pragmatischer klingt als die Aussage seiner Kollegin: »... ein ganz persönliches Ritual, was ich oft [mache], was ich [aber] niemals öffentlich mache, [...] wenn ich frühmorgens aufstehe oder auch manchmal vor dem Gottesdienst, [...] bevor ich hinüber [in die Kirche] gehe [...]: dass ich mich bekreuzige, [...] [und damit] wirklich bewusst jetzt den Schritt tue: ›Jetzt bin ich nicht der [*Name des Befragten*], jetzt bin ich der Pfarrer hier und jetzt versuche ich in meinem Auftrag entsprechend etwas zu tun.‹ Und es geht [mir] auch [...] ziemlich oft in der Früh beim Aufwachen [so], dass ich mir denke: ›So, diesen Tag fängst du jetzt an!‹ – Das ist ein kurzes Gebet, so, wo man es auch von Katholiken kennt« (E-049/300-302). Dass es bei diesem vorgottesdienstlichen bzw. morgendlichen Gebet nicht nur um das Bewusstmachen eines Rollenwechsels geht, wird in einer weiteren Erklärung zu dieser Praxis deutlich: Auf die Rückfrage des Interviewers, ob das Bekreuzigen den Übergang von der Privatperson zur Amtsperson markiere, antwortet der Pfarrer: »Nicht nur. [...] ich habe mich heute früh zum Beispiel bekreuzigt, das ist der Übergang vom Schlaf in den Tag. [...] Ich meine, es [Anm.: das Morgenritual] fängt eigentlich immer so an, dass man sich [...] überlegt: ›Was ist jetzt alles dran?‹, und mit dem Kreuzzeichen sage ich: ›Das möchte ich gerne mit Gott bewältigen‹, sage ich einmal, im weitesten Sinne [...] oder im Sinne meines Auftrags. Wobei der Auftrag nicht nur das Öffentliche ist, [...] ich habe ja auch als Christ und als Einzelperson einen Auftrag.« (E-049/334-338) Für diesen Pfarrer kann das Morgengebet also eine Art doppeltes Schwellenritual sein, denn es kann sowohl den Übergang von der Nacht zum Tag markieren als auch den Übergang von der Privatperson in die Rolle des Pfarrers. Die Aussagen dieser beiden Theologen reflektieren jeweils ein Gebet im privaten Bereich. Dennoch spiegeln beide Reflexionen auch die professionelle Ebene des Pfarrers wider. Es scheint, dass das morgendliche Gebet ein persönliches Bedürfnis ist, das sich aufgrund ihres Berufes geklärt und vertieft hat. Nicht deutlich wird, wie weit dabei auch äußere Einflüsse eine Rolle spielen.

In eine etwas andere Richtung geht die Deutung des morgendlichen Gebets bei einem anderen Pfarrer. Ihm geht es darum, einmal am Tag Gott bewusst Zeit zu widmen. Seine morgendliche Praxis des 20-minütigen Sitzens habe zum einen mit »Disziplin« zu tun,[110] zum anderen spricht er von einer »kindlichen Gegenrechnung«, die er mit dieser Gebetszeit mache; er sagt: »... das andere ist eine ganz kindliche Gegenrechnung. Ich sage mir, Gott kümmert sich um mich 24 Stunden am Tag [...] und da kann ich mich – und zwar regelmäßig, ohne Unterbrechung – [...] als winzige Gegenleistung [...] für diese kurze Zeit einfach einmal ihm bewusst widmen. Zumal, ich habe Gedanken während des Tages auch an Gott und bringe Alltagsereignisse unmittelbar in Verbindung mit dem Religiösen, aber es gibt Zeiten, da vergesse ich das und dann weiß ich aber einmal am Tag, da habe ich mich bewusst ihm ausgesetzt und ihm ins Gesicht geschaut, sozusagen.« (E-048/38-40) Während der als erstes zitierte Pfarrer sich aktiv durch eine Zeichenhandlung unter das Kreuz stellt und sagt, er möchte den Tag mit Gott bewältigen, wählt dieser Pfarrer einen anderen Weg: Er macht sich die fürsorgende Präsenz Gottes durch eine eigens für Gott vorbehaltene Zeit bewusst.[111]

Um eine andere Art des Sich-Erinnerns geht es einer Pfarrerin, die täglich ein Mittagsgebet hält. Im Unterschied zum vorhergehenden Beispiel geht es hier jedoch nicht ausschließlich um die persönliche Ebene, obwohl die Pfarrerin das Gebet für sich im privaten Rahmen vollzieht.[112] Die Praxis des Mittagsgebets nahm bei dieser Pfarrerin ihren Ausgang in der Katastrophe von Tschernobyl. Sie wurde über die Jahre beibehalten und hat inzwischen die Aufgabe, sich die ständige Bedrohung der Schöpfung vor Augen zu führen sowie daran zu erinnern, dass mit der Schöpfung gut umgegangen werden muss. Diese Praxis hat eine Besonderheit: Obwohl sie von der Pfarrerin an dem Ort, an dem sie sich um die Mittagszeit befindet, allein ausgeübt wird, weiß sie sich dabei als

---

[110] »Also, es ist einmal [...] eine Disziplin[frage]; [...] die letzten fünf Jahre ist es mir vielleicht zweimal passiert, dass ich es nicht halten konnte. [...] Also, es ist eine Form von Disziplin, das ist das eine.« (E-048/34-38).

[111] Zum Aspekt des Kindlichen, wie er in der Vorstellung der »kindlichen Gegenrechnung« vorkommt, siehe *2.7.4 Kindliches Gebet bei Erwachsenen*, 85ff.

[112] Dieses Phänomen bildet eine Ausnahme innerhalb dessen, was Befragte zum Gebet sagen.

Teil einer Gemeinschaft, da auch einige ihrer Bekannten diese Form des Gebets praktizieren.[113]

Das, was eine Pfarrerin über ihr Nachtgebet aussagt, lässt sich vergleichen mit dem Empfinden, das eine Befragte aus den Reihen der Laien beschreibt, wenn sie sagt, sie könne nach dem Nachtgebet besser einschlafen.[114] Bei der Pfarrerin findet sich jedoch eine Reflexion, die über eine reine Begründung hinausgeht. Sie sagt: »Erstens finde ich eine Ruhe und [es ist möglich] auch etwas abgeben [zu] können an Gott; also, den Tag an Gott wieder abgeben. ›Ich kann Dir nichts geben für diesen Tag, als dass ich den nächsten aus deiner Hand nehme, lieber Gott‹, das kann ich doch sagen und das befreit mich auch. Es befreit mich auch deshalb – es ist immer noch einer über mir.« (E-029/46) Es sind Gefühle von Ruhe und Befreiung, die das Nachtgebet bei ihr bewirkt. Diese können sich einstellen, weil die Pfarrerin im Nachtgebet mit Dankbarkeit und Demut vor Gott, der über allem steht, den Tag an ihn zurückgeben kann. Dass sie Ruhe und Befreiung durch das Gebet erfährt, liegt begründet in der Glaubensüberzeugung von der Anwesenheit einer höheren Macht.

Der Pfarrer, der nachts noch einmal an das Bett seiner Kinder geht, bewertet seine Praxis als »emotional« sehr wichtig.[115] Er begründet dieses Ritual mit einer Tradition aus seiner Herkunftsfamilie. Dort war es üblich, dass sein Vater seine Kinder – also auch den Befragten – zu verschiedenen Gelegenheiten segnete. Der Befragte sieht in seinem Ritual eine Fortsetzung dieser Praxis. Er setzt sein Nachdenken und sein Gebet am Bett der Kinder mit einem Segen für sie gleich.[116]

---

[113] Vgl. das Zitat aus E-029/34-36 in Anm. 98.

[114] Vgl. dazu neben den im Text angeführten Zitaten unten das Zitat aus E-046/424-426, 85.

[115] »Da fang ich doch mal mit dem an, was mir emotional am wichtigsten ist, was gar nicht so regelmäßig ist, wie das andere.« (E-036/28)

[116] »... dieses Bedürfnis, das ist vielleicht, was [...] bei mir daher kommt: Irgendwann einmal fing mein Vater an, uns als Kinder zu segnen, weil ihm irgendein Pfarrer das einmal gesagt hat, das könne man tun als Eltern, als Nicht-Hauptamtliche in der Kirche. [...] Das kam uns als Kindern damals ein bisschen komisch vor, weil wir schon Pubertierende waren, und irgendwann einmal haben wir es als angenehm empfunden. Und, ja, wahrscheinlich daher mache ich das so weiter, jetzt erst einmal, wo die Kinder [...] schlafen, [und] schon auch einmal in besonderen Situationen, wenn sie aus dem Haus gehen oder wenn irgendeine Schwellensituation ist, aber in der Regel eben nachts, wenn sie

2.2.2 Gebetspraxis zu besonderen Zeiten oder Situationen im Lebenslauf

2.2.2.1 Praxis

Für viele der Befragten hängt das Gebet weniger an festen Tages- oder Gebetszeiten als vielmehr an bestimmten Situationen oder speziellen Zeiten. Dabei ist nicht ausgeschlossen, dass auch das situative Gebet täglich stattfinden kann.

Gebet nach Bedürfnis

Bei manchen ist es ein eher undefiniertes Bedürfnis bzw. ein Gefühl, das zum Gebet ruft.[117] Ein Befragter, der zu Gebet und Meditation häufiger den Kirchenraum aufsucht, sagt z.B.: »... ich habe da oft einmal einfach das Bedürfnis. Und das kann einmal abends sein, einmal morgens sein. Es kommt natürlich dazu, dass ich unsere Kirche als Raum sehr schätze.« (E-047/66) Eine andere Befragte sucht, wenn sie das Bedürfnis hat abzuschalten, einen bestimmten Ort in der Natur auf. Sie sagt: »... wenn ich das Gefühl habe: ›So, ich muss jetzt einmal abschalten und vielleicht auch in mich gehen und beten‹, und dann gehe ich halt auf den [...]berg. [...] und ich setze mich da oben auf die Steine und bete oder meditiere und ich muss sagen, ich stelle dann immer wieder fest, dann geht es mir danach deutlich besser.« (E-023/256)

---

schon schlafen« (E-036/32-34). Vgl. ein ähnliches Phänomen im Zitat aus E-024/329-331 in Anm. 205 und in den Erläuterungen dazu, 96.

117 Neben dem im Text zitierten Beispiel wird bei einem weiteren Befragten die gesamte persönliche Frömmigkeitspraxis nach dem Bedürfnis ausgerichtet. Er sagt: »dadurch [Anm.: durch die Erfahrungen im Studium] hat sich [...] die Frömmigkeit dann auch geändert. Also am deutlichsten wird es vielleicht darin: Ein ordentlicher Pietist, der liest jeden Morgen in seiner Bibel und jeden Morgen im Losungsbüchlein und spricht mit Sicherheit jeden Morgen ein Gebet und hat sehr viel mehr Rituale oder ritualisiertes Frömmigkeitsverhalten. [...] Und das haben wir [Anm.: der Befragte und seine Frau] abgestreift. [...]; jetzt ist es dann [so], dass wir für uns selber in die Bibel hineinschauen, wenn wir das Bedürfnis haben [...] oder [...] in das Losungsbüchlein.« (E-036/366-370) Eine andere Befragte sagt: »... wenn es mir irgendwie gut geht, oder wenn es mir schlecht geht und ich habe so das Bedürfnis zu beten, dann mache ich das einfach« (E-038/414).

Gebet in schlechten oder schwierigen Zeiten

Andere Befragte berichten davon, dass sie in Zeiten, in denen es ihnen schlecht geht, zum Gebet zurückfinden: »... oder wenn es mir nicht gut geht, fange ich auch wieder zu beten an [...] während, wenn es mir gut geht, vergesse ich es halt wieder« (E-012/104-106).

Nicht immer muss es sich beim Gebet in schlechten Zeiten um ein Zurückfinden zum Gebet handeln: Auch Menschen mit regelmäßiger – wenngleich nicht zwingend an bestimmte Tageszeiten gebundener – Gebetspraxis erzählen davon, dass sie in schweren Zeiten verstärkt Hilfe im Gebet suchen.[118] Ein Befragter erinnert sich daran, dass er, als seine Frau mit einer schweren Krankheit im Krankenhaus lag, auf dem Heimweg immer in eine Kirche ging, um dort zu beten.[119] Bei einer Frau sind es nicht nur die besonders schlechten Zeiten, in denen sie verstärkt betet, sondern auch die besonders guten Zeiten.[120] Wenn hier von guten oder schlechten Zeiten die Rede ist, dann geht es meist um persönliche Tiefschläge oder persönliches Wohlergehen. Die Befragten denken und beten hier nicht in größeren Dimensionen wie Gemeinde, Gesellschaft oder Welt.

Drei Befragte berichten davon, dass sie das Gebet gerade auch in Zeiten verstärkt pflegen, die schwierig sind, weil es beruflich sehr viel

---

[118] Vgl. dazu unten das Zitat aus E-031/521, 43. Eine weitere Befragte berichtet, dass sie sich an Gott wendet, wenn sie einen »[Durch-]Hänger« habe: »Und wenn ich manchmal vielleicht einen [Durch-]Hänger habe, dann sage ich mir solche Sprüche vor wie: ›Ich bleibe an [sic!] meinem Weg. Ich gehe nicht vom Wege ab. Ich bleibe beharrlich [...] und gehe nicht von meinem Weg ab. Und mein Schöpfer hilft mir dabei, diesen Weg zu gehen, [...] weil er weiß, [...] was für mich richtig ist.‹ [...] Und dann [sage ich] auch, so [Sprüche] wie: ›Der Herr ist mein Hirte, mir wird nichts mangeln.‹« (E-011/632-638).

[119] »Kurz vor unserer Hochzeit ist meine Frau sehr krank geworden. [...] Das war wohl meine oder unsere größte Krisenzeit. Bedürfnis[se] hatte ich damals in zwei Richtungen: Die eine [Richtung] war nach Gemeinschaft, also nach Halt bei anderen, [...] die mitfühlen, mitdenken, trösten, beten. Und das andere war mindestens genauso stark, [das] Bedürfnis nach Rückzug, [...] und dann eben auch nach Gebet im ganz Persönlichen, also einfach in der Studentenbude, wo ich gewohnt habe [...] und ab und zu auch an [sic!] einem Raum, der sozusagen das Gebet fördert, also irgendeine Kapelle, [oder] eine Kirche. Da ist auf dem Weg vom Klinikum zum Studentenwohnheim damals eine katholische Kirche gewesen, die mir sehr angenehm war; und dann [...] in der Nähe des Studentenwohnheims auch eine evangelische, [...] wo ich dann immer einmal hinein[gegangen] bin.« (E-036/127-135)

[120] Vgl. Zitat aus E-038/414 in Anm. 117.

zu tun gibt.[121] Eine weitere Befragte bemerkt, dass es auch Zeiten gibt, in denen sie gerne beten würde, es aber nicht vermag.[122]

Gebet in konkreten Situationen und zu konkreten Ereignissen

Neben dieser an charakteristische Situationen gebundenen Gebetspraxis gibt es auch Gebete, die durch ganz konkrete Anlässe oder Ereignisse hervorgerufen werden. Ein Befragter betet z.B. immer dann, wenn ihm auf der Straße oder in öffentlichen Verkehrsmitteln »missmutige« Menschen begegnen, dafür, dass sie von Liebe ergriffen werden mögen.[123]

Auch das bereits erwähnte Mittagsgebet einer Befragten[124] ist eine Praxis, die ursprünglich an eine ganz konkrete Katastrophe geknüpft

---

[121] Vgl. das Zitat aus E-012/345-353 in Anm. 87. Bei zwei der drei Befragten handelt es sich um Personen im Pfarrberuf. Die Pfarrerin sagt über das Gebet in arbeitsreichen Zeiten: »Auch als ich noch aktiv im Pfarramt war: Man hat so viel zu tun, auch so viel Bürokratisches und so viel, was eigentlich lästiges Arbeiten ist. [...] Wenn man da nicht so einen Punkt [Anm.: gemeint ist die Ruhe, die das Gebet gibt] hat, ist das ganz schwierig. Da sagt man eigentlich: ›Wofür?‹ Also, Beten [...] ist ganz wichtig.« (E-029/52-54) Ein Pfarrer äußert sich folgendermaßen: »... in einem Moment [macht man einen] Geburtstagsbesuch; wenn man zurückkommt, ist die Sekretärin da. [Sie] hat drei Anrufe, die man aufarbeiten muss, dann hat man eine Unterschriftenmappe, wo man unterschreiben muss. Als nächstes geht man in den Konfirmandenunterricht oder in den Schulunterricht, begegnet dauernd unterschiedlichen Menschen und das ist ein ständiges Wechseln der Situationen und der Rolle. Wenn ich dann in die Kirche gehe, habe ich einfach das Bedürfnis, einmal Mensch zu sein, mich auf das Ich zu besinnen, Kraft zu tanken und [...] im Gespräch mit Gott zu sein – einfach einmal Ruhe zu haben zum Beten.« (E-047/321)

[122] »Wenn es [Anm.: das Beten] auch nicht immer geht und man fünfmal anfängt und man bringt es nicht zusammen. Aber ich habe auch die Erfahrung gemacht, dass sie angesprochen [sic!] worden ist, wenn man seinen Willen zeigt und fängt an und betet. Und wenn man es nicht kann, dann weiß ja der liebe Gott, dass man es nicht kann, dass man überfordert und überlastet ist.« (E-015/207) »Wenn ich auch nicht immer die Kraft habe und auch nicht immer den Verstand habe zu beten und um das [Anm.: Schutz für den Tag] zu bitten, [...] es weiß ja doch der liebe Gott, um was es geht.« (E-015/477-479). Vgl. hierzu auch die Ausführungen zu den Zitaten unter *2.6.2.1 Konkrete Gebetserfüllung*, 78ff.

[123] »Ich weiß nicht, wie ich das genau erklären kann. Sagen wir, [...] ich fahre U-Bahn. Die U-Bahn ist überfüllt, Menschen sind angenervt – also die allermeisten jedenfalls, [...]. Ich merke manchmal, dass mich die Stimmung der Leute [...] ansteckt und dass ich ein Teil dieser missmutigen Masse werde. [...] Und meine Übung dagegen [...] ist ein Gebet oder eine Bitte nur: ›Ich will sie jetzt mit dem Blick der Liebe anschauen!‹« (E-048/94-98)

[124] Vgl. das Zitat aus E-029/20-26 in Anm. 97 und die Ausführungen dazu, 34.

war. Da diese Gebetspraxis fortgeführt wurde und nun generell der Bewahrung der Schöpfung zugeordnet bzw. an aktuelle politische oder gesellschaftliche Ereignisse geknüpft wird,[125] ist in diesem Fall aus einer Gebetspraxis, der eine konkrete Situation zugrunde liegt, eine regelmäßige Gebetspraxis geworden.

Hier sind auch Bittgebete einzuordnen, die in einer konkreten Situation – wie z.B. bei Verlust eines Gegenstandes – eine konkrete Wirkung erwarten, im angesprochenen Fall das Wiederfinden des Gegenstandes.[126]

2.2.2.2 Begründung und Reflexion der Gebetspraxis zu besonderen Zeiten oder Situationen im Lebenslauf

Gebet nach Bedürfnis

Für das Gebet nach Bedürfnis liegt die Begründung im Bedürfnis selbst. So wird z.B. in der oben zitierten Passage aus E-023 deutlich, dass die Befragte das Gebet sucht, um abzuschalten, die erhoffte Wirkung somit eine Verbesserung ihres Gemütszustandes ist.[127]

Gebet in schlechten oder schwierigen Zeiten

Zwei der befragten Laien vertreten in ähnlicher Weise die Meinung, dass in schlechten Zeiten mehr gebetet wird als in guten. Sie begründen dies allerdings verschieden: Eine der Befragten sieht in diesem Phänomen eine allgemein menschliche Eigenschaft; sie sagt: »... [das] muss ich ganz ehrlich sagen, man pflegt das Gebet mehr, wenn es einem schlecht geht. [...] und wenn es einem besser geht, dann vergisst man öfters Gott, aber ich denke, das ist [...] so eine menschliche Eigenschaft, wo man sagt, wenn es einem gut geht, dankt man eigentlich weniger.« (E-031/521). Obwohl sie unpersönlich formuliert, kann davon ausgegangen

---

[125] Vgl. das Zitat aus E-029/34-36 in Anm. 98 und die Fortsetzung des Gesprächs in E-029/38: »Wenn ich mir jetzt den Irakkrieg ankucke, und sie haben nichts gefunden, und dann steht Bush da und sagt so [...], als wäre das ja gar nicht der Grund gewesen, wieso er da im Irak eingefallen ist, also, naja, da haben sie keine Atomwaffen gefunden, aber vielleicht finden sie die ja noch, was soll das? [...] das [Mittagsgebet] ist nicht nur von Tschernobyl abhängig oder vom Golfkrieg, das ist jetzt genauso aktuell.«

[126] Diese Bittgebete werden unten gesondert behandelt: Siehe *2.5.1 Bittgebet*, 64ff.

[127] Vgl. dazu oben das Zitat aus E-023/256, 40. Vgl. zu weiteren Begründungen zum Gebet nach Bedürfnis den Unterpunkt *2.6 Erwartungen an das Gebet und die Auswirkungen des Gebets*, 69ff.

werden, dass die Befragte hier auch von ihrer eigenen Gebetspraxis spricht, denn nach einer weiteren Erläuterung – die im Zusammenhang des Bitt- und Dankgebets noch aufgegriffen wird[128] – äußert sie Folgendes: »... ich denke, dass das [Anm.: die Angewohnheit, in schlechten Zeiten mehr zu beten] nicht bloß ich habe, [sondern] dass das schon eine menschliche Eigenschaft [ist].« (E-31/527) In den Aussagen dieser Befragten klingt an, dass sie die beschriebene Form der Gebetspraxis nicht für die optimale hält und in der Begründung, dass es eine menschliche Eigenschaft sei, eine Art Entschuldigung sucht. Diese Interpretation wird durch eine weitere Deutung der Befragten unterstrichen: Die Praxis, mehr zu beten, wenn es einem nicht gut geht, stuft sie als schlecht ein. Sie vermutet, dass hier durch die Pflege eines ritualisierten, täglichen Gebets Abhilfe geschaffen werden könnte; sie sagt: »... was [Anm.: das Gebet vor allem in schlechten Zeiten zu pflegen] natürlich schlecht ist. Wenn man das rituell machen würde und man würde jeden Tag früh und abends beten, dann würde man das nicht [verstärkt] machen, wenn es einem schlechter geht.« (E-031/519) Eine weitere Befragte, die an sich selbst ebenfalls beobachtet, dass sie in schlechten Zeiten mehr betet, schwankt bei der Reflexion: Sie hält es einerseits für möglich, dass es Undankbarkeit ist, die einen in guten Zeiten vom Gebet abhält; es könnte aber auch daran liegen, dass »man« in guten Zeiten »energetisch ausgeglichener« sei.[129] In der ersten Vermutung klingt wiederum ein Unbehagen an, während man aus der zweiten schließen könnte, dass das Gebet in guten Zeiten nicht zwingend nötig ist und nur unumgänglich, wenn man der inneren Stärkung bedarf. Eine weitere befragte Laiin beschreibt das häufigere Beten in schlechten oder schwierigen Zeiten nicht für sich selbst, sondern generalisiert eine Erfahrung, die sie mit ihrem Ehemann gemacht hat, von dem sie geschieden ist. Dieser hat ihrer Meinung nach auf dem Sterbebett zu Glaube und Gebet zurückgefunden. Sie erklärt, dass es ein

---

128 Vgl. dazu unten das Zitat aus E-031/521-525,65f.

129 »... wenn es mir nicht gut geht, fange ich auch wieder zu beten an, während, wenn es mir gut geht, vergesse ich es wieder. Das ist dann mehr so: ›Ich brauche jetzt eine mentale Unterstützung!‹, und wenn ich die [mentale Unterstützung und damit das Gebet] nicht brauche – mag es eine Undankbarkeit sein oder mag es einfach [sein], weil man energetisch ausgeglichen ist –, verliert sich das [Gebet] eben wieder ein bisschen.« (E-012/104-108)

menschliches Phänomen sei, in der Krankheit zu Glaube und Gebet zurückzufinden.[130]

Ein befragter Laie, der grundsätzlich eher wenig vom Gebet hält, wehrt sich genau gegen jene Einstellung, wie sie in der zweiten Vermutung von E-012 anklingt; er sagt: »Solange ich ihn nicht anrufe, wenn es mir gut geht, dann brauche ich ihn auch nicht anrufen, wenn es mir schlecht geht.« (E-013/714)[131] Er begründet dies damit, dass er bisher keine Hilfe durch Gott erfahren hat und sich deswegen nicht auf sie verlassen will.[132]

Auch das Gebet in arbeitsreichen Zeiten erfährt unterschiedliche Begründungen und Reflexionen. Für eine befragte Laiin, die einen Heilberuf ausübt, ist das Gebet in einer beruflichen dichten Phase ein »Hilfsmittel« – neben anderen –, um den Stress, den Patienten bei ihr auslösen, besser bewältigen zu können. Wenn sie davon erzählt, spricht sie in der Vergangenheit, da sie zum Zeitpunkt des Interviews dabei ist, ein anderes Hilfsmittel zu testen, nämlich einen Stein.[133] Das Gebet wird von dieser Befragten direkt am Ort des Stresses als Mittel zum Stressabbau genutzt. Die Befragte will ihre Praxis nicht als Aberglaube verstanden wissen.[134]

Bei den anderen Befragten, die das Gebet in arbeitsintensiver Zeit pflegen, handelt es sich um einen Pfarrer und eine Pfarrerin. Beide stimmen in ihren Überlegungen darin überein, dass im Gebet ein bewusster Kontrapunkt gesucht wird, der sich durch Ruhe auszeichnet. Es

---

[130] »... wie er auf dem Krankenbett lag, hat ihn meine Tochter auch angesprochen: ›Papa, willst du sterben?‹ Da hat er gesagt: ›Das bestimme nicht ich, sondern der liebe Gott, wann ich sterben muss.‹ [...] Da hat er wieder seinen Glauben gesucht, was er zuerst gelästert hat. [...] den Glauben sucht der Mensch erst dann, wenn er krank ist. [...] Nicht? Zuvor schätzt er ja nichts, sondern wenn er krank ist, dann sucht er nach Hilfe und nach Rat und nach Glauben und auch Gebet.« (E-015/537-541)

[131] Vorher im Gespräch zeigt sich, dass diese Einstellung schon lange in dem Befragten gereift ist: »Und das hat mir schon als jungem Menschen widerstrebt, dass ich mir dachte, wenn es einem gut geht, da braucht man überhaupt nichts, ja, da kennt man bloß sich selber, und wenn es einem mies geht, da besinnt man sich dann plötzlich der Freunde und des lieben Gottes da oben, nicht?« (E-013/712)

[132] »... mein Gott, bis jetzt hat er mir noch nie geholfen, wenn ich irgendwo in Not war, dann will ich es gar nicht darauf ankommen lassen, ja?« (E-013/718).

[133] Vgl. das Zitat aus E-012/345-353 in Anm. 87.

[134] Vgl. folgende Aussage: »... das sind schon kleine Hilfsmittel, aber es ist in meinem Sinne, so wie ich es sehe, nichts Abergläubisches.« (E-012/355)

handelt sich also nicht um eine Praxis, die, wie im Fall der Befragten in einem heilenden Beruf, direkt in die stressige Arbeitssituation hineingebracht wird. Die Pfarrerin beschreibt, dass es ihr in ihrer aktiven beruflichen Zeit gerade dann, wenn »viel Bürokratisches« anstand, wichtig war, Ruhe im Gebet zu finden, um nicht bei der »Wofür«-Frage stehen zu bleiben. Gebet ist ihr eine Lebenshilfe, und sie sieht darin »ein hervorragendes Mittel zur Ergänzung für unser Tun«.[135] Bei dieser Form des Gebets handelt es sich um eine Art Besinnung auf das Wesentliche. Dem Pfarrer geht es in solchen Zeiten darum, sich seines Menschseins bewusst zu werden, »im Gespräch mit Gott zu sein« und dabei »Kraft zu tanken«. Er geht dafür bewusst in die Kirche – vollzieht also einen bewussten Ortswechsel. Betrachtet man die Liste verschiedener Aufgabenbereiche aus seiner Arbeitspraxis, die er aufzählt, so kann man das erwähnte »Bedürfnis, einmal Mensch zu sein«, interpretieren als das Bedürfnis, mit sich selbst in Kontakt zu kommen und nicht in den verschiedensten Rollen auftreten zu müssen, die der Beruf mit sich bringt.[136] Auch diese Beispiele zeigen, dass das private Gebet von Pfarrerinnen und Pfarrern nicht komplett loszulösen ist von der Berufspraxis.

Gebet in konkreten Situationen und zu konkreten Ereignissen

Zwei Pfarrer beschreiben das durch konkrete Situationen oder Ereignisse veranlasste Gebet. Auch hier findet sich einmal die Praxis, dass das Gebet direkt in die Situation hineingesprochen wird mit dem Ziel, die Situation zu ändern. Ein anderes Mal wird das Gebet im Anschluss an die Situation gesprochen und dient der Bewusstmachung der Situation.

Der Pfarrer, der in öffentlichen Verkehrsmitteln die Übung bzw. das Gebet des Anschauens mit Liebe praktiziert, begründet das über eine Art Analogieschluss – Gott sieht die Menschen in besonderer Weise an, daher sollten wir Menschen uns auch darum bemühen – folgendermaßen: »... das hat, denke ich, schon auch etwas sehr Religiöses, weil ich

---

135 »Und ich denke, es hat einmal jemand gesagt: ›Beten ist ein hervorragendes Mittel zur Ergänzung für unser Tun.‹ Aber nur Beten und nichts andres machen – das ist natürlich gefährlich. [...] Das kannst du nicht. Das ist einfach, beides muss sein. Und mir gibt das eine Ruhe und [...] mir ist das eine Hilfe, eine Lebenshilfe, eine echte Lebenshilfe.« (E-029/48-50) Vgl. außerdem die Fortsetzung des Gesprächs im Zitat E-029/52-54 in Anm. 121.

136 Vgl. das Zitat aus E-047/321 in Anm. 121.

denke, Gott schaut uns auch so an. Der schaut nicht unsere Außenfläche oder unsere Oberfläche an oder unsern [...] momentanen Istzustand, sondern der kennt uns ja von unserem Gewordensein her. Und alle Menschen, die so sind, sind so geworden, nicht? Also das ist ja eine Summe von guten und schlechten Erfahrungen, die uns zu dem macht, was wir im Augenblick sind. [...] der Blick der Liebe, den ich da so nenne, der ist auch sozusagen so ein Stück Abstand und ihn [...] versuchen [als] Ganzer zu sehen, diesen Menschen. Also mit den Möglichkeiten, die er [hat], mit den Hoffnungen, die ihm zerronnen sind, mit den Schmerzen oder Befürchtungen, die er hat, nicht?« (E-048/110-113)

Bei dem bereits besprochenen Mittagsgebet einer Pfarrerin handelt es sich um die Bewusstmachung des bedrohten Zustandes der Schöpfung.[137]

2.2.3 Immerwährendes Gebet[138]

Nur ein Befragter spricht ganz konkret von einem »immerwährenden Gebet«, das durch den gesamten Tag begleitet. Er sagt: »... so dieses immerwährende Gebet. – Das Gebet, das nicht nur etwas ist, was sozusagen sehr stark liturgisch ist oder sozusagen, wie das Vaterunser, formalisiert; sondern Gebet wie das Gespräch genau so, wie ich zu Hause eben eine Frau hätte und sage: ›Du, mach mir einmal einen Tee!‹, oder irgend so etwas – also, etwas normal Alltägliches. Also Gebet, das mich [...] den ganzen Tag begleitet; [das ist] auch eine Art von Kommunikation.« (E-008/394) In einem weiteren Fall ist nicht direkt von einem immerwährenden Gebet die Rede, sondern von Gedanken an Gott und von der Verknüpfung von Alltagsereignissen mit dem Religiösen.[139]

---

[137] Siehe dazu oben die Ausführungen zu den Pfarrerinnen und Pfarrern unter *2.2.1.2 Begründung und Reflexion der Gebetspraxis innerhalb fester Gebetszeiten*, 35ff.

[138] Ausführlicher besprochen wird dieses Phänomen unter *2.7.1 Gebet als Kommunikation*, 83f.

[139] »Zumal, ich habe Gedanken während des Tages auch an Gott und bringe Alltagsereignisse unmittelbar in Verbindung mit dem Religiösen. Aber es gibt Zeiten, da vergesse ich das, und dann weiß ich aber einmal am Tag, da habe ich mich bewusst ihm ausgesetzt und ihm ins Gesicht geschaut, sozusagen.« (E-048/40)

2.3 Gemeinsames Gebet im Gottesdienst und privates Einzelgebet

Auch wenn sich aus den Aussagen einiger Befragter, die das persönliche Gebet praktizieren, nicht entnehmen lässt, dass sie auch kirchliche Angebote wahrnehmen, so gibt es dennoch einige Personen, die das gemeinsame Gebet im Gottesdienst und das persönliche Gebet zueinander in ein Verhältnis setzen.

2.3.1 Relevanz beider Gebetsformen

Nur in einem Fall zeugen die Aussagen von Befragten von einer ähnlichen Aufmerksamkeit für das private Gebet zu Hause und das Gebet mit anderen im Gottesdienst. Dabei wird von dem befragten Ehepaar vermutet, dass manche das Gebet ausschließlich in der Kirche bzw. im Gottesdienst praktizieren. Sie selbst pflegen das Gebet auch zu Hause, weil sie davon überzeugt sind, dass es auch dort eine Wirkung hat.[140] Sie beschreiben außerdem, dass sie das Gebet in einem freikirchlichen Gottesdienst schätzen: »... das gefällt uns halt einfach gut, dass man dann auch einmal mitbeten kann, dass das nicht nur der Pastor macht.« (E-005[w]/72) Der Gottesdienst in dieser Form hat nach ihrer Aussage zwei wichtige Komponenten: »... das gehört für uns beides dazu: mit Gott zu kommunizieren und gleichzeitig auch Kontakt zu den Leuten zu haben, die da in der Gemeinde sind.« (E-005[m]/79) Sowohl das persönliche Gebet als auch der Gottesdienst sind für dieses Ehepaar Orte, um mit Gott zu kommunizieren, um die Beziehung zu Gott zu pflegen.[141]

---

140 »... mir ging es dann oft auch so, wenn ich gewusst habe, es kommt an dem Tag irgendetwas Anstrengendes auf mich zu oder ich habe [...] schwierige Schüler, dann auch dafür zu beten. Also, es machen ja viele nur in der Kirche, sondern [sic!] [wir beten] einfach auch zu Hause, weil wir wissen: Ja, das wirkt genauso.« (E-005[m]/40) Vgl. dazu außerdem oben die Fortsetzung des Zitats aus E-005[m]/40, 36.

141 Vgl. dazu das Zitat aus E-005[w]/34 in Anm. 102.

2.3.2 Möglicher Zusammenhang zwischen beiden Gebetsformen

Eine Befragte stellt zunächst fest, dass zum Beten nicht unbedingt eine Kirche bzw. ein Gottesdienst benötigt wird. Privates Gebet ist für sie folglich vom Gottesdienst unabhängig. Sie sagt: »... wenn ich jetzt bete oder eben so Zwiegespräche führe, da muss ich nicht unbedingt in einer Kirche sein.« (E-038/410) Im weiteren Verlauf des Gesprächs ist ihre Aussage leider nicht eindeutig; sie fährt fort: »... also, wenn es mir [...] irgendwie gut geht oder wenn es mir schlecht geht und ich habe so das Bedürfnis zu beten, dann mache ich das [...] einfach bzw. dann ist das eben so ein Zwiegespräch und dann ist es auch manchmal so, wo ich mir denke: ›Oh Mensch, jetzt möchtest [du] einmal wieder in die Kirche gehen‹, und dann gehe ich« (E-038/414). Das könnte bedeuten, dass der Befragten bisweilen aus dem persönlichen Gebet der Wunsch erwächst, in den Gottesdienst zu gehen. Ebenso könnte schlicht gemeint sein, dass das Bedürfnis nach dem Gebet und der Wunsch, in den Gottesdienst zu gehen, bei dieser Frau miteinander verbunden sind.

2.3.3 Unverbundenheit beider Gebetsformen

Die eben bereits besprochene Aussage, dass zum Beten die Kirche[142] bzw. der Gottesdienst nicht gebraucht wird,[143] wird häufiger getroffen.[144]

---

[142] »Kirche« bzw. »in die Kirche gehen« wird häufig als Äquivalent für »Gottesdienst« bzw. für »am Gottesdienst teilnehmen« gebraucht.

[143] Neben den im Text zitierten Beispielen ist noch Folgendes zu nennen: Ein Befragter, der widersprüchliche Aussagen zum Gebet trifft, sagt: »... ich brauche keine Kirche oder brauche keinen seelischen Beistand oder Pfarrer oder irgendwas; wenn ich jetzt mit meinem Gott kommunizieren will, mache ich das direkt; [...] da brauche ich keine zwischengeschaltete Instanz.« (E-013/678-680) Vgl. dazu außerdem auf dieser Seite oben das Zitat aus E-038/410, 49.

[144] Vgl. z.B. die Ausführungen in Anm. 78. Paul M. Zulehner und sein Team machen in einer österreichischen Studie eine ähnliche Beobachtung, wobei hier nicht nach dem persönlichen und dem öffentlichen Gebet gefragt war, sondern nach den Möglichkeiten »mit Gott in Kontakt zu treten«. Gebet steht mit 52% an erster Stelle, »im Kult einer Gemeinschaft von Gläubigen« treten nur 12% in Kontakt mit Gott. (Paul M. Zulehner, Isa Hager u. Regina Polak, Kehrt die Religion wieder? Religion im Leben der Menschen 1970-2000, Bd. 1: Wahrnehmen, Ostfildern 2001, 56f.) Allgemein auf Religiosität bezogen

Dabei sind es – wie im eben genannten Beispiel – nicht zwingend Kirchenferne, die solche Aussagen treffen. Eine Befragte stellt z.B. fest, dass ihr im Gottesdienst die Predigt das wichtigste ist, während sie für das Gebet den Gottesdienst nicht unbedingt benötigt. Auf die Rückfrage des Interviewers, ob es ihr beim Gottesdienst vor allem um den Gemeinschaftsaspekt geht oder vor allem darum, mit Gott zu kommunizieren, antwortet die Befragte: »... [um mit Gott zu kommunizieren,] brauche ich nicht in den Gottesdienst zu gehen. Also, [das] ist bei mir jetzt nicht so. Da brauche ich jetzt nicht in den Gottesdienst zu gehen – also, schon so ein Stückchen. [...] für mich ist es wichtig, eben jetzt so im normalen Gottesdienst: wer predigt wie. Also, eine gute Predigt ist für mich ganz wichtig, dass ich etwas mitnehme.« (E-007/274-276).

Ein weiterer Befragter, der als kirchenfern einzustufen ist und sich sonst gar nicht zum Gebet äußert, sagt: »Ich finde jetzt also nicht unbedingt, dass ich in der Kirche besser glauben kann, sage ich jetzt einmal, als wenn ich daheim bete, [...]. Also, da meine ich, ist es wohl eher umgekehrt. Aber, ich sage ja, ich weiß nicht, ob man jetzt unbedingt die Kirche als Institution dazu braucht.« (E-045/597)[145]

Zwei Befragte verteidigen ausdrücklich die Wirksamkeit des persönlichen Gebets gegenüber dem gottesdienstlichen Gebet.[146]

2.3.4 Zweifel an der Wirksamkeit der gottesdienstlichen Fürbitte

Eine Befragte äußert Zweifel an der Wirksamkeit der gottesdienstlichen Fürbitte. Sie traut den Betenden in einem Gottesdienst ihrer Gemeinde nicht zu, dass sie sich auf konkrete Gebetsanliegen konzentrieren kön-

---

sagen 77% in dieser Studie, dass sie »auch ohne andere Menschen religiös sein« könnten. »68% stimmen zu, dass dies auch ohne Kirche/Religionsgemeinschaft der Fall wäre« (PAUL M. ZULEHNER, Religion, 68f.).

[145] Die Abgrenzung der persönlichen Frömmigkeit oder Spiritualität von der Institution Kirche ist im Interviewmaterial nicht nur in Bezug auf das Gebet zu finden; vgl. z.B. die Typisierung der Befragten durch MARTIN, Mensch, 121ff.: Hier zählt E-045 wie zwölf weitere Befragte zum Typ II »Ja zum Christentum, wohlwollende Haltung gegenüber Kirche und Gottesdiensten – aber anderswo ist es schöner«.

[146] Vgl. dazu oben das Zitat aus E-038/410, 49, und aus E-005[m]/40 in Anm. 140; ähnlich auch das Zitat aus E-013/678-680 in Anm. 143 sowie auf dieser Seite oben das Zitat aus E-045/597, 50.

nen. Daher können sie auch die zur Heilung eines Menschen notwendige Energie durch ihr Gebet nicht aufbringen.[147] Das Gebet von Mönchen scheint ihr dafür besser geeignet, so dass sie in Erwägung zieht, Geld an ein Kloster zu schicken, damit ihr Gebetsanliegen von den Mönchen in ihr Gebet aufgenommen wird.

2.3.5 Abgrenzung des persönlichen Gebets vom gottesdienstlichen Gebet

Wiederum zwei Befragte grenzen ihr persönliches Gebet vom gottesdienstlichen bzw. liturgischen Gebet ab.

Eine Befragte sagt: »Ich kann für mich, wenn ich bete, nie allein das Vaterunser beten oder das Glaubensbekenntnis. Das mache ich in der Kirche, aber daheim, wenn ich bete, kann ich das nicht – das ist dann eher so ein Zwiegespräch.« (E-038/300) Das Vaterunser und das Glaubensbekenntnis gehören für die Befragte offensichtlich zum gemeinsamen Gebet im Gottesdienst und können bzw. sollen nicht in die persönliche Gebetspraxis integriert werden.

---

147 Vgl. hierzu folgendes Zitat: »... dass einfach eine konzentrierte energetische Kraft an die kranke Person geführt wird. Also so etwas gibt es ja wohl auch. [...] und [das] kann man ja machen, also so etwas finde ich eine tolle Geschichte, nicht? [...] Weil da weiß ich einfach, dass es da mental ganz zentriert auf die Person geht. Wenn ich jetzt hier bei mir in den Gottesdienst gehen würde und zur Gemeinde sagen, was weiß ich: ›Denkt jetzt einfach einmal oder bittet einmal zehn Minuten für die und die Person!‹, das würde ich denen gar nicht zutrauen, weil ich denke, die versuchen das jetzt vielleicht einmal zehn Sekunden und dann fällt dir schon wieder ein, dass ja der Braten in die Röhre endlich muss, [...] das ist, weil es einfach doch oft mehr Schein als Sein ist. Also habe ich das Gefühl, also [...] so von der normalen Gesellschaft.« (E-012/365-373)

Zum Vergleich: Es ist denkbar, dass sich die Befragte (E-012) vom gottesdienstlichen Gebet ähnlich wie Befragte in Uta Pohl-Patalongs qualitativer Studie zum Gottesdienst einen »Mehrwert« vom gottesdienstlichen Gebet gegenüber dem privaten erhofft (Uta Pohl-Patalong, Gottesdienst erleben. Empirische Einsichten zum evangelischen Gottesdienst, Stuttgart 2011, 148). Ein von Pohl-Patalong Befragter nimmt eine ähnliche Aufteilung vor wie die Befragte (E-012) der Bayreuther Studie. Er sagt: »Ja, in der Stille tue ich das für mich und versuche mir selbst Kraft, Hilfe, Erklärung, Ruhe zu finden. In dem gemeinschaftlichen Gebet im Gottesdienst erzeugt man eine Schwingung. Man hat das, glaube ich, mal festgestellt, [...]. Und dieses gemeinsame Singen oder Beten gibt ein so starkes Schwingungsbild, was ich aus meinen Studien eben erfahren habe, dass das da ist und dass es inspiriert. (Jogi, 7,21-32).« (Ebd.)

Ein anderer Befragter grenzt seine persönliche Gebetspraxis allgemein vom liturgischen Gebet ab.[148]

2.3.6 Verantwortung für das gottesdienstliche Gebet

Zu den Gebetsinhalten des gottesdienstlichen Gebets gibt es differierende Aussagen. Dort, wo die Befragten in der Stille ein persönliches Gebet einbringen sollen oder ein Anliegen in die Fürbitte einbringen wollen, schätzen sie es nicht, wenn sie das nicht so tun können, wie es ihren Vorstellungen entspricht. Wenn z.B. der Liturg die Einzelnen zum Gebet in der Stille auffordert, dann aber nicht genügend Zeit zum Sammeln der Gedanken lässt, ruft das Ärger hervor. Eine Befragte sagt: »Wenn [...] gesagt wird, was wir noch auf dem Herzen haben, bringen wir jetzt vor Gott, dann ist ungefähr eine Sekunde Zeit, da habe ich gerade eingeatmet, aber mir noch lange nicht überlegt, was ich auf dem Herzen habe« (E-018/229).[149] Eine andere Befragte beschreibt, dass sie und einige Nachbarn den Pfarrer gebeten haben, ein krankes Gemeindeglied in die Fürbitten aufzunehmen. Im Nachhinein stört sie sich daran, dass auf das Verlesen der Abkündigungen viel mehr Zeit verwandt wurde, als auf die Fürbitte für den Kranken.[150] Dort, wo die Befragten aufgefordert

---

[148] Vgl. dazu oben das Zitat aus E-008/394, 47.

[149] Zum Vergleich: »Stillephasen als Zeit des persönlichen Gebets« werden in einer qualitativen Studie, die Uta Pohl-Patalong zum Gottesdienst durchgeführt hat, von mehreren Befragten als positiv herausgestellt (vgl. POHL-PATALONG, Gottesdienst, 150f.).

[150] »... die sind schon vorangegangen, haben gesagt, ein Mitglied unserer Gemeinde ist sehr krank, wir wollen alle für ihn beten oder so, nicht? [...] also schon irgendwie viel mehr Zusammenhalt und viele Sachen, die wichtiger sind [als Abkündigungen von Kollekten]: Oh Gott, wen interessiert das denn jetzt, ob dort siebenundzwanzig Mark, Euro oder dreiundvierzig [...]; das interessiert doch eigentlich keinen Menschen ... Warum muss ich da von sechzig Minuten noch einmal fünf Minuten verplempern, um das vorzulesen. Das ist doch total ... unrelevant.« (E-031/256-260)

Zum Vergleich: Im Auftrag des Gottesdienst-Instituts der Evang.-Luth. Kirche in Bayern wurde durch die Gesellschaft für Markt-, Konsum- und Absatzforschung (GfK) eine repräsentative, quantitative Kontrolluntersuchung unter evangelisch Getauften in Bayern durchgeführt, um die Aussagen der qualitativen Bayreuther Studie in Bezug auf Gottesdienst und Kasualien zu überprüfen. Dort gaben 40% der Befragten, »die von sich sagen, dass sie in Gottesdienste gehen«, an, dass sie sich »mehr Raum für die eigenen Gebetsanliegen wünschen«. (Vgl. dazu HANNS KERNER, Wie viel Ordnung braucht der

werden, selbst zu beten oder wo sie eigene Anliegen einbringen möchten, wollen sie das auch in der angemessenen Länge tun können.[151]

Es gibt aber auch den Fall, in dem ein Befragter die Verantwortung für das Gebet gerne ganz dem Liturgen überlässt. Er sagt: »Ob ich jetzt nun wirklich intensiv da mitbete oder das nun genauso nehme, wie das jetzt vorgebetet wird, spielt keine Rolle. [...] Man ist ja oft so unruhig über irgendetwas und sagt da: Ich kann mich jetzt da [also im Gottesdienst] einmal versuchen, [mich] ein bisschen zurückzunehmen und mal die Augen zu schließen und einfach einmal Ruhe geben« (E-033/585-587).

2.4 Formen des persönlichen Gebets

2.4.1 Freies und geprägtes Gebet

Betrachtet man, was die Interviewten über ihre Art zu beten sagen, wird deutlich, dass das freie Gebet einen sehr großen Raum in ihrem privaten Beten einnimmt.[152] Weiterhin ist anzunehmen, dass bei keiner und kei-

---

Sonntagsgottesdienst? Ergebnisse zweier empirischer Untersuchungen, in: Hanns Kerner [Hrsg.], Zwischen Heiligem Drama und Event. Auf dem Weg zu einer zukunftsfähigen Agende, Leipzig 2008, 7-21, hier 16.)

[151] Zum Vergleich: Genau diese beiden Aspekte werden auch von den Befragten der Studie von Pohl-Patalong genannt. Pohl-Patalong stellt heraus, dass den Menschen die »Konkretheit des Ereignisses oder der Personen, für die [im Fürbittengebet] gebetet wird«, wichtig ist (Pohl-Patalong, Gottesdienst, 146). Auch der »Raum für eigene Anliegen« im gottesdienstlichen Gebet wird mehrere Male positiv erwähnt (vgl. a.a.O., 147).

[152] Nicht immer wird ausdrücklich gesagt bzw. aus den von den Befragten angebrachten Beispielen ersichtlich, dass es sich bei den Gebeten um frei formulierte Gebetstexte handelt, doch die genannten Gebetsanliegen oder -anlässe führen zu der starken Annahme, dass dies häufig der Fall ist: Vgl. das Zitat aus E-005[m]/40 in Anm. 140; sowie folgende Zitate: »Natürlich [gibt es] auch immer [...] so dieses kindliche Gebet zum Vater, [welches dadurch bestimmt ist,] dass man so gewisse Sachen betet: Ich setze mir Ziele oder habe Wünsche oder Probleme und [es bestimmt dieses Gebet,] dass ich die eben im Gebet Gott auch hinlege.« (E-008/396). Daneben gibt es jedoch auch Beispiele, bei denen eindeutig vom freien Gebet die Rede ist: »... wenn ich da allein in der Natur bin und meine Lieder singe und meine Verse aufsage und [...] einfach so mit ihm [Anm.: Gott] spreche – und ich schimpfe sogar manchmal mit ihm – [...] oh, das ist manchmal ganz schön heftig.« (E-011/662-666); vgl. das Zitat aus E-012/345-353 in Anm. 87. Auf die Frage des Interviewers, ob es sich bei ihren Gebeten um Gebete handle, bei denen der

nem der Befragten, die das persönliche Gebet pflegen, dieses ausschließlich aus geprägten Texten besteht. Dennoch haben geprägte Texte einen hervorgehobenen Platz in der Gebetspraxis. Genannt werden Psalmen[153], das Vaterunser[154], das Glaubensbekenntnis[155] sowie Luthers Morgensegen[156]. Eine Befragte erklärt, dass das Gesangbuch sowie die Bibel für sie Textquellen für Gebete seien.[157] Ein Befragter spricht allgemein über »geprägtes Gebetsgut«, das er auswendig könne und bei seinem morgendlichen Gebet je nach Bedürfnis zitiere.[158] Für eine Frau dient das Gute-Nacht-Gebet, das sie bereits als Kind von ihrer Großmutter gelernt hat, als Einstieg in das sonst frei formulierte Gebet vor dem Schlafengehen; sie erklärt: »... also, das Guten-Abend- oder Gute-Nacht-Gebet: Das war immer dasselbe, das ich so von meiner Oma eben gelernt habe. [...] Also, das war immer, ja! Wobei ich das manchmal jetzt auch noch bete. Also, das ist so ein ganz altes Gebet ...« (E-038/264-266). Es handelt sich um dieselbe Befragte, für die das Vaterunser und das Glaubensbekenntnis eindeutig mit dem Gottesdienst verbunden sind und zu Hause nicht gebetet werden können.[159] Sie erwähnt dabei auch, dass sie

Text feststehe, antwortet eine Befragte: »Nein, bloß Gebet aus dem Kopf.« (E-015/483); vgl. dazu oben das Zitat aus E-038/300, 51, sowie unten das Zitat aus E-046/424-426, 85. In anderen Fällen ist es nicht auszumachen, um welche Form des Gebets es sich handelt: E-007; E-023; E-031; E-036.

153 Vgl. das Zitat aus E-011/632-638 in Anm. 118; »... den Psalm 103 haben meine Eltern bekommen, [...] zur Beerdigung, und den bete ich auch oft. [...] Das [Anm.: den Psalm] hat der Pfarrer rausgesucht. [...] ›Eine Blume auf dem Felde ist wie Gras, sie blühet und verwelket‹, [...] so ähnlich heißt es doch im Psalm 103? [...] Oder: ›Hebe deine Augen auf zu den Bergen, von welchen mir Hilfe kommt. Meine Hilfe kommt vom Herrn, der Himmel und Erde gemacht hat.‹ – Psalm 121. ›Er wird deinen Fuß nicht gleiten lassen und der dich behütet, schläft und schlummert nicht.‹ [...] – bete ich auch oft« (E-015/489-511). Vgl. das Zitat aus E-029/34-36 in Anm. 98.

154 »Und mein Vaterunser bete ich immer, [...] mit Glaubensbekenntnis. Ja, und auch aus dem Gesangbuch und manchmal aus der Bibel« (E-015/485-489); vgl. außerdem das Zitat aus E-029/12-18 in Anm. 94.

155 Vgl. Zitat aus E-015/485-489 in Anm. 154; vgl. Zitat aus E-029/12-18 in Anm. 94.

156 Vgl. Zitat aus E-029/12-18 in Anm. 94.

157 Vgl. Zitat aus E-015/485-489 in Anm. 154.

158 Vgl. das Zitat aus E-048/10-22 in Anm. 92.

159 Vgl. das Zitat aus E-038/300 im Unterpunkt *2.3.5* Abgrenzung des persönlichen Gebets vom gottesdienstlichen Gebet, 51f.

die Vaterunserbitte »wie auch wir vergeben unseren Schuldigern« nicht immer mitbete, da sie nicht immer in der Lage sei, allen zu vergeben.[160]

Auch bei Gute-Nacht-Gebeten mit Kindern und vor allem bei Tischgebeten handelt es sich vorwiegend um geprägte Texte.[161]

2.4.2 Gebet als Meditation oder bewusstes Nachdenken

Das Gebet wird auch in meditativen Formen oder als Meditation bzw. in Kombination mit der Meditation vollzogen. Schon erwähnt wurde eine Befragte, die, um abzuschalten, einen Ort in der Natur aufsucht und dort sowohl betet als auch meditiert.[162] Diese Befragte trennt begrifflich Beten und Meditation. Sie beschreibt jedoch nicht, worin für sie der Unterschied liegt. Beides wird jedoch am selben Ort zum selben Zweck praktiziert und liegt folglich nahe beieinander. Auch zwei weitere Personen berichten von einer Verbindung von Meditation und persönlichem Gebet.[163]

---

[160] Die Befragte erwähnt, dass sie wenn sie zum Abendmahl geht, nicht denkt, »... dann bin ich frei von allen Sünden - eher nicht. Weil ich mir denke, [...] dazu habe ich auch viel zu viele Probleme oft beim Vaterunser [...] zu sagen: ›Und vergib uns unsere Schuld, wie auch wir vergeben unseren Schuldigern‹. Weil [...] ich kann, manchen Leuten einfach nicht alles vergeben. [...] aber es regt mich dann doch immer wieder [...] zum Nachdenken an, ob ich es nicht vielleicht doch sollte oder ob das überhaupt so mit meinem Leben passt, so manche Sachen, die ich so anstelle. Und das Abendmahl ist für mich [...] eher so etwas [...] zum tieferen Nachdenken, aber auch noch einmal so eine Verbundenheit [...] zu Gott [...] haben.« (E-038/467-471)

[161] Beide Gebetsformen werden unten gesondert betrachtet: Siehe *2.10.3 Gute-Nacht-Gebet*, 94ff., und *2.10.4 Tischgebet mit Kindern*, 97ff. sowie *2.11 Tischgebet*, 100f.

[162] Vgl. dazu oben das Zitat aus E-023/256, 40.

[163] Bei diesen beiden anderen Personen handelt es sich um Personen im Pfarrberuf: »... das [Anm.: sich allein in die Kirche setzen] mache ich wirklich sehr gerne, [aber] nicht unbedingt regelmäßig. [...] [Es ist] nicht [so], dass ich zu bestimmten Zeiten in der Woche grundsätzlich nicht zur Verfügung stehe, weil ich dann damit beschäftigt bin, mich einmal in die Kirche zu setzen, zur Ruhe zu kommen [und] auch einmal ein Gebet zu sprechen, sondern ich habe da oft einmal einfach das Bedürfnis. Und das kann einmal abends sein, einmal morgens sein. Es kommt natürlich dazu, dass ich unsere Kirche als Raum sehr schätze. [...] einmal das Kreuz ganz aus der Nähe betrachten, [...] oder mir Gedanken zu machen über eine der Figuren, die da oben stehen. Das ist mir schon wichtig. [...] Also, ich würde es eher meditativ nennen.« (E-047/66-72) »Da [Anm.: beim Morgengebet] finden Gebete und Gesänge statt. Ich kann eine ganze Menge geprägtes Gebet-

Drei Personen beschreiben, dass Nachdenken und Gebet sehr nahe beieinander liegen bzw. ineinander übergehen können.[164] So erzählt z.B. der Befragte, der nachts am Bett seiner Kinder betet, während diese bereits schlafen: »Ich gehe gerne, wenn meine Kinder schon schlafen, nachts [...] an ihr Bett [...] und gehe einfach noch einmal hin, schaue nach, wie es ihnen geht und [...] denke mir meinen Teil; das kann einmal ein Gebet sein, das kann auch einmal einfach ein Gedanke an das Kind sein« (E-036/28-30).

2.4.3 Stilles und gesprochenes Gebet

Sowohl das Gebet, das in Nachdenken übergeht (oder umgekehrt), als auch das Gebet, das mit der Meditation verbunden wird, finden im Stillen statt, ohne gesprochene Worte.[165] Es wird nicht bei allen Befragten, die von sich sagen, dass sie beten, deutlich, ob sie Gebete im wahrsten Sinne des Wortes *sprechen* oder sie im Stillen vollziehen. Fest steht, dass beide Formen praktiziert werden. Manches spricht dafür, dass das Gebet in seinen geprägten Formen häufiger tatsächlich laut gesprochen wird.[166] Aber auch das freie Gebet wird zum Teil laut gesprochen praktiziert. So sagt z.B. eine Frau, dass sie, wenn sie in der Natur ist, Lieder singe, Verse aufsage und mit Gott spreche.[167]

Ob ein Gebet im Stillen vollzogen oder laut gesprochen wird, kann auch von den äußeren Umständen abhängig sein. Eine Frau berichtet von ihrem Abendgebet: »... es ist dann schon so, dass ich immer im Bett liege, meistens auf der Seite und dann schon auch so die Hände falte und wenn ich jetzt ganz allein bin, dann prappel ich so vor mich hin und

---

gut auswendig. Das kann ich dann zitieren, wenn mir danach ist [...], oder ich sitze da und denke nach.« [Interviewer: »Das ist dann so im Sinne einer Meditation?«] »Ja.« (E-048/20-24)

[164] Auch bei diesen drei Personen handelt es sich um Personen im Pfarrberuf. Neben dem in Text zitierten Beispiel wird Folgendes zum Gebet in Verbindung mit Nachdenken gesagt: »... für mich [ist] jetzt Gebet und Nachdenken, das ist sehr, sehr fließend.« (E-036/133); vgl. außerdem das Zitat aus E-048/20-24 in Anm. 163, sowie oben das Zitat aus E-049/334-338, 37.

[165] Siehe *2.4.2 Gebet als Meditation oder bewusstes Nachdenken*, 55f.

[166] Vgl. das Zitat aus E-038/374-378 in Anm. 103.

[167] Vgl. das Zitat aus E-011/662-666 in Anm. 152.

wenn mein Mann so neben mir liegt, dann mache ich das ganz ruhig« (E-038/374-378).

2.4.4 Gebet innerhalb eines ritualisierten Ablaufs

2.4.4.1 Praxis

Gebete, die Teil eines ritualisierten Ablaufs sind, sind im Interviewmaterial ausschließlich Gebete, die zu einer festen Zeit stattfinden, und wurden daher oben unter dem Gesichtspunkt der Gebetspraxis zu festen Gebetszeiten bereits besprochen.[168]

Gebete innerhalb ritualisierter Abläufe finden sich außerdem beim Abend- oder Gute-Nacht-Gebet mit Kindern.[169]

2.4.4.2 Kritik an der Praxis des Gebets innerhalb eines ritualisierten Ablaufs

Kritik an der Praxis des Gebets innerhalb eines ritualisierten Ablaufes wird von zwei Pfarrern geübt. Sie begründen ihre eigene, eher an aktuellen Bedürfnissen orientierte Gebetspraxis in Abgrenzung zu einer ritualisierten. Einer dieser beiden Pfarrer, der seine religiösen Wurzeln im evangelikalen Bereich hat, ist – wie auch seine Frau – von einem ritualisierten Ablauf der stillen Zeit am Morgen abgekommen und beschreibt, dass er sich nun mehr von seinem Bedürfnis leiten lasse; er sagt: »... dadurch [Anm.: durch die Erfahrungen im Studium] hat sich [...] die Frömmigkeit dann auch geändert. Also am deutlichsten wird es vielleicht darin: Ein ordentlicher Pietist, der liest jeden Morgen in seiner Bibel und jeden Morgen im Losungsbüchlein und spricht mit Sicherheit jeden Morgen ein Gebet und hat sehr viel mehr Rituale oder ritualisiertes Frömmigkeitsverhalten [...] und das haben wir [Anm.: der Befragte und seine Frau] abgestreift. [...], jetzt ist es dann [so], dass wir für uns selber in die Bibel reinschauen, wenn wir das Bedürfnis haben [...] oder [...] in das Losungsbüchlein.« (E-036/366-370) Auch ein weiterer Pfarrer praktiziert das Gebet spontan, wobei er bemerkt, dass seine eher evangelikal geprägte Gemeinde wohl eine ritualisierte Gebets- und vor allem

---

[168] Siehe *2.2.1 Gebetspraxis innerhalb fester Gebetszeiten*, 32ff.

[169] Unter *2.10.3 Gute-Nacht-Gebet*, 94ff., wird dieser Aspekt wird unten gesondert betrachtet.

auch Bibellesepraxis von ihrem Pfarrer erwarten würde und ihn daher für weniger gläubig halte.[170]

2.4.5 Gebet zu zweit oder in einem Gebets-, Bibel- oder Hauskreis

Das gemeinsame Gebet kann mit *einer* weiteren Person stattfinden oder auch mit mehreren Personen in einem Gebetskreis. Diese Praxis findet sich vor allem bei den Befragten, die dem freikirchlichen oder evangelikalen Spektrum zuzuordnen sind oder waren. Insgesamt gibt es eher wenige Aussagen hierzu. Die Aussagen, die sich zum Gebet zu zweit und zu Gebets-, Bibel- oder Hauskreisen im Interviewmaterial finden, sind meistens Aussagen über eine vergangene Gebetspraxis.[171] Bei allen

---

[170] »Ich habe mit Sicherheit Gemeindemitglieder, die viel mehr Wert auf ihre eigene Spiritualität legen. Die jeden Tag die Losungen lesen [...] oder jeden Tag Bibellesungen machen. Die Zeit gönne ich mir oft nicht beziehungsweise halte es für nicht so wichtig, sondern im Prinzip habe ich so für mich ein Gefühl entwickelt, wann ich ein spirituelles Erlebnis und spirituellen Raum brauche. Dann nehme ich mir den. Und das lässt sich meistens einrichten. [...] Aber regelmäßig morgens nach dem Zähneputzen die Losungen zu lesen – das ist für mich nicht unbedingt die Art, wie ich das mache. [...] Und deshalb bin ich mit Sicherheit auch für viele Gemeindemitglieder schon deswegen kein Vorbild. Ich mache da auch kein Hehl daraus.« (E-047/178-182)

[171] Beim Lesen der Bibel in einer Gruppe müssen zwei verschiedene Formen unterschieden werden: die Bibelstunden oder -abende, die in manchen Gemeinden stattfinden und offen sind, d.h. von wechselnden Teilnehmern und Teilnehmerinnen besucht werden können, und die Bibelkreise, zu denen sich eine feste Gruppe von Menschen meist einmal pro Woche trifft. Die zuletzt genannten Kreise können sich privat finden oder auch organisiert und betreut sein durch Gemeinden oder Organisationen wie z.B. den CVJM. Diese Kreise sind dann eher geschlossen; es handelt sich um Gruppen, die sich immer wieder in derselben Konstellation treffen. Dass neue Teilnehmer und Teilnehmerinnen hinzukommen, ist dennoch nicht ausgeschlossen. Im Interviewmaterial finden sich für solche Kreise auch die Bezeichnungen »Gebetskreis« und »Hauskreis«. In der Gestaltung der Treffen unterscheiden sich diese Gruppen trotz der verschiedenen Bezeichnungen jedoch nicht wesentlich; so ist in einem Gebetskreis durchaus auch die Bibellektüre vorgesehen; vgl. z.B. folgendes Zitat: »... wir hatten damals eine Einheit über die Schöpfungsgeschichte [im Religionsleistungskurs] und ich war damals Leiter bei einem Schülergebetskreis im [...]gymnasium; und mit den frischen Erkenntnissen der kritischen Exegese [zur Schöpfungsgeschichte] bin ich dann in meinen Schülergebetskreis gegangen, und wir haben über die Schöpfungsgeschichte und die Erschaffung in sieben Tagen

dieses Aussagen finden sich auch Wertungen – weniger Deutungen. Nicht immer ist bei diesen Wertungen das Gebet an sich angesprochen, sondern oft die gesamte Praxis des Gebets-, Bibel- oder Hauskreises im Blick.

2.4.5.1 Gebet zu zweit

Praxis

Über das Gebet zu zweit gibt es drei Aussagen zu jeweils unterschiedlichen Personenkonstellationen.

Eine der Befragten konnte sich mit zwei ihrer Nachbarn zum Gebet zusammenfinden. Darüber äußert sie z.B. Folgendes: »... da hat einmal ein junger Mann gewohnt, der ist dann einmal irgendwo hingefahren. [...] Da war der so auf der Terrasse gesessen und hat gesagt: ›Also, ich bin jetzt so aufgeregt.‹ [...] ›Frau [*Name der Befragten*], Sie müssen jetzt noch mit mir beten!‹ [...] Also, das kann man machen, wenn man einen geistigen Menschen hat.« (E-020/496)

Ein Ehepaar berichtet davon, dass beide ihr Morgengebet im Moment einzeln vollziehen, da sie zu verschiedenen Zeiten aufstehen müssen. Aus dieser Beschreibung spricht jedoch, dass sie das Morgengebet auch schon gemeinsam vollzogen haben.[172]

In einem weiteren Fall erzählt eine Frau davon, dass es in ihrer Gemeinde einen Pfarrer gab, zu dem man mit seinen Problemen kommen konnte. Sie sagt: »... mit dem [konnte] man [...] über alles offen reden [...] – wie ich jetzt mit Ihnen rede – bloß dass ich dann gesagt habe: ›Pass

---

gesprochen, und dass das ja eigentlich ein Lied ist und dass man das nicht so wörtlich nehmen kann« (E-047/222). Kreise, die an Gemeinden angeschlossen sind, können dabei durchaus eine andere Frömmigkeitsrichtung vertreten als die Pfarrer oder der Großteil der Gemeinde. Eine Pfarrerin schildert diese Situation für ihre Gemeinde. Sie spricht aus der Außenperspektive über einen Kreis, der in die Gemeinde integriert ist. Sie stuft ihn als »charismatisch« ein, sieht aber keine »Reibungspunkte« mit diesem Kreis; vgl. die folgenden Zitate aus demselben Interview: »... es gibt einen Hauskreis, die eher auch so ein wenig charismatisch sind, die auch zugeben, dass sie da immer wieder einmal in einen freikirchlichen Gottesdienst gehen. Da denke ich: ›Ja, geht nur, wenn ihr wieder kommt.‹ Und [außerdem gibt es Gespräche] punktuell mit Evangelikalen, also von der Landeskirchlichen Gemeinschaft Geprägten; [das] sind Gespräche, aber keine Reibungspunkte.« (n1/575) »... die machen eine gute Arbeit. Die bedienen einen Frömmigkeitsbereich [...] wo ich mich schwer tun würde. [...] Und die Frau vom Hauskreisleiter ist auch im [*Name eines anderen Gemeindekreises*].« (n1/583-585)

[172] Vgl. dazu das Zitat aus E-005[w]/34 in Anm. 102.

auf, das und das belastet mich so.‹ ... und so und dass er dann einfach gesagt hat: ›Komm einmal zu mir, wir beten für das Problem.‹ Das war, als jemand in der Familie ganz schwer krank war« (E-031/431).

Bewertung

Die beiden Befragten, die das Gebet zu zweit ansprechen, werten nicht die Gebetspraxis an sich, sondern die Person, mit der sie das Gebet vollziehen. In einem Fall ist die Voraussetzung für das Gebet zu zweit, dass der Gebetspartner ein »geistiger Mensch« ist.[173] Was genau die Qualität eines »geistigen Menschen« ausmacht, wird im weiteren Verlauf des Gesprächs noch etwas näher erläutert: Es geht darum, dass die beiden Gebetspartner »eins« sind.[174] Was wiederum diese »Einheit« ausmacht, wird nicht näher definiert. Die Befragte, die das Gebet mit einem Pfarrer positiv erwähnt, beschreibt ein ähnliches Phänomen. Sie sagt: »Und das [gemeinsame Gebet] habe ich sehr geschätzt, aber das [war] auch dadurch [gegeben], dass wir so einen Draht zueinander hatten [...] Sie können ja mit ganz wenigen Leuten offen bei uns reden [...] und das war [...] mit dem Pfarrer so, dass der sehr menschlich war. Vielleicht auch, weil er selber Probleme gehabt hat [...], dass der das vielleicht dann ein wenig anders gesehen hat und sich vielleicht auch nicht so viel um die Meinung von den Leuten hier bei uns gekümmert hat.« (E-031/433-439) Auch wenn es sich bei dem Treffen und Gebet mit einem Pfarrer nicht um ein rein privates Setting handelt, so scheint es sich hier ebenfalls um eine gefühlte Einheit zu handeln, die das gemeinsame Gebet möglich macht bzw. positiv in Erinnerung behält.

2.4.5.2 Gebet in einer Gruppe

Praxis

Von einem »Gebetskreis« ist wörtlich nur in einem Interview die Rede;[175] ansonsten wird von Haus- oder Bibelkreisen erzählt. Das Gebet gehört

---

[173] Vgl. dazu das Zitat aus E-020/496, 59.

[174] Die Befragte erwähnt im weiteren Verlauf des Interviews, dass ein Gebet mit dem Interviewer als Gebetspartner nicht dasselbe wäre wie ein Gebet mit dem erwähnten »geistigen Menschen«: »Ich meine, ich kann jetzt mit Ihnen [Anm.: angesprochen ist der Interviewer] auch beten, aber das ist jetzt nicht – wie soll ich das jetzt sagen – man ist dann nicht eins.« (E-020/498)

[175] Vgl. die Ausführungen in Anm. 171.

bei den Treffen, wie sie von Befragten beschrieben werden, in allen Kreisen dazu, neben der Bibellese, dem Singen und themenbezogenen Gesprächen.[176] Zum Ablauf dieses Gebets und den Gründen, warum es praktiziert wird, werden keine Aussagen gemacht.

Zweimal werden »Betpaten« erwähnt. Diese Praxis sieht vor, dass man sich außerhalb des Treffens des Haus- oder Gebetskreises noch einmal mit einem Mitglied des Kreises trifft und sich mit diesem beratschlagt und betet. Sie wird einmal ohne Wertung aus der eigenen Wahrnehmung beschrieben.[177] Ein anderes Mal wird die Einrichtung des »Betpaten« aus der Außenperspektive kritisch betrachtet. Der Befragte hält die »Betpaten« als nicht für ihre Aufgabe geeignet, die sie erfüllen sollen.[178]

Eine weitere Art der Gebetsgemeinschaft wird von einem Befragten beschrieben, der eine landwirtschaftliche Ausbildung in einer klosterartigen, religiösen Gemeinschaft gemacht und während dieser Zeit auch dort gelebt hat. In dieser Kommunität gab es »fünf Gebetszeiten«, die auch von Nichtmitgliedern der Kommunität eingehalten werden sollten.[179]

---

176 Vgl. unter anderem folgende Zitate: »Wir treffen uns einmal wöchentlich mit Freunden zusammen bei uns, um Bibel zu lesen und über die Woche zu reden und gemeinsam zu beten.« (E-005[m]/45); »... dann [gab es] parallel dazu [Anm.: zu anderen Veranstaltungen derselben Organisation] Hauskreise, also die [...] natürlich auch mitarbeiterbezogen waren, bei einem der hauptamtlichen Leiter, und wo man [...] so Sachen gemacht hat, ja, Bibel gelesen hat, sich ausgetauscht hat, Themen besprochen hat, gesungen hat, gebetet hat und so weiter.« (E-008/270).

177 In diesem Fall handelt es sich nur um die Beschreibung der Praxis eines »Betpaten«, der Begriff an sich fällt nicht: »... das war dann ein Termin in der Woche [Anm.: der Hauskreis], auch hier [waren] da Gebet, Bibellese, Austausch [Teile des Programms]. Zusätzlich [gab es] auch noch immer den Austausch einmal unter der Woche mit jemandem aus dem Kreis – also, nur mit einem, der mir dann sozusagen zugewiesen worden ist.« (E-008/274)

178 »... manche, die haben irgendwelche Betpaten oder so etwas, da gehen die hin und dann lassen die sich beraten. – Bloß wenn ich mir die Betpaten anschaue, die sind in sich [...] unzufrieden oder auch in keinster Weise gefestigt, und die sollen dann jemandem, der Rat sucht, einen Rat geben; die sind ja gar nicht prädestiniert dafür.« (E-013/688)

179 »... es sind über den Tag [verteilt] wirklich fünf Gebetszeiten: also, morgens um sieben [...] eine halbe Stunde Gebetszeit mit Lesung, mit Liedern, mit gregorianischen Gesängen und Hymnen. Danach ist [...] Arbeit. Um neun [Uhr] war eine weitere Gebetszeit, bis 20 [Minuten] nach neun, [danach] wieder Arbeit, zwölf Uhr Mittagessen, das ist eingeleitet worden mit einem ganz besonderen Gesang und Gebet. [...] Und dann war eine

Bewertung

Das Treffen eines Gebets-, Bibel- oder Hauskreises als Ganzes wird meist positiv bewertet. Das Hauptmotiv für die meisten der Befragten, einen Bibelkreis oder eine Bibelstunde zu besuchen bzw. besucht zu haben, ist jedoch der Austausch.[180] Dabei mischen sich der Austausch über den gelesenen Text und der Austausch über private Themen.[181]

Pause und dann noch einmal am Nachmittag gab es eine Gebetszeit, nur von den Mitgliedern der Kommunität und um sechs gab es die Vesper, gab es das [...] Abendgebet und danach das Abendessen und danach auch noch ein bisschen Freiraum und dann [um] halb neun [...] gab es das Nachtgebet. Es ist natürlich auch nicht jeder zu jeder Gebetszeit gekommen, aber es war doch schon recht verpflichtend. Wenn man da dauernd gefehlt hätte, dann wird man schon darauf angesprochen: »Ja, hast du kein Interesse daran?« (E-021/22-26)

[180] Die hier zugrunde liegenden Aussagen sind ausschließlich Aussagen von Laien.

[181] Eine Befragte beschreibt den Stellenwert des Kreises folgendermaßen: »Wir treffen uns einmal wöchentlich mit Freunden zusammen bei uns, um Bibel zu lesen und über die Woche zu reden und gemeinsam zu beten. Und das ist schon was, was uns sehr wichtig ist. Wo wir auch nicht fehlen wollen. Weil wir wissen, da herrscht eine sehr große Offenheit, man erzählt viel voneinander und kann dann auch sehr vertraulich miteinander reden und Sachen loswerden, und das ist eine gute Sache.« (E-005[m]/45) Für eine andere Befragte war es interessant, durch die Gespräche mehr über die Ansichten der anderen Gemeindeglieder zu erfahren und dadurch das Bild, das sie sich von diesen gemacht hatte, zu revidieren. Sie sagt: »... ich war mal in so einem Kirchenkreis und [...] fand das [...] war auch schon wirklich gut. Also da hat man sich so [Texte] aus der Bibel erarbeitet [...]. Es war schon wirklich ganz gut, weil man dann auch vom Nächsten etwas mehr, [...] wie soll ich [...] sagen, mitgekriegt hat, nicht? [...] Weil man doch dann intensiver zusammen ist und auch manchmal über das oder das diskutiert und auch seine Ansichten zum Teil preisgibt, nicht? [...] Wo ich zum Beispiel dann gedacht habe, wenn ich die Leute so immer gesehen habe in [*Ortsangabe*], hätte ich nie gedacht, dass eigentlich das und das dahinter steckt [...] und dass auch manchmal so viele Probleme sind, wo nach außen alles ganz toll ausschaut.« (E-031/771-777) Auch diese Aussage macht deutlich, dass es in den Gesprächen meist um mehr als reine Textarbeit geht. Die Bibeltexte geben offenbar Anstoß zu tieferen Gesprächen. Anderen Befragten sind bei den Diskussionen andere Aspekte wichtig, etwa in der Jugendzeit die eigene Meinung ausprobiert oder eingebracht zu haben; vgl. dazu folgendes Zitat: »... früher so, als ich vierzehn war, oder was, [gab es] so eine Jugendgruppe und einen Bibelkreis – und das war da ganz toll für mich, dass wir da wirklich viel, so ein bisschen was gelesen haben und dann aber eigentlich auch unsere Gedanken total reingemischt haben und so ausgetauscht haben.« (E-018/181) Wieder andere konnten sich über einen solchen Kreis und die Gespräche wieder an den Glauben annähern: »... das hat mich also unwahrscheinlich fasziniert, und zwar wegen der Auslegung von der Bibel. [...] Also das war wirklich eine Diskussionsrunde, und die hat mich

Negative Äußerungen hinsichtlich der Gebetspraxis in einer Gruppe finden sich bei jenem Befragten, der für einige Zeit in einer Kommunität lebte. Er empfand die Unterbrechung der täglichen Arbeiten durch die Gebetszeiten dort bisweilen als störend, da er nicht beenden konnte, was er gerade begonnen hatte.[182] Auch dass das Gebet verpflichtenden Charakter hatte, erlebte er zum Teil als einengend.[183] Ähnlich ging es einem der Befragten mit der Praxis seines früheren Hauskreises; nachdem er in einen offeneren Kreis junger Erwachsener gewechselt hat, vergleicht er diesen nun mit seinem früheren Hauskreis: »... tat mir auch dann gut, dass eben da nicht so der Zwang ist. [...] also Zwang, ich habe es [früher] nicht als Zwang empfunden, aber es war halt so die Vorgabe: Bibel lesen, Gebet und sonst etwas.« (E-008/294)

2.5 Gebetsgattungen und ihre Inhalte

Inhalte und Anliegen der beschriebenen Gebete sind stark verbunden mit den Erwartungen, die an die Gebete gestellt werden, und mit der Vorstellung vom Gebetsadressaten, der in der Regel Gott ist. Da durch die Inhalte und Anliegen vor allem aber die Praxis der verschiedenen Gebetsgattungen veranschaulicht werden kann, ist eine Trennung dennoch sinnvoll.

Begründungen oder Deutungen, die sich direkt auf eine einzelne Gebetsgattung beziehen, werden bereits hier – jeweils im Anschluss an

immer weitergebracht, und das hat mir so gut gefallen, dass ich aufgrund dessen [...] wieder ein bisschen Geschmack gefunden habe an der Geschichte« (E-012/171-173).

182 »... gerade wenn man dann irgendwie draußen etwas gearbeitet hat, und dann ertönt die Glocke und man läuft wieder dahin [zum Gebet], manchmal habe ich das schon als Unterbrechung [...] empfunden. Aber es ist eine Frage, wie man das annimmt – also die Einstellung dazu. [...] wer da will und wem die einzelnen [Gebets-]Zeiten wichtig sind – dann ist das sicher etwas anderes, als wenn im Vordergrund die Arbeit steht, die [...] fertig werden soll und wo es dann vielleicht lästig ist, das zu unterbrechen. [...] Das hat mich dann schon manchmal gestört.« (E-021/28-32)

183 »... diese Zeit – so wertvoll die bestimmt auch war – [...] zum Schluss, das hat mich so gestört, dass man so in diesen Formen war und dass dabei eigentlich wenig Raum darüber hinaus war, also Freiraum, irgendetwas Eigenes zu machen. Da war ich nur froh, als ich da wieder raus war.« (E-021/14) Vgl. zudem das Zitat aus E-021/22-26 in Anm. 179.

die Beschreibung der jeweiligen Gebetsgattung und ihrer Inhalte – behandelt.

Die Erwartungen an das Gebet, die meist zugleich Begründungen für das Gebet oder auch Deutungen des Gebets sind oder diese beinhalten, werden in einem eigenen Abschnitt detaillierter betrachtet.[184]

2.5.1 Bittgebet

2.5.1.1 Praxis

Bei den Aussagen, die zum persönlichen Gebet gemacht werden, nimmt das Bittgebet den größten Raum ein. Die Bitten können verhältnismäßig allgemein gehalten sein, wie etwa Bitten um Gesundheit[185], Hilfe[186], »mentale Unterstützung«[187], Schutz[188], »Kraft und Verstand«[189] oder die Anwesenheit Gottes[190]. Daneben gibt es aber auch sehr konkrete Bitten, die einer speziellen Situation zugeordnet sind, z.B. einem konkreten Krankheitsfall[191] oder – wie es in zwei der Interviews zu finden ist –

---

184 Siehe dazu *2.6.2 Erwartungen und Wirkungen*, 78ff.

185 »... ich bitte und bete auch für meine Kinder, dass sie der liebe Gott beschützt und gesund erhält.« (E-015/197)

186 »... da habe ich gesagt: ›Herr Jesus, da [in der Bibel] steht es drin: Du hast gesagt, du bist ein Vater der Witwen und Waisen und ich verlasse mich jetzt auf dich, und hilf mir [...]‹« (E-020/156).

187 Vgl. das Zitat aus E-012/104-108 in Anm. 129.

188 Vgl. das Zitat aus E-015/197 in Anm. 185; ähnlich im weiteren Verlauf desselben Interviews: »Ich bete für meine Kinder, für meine Enkel, für meine Schwiegertochter, für meine Verwandten und Bekannten, [...] dass der liebe Gott keine bösen Feinde heranlässt.« (E-015/199-201) »Ich bitte darum, dass der liebe Gott mich jeden Tag beschützt [...] und Kraft und Verstand gibt zur richtigen Zeit.« (E-015/475-477) Vgl. dazu außerdem unten das Zitat aus E-046/424-426, 85.

189 Vgl. das Zitat aus E-015/475-477 in Anm. 188.

190 Vgl. dazu unten das Zitat aus E-046/424-426, 85.

191 »... dann musste ich [...] warten, bis der [Arzt] festgestellt hat, ob es [Anm.: die Krankheit] eine Borreliose war. [...] Also, und dann habe ich gesagt: ›So, in der Bibel steht [...] Jakobus 5, wenn jemand krank ist, [Anm.: an dieser Stelle ist die Aussprache undeutlich; vermutlich fehlt hier: ›dann rufe‹] die Ältesten und bekennt eure Sünden, [...] dass sie [euch] salben, und dann wird das besser werden mit dem[jenigen].‹ ... So, und dann habe ich gedacht: ›Wir sind doch gläubige Menschen, warum tue ich nicht einfach das Angebot Gottes in Kauf nehmen?‹ Und da habe ich gesagt zu meinem Schwiegersohn, zu meinem Sohn [...]: ›So, ihr seid jetzt die Ältesten!‹ Und der [*Name des Sohns oder Schwie-*

wenn dafür gebetet wird, verschwundene Gegenstände wieder zu finden. Eine der Befragten sagt z.B.: »Wenn ich manchmal etwas verlege und ich suche und ich finde es nicht, dann bete ich manchmal und bitte den lieben Gott: ›Gib mir doch Verstand und den Gedanken, dass ich es finde.‹ Und auf einmal finde ich es wieder« (E-015/215-219).[192]

Was oben bereits im Bezug auf das Gebet in guten bzw. schlechten Zeiten gesagt wurde, gilt auch für das Bittgebet: Auch dessen Inhalte beziehen sich auf die eigene, ganz persönliche Situation und umfassen allenfalls noch die Menschen im unmittelbaren Umfeld.

2.5.1.2 Begründung und Deutung

Das Bitt- und das Dankgebet erfährt durch eine Befragte eine ähnliche Beurteilung wie das oben bereits dargestellte Gebet in schlechten bzw. schwierigen Zeiten.[193] Dabei geht sie zum einen davon aus, dass man in Zeiten, in denen es einem gut geht, sowohl weniger dankt als auch weniger bittet; zum anderen sind ihrer Beobachtung nach die Inhalte der Bittgebete abhängig von der empfundenen persönlichen Lebensqualität der Betenden. Die Befragte sagt: »... das ist [...] so eine menschliche Eigenschaft, wo man sagt, wenn es einem gut geht, dankt man eigentlich weniger [...] oder bittet weniger. [...] Wie es halt immer so schön das Beispiel ist, wenn jemand sagt: ›Ich möchte endlich einmal viel Geld haben‹, und dann hat man viel Geld und ist schwer krank, dann sagt man: ›Lieber Gott, ich gäbe mein ganzes Geld – mache mich halt wieder

gersohns] hat gleich gesagt: ›Ich bin kein Ältester.‹ [...] und dann haben die [aber] mit mir gebetet, und das glaube ich, [...], wenn das in der Bibel steht [...]: ›Gott kann auch Wunder tun, dass ich gleich wieder gesund bin.‹ [...] Für Gott ist ja kein Ding unmöglich, aber ich glaube das und das habe ich auch erlebt, [...], wenn das da drinsteht, dann wird das besser mit dem[jenigen] werden. Und dann ist [es] mir wieder ein wenig besser gegangen.« (E-020/164)

192 Neben dem zitierten Beispiel wird eine ganz ähnliche Situation auch in folgendem Interviewausschnitt beschrieben: »... manchmal denke ich: ›[...] wo habe ich denn das wieder hingelegt? [...], Jesus, jetzt hilf mir einmal, bitte, wo, ich finde jetzt das wieder nicht mehr.‹ [...] also, ich habe das [Schräubchen] nicht mehr gefunden und ich habe das unbedingt gebraucht. Und da tue ich immer beten zu Jesus: ›Bitte, ich brauche das! Bitte, ich muss das irgendwie finden.‹ Und da habe ich so einen Magnet [...] den habe ich dann an einen Bändel hingebunden [...] oder habe ich es gesehen? Ich weiß [es] nicht mehr genau, [...], jedenfalls habe ich das wieder gefunden. Das habe ich schon oft erlebt. Ich tue immer beten.« (E-020/64-66)

193 Vgl. die Zitate aus E-031 unter *Gebet in schlechten oder schwierigen Zeiten*, 43ff.

gesund, [...] die Scheißmillionen interessieren mich gar nicht.‹ [...] Aber ich denke, das sind halt so menschliche Züge, die jeder Mensch, also [die Menschen], die viel Leid haben – also [die] ich zumindest habe, nicht?« (E-031/521-525)

2.5.2 Fürbitte im persönlichen Gebet

2.5.2.1 Praxis

Wenn in das persönliche Gebet Menschen aus dem unmittelbaren Umfeld der Betenden einbezogen werden, dann geschieht das in Form der Fürbitte. In diesen Fürbitten wird z.B. für die Gesundheit oder auch den Schutz der nahe stehenden Personen gebetet.[194] Eine Befragte sagt z.B.: »... ich bitte und bete auch für meine Kinder, dass sie der liebe Gott beschützt und gesund erhält.« (E-015/197) Eine andere Befragte erwähnt eine Gebetsliste: »... wo so etwas Besonderes draufsteht und manchmal auch besondere Leute, also besonders Kranke, Leute, die in Schwierigkeiten sind, Leute, die etwas Neues anfangen.« (E-029/12) Diese Anliegen bezieht sie in ihr tägliches Morgengebet ein.

Eine weitere Befragte zieht in Erwägung, ein »Mönchskloster« gegen Geld mit der Fürbitte für ein Kind oder irgendeinen Menschen zu beauftragen, wenn sie das Gefühl hätte, dass ihre eigene Fürbitte nicht ausreicht.[195]

In einem weiteren Fall wird das Bedürfnis nach Gemeinschaft in einer schwierigen Situation geäußert. Diese Gemeinschaft drückt sich für den Befragten darin aus, dass andere »... mitfühlen, mitdenken, trösten, beten« (E-036/131).[196] Hier geht es um die Erwartung der Fürbitte für sich selbst durch andere.

---

[194] Vgl. das Zitat aus E-015/197 in Anm. 185. Vgl. dazu außerdem die eher allgemein gehaltene Aussage unten in E-046/424-426, 85.

[195] »Also da würde ich lieber [Anm.: als auf die Fürbitte im Gottesdienst zu setzen] – was weiß ich – die 500 Euro auf [sic!] so ein Mönchskloster schicken und wissen, so eine Stunde oder eine halbe denken die an das Kind oder an den Menschen, und da hätte ich das Gefühl: ›Aha‹, – weil meines [Anm.: das eigene Gebet] allein reicht anscheinend nicht – [...] ›jetzt kommt da etwas‹, oder: ›jetzt ist eine geballte Energie [da], die den wieder gesund macht.‹« (E-012/373-375)

[196] Vgl. das vollständige Zitat aus E-036/127-135 in Anm. 119.

2.5.2.2 Reflexion

Das private Fürbittengebet wird von denen, die etwas dazu sagen, nicht weiter reflektiert.

Lediglich hinter der Idee, Geld an ein Kloster zu schicken, steckt der Gedanke, der auch bei der Betrachtung des Gebets zu zweit bereits in Erscheinung trat: Ob ein Gebet ›funktioniert‹, hängt demnach von der Frömmigkeit der Betenden ab.[197]

2.5.3 Dankgebet

2.5.3.1 Praxis

Neben der Bitte und Fürbitte wird auch der Dank als Gebetsinhalt erwähnt, allerdings weniger häufig. In einem Fall wird allgemein das Danken thematisiert, ohne dass er auf konkrete Gegenstände bezogen wird. Dabei wird auf die Praxis einer Liste hingewiesen, ähnlich wie sie schon bei einer Befragten für das persönliche Fürbittgebet begegnet ist: »... das habe ich eben da praktiziert, jetzt im Frühjahr, als ich immer raus [in die Natur] bin. Da habe ich mir so ein kleines Buch angelegt [...] mit meinen Vorstellungen, mit meinen Wünschen, [...] die ich noch habe, aber auch mit ganz vielen Danksagungen auch. – Also es ist nicht so, dass ich nur will, sondern ich bin auch dankbar für das, was ich habe. Aber wenn [...] dann bete ich richtig zu Gott.« (E-011/616-622)

In anderen Fällen werden konkretere Gegenstände des Dankes genannt, z.B. das Schöne: »Aber mittlerweile bin ich schon eher [so], wenn ich etwas Schönes sehe, ein schönes Erlebnis habe, denke ich mir: ›Gut gemacht!‹« (E-013/716)[198] Der Dank kann auch ein Element des täglichen Nachtgebets sein. Gegenstand ist dann z.B. der vergangene Tag,[199] oder er kann wie in der folgenden Beschreibung, eine Manifestation des Glaubens sein, die spontan aus der Situation entspringt: »... es ist irgendetwas passiert, [da] hätte ich hin sein können: ›Danke, lieber Gott, dass

---

[197] Siehe dazu auch die Ausführungen oben unter *2.3.4 Zweifel an der Wirksamkeit der gottesdienstlichen Fürbitte*, 50f.

[198] Interessant ist hierbei, dass dieser Befragte dem Gebet sonst eher kritisch gegenübersteht; vgl. dazu unten das Zitat aus E-013/718, 81. Obwohl er bei der hier zitierten Aussage das Gebet nicht konkret erwähnt, so wird durch das Umfeld der Aussage doch deutlich, dass mit dem Gesagten eine Art Dankgebet gemeint ist.

[199] Vgl. dazu unten das Zitat aus E-046/424-426, 85.

du mich beschützt hast!‹, denke ich dann. Aber das ergibt die Situation und es [sic!] ist einfach da, dieser Glaube, sage ich einmal.« (E-003/246)

2.5.3.2 Reflexion

Die positiven Aussagen zum Dankgebet – wie sie oben dargestellt wurden –, werden von den Befragten nicht weiter gedeutet.

Doch es gibt eine Überlegung, die das Dankgebet ins Verhältnis zum Bittgebet setzt. Diese wurde bereits in Zusammenhang mit dem Bittgebet dargestellt. Dort ist es die Ansicht der Befragten, dass der Mensch grundsätzlich weniger dankt als bittet.[200]

Ein Befragter übt deutliche Kritik am Dankgebet und begründet diese mit einem Erfahrungswert: Er ist auf dem Land aufgewachsen und sieht angesichts der langen Prozesse der Nahrungsmittelherstellung, die in den Händen der Menschen liegt und harte Arbeit bedeutet, keinen Grund, warum man Gott für Nahrungsmittel danken sollte.[201]

2.5.4 Klage

Die Klage als Gebetsinhalt wird nur einmal, in einem Zitat, aktiv erwähnt. Eine Befragte erklärt, dass sie manchmal mit Gott schimpfe, wenn ihre Gebete nicht erhört werden, sie aber zugleich der Meinung ist, eine Gebetserhörung verdient zu haben.[202]

---

[200] Vgl. dazu das Zitat aus E-031/521-525 und die Erläuterungen dazu, 65f.

[201] »... weil [...] der Gedanke, dass man [...] Gott danken muss, [für] das Brot, das konnte man eigentlich nicht [...] nachvollziehen, weil man hat ja die Landarbeit gesehen und [...] das war dann einfach Realität, woher das Brot kommt, und nicht von oben« (E-040/64).

[202] Vgl. das Zitat aus E-011/662-666 in Anm. 152, sowie die Fortsetzung des Gesprächs: »Wenn ich so der Meinung bin, ich habe wirklich so viel getan und [...] es kommt halt doch wieder nicht und dann – na sicher – entschuldige ich mich wieder, weil ich vielleicht ein wenig zu ungeduldig war.« (E-011/666-668)

2.6 Erwartungen an das Gebet und die Auswirkungen des Gebets

Viele derjenigen, die über das Gebet sprechen, erwähnen in einem unmittelbaren Zusammenhang damit auch Gott. Dies liegt nahe, denn Gebetsinhalte und -anliegen – wie sie oben besprochen wurden – gäbe es nicht, wenn nicht sowohl an das Gebet als auch an dessen Adressaten gewisse Erwartungen geknüpft würden. So sind diese Erwartungen an das Gebet bzw. die Beschreibung der Auswirkungen des Gebets oft eng verbunden – bisweilen sogar identisch – mit dem, was die Befragten überhaupt unter Gebet verstehen. Auch ist die Deutung des Gebets oft nicht zu trennen vom jeweiligen Gottesbild der befragten Person.

2.6.1 Adressat: Anrede Gottes im Gebet

2.6.1.1 Praxis

Wenn Befragte Gebete zitieren, findet sich als Gottesanrede am häufigsten »lieber Gott«.[203] Auch wenn über Gott gesprochen wird, ist dem Wort

[203] Vgl. dazu oben das Zitat aus E-003/246, 67f.; vgl. außerdem das Zitat aus E-015/197 in Anm. 185 sowie die Zitate aus E-015/199-201 und E-015/475-477 in Anm. 188 (in diesen Aussagen ist das Gebet in indirekter Rede formuliert); im oben angeführten Zitat aus E-031/521-525, 65f., wird von der Befragten ein fiktives Gebet formuliert; vgl. außerdem das Zitat aus E-029/46 in Anm. 102.

Zum Vergleich: Während in den Aussagen der Befragten hier Gott überwiegend als Gegenüber verstanden wird, mit dem man sprechen kann, liegen die Werte von quantitativen Studien bei der Frage nach einem »persönlichen Gott« meist unter 50% oder knapp darüber. Bei Klaus-Peter Jörns, Die neuen Gesichter Gottes. Was Menschen heute wirklich glauben, München 1997, 39, wählen 38% der Befragten »in den Basisbezirken« auf die Frage »Glauben Sie, daß es einen persönlichen Gott gibt?« die Antwort »Ja«, 15% wählen »Vielleicht«, 44% wählen »Nein« oder »Interessiert mich nicht«. Von den befragten Evangelischen wählen 54% die Antwortmöglichkeit »Ja«, 19% »Vielleicht« und 24% »Nein« (a.a.O., 40). Rechnet man hingegen die »*Ja*- und *Vielleicht*-Voten« der befragten Pfarrer zusammen, so kommt man auf ein Ergebnis von 90%.

Die Befragten des Religionsmonitors wählen aus den zur Zustimmung vorgelegten Gottesbildern (»Gesetz, das ewig gilt«, »Energie, die alles durchströmt«, »Person, zu der man sprechen kann«, »höhere Macht«, »höchster Wert« und »Natur«) am häufigsten »höhere Macht« und »Natur« aus. (Vgl. dazu die Grafik 2a, in: Religionsmonitor 2008, hg. v. Bertelsmann Stiftung, Gütersloh 2007, 277.) Hier wird nicht differenziert zwischen

»Gott« oft das Attribut »lieb« vorangestellt.[204] Dem entspricht, dass die Eigenschaften, die Gott zugesprochen werden, überwiegend positive

---

Katholiken, Evangelischen und Konfessionslosen. Hierbei ist zu beachten, dass der Religionsmonitor in seinem Gesamtaufbau zwischen »theistischen« und »pantheistischen Transzendenzkonzepten« unterscheidet. (Siehe dazu die Ausführungen in der Hinführung unter *1.1 Was ist ein Gebet?*, 11ff.)
Doch auch JACQUES A. P. J. JANSSEN u.a., The Structure and Variety of Prayer. An Empirical Study of Dutch Youth, in: JET 13 (2002), 29-54, hier 32, stellt bei seiner Studie unter niederländischen Jugendlichen bzw. Studenten fest, dass *Gott* ein wichtiges Element des Gebets ist; die Vorstellung von Gott aber meist vage und unpersönlich: »Traditional images of God have lost credibility and young people prefer an abstract representation.« (Ebd.) Janssen findet diese Annahme durch die Ergebnisse seiner Studie bestätigt: »On the whole the religious aspect of prayer is secondary: a minority pray to affirm their faith. God is an important element in most prayers, but he is a rather vague and impersonal being for many young people. Many just meditate without reference to anyone else." (A.a.O., 40.)

[204] Eine Befragte erwähnt den »lieben Gott« im Zusammenhang einer Reflexion über das Verhältnis von Kirchenzughörigkeit und Glaube: »... ich höre oft gerade Bekannte, die aus der Kirche austreten, [...] weil ihnen das zu teuer ist; [...] also ich weiß nicht, also entweder glaube ich oder ich glaube nicht. Gut, ich habe Bekannte, die sagen, die sind mit dem Fußvolk nicht zufrieden, was die Kirche bietet, also die [Kirchenvertreter], die der liebe Gott bietet. Das habe ich auch schon gehört, dass sie sagen, sie glauben zwar, aber das, was also da unten passiert auf dieser Welt, das stimmt nicht.« (E-004/43) Im folgenden Zitat stellt sich eine Befragte vor, wie ihre Tochter über Gott sprechen bzw. denken könnte: »... für mich [...] stelle ich auch immer fest, dass für mich Gott jetzt nicht die Relevanz [sic!] ist, dass es mir gut geht, oder dass alles, was um mich herum passiert, er [Anm.: Gott] will oder nicht. [...] so wie es jetzt die [*Name der Tochter*] noch denkt, [z.B.] als jetzt ihr Hamster gestorben ist: ›Der liebe Gott, [...], der mag mich nicht. Zuerst schreibe ich einen Sechser in Mathe und jetzt auch noch das‹« (E-012/219). Ein anderer Befragter hinterfragt die Redeweise vom »lieben Gott«: »Rücksichtslose Menschen, die sind pumperlgesund, denen passiert nichts – solche Ungereimtheiten habe ich mich schon lange aufgehört zu fragen, weil wie es ist, so ist es. Also ich würde nie so diese Floskeln: ›Ja, der liebe Gott hat es so gewollt.‹, [sagen]. [...] [Das g]laube ich nicht, weil entweder er ist der liebe Gott oder er ist nicht der liebe Gott. Wenn er der ›liebe‹ Gott ist, dann kann er es nicht wollen, dass ein Kind mit zwölf Jahren an Krebs stirbt« (E-013/504-506). Ähnlich kritisch äußert sich dieser Befragte auch an einer anderen Stelle. Vgl. dazu das Zitat aus (E-013/712) in Anm. 131. Vgl. außerdem: »Und meine Wehwehchen können Sie [Anm.: angesprochen ist der Interviewer] mir auch nicht wegnehmen, damit muss ich leben [...] und ich freue [mich] und ich bin dankbar um jeden Tag, dass mir der liebe Gott schenkt, dass ich aufstehen kann und meine Medikamente einnehmen und so einige Mal die Schmerzen durchhalte.« (E-015/38) »Ich war so stark und stolz, dass mir der liebe Gott die Kraft gegeben hat, dass ich erlöst war und meine Pflicht getan habe und den Vater

Eigenschaften sind. Gott wird unter anderem beschrieben als Schutzmacht[205], als Kraftspender oder Stärkender[206], als Schenkender[207] oder

nicht abschieben konnte ins Altersheim, sondern ich habe ihn daheim versorgt.« (E-015/128-130) Vgl. außerdem aus demselben Interview die Zitate aus E-015/197 in Anm. 185, aus E-015/207 in Anm. 122, aus E-015/215-219, 64f.; außerdem im selben Interview: »Und dann [in einer Situation, in der Menschen spotten und lästern,] greift doch der liebe Gott ein und macht einen Strich durch die Rechnung. Dann sagt man, das ist Strafe Gottes gewesen? [...] Ich habe heute auf dem Friedhof wieder mit einer Frau darüber gesprochen, wo ihre Schwester gestorben ist, und deren Mann furchtbar war und gelästert hat gegen den lieben Gott: ›Es gibt keinen [Gott].‹ Ich weiß jetzt nicht mehr, wie sich der ausgedrückt hat, die hat mir das gesagt, aber ich merke mir das ja nicht. [...] Und sagt sie: ›Über den lieben Gott darf man nicht lästern.‹, und ich sage: »Nein, das darf man auch nicht, wir leben unter dem seinem Schutz.‹« (E-015/270-275) Vgl. außerdem im selben Interview das Zitat E-015/477-479 in Anm. 122; »Auch mein Mann hat eine schöne Beerdigung gehabt, [...] muss ich schon sagen – schönes Wetter. Es hat der liebe Gott ihm doch geschenkt.« (E-015/529-531) In einem weiteren Zitat aus demselben Interview verwendet die Befragte die Anrede »lieber Gott«, während sie ihren Mann zitiert: »... wie er auf dem Krankenbett lag, hat ihn meine Tochter angesprochen: ›Papa, willst du sterben?‹ Da hat er gesagt: ›Das bestimme nicht ich, sondern der liebe Gott, wann ich sterben muss.‹« (E-015/537) Zitate aus weiteren Interviews: »Das [Anm.: gemeint ist eine Motette von Schütz] ist [es], wo ich mir dann auch immer sage, dieses Gottvertrauen muss man haben, dass der liebe Gott einmal sagt: ›Ich werde auch einmal deine Tränen abwischen, und sie werden mit Freuden, mit Freuden ernten.‹« (E-030/119) und: »... da habe ich mir gesagt: ›Der liebe Gott wird mir es verzeihen.‹ – und das glaube ich auch heute noch. Dann bin ich einmal nicht in den Gottesdienst gegangen.« (E-030/153); »... man ist eben da [Anm.: in der christlichen Jugendorganisation] dabei und dann möchte man da auch eine Rolle spielen. Und dann übernimmt man halt irgendwann einmal, wenn man so weit ist, auch eine Gruppe, [...] wo man mitarbeitet und sie dann leitet. [...] Natürlich sagt man dann – und das glaubt man auch so – man tut das nur aus der Motivation heraus, für den lieben Gott oder für den Herrn Jesus etwas zu tun und ein frommes Werk zu tun.« (E-036/398-400); »... das ist ein Ritual in der Gemeinde, dass die Leute, die den Gottesdienst gemeinsam halten, [...] noch einmal ein Gebet sprechen in der Sakristei, bevor wir anfangen, ein freies Gebet, das ich spreche. Und die Katholiken, die machen das unheimlich einfach – ›Unsere Hilfe steht im Namen des Herrn‹ – und dann antworten alle Beteiligten: ›Der Himmel und Erde gemacht hat‹, und dann geht es los. [...] Man muss nicht eine bestimmte Stimmung herstellen, muss sich nicht überlegen, was sage ich denn heute dem lieben Gott oder was wäre jetzt dran.« (E-049/304) und: »... es ist geradezu eine Perversion, zu sagen, alles, was in der Welt passiert, schiebe ich dem lieben Gott in die Schuhe.« (049/617)

[205] Vgl. dazu oben das Zitat aus E-003/246, 67f.; die Vorstellung der Schutzmacht steckt auch im Bild des Hirten: »›Der Herr ist mein Hirte, mir wird nichts mangeln‹, aber [nur] wenn ich des Beste gebe [...], und mir wird es mangeln, wenn ich mich wieder abbringen

als Verzeihender[208]. Die Vorstellung eines strafenden Gottes hingegen wird nur einmal in positiver Weise erwähnt.[209] In anderen Kommenta-

---

lasse, wenn ich anfange zu schludern, [...] aber dann habe ich hier die Eigenverantwortung, und das ist ja das, was Gott will. Dass jeder Mensch die Verantwortung für sich selber trägt. (E-011/638-642); vgl. die Zitate aus E-015/270-275 in Anm. 204. und E-015/474-479 in den Anmerkungen 122 und 188; auch das Bild vom Liegen in Gottes Hand gehört zum Vorstellungsbereich von Gott als Schutzmacht: »... mir ist das [Gute-Nacht-Gebet mit den Kindern] schon wichtig. Das geht mir heute auch noch so, dass ich denke, die Kinder sind nur ein Geschenk und wir können versuchen, viel zu beeinflussen, aber im Endeffekt getragen werden sie nicht von uns.« [Interviewer: »Und das bringt man sozusagen in so einem Nachtgebet auch noch einmal zum Ausdruck?«] »Das weiß ich nicht, ob das jetzt bewusst zum Ausdruck [gebracht] ist. [...] Die Kinder haben bestimmt nicht [...] damit aufgenommen, dass die Mutter meint, sie liegen in Gottes Hand.« (E-024/329-331)

206 Vgl. das Zitat aus E-005[m]/38 in Anm. 109; außerdem: »Und ob das jetzt ein Gott oder eine Göttin ist oder wer auch immer, das ist mir schnurzdiwurscht, aber es ist eine treibende Kraft, die, wenn man sich damit auseinandersetzt, gedanklich ja, einem dann auch Kraft gibt oder Energie und das, was da dann kommt, nennen wir Gott.« (E-012/317) Vgl. das Zitat aus E-015/475-477 in Anm. 188; »... Sie [Anm.: angesprochen ist der Interviewer] müssen aber einmal überlegen, was Sie da für ... Das sind ja Energien, und Sie können sie irgendwie ... Also, ich finde das schon toll. [...] Was das eigentlich für ein Geschenk ist und an welche [...] Kraftquelle Sie angeschlossen sind. [...] Das müssen Sie sich einmal überlegen. Also, das ist, wahnsinnig ist das.« (E-020/500)

207 In Verbindung mit Gott als Stärkendem wird das Wort »schenken« in E-005[m]/38 gebraucht; vgl. Anm. 109. Weitere Beispiele, die Gott als den Schenkenden zeigen, finden sich in den Zitaten aus E-015/38 in Anm. 204 und aus E-024/329-331 in Anm. 205; außerdem: »... denn ich bringe dann die Zahlen durcheinander. [Ich habe k]ein Verhältnis [da]zu. Und so sage ich mir, die Musik ist eine Gabe Gottes, und die ist mir geschenkt worden. Das ist auch sehr früh schon erkannt worden, [ich habe] sehr früh auch schon Klavierunterricht bekommen; [ich] habe zwar auch gern Fußball gespielt, aber die Musik lag mir schon sehr.« (E-030/103)

208 Vgl. das Zitat aus E-030/153 in Anm. 204; außerdem: »... oder vielleicht [ist Gott] auch ein Ansprechpartner. [...] wenn ich dann Mist gemacht habe zum Beispiel, dann denke ich: ›Naja, Gott nimmt uns auch so an, nicht wie man sein muss oder sein sollte, sondern wie man ist.‹ [...] Und das ist ja irgendwie schon [...] ein bisschen ein Trost. [...] Auch wenn man Fehler macht, dass man sagt: ›Ja, Mensch, das hättest [du] jetzt nicht machen sollen oder das hättest [du] nicht sagen sollen, das war Mist, was du gemacht hast.‹ Aber dann denke ich [...], wenn man mit Gott darüber redet, [...], dann weiß ich auch, dass mir das wahrscheinlich schon verziehen wird, auch wenn ich Fehler gemacht habe. Dafür ist ja praktisch [...] [das] Neue Testament und [das] Alte Testament da, dafür dass man halt sagt, man kriegt Vergebung durch den Tod Jesus« (E-031/533-539).

209 Vgl. das Zitat aus E-015/270-275 in Anm. 204.

ren wird diese Vorstellung eher als überkommen betrachtet.[210] Auch die Vorstellung, dass Gott Menschen prüft, wird nur einmal positiv dargestellt.[211] Ein weiteres Mal findet sich dieses Motiv in der Beschreibung eines Gottesbildes, das der Befragte abgelegt hat[212].

---

[210] Ein Befragter, für den die Kirche hinter seinen Erwartungen an sie zurückbleibt, äußert Folgendes: »Das ist der Erleuchtete da droben und du armes Schwein sitzt unten im Dunklen, ja? Also, aus dieser Kirche, da halt ich also überhaupt nichts davon. Und das Strafende und so weiter und so fort [...] und was man dann noch extrem gemacht hat, mit Ablasshandel und so weiter, das ist ja wohl eine Institution, die hat ja mit dem Schöpfer nichts zu tun.« (E-014/394-396) »... das, was mich neu berührt hat, war so etwas Existenzielles: ›Ich bin schwer gebeutelt vom Leben, aber ich bin nicht zugrunde gegangen. Warum eigentlich nicht?‹ [...] da hat dann ein neuer innerer Dialog begonnen mit Gott – aber mit einem Bild von Gott, wie es dem Alten nicht mehr entsprochen hat, sondern, [wie] wenn sich zwei ganz Fremde annähern; so misstrauisch und langsam, weil die ganzen Erklärungsmuster – Wen Gott lieb hat, den segnet er und wen er nicht lieb hat, den straft er, oder schickt ihn durch Prüfungen. – das war so das alte Muster. Und das neue Muster heißt oder hieß dann: ›Ich kenne dich überhaupt nicht, ich weiß nicht, was mir passiert, aber ich habe Sehnsucht danach, dass du mir hilfst, und ich brauche dich irgendwie.‹ – So, das war so die neue Form der Annäherung.« (E-048/681)

[211] »... das ist nicht so, dass dann Gott alles aus dem Weg räumt und sagt: ›Na, [...], das läuft alles.‹ Sondern das sind schon auch Anfechtungen und dass man denkt: [...] wie kann das denn jetzt sein? Wie geht es denn jetzt wieder weiter? Also, das sind schon Glaubensprüfungen. So einfach ist das auch nicht.« (E-020/352)

[212] Vgl. das Zitat aus E-048/681 in Anm. 210.

Zum Vergleich: Im Religionsmonitor wurden die Untersuchungsteilnehmer auch nach religiösen Gefühlen »in Bezug auf Gott (Gottheiten) oder etwas Göttliches« befragt. Vgl. dazu die Grafik 4a, in: Religionsmonitor 2008, 281f. Auch hier wird nicht differenziert zwischen Katholiken, Evangelischen und Konfessionslosen. Die zu bewertenden Gefühle waren: »Ehrfurcht«, »Schuld«, »Geborgenheit«, »Zorn«, »Dankbarkeit«, »Kraft«, »Angst«, »Freude«, »Befreiung von Schuld«, »Liebe«, »Hoffnung«, »Befreiung von einer bösen Macht«, »Gerechtigkeit«, »Hilfe« und »Verzweiflung«. Jeweils über 40% sagten, dass folgende Gefühle bei ihnen »oft/sehr oft« vorkämen: »Dankbarkeit« (49%), »Hoffnung« (46%), »Liebe« (42%) und »Freude« (41%). Mit über 30% mit »oft/sehr oft« bewertet wurden: »Kraft« (36%), »Geborgenheit« (34%) und Hilfe (33%). Am wenigsten häufig wurden mit »oft/sehr oft« bewertet die Gefühle »Zorn« (8%), »Befreiung von einer bösen Macht« (10%), »Verzweiflung« (13%), »Schuld« (16%), »Angst« (16%) und »Befreiung von der Schuld« (18%). Es ist offensichtlich, dass die positiven Gefühle in Bezug auf die Gottheit überwiegen. Hans Langendörfer, Überraschende Diversität religiöser Orientierung. Ein Kommentar aus katholischer Perspektive, in: Religionsmonitor 2008, hrsg. v. Bertelsmann Stiftung, Gütersloh 2007, 64-69, hier 65, kommentiert den Religionsmonitor aus katholischer Perspektive. Er konnte die Frage nach den religiösen Gefühlen auch im Kreuzvergleich mit der Altersstruktur auswerten und stellt fest, dass die Gefühle von »Angst« und

Die Anrede »Herr« findet sich vor allem dann, wenn geprägte Gebetstexte – meist Psalmen – zitiert werden.[213]

»Schuld« in Bezug auf Gott sowohl in der Altersgruppe der 18-29-Jährigen wie auch in der der 50-59-Jährigen selten erfahren werden (vgl. LANGENDÖRFER, Diversität, 65). »Kraft«, »Freude« und »Liebe« werden dafür häufig erfahren und dabei von den Älteren sogar höher bewertet als von den Jüngeren. Er sieht durch diese Ergebnisse die Annahme widerlegt, »Ältere würden vorwiegend dunkle Themen wie Angst und Schuld mit dem Glauben in Beziehung bringen« (ebd.). ZULEHNER u.a., Religion, 84, stellen in der Studie *Religion im Leben der Österreicher 2000* fest, dass die Gottesbilder der Betenden zwar sehr verschieden sind, ein hoher Prozentsatz aber von einem persönlichen Gott ausgeht. Auch hier suchen Menschen bei der Gottheit vor allem »Trost, Geborgenheit und Orientierung« (a.a.O., 48) – ebenfalls positive Eigenschaften.

[213] Vgl. die Zitate aus E-011/632-638 in Anm. 118 und aus E-015/489-511 in Anm. 153, aus E-029/34-36 in Anm. 98; außerdem: »... dieser Beruf, das ist für mich eine Art Berufung – habe ich dann später erkannt. Denn mein Konfirmationsspruch [lautet:] ›Herr, ich habe lieb die Stätte deines Hauses im [sic!] Ort, da deine Ehre wohnt‹, und mein Konfirmator, der wollte immer, dass ich Theologie studiere, aber ich wollte nicht Pastor werden, ich wollte Kapellmeister werden. [...] da habe ich dann Schmalspurtheologie gemacht, neben der Kirchenmusik« (E-030/111). Außerdem findet man die Anrede »Herr«, wenn Teile der Liturgie zitiert werden: vgl. das Zitat aus E-049/304 in Anm. 204, außerdem aus demselben Interview: »... die Katholiken haben eine Art von Ritual – natürlich haben die auch unsere verbalen, weit ausgeführten Rituale, aber sie haben auch [...] so Kurzrituale, [...] wo man seine eigene Stimmung nicht extra artikulieren muss, seine eigenen Gedanken, sondern man gibt sich als Person mit dem Kreuzzeichen oder mit diesem einen Satz ›Unsere Hilfe steht im Namen des Herrn, der Himmel und Erde gemacht hat‹ einfach [...] in das, was jetzt passiert, hinein – aber bewusst.« (E-049/316-320) und: »... [die] Liturgie ist [bei uns] genauso wie bei den Katholiken: ›Der Herr sei mit euch, die Herzen in die Höhe‹ – ich weiß nicht, ob Sie [Anm.: angesprochen ist der Interviewer] die Liturgie ein bisschen [...] von weitem her kennen?« (E-049/370-372); »Er [Anm.: der Organist] singt bei uns viele Teile, die so normal[erweise] der Pfarrer singt, aber ich bin da leidenschaftslos: also der singt das Kyrie auch, der singt des ›Ehre sei dir Herre‹ nach der Lesung. Das ist bei uns relativ traditionell, einfach weil er singt. Wenn er es nicht singen würde, wäre es sehr viel sparsamer.« (n1/205) Und: »... die [Kirchenvorsteher und Kirchenvorsteherinnen] hätten schon gern ein wenig Shakehands immer gemacht. Das fanden sie ganz toll, dass ich gesagt habe: ›Na, wäre es nicht vielleicht eine Möglichkeit, wenn wir im Kreis am Altar stehen, weil da sind wir ja beieinander, dass wir uns da dann die Hand geben‹ [...] und da dann der Friede des Herrn, also bei der Entlassung, wir sind verbunden miteinander.« (n1/803-805). Einmal wird vom Sonntag als »Tag des Herrn« gesprochen: »... und ich [habe] dann manchmal echt sogar ein richtig schlechtes Gewissen [...], wenn ich dann doch Wäsche wasche: am Sonntag! [...] das klingt jetzt vielleicht abgedroschen, aber das ist so der Tag des Herrn oder ist einfach so der Feiertag [...]; also mir ist es schon manchmal zuviel, wenn ich das dann nutze, dass ich zum Bäcker gehe und dort

Die Gebetsanrede »Herr Jesus« wird nur von einer Befragten genannt.[214] Ein weiteres Mal wird sie im Zusammenhang mit Tischgebet *Komm, Herr Jesus, sei unser Gast* zitiert.[215] Kommt in den Gesprächen die Rede auf Jesus, so nennen ihn die Befragten häufiger mit dem vorangestellten Titel »Herr«.[216]

---

auch Brötchen hole; [...] das ist ein wenig zwiegespalten. Wo ich mir denke, einerseits profitiere ich natürlich davon, wenn es doch frische Brötchen gibt, aber andererseits, die Leute, die jetzt dort arbeiten, die haben ja auch nicht ihren freien Tag, [...]. Also so die Strukturen werden immer weiter aufgeweicht.« (E-038/112-114). Nur eine Befragte verwendet an zwei Stellen anstelle des Wortes »Gott« »Herr«: »Ich [...] bin in einem christlichen Elternhaus aufgewachsen, aber das sagt eigentlich gar nichts, weil – wie heißt es immer so schön: ›Gott hat keine Enkel.‹ Also, Sie müssen selber sagen: ›Okay, [...] ich will mich jetzt bewusst dafür entscheiden, dass ich mein Leben dem Herrn Jesus gebe [...].‹ [...] Das ist jetzt eine persönliche Entscheidung, erst einmal zu sagen: ›Jawohl, das ist jetzt mein Weg, und das ist jetzt der Herr meines Lebens‹« (E-020/108-110). Und: »Wissen Sie, das ist nicht so, wenn man gläubig ist, dass man dann einfach gleich sagt: ›Na freilich, der Herr hat des gesagt und jetzt – halleluja – jetzt machen wir das‹« (E-020/328-330).

214 Vgl. z.B. das Zitat E-020/156 in Anm. 186. In diesem Interview ist die Anrede häufiger zu finden.

215 »... eine Geschichte, die wir sozusagen aus beiden Familien mitgebracht haben, war das Tischgebet. [...] das Tischgebet war bei uns: ›Komm, Herr Jesus, sei unser Gast und segne, was du uns bescheret hast‹, und bei meiner Frau war es: ›Komm, Herr Jesus, sei du unser Gast und segne uns und was du uns bescheret hast.‹ Man glaubt nicht, was das für Verwirrung stiften kann, wenn man dann am Familientisch zusammensitzt und diese zwei Worte Unterschied plötzlich den Rhythmus vom ganzen Gebet auseinander bringen.« (E-047/32-34)

216 Besonders häufig findet sich diese Kombination in Interview E-020, vgl. z.B. das Zitat aus E-020/108-110 in Anm. 213; außerdem: »... das, was eigentlich ist, was Gottes Wort [ist] oder bzw. was in der Bibel drin steht als Geschichtsbuch bzw. als der Lehre vom Herrn Jesus Christus, das bringen sie [Anm.: die Verantwortlichen in der Kirche] nicht herüber. Und wenn Sie heute die Leute fragen, die verwechseln dann alles, [...] das, was eigentlich der Sinn des Dings ist, dass man sich gegenseitig hilft, [...] Nächstenliebe usw., das finden Sie also in diesem unserm Volk und wahrscheinlich in andern auch nicht mehr.« (E-014/74-76); vgl. das Zitat aus E-036/398-400 in Anm. 204; außerdem: »... mit der Zeit [ist] in mir wieder ganz klein und auf eine neue Weise Hoffnung gewachsen, wie so ein Pflänzchen. Und das war dann wie auf einem andern Feld. Das hatte mit dem alten gar nichts mehr zu tun. Also der alte Gott und der Herr Jesus und alle diese Muster von damals haben nicht mehr gegriffen. Die habe ich hinter mir gelassen.« (E-048/679)

»Vater« als Anrede für Gott wird ebenfalls nur von einer Befragten genannt sowie indirekt bei einem anderen Befragten, der eine Form seines Gebets als »kindliches Gebet zum Vater« bezeichnet.[217] Sonst kommt Gott als »Vater« nur vor, wenn Befragte aus der Bibel zitieren.[218] Nur im oft erwähnten »Vaterunser« wird offensichtlich die Anrede »Vater« regelmäßig gebraucht.[219]

---

[217] Vgl. das Zitat aus E-008/396 in Anm. 152.

[218] Vgl. E-020/94-98 in Anm. 221 und E-020/156 in Anm. 186; außerdem: »Ich finde den Austausch wichtig, aber ich merke immer wieder, dass ich totale Aversionen gegen fundamentalistische Ansichten habe. Und sobald da nur der leiseste Ansatz davon durchkommt, da ziehe ich mich total zurück. Das mag ich überhaupt nicht. Wenn Leute [...] meinen, [...], dass alle anderen das auch so nehmen müssen, weil das sozusagen gottgegeben ist oder wie auch immer, dann hört es irgendwo bei mir auf. Da mag ich eigentlich gar nicht mehr das Diskutieren anfangen. [...] Das [hat] so etwas Gegnerhaftes für mich, das sind Ansätze [...] bei Moslems genauso wie bei Juden und Christen, die sagen: ›Wir haben die Wahrheit in unsrer Lehre und das Beste.‹ Vom Christentum kenne ich es natürlich am besten: ›Niemand kommt durch zum Vater her, als durch mich.' [sic!] Und: ›Das ist der einzige Weg', und so Ansätze sind halt in den meisten Religionen.« (E-021/198)

[219] Vgl. neben den in Anm. 154 zitierten Aussagen folgende, bei denen es sich nicht ausschließlich um Aussagen zum persönlichen Gebrauch des Vaterunsers handelt: vgl. das Zitat aus E-008/394, 47; »Vom Vater seinem verstorbenen Bruder, der mit 17 Jahren ins Eck ist und ein Vaterunser gebetet hat, hat mein Vater oft erzählt, und [der] ausgewandert ist nach Amerika« (E-015/74) und: »Wenn ich zurückdenke, in Polen, als wir im Lager waren die sechs Wochen, meine Mutter hat immer erst ein Vaterunser mit uns gebetet, bevor sie mich rausgeschickt hat, [um] ein Stückchen trockenes Brot zu [er]betteln« (E-015/139); »... mit Beichten: [...] ich meine, ich kann nicht einfach [...] sagen: ›Ich hab jetzt das und das gemacht‹ und dann bete ich vielleicht zehn Vaterunser und die Sache hat sich vergessen. Also das finde ich einfach [...], man muss das mit sich selber ausmachen, solche Dinge.« (E-045/579); »... ich erwarte eigentlich bei Kasualien, dass Leute, die ihr Kind zur Taufe bringen oder eben bewusst zu einer kirchlichen Hochzeit kommen, dass die dann auch einen Hintergrund haben. Und ich erlebe halt hier das oft anders. Dass die Leute kein Glaubensbekenntnis können und kein Vaterunser können, dass die kein Lied mitsingen können.« (E-047/883); »... aber ich denke auch, es ist eine zunehmende Glaubensferne hier vor Ort zu beobachten. Dass die Leute sich dem Glauben entfremden [...] und dann auch ganz vage Vorstellungen haben, was an sich Glaube einfach ist, was das bedeutet. Also wir erleben es deshalb, [dass] auch unsere Glaubenskurse selbst bei relativ alteingesessenen Leuten einen großen Aha-Effekt [haben], wenn sie merken, so war das eigentlich einmal gemeint [...] weil es ist an sich mehr, als nur am Sonntag halt wieder in einer Kirchenbank sitzen oder [...] Vaterunser am Abend oder sonst wann einmal zu beten, sondern es hat mit einer Beziehung zu tun.«

Eine Befragte, die christliche Praktiken mit esoterischen kombiniert, hat eine größere Bandbreite an möglichen Gebets-Adressaten. Sie erwähnt die Anrede »Universum« und erzählt im Folgenden davon, dass sie sich außerdem an Gott oder eine Göttin wenden kann oder aber auch an einen Engel.[220]

2.6.1.2 Reflexion

Nur eine Befragte, die dem freikirchlichen Spektrum zuzuordnen ist, reflektiert über die Gottesanrede. Ihrer Meinung nach spielt es keine Rolle, ob die Anrede »Gott«, »Vater« oder »Jesus« verwendet wird. Sie selbst bevorzugt aus Gewohnheit das Gebet, das sich an »Jesus« wendet.[221] Ihr ist diese Anrede bereits seit ihrer Kindheit vertraut.

(n2/570-576); »... es ist auch so, dass die Pfarrer oft das Gesangbuch ganz, ganz, ganz wenig kennen. [...] Die sind ja sowieso schon viel kirchlicher sozialisiert als jetzt die Durchschnittsleute, denke ich einmal, und die kennen meistens ein Zehntel der Lieder nur und die meisten Lieder, wo ich auch denke, das sind so absolute Meilensteine irgendwie im Gesangbuch, kennen die gar nicht [...], und das kann ich immer nicht glauben, also so Lieder, von denen ich denke: ›Das sind so prägende [Lieder] genau so wie das Vaterunser oder irgend so etwas von den Texten her [prägend ist].‹« (n4/514)

220 Vgl. das Zitat aus E-012/345-353 in Anm. 87. Zum Vergleich: Die Studie »Die neuen Gesichter Gottes« kommt zu einem ähnlichen Ergebnis: Diejenigen, die angegeben hatten, an einen persönlichen Gott zu glauben, wurden gefragt, welche »Namen« sie für den persönlichen Gott verwenden würden: Zur Auswahl standen: »Gott«, »Vater«, »Große Mutter«, »Jesus Christus«, »Allah«, »Guter Geist« und »Satan«; Mehrfachnennungen waren möglich (vgl. Jörns, Gesichter, 234). 40% gaben »Gott«, 13% »Vater« und 12% »Jesus Christus«. Alle anderen Antwortmöglichkeiten erhielten keine nennenswerte Zustimmung (vgl. a.a.O., 48). Jörns zeigt sich überrascht über »die niedrigen Prozentsätze für *Vater* und *Jesus Christus*«. Er schließt daraus, dass »der bevorzugte Gottesname« keine »spezifisch christlich-dogmatische Prägung« hat. Jörns stellt sich die Frage, ob nicht sinnvoll gewesen wäre, auch die Antwortmöglichkeit »Lieber Gott« vorzugeben.

221 »... und Gott ist ja [...] eigentlich unser Vater, wissen Sie, das ist wie so ein Kindschaftsverhältnis. Ich meine, ich verstehe auch vieles nicht, [...] aber das ist für mich wie die Luft. [...] Wissen Sie, für mich ist das Realität. Das ist ja nicht irgendwas [...] ich finde das ja super, [...]. Ich meine, ich sage jetzt ›Jesus‹, manche sagen ›Gott‹ oder ›Vater‹. [...] wie das jetzt so ganz genau ist mit der Dreieinigkeit, das weiß ich auch nicht genau, aber ich denke, das ist wurscht, ob man jetzt sagt, ›Gott‹ oder ›Vater‹ oder ›Jesus‹ oder so. [...] Es heißt ja: ›Niemand kommt zum Vater denn durch mich.‹ – also, durch den Herrn Jesus. [...] wie man das vielleicht von seiner Kindheit [...] gewöhnt ist, und [...] bei mir ist [das] halt der Jesus [...]. Und warum soll ich das nicht in Anspruch nehmen? Sie müssen sich das einmal überlegen, wie toll das ist: Ich [...] darf mit Gott [...], ich darf mit dem reden

2.6.2 Erwartungen und Wirkungen

Es überrascht nicht, dass diejenigen, die beten, nicht daran zweifeln, dass das Gebet etwas bewirkt. Zweifel am Gebet wird nur von zwei Befragten geäußert, die dem Gebet insgesamt eher ablehnend gegenüber stehen.[222] Nur eine Betende äußert eine gewisse Unsicherheit. Diese Unsicherheit bezieht sich aber nicht auf das Gebet an sich, sondern auf die Inhalte, die gesprochen werden: »Ich bete für meine Kinder, für meine Enkel, für meine Schwiegertochter, für meine Verwandte und Bekannte. [...] Dass der liebe Gott keine bösen Feinde heranlässt. [...] Ich weiß nicht, ob das richtig alles ist. [...] Ich hoffe, dass man im Gebet doch manches ... darum bitten kann« (E-015/199-205). Der Befragten fehlt die Gewissheit, dass ihre Art zu beten die richtige ist; die Hoffnung, dass das Gebet etwas bewirkt, bleibt aber auch bei ihr bestehen.

Zum Teil lassen sich Zusammenhänge herstellen zwischen der Gebetsform oder -gattung und der jeweiligen Erwartung oder Wirkung.

Es gibt eine Vielfalt an Erwartungen, die zum Teil auch kombiniert werden. Eine Person kann durchaus verschiedene Erwartungen an das Gebet haben, d.h. es lässt sich nicht eine Person genau einer Gebetserwartung zuordnen. Daraus ergibt sich, dass das Gebet durch eine Person auch mehrere Deutungen erfahren kann.

Manche Erwartungen werden nur auf Seiten der Laien formuliert und finden sich nicht bei den Pfarrerinnen und Pfarrern. Dies wird in der folgenden Darstellung vermerkt.

2.6.2.1 Konkrete Gebetserfüllung

Eine Gebetserhörung im wörtlichen Sinn wird vor allem beim Bittgebet erwartet. Zu dieser Gattung äußern sich für den privaten Bereich vor allem die Laien.

Beschreibung

Beim Bittgebet erwarten viele Befragten die Erfüllung der Bitten, seien diese, wie oben beschrieben, eher allgemein gehalten oder sehr konkret.

---

und Mensch das, ich finde das manchmal so toll! Das müssen Sie sich einmal überlegen, der Himmel und Erde, der alles geschaffen hat, der [...] hört mich an und der kümmert sich um mich!« (E-020/94-98)

[222] Vgl. hierzu Anm. 77.

Dabei wird durchaus auch damit gerechnet, dass Gott auch ganz konkrete Bitten erfüllt. Es kann – wie oben bereits dargestellt – um so konkrete Dinge gehen, wie einen verlorenen Gegenstand wieder zu finden.[223] Eine Frau erwartet von Gott auch das Wunder einer sofortigen Heilung[224] und merkt aber gleichzeitig an, dass Gott nicht als Automat verstanden werden darf. Sie sagt: »Das ist nicht wie ein Automat: Ich bete und sofort ist alles weg.« (E-020/72) Es wird Gott in diesem Fall also durchaus zugestanden, dass er Gebete nicht immer auf dem direkten, erwünschten Weg erfüllen muss.

Eine andere Befragte vertraut auch dann auf Gottes Beistand, wenn sie die Kraft zum Beten gerade nicht hat; sie sagt: »Wenn ich auch nicht immer die Kraft habe und auch nicht immer den Verstand habe zu beten und um das [Anm.: Schutz für den Tag] zu bitten, [...] es weiß ja doch der liebe Gott, um was es geht. Wenn er einen kennt, wenn er weiß, wie es einem geht.« (E-015/477-479)

Begründung und Deutung durch Laien

Eine Befragte aus dem freikirchlichen Bereich begründet das Bittgebet und dessen Erhörung aus der Bibel. Sie sagt: »... wenn in der Bibel steht: ›Ihr habt nicht, weil Ihr nicht bittet‹, dann muss ich sagen, da bin ich eigentlich dumm, wenn ich Gott nicht darum bitte.« (E-020/106) Auf dieselbe Weise begründet sie auch die Erwartung des Wunders der sofortigen Heilung: »... wenn das in der Bibel steht, wenn da drinsteht, ich meine, Gott kann auch Wunder tun, dass ich gleich wieder gesund bin, [...]. Für Gott ist ja kein Ding unmöglich, aber ich glaube das und das habe ich auch erlebt« (E-020/164).[225] Die Größe Gottes ist bei dieser Befragten Garant für die Gebetserhörung. Gleichzeitig will die Befragte Gott nicht, wie bereits beschrieben, als »Automat« verstanden wissen.[226] So findet sie auch eine Erklärung dafür, wenn ein Gebet einmal nicht ihrem Wunsch gemäß erhört wurde. Sie äußert sich bezüglich einer gescheiterten Ehe: »Ich hätte den nicht heiraten [...] sollen: Ich habe aber ... Der Mensch ist ja schon raffiniert. Ich sage, wie gesagt, ich tue ja immer beten. Und wissen Sie, was ich da immer gebetet habe? Ich habe

---

223 Vgl. dazu oben die Zitate aus E-015/215-219, 65, und aus E-020/64-66 in Anm. 192.

224 Vgl. das Zitat aus E-020/164 in Anm. 191.

225 Für den konkret beschriebenen Fall spricht sie aber nicht von einer Heilung, sondern von einer Besserung; vgl. das Zitat aus E-020/164 in Anm. 191.

226 Vgl. dazu das Zitat aus E-020/72, 78.

nicht gesagt: ›Herr Jesus, soll ich den heiraten?‹ – Habe ich nicht gebetet.« [Interviewer: »Sondern?«] »›Herr Jesus, bitte, lass mich keinen Fehler machen!‹ [...] wissen Sie, weil [...] wahrscheinlich innerlich habe ich gewusst, dass das falsch ist. Und ich wollte gar nicht so genau wissen, ob ich jetzt den heiraten soll, weil ich wollte ja nicht allein bleiben. Verstehen Sie das, wie, wie verkehrt das ist?« (E-020/206-208) Die erwünschte Wirkung blieb nach der Deutung der Befragten aus, weil sie die Antwort Gottes gar nicht hören wollte.[227]

Im Fall der Befragten, die nicht immer die Kraft zum Gebet findet, wird die Gebetserhörung über das Gottesbild begründet: Gott kennt jeden Menschen und er weiß, wie es ihm geht. An einer anderen Stelle sagt sie einen etwas undeutlichen Satz, der aber erkennen lässt, dass sie die Erfahrung der Gebetserhörung gemacht hat, auch wenn sie nicht beten konnte, der Wille zum Gebet aber da war.[228] Auch wenn Gott alles weiß, bleibt das Gebet oder zumindest so etwas wie eine innere Ausrichtung auf Gott zum Gebet für die Erhörung in der Vorstellung dieser Befragten notwendig.

2.6.2.2 Erwartung der Hilfe

Beschreibung

Viele der Befragten erwarten sich zwar allgemein Hilfe vom Gebet bzw. von Gott, aber nicht in Form einer konkreten Gebetserfüllung. Auch das Gebet selbst kann als Hilfe bezeichnet werden.[229]

Begründung und Deutung durch Laien

Diese Erwartung der Hilfe oder des Beistandes Gottes wird bei einer Befragten durch die Glaubensüberzeugung gestützt, dass Gott weiß, was gut oder richtig für sie ist – ähnlich wie es auch schon eine andere Befragte in Bezug auf die Gebetserhörung geäußert hatte. Mit Blick auf die

---

[227] Eine weitere Ansicht der Befragten, die sie nicht direkt auf die Nicht-Erhörung des Gebets bezieht, ist, dass Gott nicht alles »aus dem Weg räumt«, sondern den Menschen auch immer wieder vor Glaubensprüfungen stellt; vgl. dazu das Zitat aus E-020/352 in Anm. 211.

[228] Vgl. das Zitat aus E-015/207 in Anm. 122.

[229] Vgl. dazu oben die Zitate aus E-005[m]/40, 36; aus E-012/104-108 in Anm. 129 und aus E-020/164 in Anm. 191; indirekt wird Hilfe durch das Gebet auch im Zitat aus E-023/256, 40, ausgesagt; vgl. außerdem das Zitat aus E-029/12 in Anm. 94.

Hilfe wird gesagt: »Also ich bin voll der Meinung, dass [...] er [Anm.: Gott] ganz genau weiß, was ich brauche und dass er mir das zur richtigen Zeit dann bringen wird. [...] Aber ich muss mein Bestes dafür tun. [...] Ich werde es nicht erhalten, wenn ich nicht allen das gebe, was in mir steckt, nicht? Ich muss wirklich mein Bestes dafür tun. Weil [...] man kann nichts für nichts erhalten. Und mein Schöpfer hilft mir dabei, [...] diesen Weg weiter zu gehen. [...] Weil er weiß, was für mich das Richtige ist.« (E-011/624-636)

Ein Befragter sagt hingegen ganz deutlich, dass er sich von Gott keine Hilfe erwartet und begründet das damit, dass er bislang auch keine Hilfe von Gott erfahren habe: »... mein Gott, bis jetzt hat er mir noch nie geholfen, wenn ich irgendwo in Not war, dann will ich es gar nicht darauf ankommen lassen, ja?« (E-013/718)

Begründung und Deutung durch eine Pfarrerin

Eine Pfarrerin beschreibt das Gebet selbst als »Lebenshilfe«. Es ist für sie das Mittel, das ihr bei ihrem Tun die notwendige Ruhe stiftet, und ist insofern notwendige Ergänzung für das Tun;[230] sie sagt: »... ich denke, es hat einmal jemand gesagt: ›Beten ist ein hervorragendes Mittel zur Ergänzung für unser Tun.‹ Aber nur Beten und nichts andres machen – das ist natürlich gefährlich. [...] Das kannst du nicht. Das ist einfach, beides muss sein. Und mir gibt das eine Ruhe und [...] mir ist das eine Hilfe, eine Lebenshilfe, eine echte Lebenshilfe.« (E-029/48-50)

2.6.2.3 Erwartung von Kraft

Beschreibung

Einige berichten, dass sie aus dem Gebet Kraft gewinnen.[231] Für einen Befragten sind zur Ruhe kommen, Kraft »tanken« und Gebet sehr eng

---

[230] Siehe hierzu oben auch die Ausführungen unter *2.8 Verhältnis von Gebet und Tat*, 87f.

[231] »... also das ist mir schon ein wichtiges Ritual, was mir zumindest auch [...] meine Kraft gibt, für den Tag und die Arbeit.« (E-005[w]/36; die Rede ist vom gesamten Morgenritual, wovon das Gebet ein Teil ist); »Das [Gebet] ist schon eine Kraft. [...] man muss das ja auch nutzen, und Gott hat uns ja nicht die Verheißung gegeben, damit wir sagen: ›Das ist mir doch wurscht‹« (E-020/156); »... dann habe ich mein eigenes Gebet. [...] Und das, denke ich, gibt uns dann auch Kraft ...« (E-031/478-481); vgl. das Zitat aus E-047/321 in Anm. 121 und: »... man hat einen Raum [Anm.: Kirchengebäude], der 32 Meter hoch ist, und dann Säulen, die zum Himmel streben. Das haben wir in unsrer quadratisch gebau-

miteinander verbunden.[232] Menschen, die das Morgengebet bzw. ein längeres Morgenritual pflegen, berichten ebenfalls, dass sie sich dadurch einen »Push«[233] für den Tag erhoffen.

Begründung und Deutung durch Laien

Zwei Laien sehen den Grund dafür, dass das Gebet Kraft schenkt, darin, dass Gott selbst Kraft, »Kraftquelle«[234] oder Energie ist. Sehr deutlich sagt das z.B. jene bereits erwähnte Frau, deren Gebet sowohl vom Christentum als auch von der Esoterik Anleihen nimmt: »... ob das jetzt ein Gott oder eine Göttin ist oder wer auch immer, das ist mir schnurzdiwurscht, aber es ist eine treibende Kraft, die, wenn man sich damit auseinandersetzt, gedanklich ja, einem dann auch Kraft gibt oder Energie und das, was da dann kommt, nennen wir Gott.« (E-012/317) Eine andere Frau, die dem freikirchlichen Bereich zuzuordnen ist, drückt das folgendermaßen aus: »Das sind ja Energien und Sie können sie irgendwie ... Also, ich finde das schon toll. [...] Was das eigentlich für ein Geschenk ist und an welche [...] Kraftquelle Sie angeschlossen sind. Das müssen Sie einmal überlegen. [...] Also, das ist, wahnsinnig ist das.« (E-020/500)[235] An dieser Kraft oder Energie kann der Mensch nach dieser Auffassung Anteil gewinnen.[236]

2.6.2.4 ERWARTUNG VON RUHE UND AUSGEGLICHENHEIT

Für einige ist das Gebet der Ort, um Ruhe zu finden oder ausgeglichener zu werden. Eine Befragte rät dem Interviewer, es ebenfalls mit dem Gebet zu versuchen: »Gewöhnen Sie sich das an, früh und abends. Sie

---

ten, praktischen Kirche nicht, und das ist ein spirituelles Erlebnis, einfach diesen Bau zu erleben, sich auch der Geschichte bewusst zu werden, die in der Kirche drin steckt [...]. Auch das sind für mich Punkte, wo ich unglaublich Ruhe und Kraft finden kann. Und auch den Eindruck hab, ich kann da ganz gut ins Gespräch mit meinem Gott kommen« (E-047/453).

232 Vgl. das Zitat aus E-047/321 in Anm. 121.

233 »... durch diese [...] Stille oder Zeit der Bibellesung morgens haben wir oft den Eindruck, wir kriegen dann noch einmal so einen Push für den Tag und können da recht gut dann losstarten.« (E-005[m]/38)

234 Vgl. das Zitat aus E-020/500, sowie die weiteren Zitate zu Gott als Stärkender oder Kraftspender in Anm. 206.

235 Vgl. weitere Stellen zu Gott als Kraftspender in Anm. 206

236 Siehe hierzu oben die Ausführungen unter *2.5.2 Fürbitte im persönlichen Gebet*, 66f.

sind irgendwie beruhigter und ausgeglichener und [...] man fühlt sich irgendwie wohler« (E-015/515). Für eine weitere Befragte ist der Effekt des Gebets ebenfalls, dass es ihr besser geht, nachdem sie gebetet hat.[237]

In einem anderen Fall liegen Gebet, Kraft tanken und Ruhe finden sehr nah beieinander.[238]

Eine Pfarrerin reflektiert das Ruhefinden für ihr Nachtgebet etwas ausführlicher: Für sie ist es das Abgebenkönnen, das sie Ruhe und Befreiung erfahren lässt.[239]

2.7 Deutungen und Definitionen für das Gebet

Einige Beschreibungen zum Gebet sind in sich bereits weiterführende Deutungen und Definitionen.

2.7.1 Gebet als Kommunikation

In einigen Fällen wird das Gebet vor allem auch als Gespräch empfunden und beschrieben.[240] Gott ist dabei der Gesprächspartner. Ein Mann vergleicht das Gebet z.B. mit dem Gespräch mit einer nicht vorhandenen Ehepartnerin; er beschreibt dieses Gebet als Gespräch in einer ganz alltäglichen Sprache und grenzt es ab von einem »formalisiert[en]« Gebet wie dem Vaterunser.[241] Hierbei handelt es sich um jenen Befragten, der das oben bereits erwähnte »immerwährende Gebet« praktiziert.[242] Im weiteren Gesprächsverlauf sagt der Befragte, der allein lebt, dass

---

[237] Vgl. das Zitat aus E-023/256, 40.

[238] Vgl. die Zitate E-047/321 in Anm. 121 und E-047/66-72 in Anm. 163.

[239] Dieses Phänomen wurde bereits unter dem Aspekt des Gebets zu festgelegten Gebetszeiten näher betrachtet: Siehe die Ausführungen oben unter *2.2.1.2 Begründung und Reflexion der Gebetspraxis innerhalb fester Gebetszeiten*, 35ff.

[240] Vgl. neben den im Text zitierten folgende Aussagen, die weniger reflektiert sind, aber dennoch eine Gesprächssituation beschreiben: die Aussage in E-011/662-666 in Anm. 152 und ihre Fortsetzung in E-011/666-668 in Anm. 202 sowie das Zitat aus E-031/533-539 in Anm. 208; im Zitat aus E-047/321 wird das Gebet als »mit Gott im Gespräch sein« bezeichnet, vgl. Anm. 121.

[241] Vgl. das Zitat aus E-008/394, 47.

[242] Siehe dazu oben die Ausführungen unter *2.2.3 Immerwährendes Gebet*, 47.

Gott für ihn »die wichtigste Person« überhaupt sei.[243] Eine andere, ebenfalls bereits erwähnte Befragte beschreibt ihr Gebet als »Zwiegespräch«.[244]

Die immerwährende Gesprächsbereitschaft Gottes wird bei einer Befragten verbunden mit einer anderen Eigenschaft Gottes – der Vorstellung, dass Gott den Menschen so annimmt, wie er ist. Sie sagt: »... vielleicht [ist Gott] auch ein Ansprechpartner. [...] wenn ich dann Mist gemacht habe zum Beispiel, dann denke ich: ›Na ja, Gott nimmt uns auch so an, nicht wie man sein muss oder sein sollte, sondern wie man ist.‹ [...] Und das ist ja irgendwie schon [...] ein bisschen ein Trost. [...] Auch wenn man Fehler macht, dass man sagt: ›Ja, Mensch, das hättest [du] jetzt nicht machen sollen oder das hättest [du] nicht sagen sollen, das war Mist, was du gemacht hast.‹ Aber dann denke ich [...], wenn man mit Gott darüber redet, [...], dann weiß ich auch, dass mir das wahrscheinlich schon verziehen wird, auch wenn ich Fehler gemacht habe. Dafür ist ja praktisch [...] [das] Neue Testament und [das] Alte Testament da, dafür dass man halt sagt, man kriegt Vergebung durch den Tod Jesu« (E-031/533-539).[245]

2.7.2 Gebet als Beichte

Im eben zitierten Fall hat das Gebet den Charakter einer Beichte, wobei durch das Gebet zugleich die Erfahrung einer Freisprechung gemacht wird. Das Gespräch mit Gott ist hier ein Weg zur Vergebung. Begründet

---

[243] »... es ist mir einfach wichtig, das Gebet [...], ich sage jetzt nicht [als] ein Fluchtpunkt, weil das würde so herüberkommen, als ob man etwas ausweichen möchte. Aber ich möchte einmal sagen, [das Gebet ist] wirklich die Kommunikation mit der Person, die mir am nächsten steht, [...] dafür dass ich allein stehend bin, ist es für mich die wichtigste Person.« (E-008/396)

[244] Vgl. oben das Zitat aus E-038/414 und die Ausführungen dazu, 49; auch diese Befragte grenzt ihr Gebet gegen das Vaterunser und das Glaubensbekenntnis ab, das sie in der Kirche verortet.

[245] Die Vorstellung des annehmenden Gottes findet sich in den Interviews häufiger: vgl. neben dem im Text angeführten Beispiel auch die Aussage einer Befragten, die sie trifft, als sie ihr Abendmahlsverständnis erläutert: »Und wenn Gott mir entgegen kommt, kann ich eigentlich ganz normal sein. Dann will er wohl etwas von mir. Oder ich bin dann gut genug« (E-018/289), sowie das Zitat aus E-020/118-122, 86.

wird diese Gebetsauffassung aus der Bibel und mit dem Glaubenssatz, dass der Mensch durch Jesu Tod Vergebung erlangt.

2.7.3 Gebet zur Pflege der Gottesbeziehung

Zwei Laien erklären, dass die Kommunikation im Gebet gleichzeitig die Pflege der Beziehung zu Gott ist.[246]

In diesem Sinne lassen sich auch andere Aussagen verstehen, in denen nicht direkt von der Beziehung zu Gott die Rede ist. Dazu gehört beispielsweise die oben bereits beschriebene Reflexion eines Pfarrers zu seinem ritualisierten Morgengebet, in der er beschreibt, dass er mit einem 20-minütigen Sitzen am Morgen Gott bewusst Zeit widmet.[247]

Derselbe Pfarrer erläutert, dass bei ihm in einer Glaubenskrise die Beziehung zu Gott in einem inneren Dialog wieder neu aufgebaut wurde.[248]

2.7.4 Kindliches Gebet bei Erwachsenen

In fünf Interviews wird dem persönlichen Gebet bzw. *einer* Form des persönlichen Gebets das Attribut »kindlich« zugeschrieben.

Zwei Befragte bringen ihr Nachtgebet mit dem Aspekt des Kindlichen in Verbindung. Eine Frau sagt: »Meist ist das so eine Bitte, [...], dass ich mich bedanke, dass der Tag so gut gelaufen ist und [...] dass es uns allen gut geht. Und ich bitte oft, dass Gott [...] am nächsten Tag auch wieder bei uns ist und uns behütet. Das ist mehr kindlich. [...] Vielleicht habe ich das auch aus der Kindheit noch irgendwie. Da gibt es irgendetwas da innen. Ich lächle manchmal über mich selbst, aber das ist halt einmal so. Das gehört halt dazu. Viele Leute beten ja auch mit ihren Kindern abends.« (E-046/424-426) Als kindlich wird das Gebet von der Befragten vermutlich deshalb bewertet, weil es sie selbst an das Gebet

---

[246] Vgl. die Zitate aus E-005[w]/34 in Anm. 102 und aus E-005[m]/38 in Anm. 109. Außerdem antwortet eine Frau auf die Frage des Interviewers: »... wie pflegen Sie die Beziehung zu Gott?«, mit den Worten: »Ich bete.« (E-015/192-193)

[247] Vgl. oben das Zitat aus E-048/38-40 und die Ausführungen dazu, 38.

[248] Vgl. das Zitat aus E-048/681 in Anm. 210.

ihrer Kindheit erinnert und weil die einfache Bitte um Schutz auch aus Gebeten mit Kindern bzw. für Kinder bekannt ist.

Bei der anderen Befragten ist – wie oben bereits erwähnt – die Verbindung zum Gebet in der Kindheit sehr viel offensichtlicher: sie beginnt ihr Nachtgebet nach wie vor mit dem »Kindergebet«, das sie von ihrer Großmutter gelernt hat.[249] Dieses »Kindergebet« macht für sie das Kontinuitätsmoment in ihrem Abendgebet aus, das danach aber in ein »Zwiegespräch« übergeht.[250] Sie reflektiert es folgendermaßen: »... das ist schon so, da fühle ich mich irgendwie so [...] wie ein kleines Kind, wo ich dann auch denke: ›Oh je, jetzt ist es so weit!‹ [...] es ist einfach so ein Teil von Kindheit. [...] Und es ist ja auch so ein wirklich kindliches Gebet. Aber das ist eigentlich so etwas von früher und da fühle ich mich dann auch oft so beschützt wieder.« (E-038/378-380) Ihre Reflexion ähnelt der oben beschrieben sehr, doch beschreibt die Befragte hier ein intensiveres Empfinden: Sie beschreibt nicht nur eine Erinnerung an früher, sondern auch, dass sie sich dabei wie früher fühlt.

Eine weitere Befragte bezeichnet nicht direkt ihr Gebet als kindlich, wohl aber ihre Beziehung zu Gott. Sie reflektiert dies folgendermaßen: »Das ist ein [...] kindliches Verhältnis. [...] mancher macht das etwas anders, [...] aber ich bin [...] so ein Mensch und ich mache [...] das so meinem Persönlichkeitsbild entsprechend. Das wird jetzt vielleicht nicht jeder so machen oder kann vielleicht auch nicht jeder, das kommt ja aufs Vaterverhältnis [...] an, [...] wenn man zu seinem Vater ein ganz großes Vertrauen gehabt hat, dann fällt es einem auch nicht so schwer, zu Gott einfach das Vertrauen zu haben. Das hängt schon auch mit der Kindheit und so zusammen und mit den Erfahrungswerten. [...] ich kenne da zumindest zwei [Menschen], die haben ganz große Probleme, die Liebe Gottes anzunehmen – einfach so, ohne Leistung, [...] Als Kind[er] haben sie nicht genügend [Anm.: vermutlich ist gemeint: ›Liebe bekommen‹], [sie] mussten immer Leistung bringen und das [...] ist ganz schlimm, ich finde das ganz schlimm. Das ist ein Punkt, der mich eigentlich manchmal sehr bewegt, dass ich denke, das Menschliche spielt auch da in Glaubensdingen eine ganz große Rolle.« (E-020/118-122)

Ein nächster Befragter reflektiert etwas breiter über die Gestalt seines persönlichen Gebets und stellt zwei Formen dar: Die eine ist die

---

249 Vgl. das Zitat aus E-038/264-266 in Anm. 100.

250 Vgl. dazu oben das Zitat aus E-038/300, 51.

oben bereits besprochene Form mit Gesprächscharakter, die der Befragte auch als »immerwährendes Gebet« bezeichnet.[251] Die andere ist »das kindliche Gebet zum Vater«; er beschreibt es folgendermaßen: »Natürlich [gibt es] auch immer [...] so dieses kindliche Gebet zum Vater, [welches dadurch bestimmt ist,] dass man so gewisse Sachen betet: Ich setze mir Ziele oder habe Wünsche oder Probleme und dass ich die eben im Gebet Gott auch hinlege.« (E-008/396). Hier wird im Unterschied zu den erstgenannten Beispielen nicht auf Erfahrungen in der Kindheit zurückverwiesen, um das Kindliche zu erklären. Es ist hier das Vorbringen der eigenen ›kleinen‹ Bitten, Wünsche und Probleme, was als ›kindlich‹ angesehen wird.

Einer der befragten Pfarrer deutet sein Morgenritual als eine »kindliche Gegenrechnung«.[252] Er möchte Gott mit seinem 20-minütigen Morgenritual einmal am Tag etwas zurückgeben für dessen 24-stündiges Kümmern; zugleich handelt es sich seiner Meinung nach offenbar nicht um eine stimmige Rechnung, so dass er ihr das Attribut »kindlich« beifügt.

2.8 VERHÄLTNIS VON GEBET UND TAT

2.8.1 LAIEN

Bei zwei der Befragten lässt sich bei den Aussagen zum Gebet eine Verbindung von Gebet und Tat im Sinne von Gabe und Gegengabe feststellen. Eine dieser Befragten geht davon aus, dass Gott wisse, was sie brauche; das auch zu bekommen, hängt für sie an der Bedingung, selbst auch das Beste zu geben.[253] Nach dieser Vorstellung muss im Leben das Bestmögliche gegeben werden, um auch von Gott etwas erhalten zu können. Es muss eine Vorleistung erbracht werden. Etwas anders verhält es sich bei einer Person, für die das Gebet selbst die zu vollbringende Tat ist. Hier befürchtet die Befragte, dass etwas passieren könnte, wenn sie das tägliche Abendgebet unterlässt: »Ja, manchmal denke ich

[251] Siehe dazu die Ausführungen unter *2.2.3 Immerwährendes Gebet*, 47, sowie unter *2.7.1 Gebet als Kommunikation*, 83f.

[252] Vgl. dazu oben das Zitat aus E-048/38-40, 38., sowie der diesem Zitat vorausgehende Teil des Gesprächs aus E-048/34-38 in Anm. 110.

[253] Vgl. dazu oben auch das Zitat aus E-011/624-636, 80f.

mir, wenn ich das [Anm.: das Abendgebet sprechen] jetzt nicht mache, dann passiert vielleicht am nächsten Tag etwas. Ich weiß nicht – irgendwo. [...] Weiß ich, da wenn ich rationell denke, dass das Schmarrn ist« (E-046/440-442).

Bei diesen Laien hängt es von ihrem eigenen Tun ab, ob Gott in der gewünschten Weise handelt. Das menschliche und das göttliche Tun sind in einer vom menschlichen Handeln abhängigen Weise aufeinander bezogen.

2.8.2 Pfarrerin

Ganz anders reflektiert eine Pfarrerin das Verhältnis von Gebet und Tat. Sie betrachtet das Gebet und seine Beziehung zur Tat aus anthropologischer Perspektive. Nach ihrer Überzeugung braucht es im menschlichen Leben beides: Weder die Tat allein reicht, denn dem Mensch würde die nötige Ruhe fehlen, noch das Gebet allein, denn nur beten wäre gefährlich.[254]

2.9 Gebetserfahrungen in der Kindheit

Etwa ein Fünftel der Befragten erwähnt Erfahrungen mit dem Gebet, die in der Kindheit gemacht wurden.[255] Wiederum etwa die Hälfte dieser Befragten beschreibt auch eine aktuelle Form des persönlichen Gebets.[256] Dies schließt jedoch nicht aus, dass auch bei anderen Befragten Gebetserfahrungen aus der Kindheit vorhanden sind, die aber nicht erwähnt werden. Einige nennen solche Erfahrungen lediglich, beschreiben sie aber nicht näher.[257]

---

[254] Vgl. dazu oben das Zitat aus E-029/48-50, 81.

[255] E-004; E-015; E-016; E-020; E-024; E-030; E-034; E-037; E-038; E-040; E-048.

[256] E-004; E-015; E-016; E-020; E-024; E-038.

[257] »Ja, da hast du auch in der Früh gebetet, wenn du in die Schule gegangen bist.« (E-004/32-34) Vgl. das Zitat aus E-015/139 in Anm. 219. Eine Befragte vermutet lediglich, dass in ihrer Kindheit mit ihr gebetet wurde, sie kann sich jedoch nicht mehr erinnern: »... ich kann mich nicht – also als Kind jetzt – mich erinnern, ob meine Eltern – doch irgendwo vage, wahrscheinlich schon – mit uns gebetet haben.« (E-024/285)

2.9.1 Bewertungen zu Gebetserfahrungen in der Kindheit

Manche werten die Gebetserfahrung der Kindheit rückblickend. So erachtet ein Befragter die Tatsache, dass in seiner Herkunftsfamilie zum Tischgebet erzogen wurde, für wichtig. Das Tischgebet gehört für ihn dazu.[258] Auch in der Herkunftsfamilie einer weiteren Befragten waren sowohl Tisch- als auch Nachtgebet »selbstverständlich«.[259] Ein Befragter beurteilt die Praxis des Tischgebets, wie er sie im Internat erlebt hat, als »angenehm«.[260] Für einen weiteren Befragten war es prägend, dass die Mutter ihn zum Gottesdienstbesuch und zum Gebet anhielt; gebetet wurde vor dem Essen, beim Abendläuten sowie »an der Bettkante«.[261]

2.9.2 Einfluss der Gebetserfahrungen in der Kindheit auf das aktuelle persönliche Gebet

Die Gebetserfahrungen der Kindheit können auch direkte Auswirkungen auf das aktuelle persönliche Gebet haben. Der Fall, bei dem das Gute-Nacht-Gebet der Kindheit weiterhin als Einstieg in das Nachtgebet dient, wurde oben bereits besprochen.[262] Ebenfalls bereits erwähnt wurde, dass eine Befragte ihre bevorzugte Gebetsanrede »Jesus« mit einer Gewohnheit erklärt, die aus der Kindheit rührt.[263]

---

258 Vgl. dazu unten das Zitat aus E-030/47-49, 99f.

259 »... die Religion spielte oder [...] die Religiosität spielte eine große Rolle in unserer Familie. Also schon allein das Tischgebet war für uns als Kinder selbstverständlich, das Nachtgebet war da, aber es war nicht so, dass also Bibelstellen vorgelesen wurden oder so etwas, das nicht.« (E-034/18)

260 »... das war eigentlich schon mehr, mehr Pflicht gewesen [Anm.: in den Gottesdienst zu gehen]. [...] aber also das im Internat ist das auch gepflegt worden. Da war das für mich schon angenehmer. Also der Zusammenhalt, gell? Also Tischgebet und so, [...] dieses Ritual, also das war sehr angenehm. Und das war auch streng.« (E-037/820-824)

261 »... was uns geprägt hat, waren halt ihre strikten Anweisungen und Anhalten zum Gottesdienstbesuch und die Gebete, die im Haus stattfanden. Vor jedem Essen [...] und bei der Abendglocke wurde gebetet, [...] wenn die Abendglocke geläutet hat und dann noch einmal an der Bettkante, vor dem Gute-Nacht-Sagen. [...] also [das] hat mich stark geprägt.« (E-048/617-623)

262 Siehe dazu oben die Ausführungen unter *2.7.4 Kindliches Gebet bei Erwachsenen*, 85ff.

263 Siehe dazu oben die Reflexion unter *2.6.1 Adressat: Anrede Gottes im Gebet*, 77.

Auch für den Befragten, der angibt, seinen Glauben über das Christliche hinaus erweitert zu haben, hat die Gebetserfahrung aus seiner Kindheit eine Verbindung mit seiner aktuellen spirituellen Praxis. Ihm ist ein Gebetstext in Erinnerung, in dem es um die Reinhaltung des Herzens ging.[264] Heute liegt ihm daran, durch verschiedene spirituelle Praktiken seine »Seele« rein zu halten.[265]

2.10 GEBET MIT KINDERN

Das Gebet mit Kindern findet in den Familien vor allem an zwei Punkten des täglichen Lebens statt; zum einen abends am Bett, das so genannte »Gute-Nacht-Gebet«, und zum anderen bei den Mahlzeiten.[266]

2.10.1 BEGRÜNDUNGEN UND DEUTUNGEN

Die Entscheidung, mit Kindern zu beten, wird in manchen Fällen sehr bewusst getroffen; das Gebet ist dann meist Teil einer bewusst religiösen Erziehung der Kinder. In anderen Fällen handelt es sich um eine eher unbewusste Entscheidung, die zum Teil an Tradition geknüpft ist.

2.10.1.1 LAIEN

Ein Ehepaar aus dem freikirchlichen Bereich begründet diese Entscheidung mit der eigenen Lebens- und Glaubenspraxis, die beide mit ihrem Kind teilen.[267]

---

[264] Vermutlich handelt es sich um den geprägten Text: »Ich bin klein. Mein Herz ist rein. Soll niemand drin wohnen als Jesus allein.«

[265] »Für mich ist es total wichtig, Sachen zu machen, die aus meinem Innersten heraus wichtig sind, nicht, und das ist, so als Kinder haben wir eben immer diese Gebete gesprochen irgendwie, dass mein Herz rein bleiben sollte und so etwas. [...] Irgendwann vergisst du das total, und mittlerweile ist es mir unwahrscheinlich wichtig. Ich denke, dass das der Mittelpunkt wirklich ist, [...] dass man seine Seele rein hält, in welcher Form auch immer.« (E-016/177-179)

[266] BLOTH, Gebet, 99, gibt an, dass es in empirischen Studien seit 1945 überraschend war, dass häufig mit Kindern gebetet wurde und auch viele Jugendliche beten.

[267] »... es war uns auf jeden Fall wichtig, dass unser Kind christlich erzogen wird. Das versuchen wir auch im Alltag umzusetzen, indem wir mit ihr beten oder christliche

Aber auch eine Frau, die in ihrer eigenen religiösen Praxis Christliches mit Esoterischem kombiniert, legt in der religiösen Erziehung ihrer Kinder Wert darauf, Gott als Gesprächspartner zu vermitteln. Dieser Gesprächspartner bleibt den Kindern erhalten, auch wenn sie gerade mit ihrer Mutter streiten und mit ihr nicht reden wollen oder können. Sie sagt: »... so wie [ich] auch den Kindern immer sage, wenn sie in ihrer kritischen religiösen Phase sind, dass dieses Göttliche [da ist], das uns immer wieder auffängt [...] oder wenn sie selbst mit mir Streit haben, dann gibt es immer noch den Gott, mit dem sie sprechen können oder sich mitteilen können, oder wo sie aufgehoben sind wie auf so einer Hängematte.« (E-012/225) Obwohl ihr eigenes Gottesbild sehr weit ist,[268] vertritt sie die Auffassung, dass es für Kinder besser ist, zunächst ein einfaches Gottesbild präsentiert zu bekommen. Sie sagt: »Und für Kinder ist es eben einfacher, sich den [Gott] vorzustellen mit Bart oder wie auch immer, auf einer Wolke schwebend und das verändert sich halt dann im Laufe des Alters.« (E-012/319) Bei dieser Befragten spielt zusätzlich die Tradition eine Rolle, in der sie aufgewachsen ist. Sie hat die religiöse Erziehung, die sie selbst erfahren hat, für gut befunden und wollte eine solche auch ihren Kindern zukommen lassen.[269]

In anderen Fällen ist der Grund für die Entscheidung zum Gebet mit Kindern nicht eindeutig auszumachen. Bei manchen dürften auch hier die eigenen Erfahrungen in der Kindheit einen Einfluss haben. Eine Befragte sagt, dass sich die Großeltern freuen würden, wenn das Enkelkind vor dem Essen betet, da das bei ihnen früher in der Familie auch üblich war.[270]

Eine andere Befragte, die mit einem Moslem verheiratet ist, erzählt, dass sie wegen dieser Konstellation den Kindern zunächst ihre Religion nicht nahe gebracht habe. Als die Kinder dann aber im Kindergarten das Beten kennen lernten und auch zu Hause beten wollten, hat sie sich mit

---

Lieder singen. Das gehört einfach zu unserem Leben dazu. So vor dem Essen wird gebetet, und wenn wir sie abends ins Bett legen, beten wir mit ihr zusammen. Wir singen viel mit ihr und – ja, das ist uns wichtig.« (E-005[m]/9)

[268] Vgl. dazu oben das Zitat aus E-012/317, 82.

[269] »... und ich wollte auch die Kinder im Endeffekt so erziehen, wie ich auch erzogen worden bin, [...] mit diesen ganzen Sachen. Und das war also für mich ein großer Grund, das wieder zu machen, und das habe ich auch bis heute nicht bereut.« (E-012/177)

[270] »... am Wochenende [...], wenn wir bei meinen Eltern draußen sind, die freuen sich, wenn das Kind betet. Das haben wir früher auch gemacht.« (E-004/186)

folgender Begründung nicht dagegen gestellt: »... ich sage, die müssen sich schon einmal selber entscheiden, die Kinder. Aber wenn ich ihnen nichts beibringe, dann können sie sich nicht entscheiden, weil dann wissen sie ja nicht, wofür oder wogegen sie sich entscheiden sollen.« (E-003/204)

In den Intentionen lassen sich bei den Befragten durchaus Unterschiede erkennen. Während für einen Befragten das Vorleben des eigenen Glaubens vermutlich deswegen wichtig ist, weil er will, dass das Kind den Glauben, der ihm vorgelebt wird, übernimmt, möchte eine andere Befragte ihren Kindern zur ersten Orientierung ein Gottesbild anbieten. Den Kindern wird frei gestellt, dieses Gottesbild und ihren eigenen Glauben weiterzuentwickeln. Bei einer weiteren Befragten geht es hingegen darum, den Kindern überhaupt ein Angebot in Sachen Religion zu machen; sie sollen die Religion der Mutter kennen lernen, um später eine Basis für eine eigene Entscheidung zu haben.

2.10.1.2 Hauptamtliche

Bei Hauptamtlichen, die sich zur Gebetspraxis mit Kindern äußern, findet sich ausschließlich die bewusste Entscheidung zur religiösen Erziehung. Zur religiösen Erziehung allgemein gibt es in diesen Interviews allerdings wenig Begründungen und Deutungen. Diese finden sich dann vermehrt in Bezug auf die einzelnen Gebetsformen, die mit Kindern praktiziert werden.

Einer der befragten Kirchenmusiker ist generell der Meinung, dass Kinder zum Gebet angehalten werden sollten.[271] Er begründet das rein pragmatisch: »Erziehung spielt [beim Gebet] eine große Rolle mit, [...] so wie ich das auch in der Kirche sehe, Liturgie und all diese Dinge kann man erziehen. Also, so habe ich das immer empfunden.« (E-030/51) Hieraus lässt sich nur folgern, dass ihm religiöse Erziehung wichtig ist, aber nicht, worin die Gründe dafür liegen.

Ein Pfarrer begründet die Rituale, die in der Familie mit den Kindern vollzogen werden, ebenfalls anthropologisch damit, dass Kinder Gewohnheiten bräuchten.[272]

---

[271] »Das finde ich einfach, sollte sein, dass die [Kinder] angehalten werden mit zum Gebet von früh auf.« (E-030/57)

[272] »... für die Kinder, ist es sowohl meiner Frau als Lehrerin als auch mir als Pfarrer klar, dass die Gewohnheiten brauchen; dass es etwas gibt, worauf sie sich verlassen können, jeden Abend das Gleiche, und danach können sie gut einschlafen. Das ist der

2.10.2 Einfluss des Kindergartens auf häusliche Gebetspraxis

Einen nicht unerheblichen Einfluss auf die Gebetspraxis mit Kindern haben nach den Aussagen einiger Befragten die christlichen Kindergärten (und zum Teil auch die christlichen Schulen). Im Fall der bereits erwähnten Befragten, die mit einem Moslem verheiratet ist, hat der Kindergarten das Gebet komplett in die Familie hineingetragen: »... ich bin nie hingegangen und [habe gesagt]: ›So, jetzt müssen wir beten.‹ Irgendwann hat sie [Anm.: die Tochter] das mitgekriegt im Kindergarten, [...], dann mache ich [das] halt. Also, ich zwinge da nichts auf« (E-003/204). In anderen Fällen ist durch den Kindergarten das Tischgebet zum Gute-Nacht-Gebet hinzugekommen.[273] In einer Familie mit ganz bewusster religiöser Erziehung haben die Kinder vom Kindergarten neue Texte für Tischgebete mitgebracht, die dann von der Familie übernommen wurden.[274]

---

eine Aspekt. Der andere Aspekt ist tatsächlich, einen Tag ab[zu]schließen, also, nicht mit irgendwelchen Problemen, die man dann noch in den nächsten Tag mitschleppt, ins Bett [zu] gehen, sondern einfach auch sagen können: ›Das war jetzt gut‹, sich für etwas, was man angestellt hat, noch [zu] entschuldigen oder umgekehrt, sich auch beim Kind [zu] entschuldigen, [...] wenn man einmal ungehalten gewesen ist und dann einfach [zu] sagen: ›Jetzt ist [es] gut!‹ [...] dieses blind vertrauen, dass am Ende des Tages alles wieder im Lot ist, das finde ich für unsre Kinder ganz, ganz wichtig und letztendlich auch für mich.« (E-047/50-54). Ein weiterer Pfarrer begründet das Tischgebet mit dem Ritual: »... was bei uns auch ein ganz regelmäßiges Ritual ist, was uns auch wichtig ist, aber was [sich] natürlich auch sehr einschleift, [...] das ist das Tischgebet [...] wobei [...] hauptsächlich die Kinder das dann sprechen, weil die [...] sich etwas aussuchen, was ihnen einfach gefällt und ihnen entspricht. Das ist so [...] das regelmäßigste Gebet im Pfarrhaus.« (E-036/36-38)

[273] »Ich meine, Abendgebete haben wir immer gesprochen, das war einfach das Normale, das ist in jedem Fall ein Ritual. Aber jetzt, dass wir früh und mittags beten, das haben sie [Anm.: die Tochter mit anderen Kindergartenkindern] erst im Kindergarten mehr oder weniger [gelernt], das hat sie dann animiert, also das war [...], was von ihr herausgekommen ist.« (E-004/61) »... im Kindergarten haben sie ja auch immer gebetet. Es war ein evangelischer Kindergarten, da sind die Gebete eigentlich selbstverständlich; dass man früh betet, dass man mittags betet. Und dann in der Schule dann eben auch die Mittagsgebete« (E-004/53); »... genauso das Gebet, das war früher, als die Kinder kleiner waren, also waren Tischgebete bei unseren gemeinsamen Mahlzeiten also Usus. Das haben sie auch im Kindergarten gelernt, [das] habe ich auch gern übernommen« (E-012/94).

[274] »Ich meine, das Gebet vor und nach den Mahlzeiten [...] wurde sonst später sogar rundum [gesprochen], dass auch einmal die Kinder dran kamen, damit die auch ihre

2.10.3 GUTE-NACHT-GEBET

2.10.3.1 PRAXIS

Das Gute-Nacht-Gebet ist meist Teil eines größeren rituellen Ablaufs, den Eltern mit ihren Kindern vor dem Zubettgehen vollziehen.[275] Weitere Elemente dieses Rituals können die Gute-Nacht-Geschichte, ein Schlaflied oder auch das Gespräch über den vergangenen Tag sein.[276]

Ob es sich bei den Gute-Nacht-Gebeten um geprägte Texte handelt oder freie Gebete, lässt sich dem Gesagten oft nicht eindeutig entnehmen. Doch in vielen Fällen liegt die Vermutung sehr nahe, dass hier geprägte Texte gesprochen werden: Wenn z.B. eine der Befragten erzählt, dass es der Wunsch ihrer Tochter sei, dass immer drei Gebete hintereinander gesprochen werden, muss davon ausgegangen werden, dass es sich um drei dem Kind vertraute Texte handelt.[277] Ein Befragter erklärt, dass am Ende des Zubettgeh-Rituals ein »freies Gebet oder ein

---

Kindertischgebete, die sie lernten – im Kindergarten oder sonst in der Schule – auch einmal anbrachten. [...] und dass dann die [Kinder] auch zum Sprechen kamen, zum freien Sprechen, also, auch wenn es ein Gedichtgebet war, nicht?« (E-030/53-55)

275 »Der [*Jungenname*] möchte erst das Schlaflied und dann das Gedicht und die [*Mädchenname*] möchte die drei Gebete haben [...], das haben sie sich so ausgesucht.« (E-003/204) »Wobei, je älter sie [Anm.: die Kinder] werden, desto mehr entritualisiert wird das, weil das dann irgendwann einfach nicht mehr fällig ist. Wie sie ganz klein waren, war immer das Gute-Nacht-Lied und das Gute-Nacht-Gebet noch da und die Geschichte zwischendrin. Inzwischen ist nur noch die Geschichte übrig geblieben.« (E-019/28) »... was wir in unserer Familie ganz, ganz wichtig nehmen und regelmäßig [machen], dass wir uns abends zu unseren Kindern ans Bett setzen, mit ihnen auf den Tag zurückschauen [und fragen]: ›Was hast du im Kindergarten erlebt?‹ ›Was hat Spaß gemacht?‹ ›Was war auch nicht so gut?‹ – und [so] den Tag abschließen. Oft wünschen sich die Kinder dann noch, dass sie eine Geschichte vorgelesen kriegen, und am Ende kommt entweder ein freies Gebet oder ein Gute-Nacht-Gebet.« (E-047/42)

276 Zum Vergleich: Die Identity Foundation legte in ihrer Studie zur »Spiritualität in Deutschland« unter anderem das Item »Mit Kindern sollte man ein ›Gute Nacht Gebet‹ üben.« zur Abstimmung vor. Dieses fand mit 54% bei über der Hälfte der Befragten Zustimmung. Die Konfessionen wurden hier nicht aufgeschlüsselt. Frauen stimmten diesem Item mit 61,4% häufiger zu als Männer (46%). Die Zustimmung zu dem Item sagt aber nichts darüber aus, inwieweit das Gute-Nacht-Gebet wirklich geübt wird. (Vgl. »Spiritualität in Deutschland« – Eine Untersuchung der GfK Marktforschung im Auftrag der Identity Foundation Düsseldorf, URL: http://www.identityfoundation.de/was-wir-tun.0.html#Spiritualitaet [Stand: 07.01.2009].)

277 Vgl. das Zitat aus E-003/204 in Anm. 275.

Gute-Nacht-Gebet« steht.[278] Hier gibt es also die Alternative zwischen freier Formulierung und geprägtem Text.

Meistens ist es ein Elternteil, der das Gute-Nacht-Ritual mit den Kindern vollzieht. Ob nun dieser Elternteil allein die Gebete spricht oder das Kind mit dem jeweiligen Elternteil gemeinsam, kann ebenfalls in den meisten Fällen nicht eindeutig gesagt werden. Nur bei einer Befragten wird deutlich, dass es verschiedene Formen des Gute-Nacht-Gebets geben kann: »Während jetzt zum Beispiel das Gute-Nacht-Gebet nach wie vor sehr wichtig ist – für alle und gerade für die Kleine, die das einmal mit mir macht, einmal nur für sich, einmal laut, einmal leise.« (E-012/98-100)

Die Praxis des Gute-Nacht-Gebets verändert sich oft, wenn Kinder älter werden. Im bereits zitierten Fall ist dem schon etwas älteren Kind das Gebet weiterhin wichtig: »... sie [Anm.: die Tochter] hat mir kürzlich gesagt, [...] das macht sie jeden Abend, auch wenn ich sie nicht persönlich ins Bett bringe oder wenn sie sich hier schon verabschiedet. Das ist ihr wichtig.« (E-012/100) Eine andere Mutter berichtet, dass von dem ursprünglichen Ritual, welches aus einem Lied, einer Geschichte und einem Gebet bestand, als die Kinder etwas älter wurden, nur die Geschichte übrig blieb.[279] In einem weiteren Fall wurde das Ritual des gemeinsamen Nachtgebets aufgegeben, als die Kinder ungefähr neun Jahre alt waren.[280] Für eine erwachsene Frau war – wie oben bereits erwähnt wurde – das Gute-Nacht-Gebet, das ihre Großmutter ihr beibrachte, so prägend, dass sie es heute noch gelegentlich betet bzw. als Einstieg in ein freies Nachtgebet nutzt.[281]

2.10.3.2 Begründungen und Deutungen

Begründungen von Laien für das Gute-Nacht-Gebet sind im Interviewmaterial rar. Einmal fällt die Aussage: »Ich meine, Abendgebete haben wir immer gesprochen, das war einfach das Normale, das ist in jedem Fall ein Ritual.« (E-004/61) Hier liegt die Begründung in der Selbstver-

---

278 Vgl. das Zitat aus E-047/42 in Anm. 275.

279 Vgl. das Zitat aus E-019/28 in Anm. 275.

280 »... das, was ich mit den Kindern eben gemacht habe, als die noch klein waren, [war das] Nachtgebet am Bett. Das haben wir, ich weiß nicht, ich könnte jetzt gar nicht sagen, bis zu welchem Alter wir das gemacht haben. Wahrscheinlich bis neun oder bis acht? Kann ich jetzt gar nicht sagen.« (E-024/285)

281 Vgl. das Zitat aus E-038/264-266 in Anm. 100 und die Reflexion dazu, 86.

ständlichkeit – es wird jedoch nicht deutlich, woher diese Selbstverständlichkeit genommen wird.

Eine Mutter reflektiert ein wenig ausführlicher über das Gute-Nacht-Gebet. Sie sagt, dass ihr persönlich das Nachtgebet mit den Kindern wichtig sei, weil sie damit indirekt ausdrücken kann, dass Kinder ein Geschenk sind: »... und wir können versuchen, viel zu beeinflussen, aber im Endeffekt getragen werden sie nicht von uns.« (E-024/329). Für die Befragte selbst ist das Nachtgebet demnach Ausdruck dafür, dass die Kinder in Gottes Hand liegen, auch wenn dieser Aspekt den Kindern ihrer Meinung nach nicht bewusst sein dürfte.[282] Das Gute-Nacht-Gebet hat in diesem Fall also nicht nur für die Kinder, sondern auch für die Mutter eine Bedeutung, eine Funktion. Es kann somit auch als Teil ihres persönlichen Gebetes gesehen werden.[283]

Ein Pfarrer, der von den Ritualen seiner Familie sehr reflektiert erzählt, bezeichnet den rituellen Tagesabschluss als »Anfangspunkt von Religiosität überhaupt«[284]. Nach seiner Überzeugung brauchen Kinder »Gewohnheiten«. Der immer gleiche Ablauf am Tagesende habe etwas Verlässliches, er schließe den Tag ab und bewirke, dass die Kinder ohne Probleme einschlafen können. Das Gebet ist ein Teil dieses Ablaufs.[285]

---

[282] Vgl. dazu das ausführlichere Zitat aus E-024/329-331 in Anm. 205.

[283] Hier kann eine Parallele gesehen werden zu dem befragten Pfarrer, der nachts, wenn die Kinder schon schlafen, noch einmal an deren Bett geht, nach ihnen sieht, nachdenkt und ein Gebet spricht. Er selbst interpretiert diese Form als Segen. Auch er stellt seine Kinder damit unter den Schutz Gottes. Vgl. dazu das Zitat aus E-036/28-30 in Anm. 102 und das Zitat aus E-036/32-34 in Anm. 116 sowie die Erläuterungen dazu unter *2.2.1.2 Begründung und Reflexion der Gebetspraxis innerhalb fester Gebetszeiten* im Unterpunkt *Pfarrerinnen und Pfarrer*, 36ff.

[284] »Es ist schade, dass ich durch meinen Beruf das [Abendritual mit den Kindern] nicht so oft machen kann. Aber ich weiß, dass die [*Name der Frau*] das auch macht und dass es ihr auch wichtig ist. Letztendlich erzähle ich das ja bei jedem Taufgespräch, dass dieses rituelle Abschließen des Tages, ja, ein Anfangspunkt von Religiosität überhaupt ist.« (E-047/56).

[285] Vgl. das Zitat aus E-047/50-54 in Anm. 272. Der Praxis des Abendrituals dieser Pfarrersfamilie ganz ähnlich ist auch die Praxis des Abendrituals eines Vaters mit seinen Kindern, der von sich sagt, dass er sich in seiner Religiosität über das Christentum hinaus erweitert habe. Die Begründung und die Reflexion unterscheiden sich etwas von der des Pfarrers. Der Ursprung des Rituals liegt in der Kindheit des Mannes, wichtig erscheint es ihm – ähnlich wie auch dem Pfarrer –, den Tag mit den Kindern gemeinsam zu analysieren – nicht zuletzt auch deswegen, um zu erfahren, was die Kinder beschäftigt. In dieser Form des Abendrituals mit den Kindern finden sich keine offenkundig religiö-

2.10.4 Tischgebet mit Kindern

2.10.4.1 Praxis

In Familien, in denen eine weniger bewusste religiöse Erziehung stattfindet, wird das Tischgebet – wie oben bereits ausgeführt – oft durch die Kinder eingeführt, die es wiederum im Kindergarten lernen und in die Familien hineintragen.[286] In einem Fall wird berichtet, dass dieses Ritual nicht nur zu Hause vollzogen wird, sondern auch dann, wenn an einem anderen Ort gegessen wird.[287] Es wird beschrieben, dass die Kinder

---

sen Elemente; vgl. dazu folgendes Zitat: »... mit meinen Kindern jeden Abend haben wir so ein Spiel, nicht? ›Was hat Euch heute so ganz besonders gut gefallen? ›Was hat Euch gar nicht gefallen und was stellt Ihr Euch vor oder auf was freut Ihr Euch ganz besonders auf morgen?‹ [...] Und ganz bewusst eben nicht jetzt irgendwann einmal, sondern morgen. Für das Heute [ist es wichtig], im Prinzip ›zu analysieren‹ in Anführungsstrichen, oder dass es einfach noch einmal so abläuft, nicht? Für mich [ist das] genauso wichtig wie für meine Kinder. Also ich finde, das ist eine Sache, die unbedingt wichtig ist, nicht? Für mich ist das auch wiederum eine Form von Heilungsprozess gewesen, die ich so als Jugendlicher hatte. Ich hatte eine ziemlich heftige Kindheit und da war dann [...] so dieses Ritual, dass ich mich jeden Tag hingesetzt habe und aufgeschrieben habe, was finde ich zum Kotzen und was finde ich [...] total klasse, nicht? Und innerhalb von einem halben Jahr hat sich die Liste, was mich gestört hat, einfach verringert, nicht? [...] Und das ist halt so, und das habe ich aufgegriffen, und das ist halt für meine Kinder mittlerweile, die sind zwischen sechs und acht, das ist für die auch ein ganz wichtiger Moment. [...] denen fehlt sogar etwas, [...], wenn ich abends nicht bei denen das Spiel mit ihnen mache, nicht? Und das finde ich auch für Kinder unbedingt wichtig. [...] meistens kommt ja so [...] als Antwort auf die Frage, was dir nicht gefallen hat: ›Ja, weil mein Bruder mich heute gehauen hat‹, oder so, nicht? [...] Das sind erst einmal die ersten Sachen, aber in der Unterhaltung kommt dann eigentlich das heraus, was wirklich kompliziert war, was im Laufe des Tages das Kind beeindruckt hat und wo ich dann auch eine Möglichkeit habe zu sehen, was läuft eigentlich ab bei deinen Kindern, [...] was läuft in der Schule, [...], nicht? [...] Das ist so ein ganz wichtiges Ritual« (E-016/47-62).

[286] Vgl. hierzu die Zitate in Anm. 273.

[287] »Das hast du [Anm.: angesprochen ist eine Freundin, die beim Interview dabei ist] ja auch schon mitgekriegt, wie sie [Anm.: die Kinder] im McDonald's dann ihr Ding gemacht haben, nicht, [...] ihren Tisch-Rap gemacht haben. Da hatte sie [Anm.: die Tochter] eine ganze Menge von ihrer Schule eingeladen gehabt, ganz viele Kinder. Dann waren halt ein paar, die eben nicht von der [evangelischen] Schule waren, [...] die [*Name eines Mädchens*], die war dort gestanden, hat gar nicht gewusst, was sie tun soll, also, das war ihr irgendwie peinlich, dass sie jetzt hätte beten sollen, und das merkt man dann schon« (E-004/55-57). Ein weiteres Zitat: »... am Wochenende [...] wenn wir bei meinen Eltern draußen sind, die freuen sich, wenn das Kind betet. Das haben wir früher auch gemacht.

Freude am Gebet haben.[288] Das kann auch daran liegen, dass sie sich ihre eigenen, dem Alter angemessenen Formen aussuchen, wie z.B. einen Tisch-Rap.[289] Die Reaktionen von Kindern, die Gebete bei Mahlzeiten nicht gewohnt sind, reichen in der Wahrnehmung der Befragten von peinlich berührt bis erstaunt partizipierend.[290]

In den Familien der Hauptamtlichen, die von der Praxis des Tischgebets erzählen, war das Tischgebet bereits Bestandteil der Frömmigkeitspraxis, bevor Kinder geboren wurden. Sobald die Kinder dieser Familien etwas älter sind, werden sie aktiv in das Tischgebet mit einbezogen. Eine Familie, deren Kinder nun bereits älter sind, hatte ein Rotationsprinzip eingeführt, so dass jeder aus der Familie einmal mit dem Tischgebet an der Reihe war und die Kinder die Gelegenheit hatten, die im Kindergarten gelernten Gebete anzubringen.[291] Ähnlich wird das Tischgebet auch von einer anderen Familie gestaltet: Es existiert ein Gebetswürfel und Gebetskarten, aus denen die Kinder ziehen dürfen. Daneben besteht auch die Möglichkeit, dass die Kinder einfach ein ihnen bekanntes Gebet auswählen. In dieser Familie wird morgens, mittags und abends gebetet; von den drei Kindern, darf jeweils eines zu einer Tageszeit das Gebet bestimmen.[292] Ein Pfarrer bedauert, dass das

---

[...] [von] meiner Schwester und meinem Bruder, deren Kinder haben nicht gebetet – [...] obwohl die auf dem Land aufgewachsen sind. [...] Die haben aber nicht gebetet, die haben das nicht eingeführt. Und dann halt auch nicht durch die Kindergärten oder durch die Schulen ist das überhaupt nicht [eingeführt worden]. Die schauen dann, wenn mein Kind beten will, aber sind dann ruhig und beten mit – also, das machen sie. Die falten dann die Hände und warten, bis mein Kind fertig ist.« (E-004/186-188)

288 »... und wenn die Kinder [aus der Schule] also zufällig bei uns da[heim zu Besuch] sind, wenn irgendeine Feier ist, dann freuen die sich, wenn die miteinander beten können, und, also, es ist richtig schön.« (E-004/53)

289 Vgl. das Zitat aus E-004/55-57 in Anm. 287.

290 Vgl. das Zitat aus E-004/186-188 in Anm. 287.

291 Vgl. das Zitat aus E-030/53-55 in Anm. 274.

292 »Es ist klar, dass es ein Gebet gibt, aber wir wählen aus, und es gibt verschiedene Gebete. Wir haben einen [Gebets-]Würfel, wo die Kinder würfeln können, und dann beten wir immer eines von den Gebeten, die da drauf sind. [...] meine Frau hat kleine Kärtchen gemacht, mit verschiedenen Farben: also, das eine sind Morgengebete, das andere sind Tischgebete, das andere sind Abendgebete. Und wenn die Kinder wollen, dürfen sie da eins ziehen oder sie dürfen sich selber eines aussuchen aus unserem Fundus, wo sie sich erinnern. Und nachdem wir jetzt drei Kinder haben, darf sozusagen ein Kind vor dem Frühstück, ein Kind beim Mittagessen und ein Kind beim Abendessen aussuchen, damit

Tischgebet etwas »eingeschliffen« sei. Auch in seiner Familie sprechen hauptsächlich die Kinder das Tischgebet, »weil die dann sich etwas aussuchen, was ihnen einfach gefällt und entspricht.«[293]

Beim Tischgebet findet sich – wie schon beim Gute-Nacht-Gebet – das Phänomen, dass es in manchen Familien beibehalten wird, wenn die Kinder älter werden, oder aber dass es abebbt. Letzteres berichtet eine Mutter: »Oder genauso das Gebet, das war früher, als die Kinder kleiner waren, also war ein Tischgebet ... bei unserer gemeinsamen Mahlzeit also Usus. Das haben sie [Anm.: die Kinder] auch so im Kindergarten gelernt, [das] habe ich auch gern übernommen. Irgendwann hat sich das wieder zerschlagen und das machen sie jetzt manchmal just for fun wieder: ›Ach Mensch, weißt du noch das und das?‹, [sie] lachen sich halb kaputt dabei, also [sie] brauchen das nicht mehr so.« (E-012/94-96) In einem anderen Fall hat der Vater beobachtet, wie die Kinder weiterhin vor der Mahlzeit beten, obwohl die schulische Situation der Kinder gemeinsame Mahlzeiten aller Familienmitglieder und damit ein gemeinsames Tischgebet nicht mehr zulässt.[294]

2.10.4.2 Reflexion durch Hauptamtliche

Über den Sinn des Tischgebets wird nur von zwei Hauptamtlichen etwas ausführlicher nachgedacht. In beiden Fällen wird neben dem religiösen Aspekt des Dankes gegenüber Gott auch die Funktion des Gebets als gemeinsamer Anfang oder gemeinsames Ende der Mahlzeit herausgestrichen. Ein Kirchenmusiker sagt z.B.: »Aber ein Tischgebet gehört doch dazu! [...] man kann sich doch nicht wie ein Schwein an den Trog setzen und sagen wir einmal – es geht ja auch nicht nur um die Dankbarkeit und Bitte um die Gaben, sondern das ist auch, vielleicht ist das eine gewisse Liturgie, ein gewisses Ritual? Das Gebet vor dem Essen und nach dem Essen? [...], so bin ich auch erzogen worden, von zu Hau-

---

das auch ganz fair ist. [...] Für die Kleine suchen momentan die Älteren noch aus, [...] aber das werden die demnächst wahrscheinlich nicht mehr dürfen.« (E-047/36-40)

[293] Vgl. das Zitat aus E-036/36-38 in Anm. 272.

[294] »Und ich stelle das oft fest, dass selbst, wenn die [Kinder] dann nachgegessen haben – die beiden großen, mittags – dass die dann sich angeguckt haben [und gesagt]: ›Du bist dran!‹« (E-030/57).

se.« (E-030/47-49)[295] Der Faktor der Tradition spielt demnach auch hier eine Rolle.

2.11 Tischgebet

Die meisten Aussagen, die zum Tischgebet gemacht werden, stehen im Zusammenhang mit dem Gebet mit Kindern und wurden unter diesem Aspekt bereits verhandelt. Ein paar Beobachtungen sollen jedoch hier noch erwähnt werden.

Das Tischgebet ist das Gebet im privaten Bereich, das in den allermeisten Fällen laut gesprochen wird. Außerdem werden für diese Gebetsform meist geprägte Texte herangezogen, was nicht immer direkt erwähnt wird, sich jedoch häufig aus den Beschreibungen der Tischgebetspraxis ableiten lässt.[296] Dem entspricht, dass beim Tischgebet die Familientradition auch eine gewisse Rolle spielt. Ein Pfarrer erzählt sehr heiter, dass er und seine Frau zu Beginn ihrer Ehe Schwierigkeiten mit dem gemeinsamen Sprechen des Tischgebets hatten, weil sie von zu Hause zwar beide den gleichen geprägten Text gewohnt waren, er sich aber in einer kleinen Nuance unterschied, was das gemeinsame Sprechen schwer machte.[297]

---

[295] Vgl. außerdem das folgende Zitat eine Pfarrers: »Einfach danke sagen und, ja, für uns ist das auch Teil der Tischkultur, dass man, wenn man zusammenkommt nicht einfach jeder losspachtelt, sondern dieses gemeinsame Startsignal halt. Das, würde ich sagen, ist jetzt die rituelle Bedeutung dieses Tischgebet [...] auch über den Inhalt, Gott danke [zu] sagen, hinaus.« (E-47/42).

[296] So dürfte es sich z.B. bei dem erwähnten Tisch-Rap um einen modernen geprägten Text handeln; vgl. das Zitat aus E-004/55-57 in Anm. 287. Auch bei Tischgebeten, die Kinder aus dem Kindergarten oder der Schule mitbringen, die sie folglich zu Hause nachsprechen können, dürfte es um geprägte Texte gehen; vgl. dazu oben die Zitate aus E-003/204, 93, und aus E-004/53 und E-004/61 in Anm. 273, sowie die Zitate aus E-012/94 in Anm. 273 und aus E-030/53-55 in Anm. 274. Auch dort, wo davon die Rede ist, dass sich Kinder Tischgebete aussuchen dürfen, muss davon ausgegangen werden, dass die Texte bekannt sind, vgl. hierzu die Aussagen aus E-036/36-38 in Anm. 272 und aus E-047/36-40 in Anm. 292. Eindeutig um einen geprägten Text handelt es sich bei ›Komm, Herr Jesus, sei unser Gast‹ im Zitat aus E-047/32-34 in Anm. 215.

[297] Vgl. das Zitat aus E-047/32-34 in Anm. 215. Vgl. zum Thema *Tradition beim Tischgebet* außerdem oben die Aussagen aus E-030/47-49, 99f., sowie aus E-030/51, 92.

Wie oben bereits ausgeführt, wird nur zweimal über den Sinn des Tischgebets etwas ausführlicher nachgedacht. In beiden Fällen wird neben dem religiösen Aspekt des Dankes gegenüber Gott auch die Funktion des Gebets als gemeinsamer Anfang der Mahlzeit herausgestrichen.[298]

298 Vgl. hierzu z.B. das Zitat in Anm. 295.

3 Praktisch-theologische Gebetsauffassungen

3.1 Gebet als Thema der Praktischen Theologie

Die Praktische Theologie sieht sich beim Thema Gebet – stärker als in vielen anderen Arbeitsfeldern – »auf die Ergebnisse der anderen hier arbeitenden Disziplinen angewiesen«.[299] Das Thema *Gebet* unterscheidet sich von den anderen Arbeitsfeldern der Praktischen Theologie – wie z.B. der Poimenik, der Liturgik oder der Homiletik, die ebenfalls weitere Disziplinen zu Rate ziehen – darin, dass bei ihm nicht ausschließlich kirchliche Handlungen reflektiert werden. Als ein Element der evangelischen Frömmigkeitspraxis oder Spiritualität kann das Gebet Teil all dieser Handlungsfelder sein; etwa im Gottesdienst, wo es als Teil der Liturgie öffentlichen Charakter hat. Das private oder persönliche Gebet hingegen ist der wissenschaftlichen Beobachtung weitgehend entzogen, da es als Teil der Privatsphäre gesehen wird und seinen Ort meist im so genannten *stillen Kämmerlein* findet.[300] Eine Praktische Theologie, die über das persönliche[301] Gebet nachdenkt, muss folglich vor allem das Subjekt in den Blick nehmen.[302]

---

[299] BLOTH, Gebet, 95.

[300] Siehe Anm. 14.

[301] Zum Begriff des *persönlichen* Gebets siehe oben die Ausführungen in Anm. 17.

[302] So geht z.B. HENNING LUTHER, Einleitung. Praktische Theologie des Subjekts, in: HENNING LUTHER, Religion und Alltag. Bausteine zu einer Praktischen Theologie des Subjekts, Stuttgart 1992, 9-20, hier 13, davon aus, dass in einer Welt, in der die so genannte Individualisierung eine immer größere Rolle spielt, die Praktische Theologie diesem Prozess auch Rechnung tragen muss und nicht weiterhin von dem Ideal ausgehen kann, wonach sich große Menschengruppen (wieder) einer gemeinsamen Vorstellung von Religion oder Glauben anschließen.

Außerdem gilt es zu bedenken, dass das Gebet ein Phänomen ist, das in beinahe allen Religionen vorkommt.[303] Es wird zum Teil als eine »Urgegebenheit des Menschseins«[304] verstanden, so dass es beim praktisch-theologischen Nachdenken auch darum geht zu eruieren, was das christliche Gebet ausmacht: Beten Menschen, die sich als Christen verstehen, tatsächlich auch *christlich*?

3.2 KATEGORISIERUNG PRAKTISCH-THEOLOGISCHER GEBETSAUFFASSUNGEN

3.2.1 VORBEMERKUNGEN

Aufgrund der Schwierigkeit, Gebet eindeutig zu definieren, möchte ich hier den offeneren Begriff der »Gebetsauffassung« verwenden. Mit dem Begriff *Auffassung* soll vor allem auf einen Prozess des Nachdenkens über das Gebet hingewiesen werden, der nicht abgeschlossen, sondern offen ist und das Gebet in seinen verschiedenen Dimensionen – auch den nicht-kognitiven – berücksichtigt.

Obwohl es im deutschsprachigen Raum nur wenig umfassende praktisch-theologische Literatur zum Thema *Gebet* gibt, soll hier dennoch der Versuch unternommen werden, einige Gebetsauffassungen von Vertretern der Praktischen Theologie des 20. und 21. Jahrhunderts, wie sie aus deren Monographien und Aufsätzen zu erheben sind, zu kategorisieren.[305]

---

[303] FLASCHE, Gebet, 462, formuliert das aus religionswissenschaftlicher Perspektive folgendermaßen: »Eine empirische Religionswissenschaft hat als Befund, daß Beten, Gebet, als verbale und gestikale Kommunikationsform zwischen religiösen Menschen und einer Unverfügbarkeit in allen Religionen zu den religiösen Verhaltensweisen gehört.«

[304] GERHARD EBELING, Das Gebet, in: ZThK 70 (1973), 206-225, hier 216. KOLL, Körper, 139, verweist demgegenüber darauf, dass in den Religionswissenschaften »im Hinblick auf die Universalität des Phänomens« *Gebet* »Uneinigkeit« herrsche. Den Grund dafür sieht Koll in der »Enge bzw. Weite des zu Grunde liegenden Gebetsbegriffs« bzw. in der »Dehnbarkeit des Gottesbegriffs«.

[305] Einige der im Folgenden besprochenen Gebetsauffassungen (Bernet, Mössinger, Leuenberger) werden bei WÜST-LÜCKL, Theologie, 23ff., unter der Überschrift »Systematisch-theologische Auseinandersetzung mit dem Gebet« verhandelt, hier aber als *praktisch-theologisch* verstanden. Anlass dazu gibt bei Bernet der Umstand, dass er für eine

Das Ziel ist, verschiedene Auffassungen darzustellen und darüber einen Einblick in unterschiedliche Möglichkeiten zu geben, praktisch-theologisch über das Gebet nachzudenken. Es ist nicht möglich und auch nicht Ziel dieser Arbeit, einen vollständigen Überblick über die praktisch-theologische Literatur zum Thema Gebet zu geben.

Des Weiteren ist darauf hinzuweisen, dass es sich um die Gebetsauffassungen der jeweiligen Autoren handelt, wie sie sich in ihren Artikeln oder Monographien zum Zeitpunkt der Veröffentlichung darstellen.[306] Sie sind Momentaufnahmen und können bei den Theologen in verschiedenen Lebensphasen verschieden geprägt sein.[307]

3.2.2 VORGEHENSWEISE

3.2.2.1 KRITERIEN FÜR UNTERSUCHUNG UND DARSTELLUNG DER GEBETSAUFFASSUNGEN

Beim Erarbeiten der Literatur zu den Gebetsauffassungen haben sich induktiv die Vergleichsaspekte *Definitorisches, Bezugspunkt, Anthropologisches, Funktion* des Gebets, *Voraussetzungen* für das Gebet, *Formen* des Gebets und *Erhörung des Gebets* ergeben.

Der Vergleich dieser Aspekte ermöglicht es, die in den Gebetsauffassungen getroffenen *substantialen* oder *substantiellen* Aussagen von *funktionalen* zu unterscheiden, sofern beide vorhanden sind. Mit dieser Unterscheidung wird der Versuch unternommen, die praktisch-

---

»substantielle Wandelbarkeit des Christentums« plädiert und damit auch eine Veränderung in der *Gebetspraxis* für nötig hält. (Vgl. dazu WALTER BERNET, Gebet. Mit einem Streitgespräch zwischen Ernst Lange und dem Autor, Stuttgart/Berlin 1970, 7.) MÖSSINGER, Lehre, 9, wendet sich der Lehre des christlichen Gebets aufgrund einer Fragestellung zu, die sich aus seinen Erfahrungen im Pfarrberuf ergeben hat. Er hat demnach auch den Anspruch, Klarheit in Bezug auf das Gebet im Zusammenhang mit der Arbeit eines Pfarrers oder einer Pfarrerin zu schaffen. LEUENBERGER, Zeit, 143ff. und 177ff., behandelt in seiner Darstellung eine Reihe von praktischen Aspekten zum Gebet wie z.B. die Frage nach der Sprache oder auch das Gebet als Meditation.

[306] Dort, wo von einzelnen Theologen Arbeiten aus verschiedenen Jahrzehnten aufgenommen wurden, war bei manchen deutlich, dass die Gebetsauffassung auf derselben Linie weitergeführt wurde (Seitz, Klein). Bei anderen werden die (zum Teil von den Theologen selbst) festgestellten Veränderungen dargestellt (Steffensky).

[307] Vgl. dazu unten die Ausführungen unter *3.4.1.5 Exkurs: Erfahrungsbezogene Beschreibungen*, 204f.

theologischen Gebetsauffassungen mit einer soziologischen Methode zu erfassen.[308] Die Begriffe *substantial* oder *substantiell* verweisen dabei auf das Wesen des Gebets. *Funktional* hingegen zielt auf die Effekte oder Wirkungen, die ein Gebet in der jeweiligen Gebetsauffassung vor allem auf den oder die Betende hat. Damit unterscheidet sich der in der Arbeit verwendete Funktionsbegriff von dem jener soziologischen Konzepte, dem er entnommen ist. Einen dritten Komplex bilden die *deskriptiven* Aussagen, die sich mit Fragen der konkreten Ausgestaltung befassen.

Die Übernahme einer in der Soziologie gängigen Unterscheidung will nicht durch die Hintertür einer Funktionalisierung des Gebets das Wort zu reden, sondern soll dazu dienen, Effekte und Wirkungen des Gebets zu beschreiben.[309] Wer oder was Urheber dieser Wirkungen ist, ist aus dieser Perspektive zweitrangig. Dies fällt in den Bereich der Glaubenserfahrung oder der Glaubensdeutung. Es wird also durch diese methodische Vorentscheidung weder der Charakter des Gebets als Gabe Gottes in Frage gestellt noch eine Machbarkeit bestimmter Wirkungen des Gebets suggeriert.[310] Der Funktionsbegriff wird hier also nicht im Sinne der Soziologie systemisch gebraucht.

---

[308] Die Unterscheidung von funktionalen und substantialen Definitionen wird in der Religionssoziologie auf die Religion als ganze angewandt. HUBERT KNOBLAUCH, Religionssoziologie, Berlin/New York 1999, 114, erklärt diese Unterscheidung folgendermaßen: In funktionalen Definitionen wird das hervorgehoben, was die Religion »innerweltlich leistet«, wohingegen substantiale Definitionen das beschreiben, »was ihr Inhalt ist«. UTSCH, Glaubensmedizin, 8, wendet diese Unterscheidung auf das Gebet an. Um das Wesen von Religion – oder auch von Gebet – zu erfassen, müssen »Funktion und Inhalt« natürlich zusammen betrachtet werden. (Vgl. dazu ISOLDE KARLE, Kirche im Reformstress, Gütersloh 2010, 24f.) Um Einzelaspekte des Gebets in Augenschein zu nehmen, ist die Trennung dennoch weiterhin sinnvoll.

[309] So geht z.B. auch Rudolf Bohren davon aus, dass »[d]ie Sinnfrage des Gebets [...] nicht von der Frage nach dem *Nutzen* zu trennen [ist], und diese Frage impliziert die nach der Wirkung des Gebets.« (RUDOLF BOHREN, Das Gebet 1, Waltrop 2003, 101.)

[310] Nach Bargheer ist Beten nach biblischem Verständnis »das Annehmen des biblischen Gotteszeugnisses und der Zusagen Gottes« (BARGHEER, Gebet, 175): »Beten ist kein Identitätstraining – als solches wäre es mißbraucht auf der Linie einer religiösen ›incurvatio‹ des Menschen ›in seipsum‹, depraviert zum Kult der ›seelischen Mitte‹.« »In und mit dem Beten läßt Gott die Identität als seine gute Gabe erscheinen.« (Ebd.) MICHAEL BEINTKER, Christliche Spiritualität – Versuch einer Kriteriologie, in: HANS KRECH u. UDO HAHN (Hrsg.), Lutherische Spiritualität – lebendiger Glaube im Alltag, Hannover 2005, 39-61, hier 47, formuliert allgemein »für die Erwartungen an die Praktiken christlicher Spiritualität«: »Keine Meditationstechnik, und mag sie sich auch noch so bewährt haben,

Substantiales wird vor allem durch die Vergleichspunkte *Definitorisches* und *Bezugspunkt* abgedeckt. Aber auch die anthropologischen Prämissen, die den Gebetsauffassungen zugrunde liegen, beinhalten zum Teil substantiale Aspekte.[311] Dass das Gebet und die Gotteslehre bzw. die Auffassung davon, welche Bedeutung die Rede von »Gott« hat – hier: *Bezugspunkt* –, unmittelbar zusammenhängen, ist Konsens. Vom Begriff des *Gottesbildes* wird hier jedoch Abstand genommen, da er nicht in allen Gebetsauffassungen gebraucht bzw. zum Teil auch abgelehnt wird. Die Vergleichsaspekte *Definitorisches, Bezugspunkt* und *Anthropologisches* stellen die Grundzüge einer Gebetsauffassung dar und werden daher bei den Darstellungen der einzelnen Gebetsauffassungen unter diesem Titel zusammengefasst.

Funktionales wird vor allem im Vergleichsaspekt *Funktion* beschrieben. Dieser Aspekt steht in engem Zusammenhang mit dem der *Erhörung*svorstellung. Bisweilen decken sich Funktions- und Erhörungsvorstellung. Die Erhörungsvorstellung ist jedoch auch stärker geprägt von substantialen Aspekten.

Große *deskriptive* Anteile hat die Betrachtung der *Formen* des Gebets. Darunter fallen unter anderem konkrete Vorgangsbeschreibungen, Beobachtungen zum Verhältnis von Gebet und Gebetssprache sowie Gebet und Tradition, die Unterscheidung von situationsbedingtem und ritualisiertem Gebet sowie die Betrachtung der klassischen Gebetsgattungen (*Dank, Anbetung, Klage, Bitte, Fürbitte*). Die verschiedenen Aspekte zur Form des Gebets werden in der Darstellung der einzelnen Gebetsauffassungen unter der Überschrift *Form und Gestalt* zusammengefasst.

---

kein Ritus und keine Zeremonie, und mögen sie auch noch so erfolgsversprechend sein, können das Entstehen von authentischen Glaubenserfahrungen garantieren. Man kann für das Entstehen solcher Erfahrungen beten, man kann Räume und geistliche Klimazonen schaffen, die ihr Entstehen begünstigen, aber man kann das Entstehen selbst nicht strategisch herbeiführen.« Auch Utsch argumentiert in diese Richtung: »Echte Religiosität lässt sich nicht funktionalisieren oder instrumentalisieren. Weder sind die sogenannten neurotheologischen Forschungen ein Beweis für die Existenz Gottes, noch macht Religion automatisch glücklich und gesund, wie es manche propagieren.« (Utsch, Glaubensmedizin, 9.) Auch zeigen Untersuchungen, »dass die Heilwirkung der Meditation dann besonders groß ist, wenn sie gerade nicht zielgerichtet und funktional eingesetzt wird« (ebd.).

[311] Der Vergleichspunkt *Anthropologisches* umfasst nicht ausschließlich *theologisch*-anthropologische Prämissen.

Normative Hintergründe können selbstverständlich nicht außen vor gelassen werden, da die einzelnen Gebetsauffassungen ohne sie nicht verständlich wären. Sie spielen in der Darstellung vor allem in den substantialen Bereichen - also in erster Linie bei den Vergleichspunkten *Definitorisches* und *Bezugspunkt* - eine Rolle. Sie werden allerdings nur soweit dargestellt, wie es dem besseren Verstehen der jeweiligen Gebetsauffassung dient.

3.2.2.2 DARSTELLUNG DER GEBETSAUFFASSUNGEN

Die einzelnen Gebetsauffassungen werden im Folgenden in fünf Gruppen zusammengefasst. Die Einordnung der Entwürfe in unterschiedliche Gruppen hat selbstverständlich Grenzen und kann immer nur ein Hilfsmittel zur besseren Darstellung sein.[312] Auf diese Weise können Gemeinsamkeiten und Unterschiede sichtbar gemacht werden.

Bei der Darstellung der einzelnen Gebetsauffassungen wird im Folgenden um eines besseren Verstehens willen auf die sonst übliche Verwendung von Konjunktiven weitestgehend verzichtet. Die Darstellung gibt immer die Ansicht des jeweils besprochenen Autors wieder.

Ebenfalls aufgrund der besseren Verständlichkeit wird auf inklusive Sprache verzichtet. Wenn z.B. von *Betenden* die Rede ist, können immer Frauen und Männer gemeint sein.

3.3 DARSTELLUNG PRAKTISCH-THEOLOGISCHER GEBETSAUFFASSUNGEN

Die dargestellten Gebetsauffassungen lassen sich in fünf Gruppen mit den folgenden Schwerpunkte einteilen:

- Unter *Gebet als Gespräch mit dem Gott der Offenbarung*[313] werden Gebetsauffassungen verhandelt, die in erster Linie bei der biblisch-theologischen Lehre und Tradition ansetzen und aus diesen Konse-

[312] Solche Versuche wurden im Kleinen auch vorher schon unternommen: Siehe z.B. PETER BIEHL, Gebet und Meditation, in: HRE Bd. 1, 1987, 241-254; hier werden die Positionen von Gert Otto, Marie Veit, Peter C. Bloth und Hans-Martin Barth knapp dargestellt und beurteilt.

[313] Siehe unten, 108ff.

quenzen für eine Praxis des Gebets ziehen. Sie können auch als *offenbarungstheologische Ansätze* bezeichnet werden.

- Die unter *Gebet ohne personalen Gottesbegriff*[314] dargestellten Gebetsauffassungen sind dadurch gekennzeichnet, dass sie »das rationale Moment«[315] hervorheben. Gebet und Denken liegen in diesen Auffassungen sehr nahe beieinander. Die auffälligste Konsequenz aus der Hervorhebung des rationalen Moments ist, dass entsprechend charakterisierte Gebetsauffassungen ohne personale Gottesvorstellung auskommen. Sie können unter dem Begriff der *rationalen Gebetsauffassungen* zusammengefasst werden.
- Die Gebetsauffassungen, die unter *Gebet als Ort der Passivität*[316] subsumiert werden, sind geprägt von der Vorstellung, dass der Mensch sich im Gebet selbst loslässt. Hier steht nicht die Vorstellung im Hintergrund, dass der Mensch sich über die Welt erhebt bzw. Abstand zur Welt nimmt. Es geht vielmehr darum, von allem Machbaren bzw. allem Tun-Wollen Abstand zu gewinnen. Sie können als *Gebetsauffassungen der Passivität* bezeichnet werden.
- Die Überschrift *Gebet als mehrdimensionales Geschehen*[317] enthält bereits die Kernaussage der vierten Gruppe: In diesen Gebetsauffassungen wird auf die Darstellung der Mehrdimensionalität des Betens großer Wert gelegt. Diese erstreckt sich auf mehrere Felder: Gott als liebender und ferner Gott, die unumgängliche Polarität von Gebet als Gespräch und Gebet als Meditation sowie das Gegenüber bzw. das Miteinander von Leib und Seele. Diese Gebetsauffassungen können unter dem Titel *mehrdimensionale Gebetsauffassungen* subsumiert werden.
- Unter *Gebet und Biographie*[318] werden Gebetsauffassungen verhandelt, die einen starken Fokus auf das Leben der Betenden legen. Dies geschieht, wenn die therapeutische Dimension des Gebets betont wird oder wenn Gebet und Leben nahezu gleichgesetzt werden. Sie können als *biographische Gebetsauffassungen* bezeichnet werden.

---

[314] Siehe unten, 130ff.

[315] Otto, Wandlung, 728.

[316] Siehe unten, 139ff.

[317] Siehe unten, 164ff.

[318] Siehe unten, 185ff.

3.3.1 Gebet als Gespräch mit dem Gott der Offenbarung

Im Folgenden werden Gebetsauffassungen aus drei verschiedenen Jahrzehnten betrachtet: Manfred Seitz (70er Jahre des 20. Jahrhunderts), Richard Mössinger (80er Jahre des 20. Jahrhunderts) und Peter Zimmerling (Anfang des 21. Jahrhunderts). Alle drei Gebetsauffassungen betonen auf ihre Weise den Gabecharakter des Gebets: Das Gebet gründet im liebenden Gott, der mit seinen Geschöpfen in Beziehung treten möchte und sich in Jesus Christus offenbart hat. Alle drei wollen damit der Tendenz entgegenwirken, das Gebet auf das Menschlich-Machbare zu reduzieren.

Mössinger möchte gegen eine Gebetsvorstellung, die im Gebet nur die Ergebung des Menschen in den Willen Gottes sieht, eine Gebetsauffassung stark machen, die mit dem Eingreifen Gottes in die Welt rechnet. Seine Annäherung an das Gebet erfolgt zunächst phänomenologisch. Im Anschluss stellt er das christliche Gebet jedoch aus einer offenbarungstheologischen Perspektive dar, ohne sich nochmals auf den allgemeineren Horizont zu berufen.[319]

Seitz verteidigt die dem Gebet vorausgehende Offenbarung Gottes vor allem gegen andere Gebetsauffassungen seiner Zeit, die das menschliche Handeln in den Vordergrund einer Theologie des Gebets stellen. Das gilt vor allem für Überlegungen, wie sie Walter Bernet, Gert Otto und Dorothee Sölle vortragen.[320] In erster Linie geht es ihm aber darum, die Gebets*praxis* zu reflektieren. Die Sinnhaftigkeit des Gebets erschließt sich dem Menschen nur im Vollzug des Gebets. Dort lernt der Mensch, wie er sein »Verhältnis[] zu Gott«[321] berichtigen kann. Seitz beschreibt viel konkreter als Mössinger, wie ein täglich praktiziertes Gebet aussehen kann.

Mit Zimmerling wird ein Entwurf aus jüngerer Zeit aufgenommen, der in vielen Punkten Parallelen zu Mössinger und Seitz aufweist. Eine seiner Intentionen ist es, die individuelle Frömmigkeit bzw. Spiritualität vom Verdacht der Ich-Bezogenheit zu befreien.[322]

---

[319] Mössinger, Lehre, 11, erhebt nicht den Anspruch, *die* Gebetstheologie zu schreiben.

[320] Vgl. Manfred Seitz, Gebet und Gebetserhörung. Praktische Theologie des Betens, in: ZW 46 (1975), 279-288, hier 283f.

[321] A.a.O., 282.

[322] Vgl. Peter Zimmerling, Evangelische Spiritualität. Wurzeln und Zugänge, Göttingen 2003, 192.

3.3.1.1 DER OFFENBARUNGSTHEOLOGISCHE ANSATZ (MÖSSINGER)

Ausgangspunkt von Richard Mössingers Abhandlung über das Gebet war seine Arbeit als Pfarrer: Ihm drängte sich die Frage auf, »was das [Gebet] eigentlich ist, [...], worauf es gründet, wozu es ermächtigt ist, was dazu gehört und was es zu erwarten hat«.[323]

Grundzüge der Gebetsauffassung

Für Mössinger ist Gebet vor allem »Rede zu Gott«; im weitesten Sinn kann Gebet auch eine »religiöse Haltung« sein, »in der ein Gottesbezug bzw. ein Gottesverhältnis anschaulich wird«.[324] In erster Linie ist Beten aber immer eine »Sprachhandlung«[325], die als »Antwort auf das Göttliche«[326] zu verstehen ist. Der Mensch spricht im Gebet »über sich selbst hinaus.«[327] Das ist ihm ganz grundsätzlich möglich, »weil er sich auf eine seine eigene Bedürftigkeit übersteigende Macht berufen kann, die ihm vertraut ist«.[328] Die »Begegnung des Menschen mit dem Göttlichen« kann nur schwer erklärt werden, da »die begrifflichen Möglichkeiten der Vernunft« hier an ihre Grenze kommen.[329] Der Mensch weiß um ein göttliches Du bzw. er erahnt es. Mössinger betont, dass es sich dabei nicht um eine »Projektion« handelt, denn das Wissen oder die Ahnung kommen dem Menschen von außen zu:[330] Das »ewige Du [...] stellt sich vielmehr von selbst ein, indem es sich meldet, im Wort anspricht«.[331]

Im christlichen Bereich hat das »ewige Du« in Jesus Christus »ein ›Gesicht‹«[332] bekommen. *Christliches* Gebet definiert Mössinger »als Gebet in der Nachfolge Jesu und als Antwort auf die Offenbarung Gottes in

---

323 MÖSSINGER, Lehre, 9. Mössinger wählt diesen Weg bewusst, da er der Ansicht ist, »daß christliche Theologie zwar immer in der Welt steht und an ihr in ihrem Zusammenhang teilhat, sich von daher auf sie ganz allgemein besinnen muß, daß aber christliche Theologie nur etwas zu sagen hat, weil ihr etwas gesagt ist« (a.a.O., 10).

324 A.a.O., 16.

325 Ebd. Meditation und Lebenshaltung können daher »nur in abgeleitetem Sinne als Gebet bezeichnet werden«.

326 A.a.O., 42.

327 Ebd.

328 A.a.O., 38.

329 Ebd.

330 Vgl. a.a.O., 176.

331 Ebd.

332 Ebd.

Jesus Christus«.[333] Durch diese Offenbarung sind die »Wirklichkeit der Welt« und Gott untrennbar aufeinander bezogen.[334] Es gibt im christlichen Gebet keine »Trennung von heilig und profan«.[335] Das Gebet sollte seinen Platz in den ganz alltäglichen Vollzügen und nicht nur in »Grenzsituationen« haben.[336] Die Verbindung von göttlicher Offenbarung und menschlichem Alltag hat zur Folge, dass das christliche Gebet insgesamt von Gegensätzen geprägt ist: von »Aktivität und Passivität, Erfahrungsnähe und Erfahrungsüberschuß, Reden und Schweigen, intimster Aussprache und Weltbezug«.[337]

Das christliche Gebet richtet sich eindeutig an den *Gott*, der sich in Jesus Christus offenbart hat, der sich seiner Schöpfung liebend zuwendet. Da Liebe immer auf Beziehung aus ist und Beziehung durch Kommunikation getragen wird, ist Gebet »immer ein kommunikatives Geschehen«.[338] Dadurch wird deutlich, dass das »aus der griechischen Philosophie übernommene Axiom der Unveränderlichkeit Gottes«[339]

---

[333] MÖSSINGER, Lehre, 135 u.a.

[334] Vgl. a.a.O., 88.

[335] Ebd.

[336] Vgl., a.a.O., 169.

[337] Vgl. ebd. Mit »Erfahrungsnähe« ist das Gebet als Antwort auf die Erfahrung menschlicher Bedürftigkeit gemeint, mit »Erfahrungsüberschuß« das Gebet als Antwort auf die Erfahrung des Göttlichen. Es geht nicht um Erfahrung im Allgemeinen (vgl. a.a.O., 47). Durch die Bedeutung des Alltags und der Bedeutung der gesamten Situation der Schöpfung für das Gebet kann sich der Mensch mit der unvollendeten Schöpfung nicht abfinden (vgl. a.a.O., 170f.). »Beten ist zuerst Reden, aber es bleibt nicht beim Reden stehen.« (A.a.O., 181.) Mössinger bezieht sich dabei unter anderem auf Martin Luther und auf Dietrich Bonhoeffer (vgl. a.a.O., 182). Gleichzeitig »entlastet« das Gebet »das Handeln von dem Zwang, das menschliche Leben herzustellen, zu sichern und zu vollenden, weil es auf Gottes schöpferische Liebe antwortet und darin davon ausgeht, daß diese das Leben ruft, hält und zur Vollendung führt« (a.a.O., 183).

[338] A.a.O., 111. Gottes Offenbarung in Jesus Christus bezeichnet Mössinger auch als »kommunikative Selbstauslegung Gottes« (a.a.O., 102). »Gott hat sich kommunikativ erschlossen, als Redender und Hörender.« (A.a.O., 162.) Kommunikation sieht Mössinger grundsätzlich durch die »dreistrahlige Grundstruktur der Sprache« getragen: Die drei Aspekte – »der Sprechende, der Angesprochene und das Besprochene« – greifen dabei ineinander (a.a.O., 23).

[339] A.a.O., 165. Vgl. dazu auch ein Zitat von Karl Barth: »Wenn es einen kümmerlichen Anthropomorphismus gibt, dann die Zwangsvorstellung von der Unveränderlichkeit Gottes, die ausschließe, daß er sich durch sein Geschöpf so oder so bestimmen lassen könne. Gott ist wohl unveränderlich, aber unveränderlich in seiner Lebendigkeit, in der

nicht Grundlage einer christlichen Gebetsauffassung sein kann. Gott ist im Christentum immer als der Lebendige verstanden worden.[340]

Das Gebet ist der Anfang der Beziehung zwischen Gott und Mensch.[341] Die *Vater-Anrede* entspricht dieser Beziehung. Sie »eröffnet« »ein sehr persönliches und nahes Gottesverhältnis«, ein Verhältnis, das durch Liebe geprägt ist.[342]

Für die *Gebetsanrede* im Allgemeinen schließt sich Mössinger der Ansicht Bloths an, der der Gebetsanrede eine »anamnetisch-vergewissernde Funktion«[343] zuschreibt.

Weil Menschen »in allen Religionen und zu allen Zeiten«[344] gebetet haben, das Gebet eine »kulturgeschichtliche Konstanz«[345] aufweist, kann es nicht sein, dass das Gebet »bloßer Beliebigkeit unterlieg[t]«. Es stellt sich vielmehr die Frage, »wer oder was zum Beten treibt«.[346] In dieser Feststellung sieht Mössinger eine Art Erweis dafür, dass die Offenbarung dem Gebet vorangeht. Eine Argumentation, die in Grenzsituationen das ursprüngliche Motiv allen Betens sieht, greift für Mössinger zu kurz.[347]

Der *Mensch* ist der in der Offenbarung Angesprochene, »der in seiner weltlichen Existenz erfahren soll, daß für ihn Liebe gilt, damit er von ihr her lebt«; er ist »nicht das passive Objekt eines Gottes, der als willkürliche erste Ursache vorzustellen wäre«.[348] Dieser in der Liebe geborgene Mensch kann »von sich und seiner Welt absehen und sich ganz Gott zuwenden«. Damit wird nicht der »Weltflucht« das Wort geredet:[349]

Barmherzigkeit, in der er sich seines Geschöpfes annimmt.« (Karl Barth, zitiert nach MÖSSINGER, Lehre, 166.) »Gott kann dann im Gebet nicht mehr ungebrochen heilig, stark, Allherrscher, mächtig, groß, König, der Höchste genannt werden, er ist durch Jesus Christus in seiner Heiligkeit, Allmacht usw. als der gerechte, der liebende und gnädige Gott anzusprechen und folglich daraufhin anzubeten.« (MÖSSINGER, Lehre, 115.)

340 Vgl. a.a.O., 165.

341 Vgl. a.a.O., 181.

342 A.a.O., 111.

343 Peter C. Bloth, zitiert nach MÖSSINGER, Lehre, 121.

344 MÖSSINGER, Lehre, 33. Dass diese Aussage nicht ganz unumstritten ist, wurde oben bereits knapp dargestellt; vgl. Anm. 304.

345 MÖSSINGER, Lehre, 33.

346 Ebd.

347 Vgl. a.a.O., 33ff.

348 A.a.O., 158.

349 A.a.O., 111.

Der Mensch nimmt »seine Welt mit allem, was darin beschlossen liegt«, mit in das Gebet.[350]

Es wird deutlich, dass für Mössinger der Gabecharakter des Gebets wichtig ist: Der Mensch soll und darf beim Gebet »aus der Rolle fallen«; der Mensch ist im Gebet »in keiner Funktion, in keinem Dienst«.[351]

Funktion des Gebets

Auch wenn der Mensch beim Gebet in keiner Funktion stehen soll, lässt sich dennoch für das Gebet, wie es Mössinger darstellt, eine *Funktion* bzw. ein *Ziel* feststellen. Dieses Ziel besteht in der Erhörung und damit in einer Wirkung des Gebets.[352] Die Erhörung gibt dem Gebet seinen Sinn.[353]

Außerdem führt ein sinnvoll aufgebautes Gebet, das mit Anrede und einem Dank beginnt, dazu, dass der Mensch sich selbst als Sünder erkennt.[354] Dies wiederum zieht im Idealfall eine »neue[] Lebenshaltung«[355] des Betenden nach sich, »die dem Vorbild Jesus von Nazareth folgend nichts für sich selber sein will, sondern sich von einem anderen, von Gott her selber gewinnt«.[356] Auch Identitätsfindung ist damit ein Ziel des Gebets.[357] Ausgehend von einer neu gefundenen Lebenshaltung und Identität wird der Mensch auch sein Handeln bedenken und verändern.

Form und Gestalt

Für das Gebet ist eine »sorgfältige Beachtung der Gebetshaltung« notwendig und dabei vor allem die »innere Konzentration auf Gott«.[358] Wie die *Gebetshaltung* konkret aussieht, wird von Mössinger nicht beschrieben. Es ist auch nicht ganz eindeutig, ob mit *Haltung* tatsächlich die Haltung des Körpers gemeint ist oder nicht vielmehr eine Haltung der Konzentration. Mössinger fordert vom Betenden eine strenge Konzentra-

---

350 MÖSSINGER, Lehre, 111.

351 Karl Barth, zitiert nach MÖSSINGER, Lehre, 177f.

352 Vgl. MÖSSINGER, Lehre, 141.

353 Vgl. a.a.O., 142.

354 Vgl. a.a.O., 123f.

355 A.a.O., 124.

356 A.a.O., 125.

357 Vgl. z.B. a.a.O., 180.

358 Vgl. a.a.O., 174.

tion auf Gott. Schließlich kann nicht von Gott verlangt werden, dass er auf den Menschen hört, wenn der Mensch sich nicht die Mühe macht, auf Gott zu hören.[359]

Die *Sprache* hat für das Gebet vermittelnde Bedeutung,[360] sie *ist* nicht das eigentliche Gebet. Dies ist für Mössinger vor allem deshalb wichtig, weil er es ablehnt, das Gebet ausschließlich über die Sprachfähigkeit oder sprachliche Verfasstheit des Menschen zu begründen.

Von den *klassischen Gebetsgattungen* hat das *Dankgebet* nach Mössinger Priorität, da es die direkte Antwort auf Gottes Offenbarung in Jesus Christus ist.[361] Lob wird als eine Form des Dankgebets gewertet.[362] Hintergrund des Dankgebets ist die »Lebensgewährung«[363]: Gott gewährt dem Menschen das Leben. Es handelt sich um ein Danken, das »aus dem Wissen um die tiefe Bedürftigkeit von Mensch und Welt« »erwächst«.[364]

Das *Sündenbekenntnis*, das sich automatisch aus dem Dank ergibt, wird von Mössinger mit Origenes als Teil des christlichen Gebets begriffen. Der Dank »provoziert den Beter zur Selbsterkenntnis«,[365] in der Folge bekennt der Mensch seine Sünden und ändert sein Verhalten. So steht das Gebet am »Anfang einer neuen Lebenshaltung«[366] oder es begleitet einen Prozess, in dem der Betende stetig »die Frage nach der gottentsprechenden Lebenshaltung«[367] stellt.

Das *Bittgebet*[368] wiederum erschließt sich logisch aus dem Dankgebet. Bitte kann sich als Klage, Fürbitte, Frage, auch als Buß- bzw. Opfer-

---

359 Vgl. MÖSSINGER, Lehre, 174. Mössinger beruft sich hier auf Cyprian.

360 Vgl. a.a.O., 177.

361 Vgl. a.a.O., 115.

362 Nach Mössinger kommt es zu einer »Akzentverschiebung«, wenn aus einem Klagegebet ein Bittgebet oder aus einem Lobgebet ein Dankgebet wird: eine »objektive Gegebenheit« geht dann in eine »subjektiv bedingte Haltung« über; d.h. der ursprüngliche Akzent bekommt eine »anthropozentrische Wendung«. Diese Akzentverschiebung wertet Mössinger positiv als eine »fruchtbare Weiterung des Gebetsverständnisses«: »Im Beten äußert sich mehr als reactio«; die reactio wird »an die Schwelle menschlichen Handelns gebracht« (vgl. a.a.O., 106).

363 Ebd.

364 A.a.O., 123.

365 Ebd.

366 A.a.O., 124.

367 A.a.O., 125.

368 Mössinger stellt seine Auffassung vom Bittgebet in Abgrenzung zu Origenes und Schleiermacher dar. An den Entwürfen dieser beiden Theologen hält er für problema-

gebet oder Gelübde äußern.[369] Hintergrund ist immer »Lebensminderung« bzw. »Lebensgefährdung«.[370] Im Bittgebet äußert sich demnach immer »der Ruf nach der versöhnten Schöpfung, der Ruf nach Leben«.[371] Der Inhalt des Bittgebets ist zwar durch Jesus Christus »entgrenzt«,[372] d.h. im Prinzip kann der Mensch mit allem, was ihn bewegt, zu Gott kommen; paradoxerweise kann der Gebetsinhalt dennoch nicht beliebig sein.[373] Gemäß des Neuen Testaments ist der Wille Gottes der Maßstab für Gebetsinhalte.[374] Woran aber erkennt man den Willen Gottes? Nach Mössinger muss die Offenbarung Gottes in Jesus Christus das Kriterium sein.[375] Es gilt die Frage zu stellen, ob der Betende seine »subjektive[] Bedürftigkeit [...] auf den das Gebet ermöglichenden Grund und das das Gebet ermöglichende Ziel, Jesus Christus«[376] bezieht. Darüber hinaus muss im Gebet ein »ausgewogene[s] Verhältnis von individueller Bedürftigkeit und sozialer Verantwortung«[377] bestehen. Die *Fürbitte* sollte demnach für das christliche Gebet selbstverständlich sein; »der christliche Beter sieht im Angesicht Jesu Christi immer auch den anderen«.[378] Das schließt die Bitte um »das Wohlergehen und die Gesundheit einzel-

---

tisch, dass sie die christliche Gebetsauffassung innerhalb eines geprägten philosophischen Rahmens entfalten, was zur Verkürzung der christlichen Lehre führen muss. So sind z.B. nach Schleiermacher Bitten für die Gesundheit eines Einzelnen nicht erwünscht, denn: »An der Gesundheit oder am Leben von einzelnen hängt das Reich Gottes nicht.« (Mössinger, Lehre, 128.) Schleiermacher sieht vor allem zwei Probleme in Bezug auf das Bittgebet: Zum einen weiß der Mensch als Bittender nicht, was gut für ihn ist; zum anderen verbietet die Unveränderlichkeit Gottes den »Gedanken der Einwirkung des Bittgebets« (vgl. ebd.). Für Mössinger hat Martin Kähler das Bittgebet neu begründet, indem er es wieder zurückführt auf die biblische Aufforderung zum Bittgebet und auf ein biblisches Gottesbild (vgl. a.a.O., 129f.).

369 Vgl. a.a.O., 105.

370 Ebd.

371 A.a.O., 158.

372 Dorothee Sölle, zitiert nach Mössinger, Lehre, 108.

373 Vgl. Mössinger, Lehre, 134: »Alles bitten dürfen kann ja nicht heißen, alles Beliebige bitten dürfen.«

374 Vgl. ebd.

375 Vgl. a.a.O., 135.

376 Ebd.

377 Ebd.

378 A.a.O., 137.

ner« ein. Da derlei Angelegenheiten vor und für Gott wichtig sind,[379] darf und soll für sie gebetet werden. Im Bittgebet muss dabei aber immer klar sein, dass der Betende sich »in seiner Bitte irren kann«;[380] das Urteil über Irren und Nicht-Irren bleibt dabei Gott überlassen.

Das *Schweigen* ist für Mössinger keine eigene Form des Gebets, sondern vielmehr ein Aspekt des Gebetsverlaufs. Es ist dem Reden vorgeordnet: Der Betende hört zunächst schweigend auf Gott, um ihm dann zu antworten.[381]

Das *Tischgebet* zeigt die Dankbarkeit über die »Gabe des täglichen Brotes«; es bricht mit der »Routine«, indem es die Gabe des Essens nicht für selbstverständlich erachtet, und verändert somit den Alltag.[382]

Auch *Stoßgebete* werden vom Autor als Gebete interpretiert.[383]

Meditation kann für Mössinger nur »in abgeleitetem Sinne als Gebet bezeichnet werden«.[384] Seiner Meinung nach geht es in der Meditation darum, »die Welt hinter sich zu lassen, sie abzustreifen, um die Einung mit dem göttlichen Du nicht zu gefährden«.[385] Damit geht der Antwortcharakter verloren, und es kann nicht mehr in vollem Umfang vom Gebet gesprochen werden.

Erhörung des Gebets

Im »Problem der Gebetserhörung« sieht Mössinger »das zweite große Thema einer christlichen Lehre vom Gebet«.[386] Seiner Beobachtung nach machen Menschen heute oft die Erfahrung, dass sich Hoffnung auf die Hilfe Gottes nicht bestätigt.[387] Gegen eine »resignierte Ansicht des Bitt-

---

379 Vgl. MÖSSINGER, Lehre, 151. Mössinger geht hier mit Luther gegen Origenes und Schleiermacher. Vgl. dazu auch Anm. 368.

380 Vgl. MÖSSINGER, Lehre, 135.

381 Vgl. a.a.O., 29f.

382 Vgl. a.a.O., 171.

383 Vgl. a.a.O., 36.

384 Vgl. a.a.O., 16.

385 A.a.O., 29.

386 A.a.O., 141. Die erste große Frage ist die »Frage nach dem Ziel des christlichen Gebets« und damit die Frage nach »Grund und Inhalt« des Gebets.

387 Vgl. a.a.O., 143. Leider gibt Mössinger nicht an, woher er diese Erkenntnis nimmt. Zweierlei stellt sich nach Mössinger der Erhörungsgewissheit in den Weg: Zum einen gibt es auch vermeintlich nicht erhörte Gebete; zum anderen ist »die Frage einer möglichen menschlichen Einwirkung auf Gott« denkerisch kaum zu lösen (a.a.O., 144). Es ist aber möglich, dass das, was zunächst als Nichterhörung wahrgenommen wird, nicht

gebets«[388], wie er sie bei Origenes und Schleiermacher findet, gehört nach Mössinger »[d]as Vertrauen auf Gottes wirkliches Erhören, auch der weltlichen Gebetsbitten«[389] zum christlichen Glauben unbedingt dazu. Er sieht sich als Vertreter einer »realistische[n] Auffassung«,[390] wie er sie auch bei Martin Luther findet. Mössinger ist sich dessen bewusst, dass er sich damit Angriffen ausliefert und setzt ihnen entgegen, dass die »Wirksamkeit des Bittgebets auch in weltlichen Nöten« mit »menschliche[r] Logik« nicht zu fassen ist.[391] Schleiermacher und Origenes machen einen Fehler, wenn sie ihren »Überlegungen« genau diese »menschliche Logik« als »kritischen Maßstab« zugrunde legen.[392] Das Gebet kann »nicht in sich selber« – d.h. im Menschen selber – ruhen, sondern braucht die »Gewißheit der ihm zugesagten Erhörung«.[393] Gebetsbitten, die »an Gottes schöpferisches Wirken [...] appellieren«, sind legitim.[394] Im Vertrauen darauf, dass Gott an seiner Schöpfung teilhat, kann der Christ jede Bitte mit dem Satz ›Dein Wille geschehe‹ abschließen.[395] Somit gehören »Erwartung und Ergebung« im christlichen Glauben und damit auch im Gebet zusammen.[396] Es wäre deswegen falsch zu meinen, dass sich das Gebet durch den Faktor der Ergebung erübrigt. Indem der Beter seine Wünsche ausspricht, wird er sich ihrer bewusst und kann sich in dieser Bewusstheit in den Willen Gottes übergeben.[397]

---

unbedingt eine solche ist: »Die Anliegen, die im Gebet angesprochen werden, wandeln sich in ihrer Bedeutung. Frühere Gebetsbitten können aus der Warte späterer Erfahrung einen ganz anderen Wert erhalten, so daß auch ausgebliebene Erfüllung sinnvoll wird und nicht als Nichterhörung verstanden werden muß.« (Mössinger, Lehre, 163.)

388 Vgl. a.a.O., 150. Eine »resignierte Ansicht des Bittgebets« liegt nach Mulert dort vor, wo das Gebet »als Medium zur Einstimmung in den Willen Gottes« verstanden wird.

389 A.a.O., 153.

390 Vgl. a.a.O., 150.

391 A.a.O., 153.

392 Vgl. ebd.

393 Ebd.

394 A.a.O., 160: »Wenn Versöhnung und Frieden der ganzen Schöpfung gelten, so kann der einzelne Christ dabei nicht fehlen. Er gehört als angesprochener Bruder Jesu Christi wesentlich dazu. Provoziert durch diesen vorgeordneten Willen Gottes bringt er sein ganzes Leben vor Gott mit der Bitte, daß Gottes Liebe mit all ihrer ideellen und materiellen Ausstrahlung wirklich werde.«

395 Vgl. ebd.

396 Vgl. ebd.

397 Vgl. a.a.O., 161.

Die Spannung zwischen dem menschlichen und dem göttlichen Willen kann gelöst werden, indem Gott menschliche Anliegen zum Besten wandelt.[398]

3.3.1.2 GEBET IM VOLLZUG (SEITZ)

Manfred Seitz geht es vor allem um eine Erneuerung der Gebetspraxis. Sein Ziel ist es weniger, über das Gebet zu sprechen, als vielmehr wirklich *zu beten*.[399] Er möchte an der Erkenntnis Luthers festhalten, dass Gebet Wissen eröffnet, und »der protestantischen Schwäche: zuviel Bücher, zuwenig Gebet!«[400] entgegenwirken.

Grundzüge der Gebetsauffassung

Beten ist »Hineinsprechen unseres empfangenen Lebens in das Geheimnis Gottes«.[401] Weit gefasst kann Seitz das Gebet auch als »glaubendes Dasein«[402] begreifen. Damit ein solches aber »wahrhaftig und konkret« bleibt, bedarf es immer wieder der direkten Anrede an Gott.[403] Nur in dieser konkreten Form kann die notwendige »Berichtigung« des Verhältnisses des Menschen zu Gott vollzogen werden.[404] Daher ist es vor allem wichtig, dass gebetet und nicht nur über das Gebet gesprochen wird.[405]

Hat man Gebetstexte vor sich, so sind sie in erster Linie durch ihre Sprachrichtung als Gebete charakterisiert. Es handelt sich um eine Sprachrichtung, die »über die Menschenwelt« hinausgreift.[406] Für das *christliche* Gebet muss die Sprachrichtung jedoch weiter präzisiert wer-

---

[398] Vgl. dazu die Ausführungen zu einer vermeintlichen Nicht-Erhörung in Anm. 387.

[399] Vgl. SEITZ, Gebetserhörung, 279.

[400] Ebd.

[401] A.a.O., 287.

[402] A.a.O., 282.

[403] Vgl. ebd.

[404] Ebd.

[405] Vgl. a.a.O., 279. Diese Erkenntnis hat Fundamente in der biblischen Überlieferung. Als die Jünger Jesus bitten, ihnen das Beten beizubringen, gibt er ihnen das Vaterunser an die Hand: »Sie lernen also betend beten. Das gehört zu den großen Erfahrungstatsachen der Christenheit, daß Beten nur in Ausübung erlernbar ist.« (MANFRED SEITZ, Beten lernen, lehren, üben, in: MANFRED SEITZ, Erneuerung der Gemeinde. Gemeindeaufbau und Spiritualität, Gemeindeaufbau und Spiritualität, Göttingen 1985, 83-94, hier 87.)

[406] Vgl. SEITZ, Gebetserhörung, 281.

den. Christliches Gebet unterscheidet sich von anderen Gebeten, indem es den Namen von Jesus Christus anruft.[407] Die theologische Begründung für das Gebet liegt im Voraussein Gottes; »in seiner Zuwendung als Schöpfer und Erhalter in der Tatsache, daß Gott in Christus zuerst gesprochen hat und weiter spricht«.[408] In diesem Sinne ist Beten auch »das Wiederanbrechen der Entsprechung«[409] zwischen Gott und Mensch und dennoch sind alle Gebetsgattungen »Ausdruck absoluter Angewiesenheit«[410].

Die Ursache für die »gemeinsame[] Krise von Gott und Gebet«, die verstärkt in den 70er und 80er Jahren des vergangenen Jahrhunderts diskutiert wurde, sieht Seitz »nicht primär in der Lehre von Gott, sondern in der Praxis, Übung und Lehre vom Gebet«.[411] Das Gebet gründet zwar in Gott, da man über Gott aber nicht »wie über einen beschreibbaren Gegenstand verfügen kann«, sind Aussagen über ihn »immer nur so weit wahr, wie sie vom einzelnen und von der Gemeinde verwirklicht werden«.[412] Gebet und damit die Beziehung zu Gott leben im Vollzug des Gebets.

Anthropologisch argumentiert Seitz auf der Linie der dialektischen Theologie: Der Mensch tut im Gebet etwas, wozu er nicht von sich selbst aus in der Lage ist.[413] Trotz – oder gerade wegen dieser Schwierigkeit – ist es wichtig, dass in Gebetstexten deutlich wird, hier »beziehen sich Menschen bejahend«[414] auf Gott: »Bejahend selbst, wenn sie, wie in Klagepsalmen und Anfechtungsgebeten, mit ihm kämpfen.«[415] Gebetstexte, in denen der Mensch sich nur auf sich selbst bezieht, die nicht mit dem Wirken Gottes in der Welt rechnen, verfehlen das Wesen des Gebets.[416]

---

407 Vgl. Seitz, Gebetserhörung, 281.

408 A.a.O., 284.

409 Ebd.

410 A.a.O., 285.

411 A.a.O., 283.

412 A.a.O., 282.

413 Vgl. a.a.O., 287.

414 A.a.O., 281.

415 Ebd.

416 Vgl. a.a.O., 283f. Seitz bezieht sich hier vor allem auf die Formen des einseitig politischen Gebets, wie er es in den 70er Jahren erlebte. Seitz beurteilt das Verhältnis vom traditionellem Gebet zum aktuellen Gebet in den 70er Jahren folgendermaßen: »Während das überkommene traditionelle Beten das bekennende Element betont, vielleicht verstärkt und dadurch in gewissem Sinne die Menschen und die Welt verliert, tritt im ge-

Seitz befasst sich auch mit den konkreten Umständen, unter denen Gebet heute stattfinden muss. Er sieht in der Schnelllebigkeit der heutigen Welt eine Schwierigkeit für das Gebetsleben,[417] denn es gibt Menschen, »die sich an den alten heilsamen Ordnungen orientieren« möchten, es aber aufgrund ihres als stresshaft empfundenen Alltags nicht können.[418] Dabei wäre es so wichtig, dass *Gebet und Arbeit* nicht getrennt voneinander stattfinden, sondern Gott das Arbeitsleben eines Menschen mit der »Hilfe« von »Glauben und Beten« »durchdringt«.[419] Ist das nicht der Fall, wird »die Arbeitswelt ihren eigenen Gesetzen« überlassen und das Gebet »zur Insel« gemacht.[420]

Der Glaube ist für Seitz zugleich *Voraussetzung* und Folge des Gebets. Glauben bedeutet, sich Gott anzuvertrauen. Vertraut sich jemand einem anderen an, setzt das wiederum voraus, dass beide miteinander in Kontakt stehen. Das Mittel dazu ist die Sprache. Sich durch die Sprache im Gebet Gott anzuvertrauen, ist wiederum »eine besondere Weise der Betätigung unseres Glaubens«.[421]

Funktion des Gebets

Das Gebet hat die *Funktion*, das Leben zu vertiefen, indem der Mensch durch das Gebet sein Verhältnis zu Gott berichtigen kann.[422] Der Primärhandelnde in diesem Prozess bleibt Gott. An anderer Stelle spricht Seitz davon, dass das Gebet inmitten von »Zerfall[]« bzw. von »Sünde« »Heimkehr« bedeuten kann[423] und dass das Gebetsleben »zur persönlichen Heiligung«[424] führt. All diese Ausdrucksweisen beschreiben ein ähnliches Phänomen.

---

genwärtigen neuen Beten das protestierende Element stark und bewusst hervor, so daß es – obgleich an ihn gerichtet – Gott fast verfehlt.« (A.a.O., 283.)

[417] Vgl. SEITZ, Beten lernen, 94.

[418] Vgl. MANFRED SEITZ, Christsein heute. Gelebter Glaube zwischen überlieferter Form und neuer Gestalt, in: MANFRED SEITZ, Erneuerung der Gemeinde. Gemeindeaufbau und Spiritualität, Göttingen 1985, 57-67, hier 63

[419] SEITZ, Gebetserhörung, 288.

[420] Ebd.

[421] SEITZ, Beten lernen, 84.

[422] SEITZ, Gebetserhörung, 286.

[423] SEITZ, Beten lernen, 86.

[424] A.a.O., 94.

Form und Gestalt

Seitz spricht sich stark für eine *ritualisierte Gebetspraxis* aus. Es ist ihm wichtig, dass sich der Christ wenigstens einmal am Tag dem Gebet widmet.[425] Dieses tägliche Gebet – bei Seitz als »Oration«[426] bezeichnet – sollte dann einem gleich bleibenden Ablauf folgen. Es muss, wie viele anderen Aktivitäten des Menschen, geübt werden. Das Gebet lebt von einfachen Ordnungen, d.h. es sollte eingebettet« sein »in andere Vollzüge«,[427] wie das z.B. auch im Gottesdienst der Fall ist. Für den Gesamtablauf eines solchen Gebetsrituals sieht Seitz unterschiedliche Möglichkeiten. Konkret kann eine ritualisierte Gebetspraxis folgendermaßen aussehen: In einem ersten Schritt soll der Mensch das Gebet ganz bewusst beginnen, um sich selbst zu verdeutlichen, dass er im Beten etwas tut, das er eigentlich nicht vermag.[428] Dazu sind »Akte des Anfangs« notwendig, in denen der Betende sich sammelt und sich dafür bereit macht, in den Willen Gottes einzuwilligen.[429] Das kann z.B. geschehen, indem der Betende »das Gebet der Armen« spricht.[430] Auf die Sammlung folgt die Konzentration der Gedanken auf ein »Lebenswort«[431]. Unter einem Lebenswort versteht Seitz ein gleichbleibendes Bibelwort, das das persönliche Gebet für eine oder zwei Wochen begleitet.[432] Das Lebenswort kann einem Psalm entnommen werden. Generell eignen sich auch Psalmen für den Einstieg in das Gebetsritual, da sie die Funktion haben, das »Leben und alles Menschliche«[433] vor Gott zu bringen. Es folgt die Schriftlesung. Bei dieser geht es nach Seitz nicht darum, alles genau zu verstehen, sondern darauf zu achten, was einen »anrührt«[434]. Die ersten beiden Schritte – die Sammlung und die Schriftlesung – sorgen dafür, dass das folgende eigentliche Gebet ein »Sichaussagen vor Gott«[435] wer-

---

425 Vgl. z.B. SEITZ, Christsein, 64f.

426 A.a.O., 65.

427 SEITZ, Gebetserhörung, 287.

428 Vgl. ebd.

429 Vgl. ebd.

430 Vgl. ebd. Das *Gebet der Armen* hat nach Seitz folgenden Wortlaut: »O Herr, ich kann nicht beten. Nimm mich so, wie ich bin. Ich biete mich dir dar.«

431 A.a.O., 288.

432 Vgl. ebd.

433 SEITZ, Christsein, 65.

434 Ebd.

435 Ebd.

den kann. Dieses kann unter anderem das Bitten um das »irdisch Nötige« enthalten, es sollte kurz und von »absoluter Aufmerksamkeit« geprägt sein.[436]

Eine Variante dieses Dreierschritts sieht am Beginn des Gebetsrituals das »gebundene Gebet« vor, das ein Schriftwort in ein Gebet umwandelt.[437] Es soll »mit Bewegen der Lippen«, aber nicht laut gesprochen werden, damit »die eigene Stimme« nicht »stört«. Ein bloßes Sprechen in Gedanken wäre ebenso ungenügend, da der Betende dann Gefahr läuft, mit der nötigen »Aufmerksamkeit« nachzulassen.[438] An das gebundene Gebet schließt sich die Fürbitte für Einzelne oder Menschengruppen an; sie hat die Funktion, vom eigenen Wollen abzukommen. Als dritter und letzter Schritt folgt ein freies Gebet, das »aus dem Herzen des Beters«[439] kommen sollte.

In Seitz' Ausführungen zum Gebet werden zwei unterschiedliche Ziele für derartige Gebetsrituale benannt: das freie Gebet sowie das schweigende Gebet. Ersteres kann nur über den Weg der regelmäßigen Übung des gebundenen Gebets erreicht werden. Ohne die regelmäßige Übung wäre das menschliche Herz zu sehr vom eigenen Wollen bestimmt; mit ihr kann das Herz durch das gebundene Gebet jedoch so erfüllt werden, »daß auch das freie Gebet von ihm getragen wird«[440]. An anderer Stelle sieht Seitz als Ziel einer ritualisierten Gebetspraxis, dass der Betende »nichts wollend, aber alles erwartend« durch »Konzentration und Kontemplation« letztlich zum schweigenden Gebet kommen sollte.[441] Die dort gefundene Ruhe ist nach Seitz »der eigentliche Quellort vernünftiger Aktion«[442]. Bei einer Zuordnung von Aktivitäten zu *Herz und Kopf* ist die Konzentration, die Seitz für den Beginn des Gebets fordert, eher im Bereich des Kopfs zu verorten. Konzentration sowie die Einübung des Gebets durch die Wiederholung geprägter Texte können nach Seitz bei kontinuierlicher Übung dazu führen, dass das geübte

---

436 SEITZ, Christsein, 65.

437 Vgl. SEITZ, Beten lernen, 92. Als Beispiel wandelt Seitz einen Teilvers aus Lk 12,36 »seid gleich den Menschen, die auf ihren Herrn warten« in den Gebetsvers »gnädiger Gott, mache aus mir einen Menschen, der auf den Herrn wartet« um (a.a.O., 92f.).

438 Vgl. a.a.O., 93.

439 Ebd.

440 Ebd.

441 SEITZ, Gebetserhörung, 288.

442 Ebd.

Gebet in ein Gebet des Herzens übergeht. Insofern geht der Weg bei Seitz über die äußere Praxis zur Verinnerlichung.

An stressigen Tagen kann der Gebetsablauf verkürzt werden: An die Stelle des Lebenswortes oder des Psalms tritt dann ein Stoßgebet, und die Schriftlesung wird durch das Lesen der Losung für den Tag ersetzt.[443]

Das Gebet des Einzelnen sollte gemäß Mt 6,6 in der *Stille* bzw. im Alleinsein vollzogen werden, vor allem dann, »[w]enn ein Mensch die unsäglichsten Kümmernisse seines Lebens vor Gott hinlegt«.[444]

Neben dem ritualisierten Gebet gibt es auch das *spontane Gebet* – bei Seitz »Adoration«,[445] das durch Ereignisse im Alltag hervorgerufen wird und nicht an besondere Worte gebunden ist.[446] Als dritte Grundform des Betens wird schließlich die *Meditation* als »das verweilende Gebet« abgegrenzt, eine Form, die viel Zeit in Anspruch nimmt.[447]

Auch die körperliche *Gebetshaltung* muss nach Seitz unbedingt beachtet werden und darf nicht zur »Nebensache« verkommen, da menschliche »Empfindungen« mit der *Körperhaltung* unmittelbar verbunden sind.[448] Seitz erwähnt zwei klassische Gebetshaltungen: das Knien und »das Falten der Hände«.[449] Diese Haltungen machen den menschlichen Körper wehrlos und zeigen damit seine Angewiesenheit auf Gott.[450] In ihnen kommt das Eigentliche des Gebets – die Bitte – körperlich zum Ausdruck.[451]

Seitz hält das *Bittgebet* für den »Untergrund und Bodensatz alles Betens«;[452] es hat demzufolge eine Vorrangstellung. Grundsätzlich sind für

---

443 Vgl. SEITZ, Christsein, 65.

444 Vgl. SEITZ, Gebetserhörung, 280. Nach Seitz besteht dort, wo das Gebet »an die Öffentlichkeit gezerrt [...] und zum Gegenstand der Berichterstattung gemacht« wird, eine große Gefahr, das Gebet zu missbrauchen.

445 Vgl. SEITZ, Christsein, 65.

446 Vgl. ebd. Siehe dazu außerdem unten die Ausführungen zum Verhältnis von Meditation und Gebet in Seitz' Gebetsauffassung unter *Form und Gestalt*, 124f.

447 Vgl. SEITZ, Christsein, 65.

448 Vgl. SEITZ, Beten lernen, 89.

449 Ebd.

450 Vgl. ebd.

451 Vgl. ebd.

452 SEITZ, Gebetserhörung, 285.

ihn »alle Sageweisen« des Gebets (Bitte, Fürbitte, Danksagung) »Ausdruck absoluter Angewiesenheit«.[453]

Das Fürbittgebet kann – wie oben dargestellt – dazu beitragen, dass der Betende vom eigenen Willen absieht.

Unter der speziellen Form des betrachtenden Gebets versteht Seitz »ein Sichsammeln vor Gott, ein Stillwerden auf ihn hin und ein Nachsinnen vor seinen Augen«.[454] Diese Form kann in einer immer komplizierter werdenden Welt beim Einzelnen »Vereinfachung« und »Sammlung« bewirken.[455] Deswegen hat es bei Seitz einen hohen Stellenwert.

Das *schweigende Gebet* wird von Seitz an verschiedenen Stellen als Ziel der persönlichen Gebetspraxis dargestellt.

Die Unterscheidung, die Seitz zwischen *Oration*, *Adoration* und *Meditation* vornimmt, wurde unter dem Aspekt der Gebetszeiten bereits knapp dargestellt. Diese Gebetsformen unterscheiden sich jedoch nicht nur in Bezug auf die Gebetszeit, sondern sind auch in ihrer Ausführung unterschiedlich. Sie sollten nicht vermischt werden; jede Form hat ihre »eigene Zeit« und ihr »eigenes Recht«.[456]

Für die christliche *Meditation*, die sich in ihrer Ausrichtung auf Jesus Christus und die Schrift von fernöstlicher Meditation unterscheidet, finden sich bei Seitz verschiedene Ansätze. Christliche Meditation ist zum einen »eine Möglichkeit gestaltgewordenen Glaubens«,[457] die zunächst nicht unbedingt mit dem Gebet gleichgesetzt werden muss. Sie ist »Nachsinnen«, das den Menschen zur Ruhe kommen lässt und es ihm ermöglicht, seine Gedanken auf einen Gegenstand auszurichten.[458] So verstanden kann Meditation ein hinführender Aspekt oder der Abschluss in einem täglich geübten Gebetsablauf sein.[459]

---

[453] Ebd.

[454] MANFRED SEITZ, Christliche Meditation. Zugänge durch die Geschichte, in: MANFRED SEITZ, Praxis des Glaubens. Gottesdienst, Seelsorge und Spiritualität, Göttingen 1978, 199-205, hier 204.

[455] Vgl. a.a.O., 203.

[456] Vgl. SEITZ, Christsein, 65.

[457] SEITZ, Meditation, 199.

[458] Vgl. ebd.

[459] Vgl. a.a.O., 201. Gleichwohl ist nicht jede Art der Meditation auch ein Gebet. Wenn etwa in einem Gottesdienst Texte verlesen und als Gebet deklariert werden, die sich nicht an Gott richten (z.B. »Laßt uns träumen, es gäbe das gelobte Land«), kann Seitz diese Texte als »eine Art Meditation oder Predigt« ansehen, aber nicht als Gebet. (Vgl. MANFRED SEITZ, Sind das noch Gebete?, in: ZW 60 [1989], 52-53, hier 52.)

Zum anderen kann das bereits erwähnte betrachtende Gebet mit dem Begriff »Meditation« bezeichnet werden. In diesem Fall *ist* das Gebet Meditation.

Seitz geht davon aus, dass sich die Gemeinde im *Gottesdienst* die Sprache des Gebets aneignet.[460] Er kritisiert, dass Gebete gerade auch im Gottesdienst immer wieder instrumentalisiert werden, wenn sie durch ihre Formulierung den Eindruck vermitteln, »die Menschwerdung Gottes« fände ausschließlich »in unseren Taten« statt.[461]

Das Gebet des Einzelnen orientiert sich in seinen ritualisierten Abläufen am gottesdienstlichen Gebet und findet sich damit im Gebet der versammelten Gemeinde wieder.[462]

Erhörung des Gebets

Bei der Frage nach der *Erhörung* muss nach Seitz immer bedacht werden, »daß fast alle Erhörungen bzw. die Erfahrung von solchen natürlich erklärt werden können; denn Erhörungen sind Deutungen von Widerfahrnissen aufgrund des Glaubens«.[463] Daher können Erhörungserfahrungen nicht die Begründung für das Gebet liefern.

Oft wird gerade in Notsituationen empfunden, dass Gottes Wille »unbeweglich« sei; damit scheint den »Bestreiter[n]« des Bittgebets Recht gegeben.[464] Es geht im Gebet um die »Entsprechung« und nicht um Gottes Erhören im wörtlichen Sinn. Es ist vielmehr »unser Ge-Horchen«, das im Gebet gefragt ist.[465] Der Begriff des *Gehorchens* soll dabei nicht jene Härte ausstrahlen, die er vielleicht im ersten Moment vermuten lässt; er steht vielmehr dafür, dass der Betende durch eine regelmäßige Gebetspraxis fähig wird, seine »Wünsche in den Willen Gottes hineinzustellen«.[466] Im Gebet findet eine »Übertragung« statt: Der Betende übernimmt den Willen Gottes.[467] Gott »korrigiert«[468] damit das Gebet des Betenden.

---

460 Vgl. z.B. SEITZ, Gebetserhörung, 281.

461 Vgl. SEITZ, Christsein, 283.

462 Vgl. a.a.O., 288.

463 A.a.O., 284.

464 Vgl. a.a.O., 285.

465 Ebd.

466 SEITZ, Beten lernen, 90.

467 Vgl. SEITZ, Gebetserhörung, 286, sowie SEITZ, Beten lernen, 86.

All das schließt jedoch nicht aus, dass Gott auch »nachgeben« und einer Bitte »endlich doch zustimmen« kann.[469] Das Neue Testament kennt viele derartige »Zusagen«.

3.3.1.3 Gebet als aufrichtiges Gespräch mit Gott (Zimmerling)

Peter Zimmerling widmet dem persönlichen Gebet ein Teilkapitel in seinem Buch über evangelische Spiritualität.[470] Er spricht vom Gebet als »Grundbestandteil evangelischer Frömmigkeit«.[471]

Für die Darstellung des christlichen bzw. evangelischen Gebets geht Zimmerling an verschiedenen Bibeltexten entlang. Dieses Vorgehen ist ihm wichtig, weil er im Christentum die Tendenz verspürt, die Bibel mehr und mehr zu »entmächtigen«.[472]

Grundzüge der Gebetsauffassung

Das Gebet hat nach Zimmerling »dialogischen Charakter«. Es handelt sich jedoch nicht um einen Dialog zwischen gleichartigen Partnern.[473] Theologisch gesprochen ist Gebet das »Reden des Kindes mit dem Vater und damit das höchste Vorrecht der Söhne und Töchter Gottes«.[474] Obgleich die expressive Seite dominiert, hat das Gebet doch immer auch »ein rezeptives Moment«.[475]

Inhaltlich soll das Gebet nicht auf persönliche Anliegen des Beters reduziert sein.[476] Grundsätzlich darf aber »alles zur Sprache kommen, was den Beter bewegt«.[477] Gebet muss ein »Ort völliger Offenheit und

---

468 SEITZ, Beten lernen, 90. Einer Korrektur bedürfen z.B. allzu kindliche Gebete, wie sie Seitz von Konfirmanden zu lesen bekommt. Diese seien »teilweise [...] so modisch konkret, dass ihre Erhörung die Kinder auf eine ganz falsche Fährte führen würde«. (MANFRED SEITZ, Praktische Theologie des Gebets, in: Mitteilungsblatt II/2012 der Lutherisch Liturgischen Konferenz in Bayern, 8-22, hier 17. – Als Download abrufbar unter: URL: http://www.llkb.de/mtb/10II.pdf [Stand: 08.04.2012].)

469 SEITZ, Praktische Theologie, 18.

470 ZIMMERLING, Evangelische Spiritualität; vgl. vor allem die Ausführungen unter *Das persönliche Gebet*, 192-208.

471 Vgl. ZIMMERLING, Evangelische Spiritualität, 193.

472 Vgl. a.a.O., 194.

473 Vgl. a.a.O., 200.

474 Vgl. a.a.O., 197.

475 Vgl. a.a.O., 199.

476 Vgl. a.a.O., 197f.

477 A.a.O., 200.

Aufrichtigkeit, letzter Ernsthaftigkeit und vorbehaltlosen Sich-Anvertrauens« sein.[478]

Bezugspunkt des Gebets ist nach Zimmerling eindeutig Gott, der sich zuerst auf den Menschen zubewegt. (So ist es z.B. Gott, der Mose um Einwilligung in seinen Plan bittet.[479]) »Gottes Schwachstelle gegenüber den Menschen«[480] ist seine Liebe. So zeichnet sich Gott vor allem durch seine Treue dem Menschen gegenüber aus – er steht zu seinen Zusagen.[481]

Gebet ist daher keine Leistung des *Menschen*, sondern »Gabe Gottes an den Menschen«.[482] »Im Gebet erhält der Beter Anteil am Leben Gottes«,[483] d.h. im Gebet erfährt der Beter schon in diesem Leben etwas von der Ewigkeit Gottes, was in der Konsequenz seine Einstellung zum Leben ändert. Zwangsläufig erkennt er dadurch dann auch seine Schuld.[484]

Weil der Mensch im Gebet mit dem spricht, »zu dessen Gegenüber er erschaffen worden ist«,[485] entspricht der Mensch im Gebet seiner »Bestimmung«.[486]

Voraussetzung für das Gebet ist nach Zimmerling, sich der Gegenwart Gottes bewusst zu sein, vergleichbar den Menschen des Alten Testaments, die ganz selbstverständlich davon ausgegangen sind, dass Gott ihnen nahe ist.[487] Diese Nähe wird unter anderem darin deutlich, dass sie mit Gott so sprechen, »wie ihnen zumute ist«.[488]

Um diese Form des Gebets zu üben, ist es nicht notwendig, »das göttliche Gegenüber schon zu kennen«[489]. Beten kann diesbezüglich einen »Prozess« auslösen.[490]

---

478 Wilfried Härle, zitiert nach ZIMMERLING, Evangelische Spiritualität, 201.

479 ZIMMERLING, Evangelische Spiritualität, 195.

480 Ebd.

481 Vgl. ebd.

482 Vgl. a.a.O., 196f.

483 A.a.O., 205.

484 Vgl. a.a.O., 200.

485 A.a.O., 199.

486 A.a.O., 198.

487 Vgl. a.a.O., 194f.

488 A.a.O., 194.

489 A.a.O., 205.

490 Vgl. ebd.

Funktion des Gebets

Im eben Beschriebenen wird die Funktion des Gebets bei Zimmerling bereits deutlich. Indem der Beter im Gebet seine »Schuld«, »Heillosigkeit« und »Unheiligkeit« erkennt,[491] kann er aus seiner »Selbstumkreisung«[492] befreit werden und sich in der Folge dem Nächsten zuwenden und eine neue Einstellung zum Leben gewinnen. Theologisch formuliert ist die Funktion des Gebets damit »die Mitarbeit [...] am Bau des Reiches Gottes«.[493]

Form und Gestalt

Die *Praxis des Gebets* hat bisweilen mit »harter Arbeit« zu tun; es ist nicht unbedingt etwas »Andächtiges und Leichtes«.[494] Betende sprechen »in das Schweigen Gottes hinein«; es gilt, das »Vertrauen einzuüben, dass Gott da ist und uns hört«.[495] Dafür ist eine regelmäßige Gebetspraxis wichtig. Es geht nicht darum, das Gebet dem »Gesetz des Quantums«[496] zu unterwerfen, denn das wäre nicht im Sinne Jesu.[497] Sich »täglich einen Zeitraum zu reservieren«[498] für das Gebet soll daher kein Zwang sein, sondern eine Hilfe, in das Gebet hineinzufinden. Konkrete Hilfsmittel wie »Fürbittezettel« o.Ä. können dabei von Vorteil sein.[499]

Die biblischen Figuren dienen Zimmerling als Vorbild für die *Gebetssprache*: Mose z.B. redet mit Gott, wie ihm zumute ist, oder Hanna verbirgt ihre Emotionen nicht, sie schüttet ihr Herz vor Gott aus. Die Sprache des Gebets ist folglich kein »distanziertes Reden in liturgischen Formeln«.[500]

Orte des Gebets können spezielle heilige Orte sein[501] abseits solcher heiliger Orte gehört das Gebet als »intimer Vorgang« in die »Verborgenheit«.[502]

---

[491] Vgl. ZIMMERLING, Evangelische Spiritualität, 200.
[492] Ebd.
[493] A.a.O., 197.
[494] Vgl. a.a.O., 195.
[495] A.a.O., 206.
[496] A.a.O., 197.
[497] Vgl. ebd.
[498] A.a.O., 206.
[499] Vgl. a.a.O., 207.
[500] A.a.O., 194.
[501] Vgl. a.a.O., 196.

Von den *klassischen Gebetsgattungen* finden die *Klage*, das *Bitt-* und das *Fürbittengebet* sowie das *Lob* Erwähnung.

Die *Klage* ist sowohl im AT als auch im NT »integrativer Bestandteil [...] der gelingenden Beziehung zu Gott«, denn über die Klage können Leidende und Trauernde eine »neue und tiefere Beziehung zu Gott finden«.[503]

Das *Bittgebet* ist durchaus eine erwünschte Gattung, doch durch das Hören auf Gott sollen eigene Bitten ihren »dominierenden Charakter« verlieren.[504]

Damit erhält die *Fürbitte* eine wichtige Stellung. Sie sollte Bestandteil jeden Gebets sein,[505] da sie den Menschen über sich hinausweist und ihm Anteil »an der Weltregierung Gottes«[506] gibt. Was in der Fürbitte geschieht, beschreibt Zimmerling mit folgender Metapher: »In ihr blasen wir dem Nächsten frischen Sauerstoff aus der ewigen Welt Gottes zu, damit er neuen Mut und neue Kraft zum Leben gewinnt.«[507]

Im *Lob* geht der Mensch über sich selbst hinaus. Wie im Alten Testament sollte das Lob als »eine Weise des Daseins«[508] verstanden werde. Im Lob schweigt der Mensch von sich, obwohl er redet.[509] Der »leibseelische[] Bereich« kann z.B. durch »wortlosen Jubel und Tanz«[510] ins Lobgebet mit einbezogen werden.

Erhörung des Gebets

Die Frage der Erhörung hält Zimmerling für den schwierigsten Aspekt des Gebets. Gleichzeitig war »die Gewissheit des Erhörtwerdens durch den Vater ein wesentliches Charakteristikum des Gebetes Jesu«,[511] das er auch seinen Nachfolgerinnen und Nachfolgern vermitteln wollte. Mit Klaus Berger und Manfred Josuttis empfindet Zimmerling »ein Unbehagen gegenüber der modernen Reduzierung der christlichen Botschaft

---

502 Vgl. ZIMMERLING, Evangelische Spiritualität, 197.

503 A.a.O., 201.

504 Vgl. a.a.O., 199f.

505 Vgl. a.a.O., 207.

506 A.a.O., 205.

507 A.a.O., 202.

508 Claus Westermann, zitiert nach ZIMMERLING, Evangelische Spiritualität, 203.

509 Vgl. Edmund Schlinck, zitiert nach ZIMMERLING, Evangelische Spiritualität, 203.

510 Schlinck, zitiert nach ZIMMERLING, Evangelische Spiritualität, 203.

511 ZIMMERLING, Evangelische Spiritualität, 204.

auf das menschlich Machbare«,[512] wie sie auch in Bezug auf das Gebet beobachtet werden kann. Bei der Gebetserhörung kann es schon allein deswegen nicht ausschließlich um das menschlich Machbare gehen, weil christliches Beten immer »unter dem Vorbehalt des Willens Gottes«[513] steht. Das zu erkennen und zu akzeptieren fällt dem heutigen Menschen schwer, was Zimmerling auf die unzureichende »Gemeinschaft« des heutigen Menschen mit Gott zurückführt.[514]

Gebetserfahrungen und damit Erhörungserfahrungen bleiben immer Sache des Glaubens.[515]

3.3.2 GEBET OHNE PERSONALEN GOTTESBEGRIFF

Die im Folgenden besprochenen Gebetsauffassungen sind Ende der 60er- bzw. Anfang der 70er-Jahre des 20. Jahrhunderts entstanden. Beide entwerfen, ausgehend von der Vorstellung des aufgeklärten Menschen, eine Gebetsauffassung, die diesem entgegenkommen soll. Otto sieht den Menschen dabei stärker in der Gemeinschaft der Christen bzw. auch mit der Gesellschaft als ganzer verhaftet als Bernet, der seine Auffassung vor allem mit dem Erkenntnisgewinn des Einzelnen begründet.

3.3.2.1 GEBET ALS HALTUNG (OTTO)

Gert Otto plädiert dafür, die Gebetspraxis dem Selbstverständnis des heutigen Menschen anzupassen.[516] So wie die Formen der Frömmigkeit durch die Geschichte immer wieder geändert und ihrer jeweiligen Zeit angepasst wurden, so ist auch heute der »Wandel« nicht als ein »beängstigender Ausverkauf, sondern ein Zeichen des Lebens und der Lebendigkeit« zu werten .[517]

---

512 ZIMMERLING, Evangelische Spiritualität, 204.

513 A.a.O., 198.

514 Vgl. a.a.O., 205.

515 Vgl. ebd.

516 Da es sich um Literatur aus den 70er-Jahren des 20. Jahrhunderts handelt, ist unter dem *heutigen* Menschen der Mensch dieser Zeit zu verstehen.

517 OTTO, Wandlung, 724.

Grundzüge der Gebetsauffassung

Otto legt seiner Gebetsauffassung den biblischen Satz »Betet ohne Unterlass!« zugrunde und definiert Gebet unter diesem Vorzeichen als eine »Haltung«.[518] Diese Haltung drückt sich darin aus, dass das »Wort der Botschaft Jesu und das eigene Leben in strenger Beziehung aufeinander«[519] bedacht werden. Das Gebet besteht in einem Denk- oder Reflexionsakt, der sich stetig vollzieht, der das Leben ständig begleitet. Die »Übung des Gebetes« gewinnt damit an »Freiheit«: Sie muss nicht – wie etwa in der ritualisierten Form – vom normalen Leben abgehoben praktiziert, sondern »in das Leben integriert« werden.[520] Es ist die »[k]onkrete Besinnung auf die Situation, der man jeweils verhaftet ist«.[521] Das »Gebet als Einzelakt«[522] hat kaum Bedeutung. Das Ziel einer künftigen Gebetspraxis sieht Otto in einer nichtreligiösen Auffassung des Betens.[523]

Nach Otto soll der Mensch »jede unreflektierte Vorstellung von *Gott* als einem anredbaren personhaften Gegenüber«[524] hinter sich lassen. Ein als personal verstandener Gott kann nicht länger Bezugspunkt für das Gebet sein. Es gilt, die Reste der antiken Gottesvorstellung zu überwinden. Damit wird auch nicht von einem Gott ausgegangen, der etwas ändern könnte. Die Frage nach der *Erhörung* spielt auch keine Rolle mehr, weil es in erster Linie um das Bedenken des eigenen Lebens geht und »nichts im strengen Sinn erbeten wird«.[525]

Die *anthropologischen Grundlagen* wurden im Wesentlichen bereits beschrieben. Der heute betende Mensch ist der denkende, aufgeklärte Mensch, der sich im Beten fragt, »ob richtig ist, was er will, begehrt, wünscht, ob er an dem, was er vermißt, woran er leidet, zu Recht leidet und ob er sich in den Verlust zu schicken hat«.[526]

---

[518] GERT OTTO, Über das Gebet, in: FRIEDRICH W. BARGHEER u. INGEBORG RÖBBELEN (Hrsg.), Gebet und Gebetserziehung, Heidelberg 1970, 31-48, hier 35.

[519] A.a.O., 36.

[520] OTTO, Wandlung, 725.

[521] OTTO, Gebet, 40.

[522] A.a.O., 35.

[523] A.a.O., 39.

[524] Ebd. Vgl. dazu auch unten die Ausführungen zu *Form und Gestalt* in Ottos Gebetsauffassung, 132ff.

[525] OTTO, Gebet, 36.

[526] OTTO, Wandlung, 724.

Funktion des Gebets

Der Betende soll sich durch das Gebet der jeweiligen Situation, in der er sich befindet, bewusst werden. Diese Besinnung auf die Situation soll in der Folge auch Auswirkung auf das Leben des Menschen haben. Gegen Kritiker, die das Gebet – so wie es Otto versteht – zum »Selbstgespräch abqualifiziert«[527] sehen, führt Otto an, dass es beim Gebet »um die Existenz des Menschen [geht] [...], die sich am verstandenen und bedachten Wort und Verhalten Jesu orientiert, korrigiert, fragt oder prüft«.[528] Die Funktion des Gebets kann somit als Selbstprüfung bzw. Austarieren des eigenen Lebens anhand der Botschaft und des Verhaltens Jesu beschrieben werden. Das Gebet hat damit eine stark ethische Komponente.

Form und Gestalt

Mit dem Satz »Betet ohne Unterlass« sieht Otto das Gebet »aus dem kultischen Zusammenhang genommen« und damit als »nicht mehr gebunden an bestimmte Formen und Situationen«. Das Gebet ist vielmehr »eingebettet in den irdischen Ablauf des Lebens«.[529] Otto möchte einen kompletten Wandel des Gebets herbeiführen.[530] Das »Gebet als Einzelakt« wird damit im Wesentlichen aufgelöst. Es ist jedoch nicht ausgeschlossen, dass sich das Gebet als »Haltung« bisweilen auch in der Form eines Einzelgebets ausdrücken kann.[531] Wichtig ist, dass sich der Einzelne in seiner jeweils eigenen Frömmigkeit für das Einzelgebet entscheidet; es darf sich nicht um ein Muster handeln, das als »Gesetz« für alle gelten könnte.[532]

Das *ritualisierte Gebet* lehnt Otto vor allem aus zwei Gründen ab: Zum einen leben im ritualisierten Gebet magische Gebetsvorstellungen weiter, die es zu überwinden gilt. Zum anderen erscheint das Gebet in der ritualisierten Form als ein vom alltäglichen Leben abgegrenzter Raum.[533] Otto streitet nicht ab, dass das ritualisierte Gebet unter Ver-

---

527 OTTO, Gebet, 40.

528 A.a.O., 41.

529 A.a.O., 35. Bibelstellen, die für ein Gebet zu einem personal gedachten Gott sprechen, werden von Otto als beeinflusst von antiken Gottesbildern ausgeschlossen (vgl. a.a.O., 34f.).

530 Vgl. ebd.

531 Vgl. ebd.

532 Vgl. OTTO, Wandlung, 725.

533 Vgl. OTTO, Gebet, 40.

wendung von geprägten Gebetstexten für den Einzelnen ein »*Ort der Sammlung*, an dem die Gestalt und Weise *gewissenhaften Lebens* bedacht wird«,[534] sein kann. Er hält es jedoch für schwierig, das so Gewonnene in das »jeweilig konkrete Leben«[535] zu übertragen, und sieht im ritualisierten Gebet eher einen »Umweg«[536] als eine wirkliche Hilfe.

Gebetstexte, die sich an einen personal gedachten Gott wenden, sollen auch dann nicht verwendet werden, wenn sich der Betende des »Hilfscharakters seiner Ausdrucksweise«[537] bewusst ist. Zum einen könnte das eine Überforderung des Beters darstellen,[538] zum anderen wird damit Sprache »zum bloßen Ausdrucksmittel degradiert«, was der Tatsache nicht gerecht wird, »daß Sprache und Inhalt nicht voneinander trennbar« sind.[539]

Das traditionelle *Bittgebet*, das mit dem Eingreifen eines personalen Gottes in das Weltgeschehen rechnet, wird von Otto abgelehnt. Er hält es für »sinnlos, Gott anzureden und um Hilfe zu bitten«, wenn dieser »doch nichts ändern kann«.[540] Diese Erfahrung belegt er mit Passagen aus zeitgenössischen literarischen Werken.[541]

Das *Tischgebet* akzeptiert Otto dann, wenn der Betende damit auf die Erkenntnis antwortet, dass »das Leben im ganzen die Qualität einer Gabe hat«[542]. In diesem Fall hält er es für einen »angemessenen Ausdruck«[543] des Dankes und hat auch gegen das Gebet als Einzelakt nichts einzuwenden. Er spricht sich sogar dagegen aus, jeden Tag eigene Formen zu finden, und begründet das damit, dass Menschen z.B. auch »Gruß- und Dankworte« prägen, die – obwohl es sich um Formeln han-

---

534 OTTO, Gebet, 40.

535 Ebd.

536 Vgl. ebd.

537 OTTO, Wandlung, 724.

538 Eine solche Praxis würde nicht nur den Gottesdienstteilnehmer überfordern, sondern auch die Predigt, die die Aufgabe hätte, »die gebundene und geprägte Redeweise des Gebetes« aufzulösen (ebd.).

539 Ebd.

540 OTTO, Gebet, 33.

541 Vgl. a.a.O., 31ff.

542 A.a.O., 43. Otto gibt ein konkretes Beispiel für ein geeignetes Tischgebet: »Lobe den Herrn, mein Leben, und vergiß nicht, was er dir Gutes getan hat.« Für weniger geeignet hält er aufgrund der Ablehnung des personalen Gottesbildes das weit verbreitete Gebet »Komm, Herr Jesus, und sei unser Gast.« (A.a.O., 44.)

543 Ebd.

delt – durch den, der sie spricht, individualisiert werden.[544] Hier ist ein weiteres Mal angezeigt, dass Otto *Texte der Tradition* nicht verwirft, solange sie gewissen Kriterien genügen. So sollten z.B. auch Tischgebete nicht durch ein personales Gottesbild geprägt sein.[545]

Den *christlichen Gottesdienst* versteht Otto als den Ort, »an dem die Klärung des Lebens- und Glaubensverständnisses immer neu erfolgt«.[546] An *das gottesdienstliche Gebet* stellt er den Anspruch, dass es von der Mehrzahl der Gottesdienstbesucher und -besucherinnen gedanklich mit vollzogen werden kann.[547]

Kinder müssen nach Ottos Auffassung in Bezug auf das Gebet eigens behandelt werden, da sie sich in ihren »Denkweisen und Denkmöglichkeiten«[548] von den Erwachsenen unterscheiden. Da ein Kind die Welt über die Sprache begreifen lernt und dabei die Personalisierung von Gegenständen eine wichtige Rolle spielt, ist »[d]ie Anrede Gottes als Person und die konkrete Ausformulierung realer Situationen und Ereignisse [...] für das Gebet des Kindes prinzipiell richtig«.[549] Es ist möglich, mit einem Kind in freier oder geprägter Weise zu beten; wichtig ist dabei, dass das Gebet in einer gewissen sprachlichen Qualität vollzogen wird, denn »Sentimentalität ist so wenig ein Ausdruck für Kindgemäßheit wie Kitsch«.[550] Auch den verschiedenen Altersstufen muss mit der Art und Weise des Gebets entsprochen werden. Wie bereits beim Gebet der Erwachsenen legt Otto auch beim Gebet mit Kindern Wert darauf, dass das Gebet in den Alltag integriert ist und nicht als »Sonderbereich der Frömmigkeit« neben dem Alltag etabliert wird.[551] Es stellt nach Otto ein Problem dar, dass Erwachsenen in Kirchen und Gemeinden oft eine kindliche Form des Gebets angeboten wird.[552]

---

544 Vgl. Otto, Gebet, 44.

545 Vgl. das Beispiel in Anm. 542.

546 Vgl. Otto, Gebet, 45.

547 A.a.O., 44.

548 A.a.O., 45. Es ist nach Otto nicht möglich, eine Gebetsauffassung abzulehnen, nur weil sie »nicht auf Kinder übertragbar ist«.

549 A.a.O., 46.

550 A.a.O., 46f.

551 Vgl. a.a.O., 47.

552 Vgl. a.a.O., 48.

3.3.2.2 Gebet als Denkakt und Reflexion von Erfahrung (Bernet)

Grundzüge der Gebetsauffassung

Nach Walter Bernet besteht das Gebet in der Reflexion von Erfahrung[553] und ist demnach ein spezieller »Denkakt«.[554] Dieser vollzieht sich in drei

---

[553] Bernet stellt seinen Gebetsbegriff vor allem auch in Abgrenzung zu Gebetsauffassungen dar, die von der Offenbarung Gottes in Jesus Christus her argumentieren. Exemplarisch demonstriert er das an einem Vortrag von Heinrich Ott. Er kritisiert vor allem Otts Erfahrungsbegriff, der als Erfahrungsgrundlage nur das Gebet zulässt. Bernet wirft Ott apologetisches Denken vor, dessen »Interesse« es ist, »die Größe ›Offenbarung in Jesus Christus‹ [...] in ihrer ausschließlichen Absolutheit zu bewahren« (BERNET, Gebet, 61). Nach Bernet ergibt sich damit die Schwierigkeit, dass diesem apologetischen Interesse alles andere dienen muss. Eine Konsequenz der Auffassung Otts ist nach Bernet, dass in einer solchen Auffassung nur Menschen richtig beten können, die die theologische Sprache beherrschen.
Folgende Punkte sind für einen modernen Erfahrungsbegriff nach Bernet interessant: Bei Erfahrung geht es um etwas »Singuläres, Individuelles«: »Der ›Raum‹, besser: das Bewußtsein, in dem solcher Auftritt evidenter Singularität erfolgt, ist die Erfahrung.« (BERNET, Gebet, 63.) Es handelt sich bei Erfahrung nicht um einen »Erkenntnisvorgang«, »der an umfassender, absoluter, gar an Heils-Wahrheit orientiert ist« (a.a.O., 65). Der Erfahrung wohnt ein »Moment der Direktheit« inne; sie ist »Basis aller Erkenntnis«, da in ihr »eine unmittelbare und elementare Begegnung mit der Welt stattfindet« (a.a.O., 66). Gleichzeitig gehört zur Erfahrung »wesenhaft die Einsicht in die Begrenztheit ihrer Möglichkeiten« (a.a.O., 77). Je intensiver die Erfahrung ist, desto deutlicher ist ihre Grenze; »nicht als Grenze, die ein Außen von einem Inneren trennt, sondern als *Geheimnis der Wirklichkeit*, dem sich die Erfahrung verdankt« (ebd.).
Bernet greift Rolf Schäfers Darstellungen in dessen Aufsatz »Gott und Gebet – die gemeinsame Krise zweier Lehrstücke« auf: Schäfer geht davon aus, dass die Krise des Gebets vor allem vom Bittgebet herrührt, das »nicht das mindeste am Weltlauf ändert« (Schäfer, zitiert nach BERNET, Gebet, 91). Bernet fügt an, dass auch Schleiermacher und Albrecht Ritschl das Bittgebet bereits »relativiert« hätten (BERNET, Gebet, 91). Doch auch das Dankgebet steht beim modernen Menschen in der Kritik: Die Frage hierbei ist, wodurch der Mensch dazu gebracht würde, »die ihm zum Leben dienenden Güter und das ihm hie und da zuteil gewordene Glück auf ein Du zurückzuführen« (Schäfer, zitiert nach BERNET, Gebet, 91). Der moderne Mensch benötigt folglich andere Anknüpfungspunkte für das Gebet. Die Erfahrung scheint Bernet auch deswegen geeignet, weil das Gebet immer auf »Subjektivität ausgerichtet« ist und damit zur »Verifikation« die »Erfahrung« braucht (BERNET, Gebet, 93). »Erfahrung, die sich der Reflexion nicht unterzieht oder die die Reflexion einem anderen als ihrem eigenen Bereich – zum Beispiel der metaphysischen Spekulation – überlässt, verkennt und überschreitet ihre Grenze.« (A.a.O., 100.) Die Erfahrung hat es nach Bernet »nicht nötig«, durch die Offenbarung »gekrönt« zu

Schritten: Der *erste* Schritt ist die *Reflexion* an sich. Hier wird sich der Betende seiner Erfahrungen denkend bewusst.[555] Dabei ist entscheidend, dass es für den Menschen Erfahrungen »nur in Grenzen«[556] gibt. In seinen Erfahrungen ist der Mensch immer vor »das Geheimnis der Wirklichkeit«[557] gestellt. Erfahrung, die sich nicht der Reflexion unterzieht, ist folglich nicht imstande, »die sie in Bewegung setzende Grenze, ihr Geheimnis als ihr ›Wesen‹ [...] zu erkennen«.[558] In der Folge treten »Ideologie, Aberglauben und autoritäre Gewalt [...] an ihren Platz und geben vor, Erfahrung zu sein«.[559] Der *zweite* Schritt – das *Erzählen* – beugt der Gefahr vor, dass die Reflexion sich verselbstständigt, dass sie »alle Erfahrung hinter sich lassend ihren Anhalt spekulativ in sich selbst«[560] sucht. Somit ist es die Aufgabe des zweiten Schritts, der Reflexion eine Form zu verleihen. Die für diesen Zweck geeignete »Sprachform« ist nach Bernet »die epische«.[561] Ihr Vorteil besteht darin, dass sie auf ein Absolut-Setzen von Erfahrung verzichtet und sich damit auf »das Prozeßhaft-Endliche« bescheidet.[562] Es handelt sich um eine »artifizielle[] Gestaltung«,[563] für die wiederum »drei Motive konstitutiv sind«[564]: Das »Motiv des ›Empirischen‹« steht dafür, dass das empirisch Erfahrene als »Erfahrung des Endlichen« erzählt wird.[565] Im »Motiv des ›Ritardando‹« geht es darum, »künstliche, artifizielle Hindernisse« in den Prozess zu integrieren, die zur »Pause« zwingen und somit verhindern, dass der

---

werden, so wie das Vertreter der dialektischen Theologie oder auch Heiler verlangen (vgl. BERNET, Gebet, 101).

554 A.a.O., 7: Interessant ist, dass Bernet bereits am Anfang feststellt, dass seine Darstellung des Gebets die Frage aufwerfen werde, warum der Denkakt, den er beschreibt, als Gebet bezeichnet werden müsse.

555 Vgl. a.a.O., 88f.

556 A.a.O., 87.

557 A.a.O., 88. Siehe dazu auch die Ausführungen zum Erfahrungsbegriff bei Bernet in Anm. 553.

558 BERNET, Gebet, 88.

559 Ebd.

560 A.a.O., 123.

561 A.a.O., 130.

562 Vgl. a.a.O., 131.

563 Vgl. a.a.O.

564 A.a.O., 133.

565 Ebd.

Prozess »auf ein unbedingtes Ziel hin« steuert.[566] In diesem Motiv bekommt der »Zweifel Raum im Gebet«[567] bzw. es wird möglich, diesen Zweifel in Fragen umzuwandeln. Das dritte Motiv ist schließlich das der »Bescheidung«.[568] Es beschreibt das »Postulat« an den Betenden, sich auf das Endliche zu bescheiden und den »Forderungen von oben herein« eine Absage zu erteilen.[569] Der *dritte* Schritt im Denkprozess des Gebets besteht schließlich im *Situieren*. Dieses kann beschrieben werden als »die Fähigkeit, sich in seine Grundsituation als Gerechter und Sünder zugleich zu versetzen«.[570] Bernet bezeichnet diese drei Schritte als »Funktionen« des Betens.[571] Aufgrund der dem Gebet innewohnenden Funktion des Erzählens kann Bernet seine Gebetsauffassung auch als »episches Beten«[572] bezeichnen. Der gesamte Denkakt muss eingeübt werden; er ist dem Menschen nicht einfach gegeben, sondern resultiert aus einem »Bildungsvorgang«.[573]

Es zeichnet die »rationale Reflexion von Erfahrung« – so wie sie Bernet versteht – aus, dass in ihr »ein Etwas« steckt, welches er nicht genauer beschreibt, ihm aber die Qualität beimisst, dass es »zum Transzendentalen« treibt.[574] Es geht dabei aber nicht um das »Suchen nach Antwort«, sondern um das »Finden von Fragen«.[575] Beten nimmt im Fragen seinen Ausgang, was auch bedeutet, dass es im Beten keine letzte Sicherheit gibt: Es ist der Zweifel, der betet.[576]

Der *Bezugspunkt* des Gebets kann nach Bernet kein personal gedachter Gott sein. Im personalistischen Denken sieht Bernet eine »Flucht« ins Kinderland.[577] Es ist somit für das Gebet ungeeignet. Das Gebet soll vielmehr regressive Tendenzen durchschauen und überwinden. Klassische Beschreibungen, die Beten als persönliches Gespräch

---

566 BERNET, Gebet, 133.

567 Ebd.

568 Ebd.

569 A.a.O., 134.

570 KLEIN, Zugänge, 73.

571 Vgl. BERNET, Gebet, 87ff.

572 Vgl. z.B. a.a.O., 137.

573 A.a.O., 139.

574 Vgl. a.a.O., 97.

575 A.a.O., 101.

576 Vgl. a.a.O., 102.

577 Vgl. a.a.O., 114.

mit Gott verstehen, erübrigen sich damit bei Bernet.[578] Mit Rolf Schäfer ist er der Meinung, dass sich »heutiges Denken über das Gebet sowenig wie heutiges Reden von Gott einfach auf Tradition, auf geschichtliches Herkommen berufen kann«.[579] Es muss der Weg zu einer neuen natürlichen Theologie beschritten werden. Gebet kann dabei der Ort sein, »an dem es zur Veränderung [...] des Christentums im Ganzen kommen kann«.[580] Von daher stellt sich für Bernet auch nicht die Frage, ob das Gebet eine monologische oder eine dialogische Form ist, denn es ist »apersonalistisch«[581]: Es ist »das apersonale Geheimnis der Erfahrung«,[582] das zum Gebet antreibt, nicht ein personal gedachter Gott. Die »theologische Kategorie der Personalität« wird von Bernet »als *die* Regression und als *die* Gefahr für heute mögliches Transzendenzdenken schlechthin« verworfen.[583]

Funktion des Gebets

Das Gebet nach Bernet ist in dem Sinne »absichtslos«, als es »an keiner Einwirkung auf ein mögliches Gegenüber interessiert« ist.[584] Die Frage nach der *Erhörung* spielt für Bernet folglich keine Rolle. Dennoch ist es aus der Perspektive des Menschen nicht *funktion*slos, denn der Prozess von Reflexion, Erzählen und Situieren hat das Ziel, das eigene Leben vor dem Gedanken der Endlichkeit zurechtzubringen.[585] Dieser Prozess läuft auf eine Veränderung des Lebens hinaus. Beten heißt daher für Bernet auch, sich nicht abzufinden – es ist ein »Akt der Freiheit gegenüber dem

---

578 Bernet ist sich darüber im Klaren, dass er mit seiner Beschreibung des Betens auch in einem umfassenderen Sinn außerhalb der klassischen Beschreibungen liegt, da das Gebet meistens »als eine Gebärde des Menschen [gezeigt wird], die sich aus irrationalen Tiefen bewegt und gerade bloße Reflexion zu übersteigen und hinter sich zu lassen geneigt ist.« (A.a.O., 89.)

579 A.a.O., 99.

580 A.a.O., 100.

581 A.a.O., 136.

582 A.a.O., 137.

583 A.a.O., 114. Dabei hat Bernet nicht grundsätzlich etwas gegen das »Du« im Gebet einzuwenden, aber es ist nötig, die Personalität zu überwinden; dabei geht es um »die Struktur des Denkens und nicht um die Grammatik der Sprache« (a.a.O., 166).

584 A.a.O., 137.

585 Vgl. A.a.O., 89. »Der Geheimnischarakter des Endlichen will, damit die Erfahrung des Endlichen Form finde, gedacht werden. Die Übung solchen Denkens nenne ich Beten.«

Bestehenden«.[586] Eine Funktion des Gebets kann es daher auch sein, zur »Humanisierung der Gesellschaft« beizutragen.[587]

Form und Gestalt

Wie die bisherigen Ausführungen bereits deutlich gemacht haben dürften, setzt das Gebet, wie es Bernet beschreibt, beim Einzelnen an,[588] nicht bei der Gemeinschaft.

Die *Form* des Gebets bzw. das *Vorgehen* beim Gebet erklärt sich bei Bernet schon durch den bereits beschriebenen Dreischritt des Gebetsprozesses. Die Formen der Tradition werden nicht komplett ausgeschlossen; im Gebet soll jedoch ein »bewußtes Verhältnis«[589] zu ihnen eingenommen werden. Insgesamt aber versteht Bernet das Gebet als »geschichtslos«, als »eine elementare Gebärde des Menschen«.[590]

Da *Kinder* noch nicht in der Lage sind, den von Bernet vorgeschlagenen Reflexionsprozess und damit das Gebet zu vollziehen, nimmt er Abstand von der häufig vertretenen Überzeugung, bereits Kindern das Beten zu lehren.[591]

3.3.3 Gebet als Ort der Passivität

Mit diesem Abschnitt beginnt die Darstellung von Gebetsauffassungen, die sich ganz eindeutig im Raum zwischen Erfahrung und Offenbarung bewegen.[592]

Die Gebetsauffassungen von Steffensky und Bohren sind beide der neueren Zeit zuzurechnen, gleichwohl Bohren die seinen Werken zugrunde liegenden Vorlesungen zuletzt im Wintersemester 1985/86 und im Sommersemester 1986 gehalten hat.[593]

---

[586] Kornelis Heiko Miskotte, zitiert nach BERNET, Gebet, 119.

[587] BERNET, Gebet, 119.

[588] Vgl. a.a.O., 118.

[589] A.a.O., 126.

[590] A.a.O., 9.

[591] A.a.O., 117.

[592] Siehe dazu unten die Ausführungen unter *3.4.1.4 Zugänge im Raum zwischen Erfahrung und Offenbarung*, 203ff.

[593] MANFRED JOSUTTIS, Einleitung, in: RUDOLF BOHREN, Das Gebet 1, Waltrop 2003, 7-9, hier 7.

Sowohl inhaltlich als auch in der Vorgehensweise ähneln sich diese beiden Entwürfe. Beide legen ein Gottesbild zugrunde, das Gott als den liebenden Gott ausweist, der mit seinen Geschöpfen in Kontakt treten möchte. Gebet wird daher grundsätzlich als erhört betrachtet. Beide wollen dem Gebet Freiheit geben, indem sie es vom Muss der Innerlichkeit befreien. Sie sehen es als eine Art Handwerk an, das jeder erlernen kann. Die Texte der Tradition sind für beide Grundlage des Erlernens des Gebets und auch zentral für die Reflexion.

3.3.3.1 Gebet als »Selbstauslieferung des Menschen an das Geheimnis der Liebe Gottes« (Steffensky)

Steffenskys Darstellungen leben – nicht nur, aber zu einem großen Teil – von der ihm eigenen Sprache, die den Leser unmittelbar berührt. Er zieht z.B. ganz bewusst poetische Texte heran, um theologische Sachverhalte zu beschreiben. Da es schwierig ist, Steffensky ohne die von ihm selbst gewählten Sprachfiguren und Bilder darzustellen, wird im Folgenden häufig auf sie zurückgegriffen.

Grundzüge der Gebetsauffassung

Bei Steffensky finden sich verschiedene »*Definitions*«-Sätze, die nur in Nuancen variieren: Er bezeichnet das Gebet als »Selbstauslieferung des Menschen an das Geheimnis der Liebe Gottes« oder: »an das Geheimnis des Lebens«[594] oder »an diesen geheimnisvollen Gott der Gnade«.[595] Noch stärker – weil bewegter – als das Bild von der Selbstauslieferung ist das Bild von der »Flucht in den Blick der Güte«.[596] Weiterhin kann das Gebet für Steffensky auch »der höchste Ort der Passivität« sein und damit der

[594] Fulbert Steffensky, Gebet: Die Flucht in den Blick der Güte, in: ZDTh 17 (2001), 25-36, hier 28; ebenso Fulbert Steffensky, Purer Sinn, ohne Zweck. Wer beten will, kann von dem jüdischen Journalisten Leon Wieseltier lernen, in: Zeitzeichen 4 (2003), 18-21, hier 18; und Fulbert Steffensky, Die Schwachheit und die Kraft des Betens, in: Norbert Dennerlein u. Udo Hahn (Hrsg.), Das Beten – Herzstück der Spiritualität, Hannover 2005, 9-31, hier 12.

[595] Fulbert Steffensky, Gott ist der erste Beter, oder: Das Leben zur Sprache bringen, Beobachtungen aus konfessionsspezifischer Sicht, in: Ulrich Willers (Hrsg.), Beten: Sprache des Glaubens, Seele des Gottesdienstes. Fundamentaltheologische und liturgiewissenschaftliche Aspekte, Tübingen/Basel 2000, 233-240, hier 235.

[596] Vgl. den Titel von Steffenskys Aufsatz »Die Flucht in den Blick der Güte«. (Steffensky, Flucht, 25.)

Ort »des Verzichts, sein eigener Liebhaber und Schönfinder zu sein«,[597] oder auch »der Ort der Wehrlosigkeit, an dem wir uns selbst verlassen und uns unter das Gericht der Güte stellen«.[598] All diese »*Definitions*«-Sätze beschreiben das Gebet aus der Perspektive des betenden Menschen.

Viele der Sätze machen deutlich, dass das Gebet immer auch »Ausdruck der Liebesbeziehung zwischen Gott und Mensch« ist.[599] Zur »Selbstauslieferung an die Gnade Gottes« gehört auch die »Annahme der Gnade Gottes«.[600] Diese kann nicht mittels des theologischen Verstandes geschehen.[601] Den Begriff der *Auslieferung* will Steffensky nicht als »Unterlegenheit unter Herrschaft« verstanden wissen, vielmehr geht es um eine »Abhängigkeit« in und von der Liebe.[602] In der Liebe erfährt der Mensch, dass er »wichtig« und »schön« ist – Dinge, die er sich selbst nicht sagen kann.[603] So ist das Gebet »die eigentliche Form der Selbstentsagung«, die mit einer »moralische[n] Haltung« nichts zu tun hat; vielmehr handelt es sich um eine »Haltungslosigkeit«.[604] Argumentieren, Sich-Rühmen oder Sich-selbst-Verdammen haben im Gebet daher keinen Platz.[605]

Adressat des Gebets ist der liebende *Gott*, den Steffensky als »den ersten Bettler«[606] bezeichnet. Gott ist demnach der erste, »der erhört werden will«.[607] Von ihm geht die Initiative zum Gespräch mit dem Menschen aus.[608]

---

597 STEFFENSKY, Flucht, 28; ebenso STEFFENSKY, Schwachheit, 13. FULBERT STEFFENSKY, Das Leben in die Sprache retten – Beten, in: Fulbert Steffensky, Das Haus, das die Träume verwaltet, Würzburg [6]2000, 42-50, hier 46, definiert Passivität auch als »Fähigkeit, sich selber aus der Hand zu geben«.

598 STEFFENSKY, Schwachheit, 13.

599 STEFFENSKY, Flucht, 27.

600 A.a.O., 29.

601 Ebd. Ähnlich formuliert auch in: STEFFENSKY, Schwachheit, 13.

602 STEFFENSKY, Leben, 45.

603 Vgl. ebd.

604 STEFFENSKY, Schwachheit, 14.

605 A.a.O., 13.

606 Vgl. STEFFENSKY, Flucht, 28.

607 Ebd.

608 Vgl. STEFFENSKY, Gott, 233.

Die Rede über das Gebet bringt immer auch die Rede über Gott mit sich.[609] Steffensky nähert sich der Rede über Gott auf dem poetischen Weg, indem er Gott anhand des Gedichts »Scham« der chilenischen Dichterin Gabriela Mistral beschreibt.[610] Steffensky will von Gott ganz bewusst in Bildern sprechen, die den Menschen aus ihrem Umgang miteinander bekannt sind.[611] Obwohl ihm deutlich ist, dass diese Art, von Gott zu sprechen, immer »ungenügend« sein wird, hält er an ihr fest, weil sie dennoch »das Tiefste an Sprache und Auffassung [darstellt], das uns als Menschen möglich ist«.[612] Steffensky betet »lieber zu dem, der ein Herz hat, der Augen hat, der Ohren hat und der Arme hat, uns Menschen zu bergen«, als »zu einer Energie oder zu einer Kraft«.[613]

Viele Aussagen, die die *anthropologischen Grundlagen* betreffen, wurden schon bei den Ausführungen zu den Definitionssätzen erwähnt. Weiterhin ist von Bedeutung, dass Steffensky die Aussage »Der Mensch kann beten« für die möglicherweise »höchste Aussage« hält, die über den Menschen gemacht werden kann.[614] Dabei geht es gerade darum, dass der Mensch hier etwas kann, das sich nicht von der perfekten Ausführung her definiert. Da Menschen »exzentrische Wesen« sind, die ihre »Authentizität« nicht in sich selbst haben, sondern dieselbe von der Liebe Gottes her bekommen, ist es kein Ziel, im Gebet vollkommen zu sein.[615]

Voraussetzung für das Gebet bzw. Grundlage auf menschlicher Seite sind sowohl »der herrschaftsfreie Umgang der Menschen untereinander« wie auch der herrschaftsfreie Umgang »der Menschen mit der außermenschlichen Natur«.[616]

---

[609] STEFFENSKY, Schwachheit, 9.

[610] Steffensky beschreibt Gott in zwei Aufsätzen mit demselben Gedicht: Vgl. a.a.O., 9f.; sowie STEFFENSKY, Flucht, 27.

[611] Vgl. STEFFENSKY, Schwachheit, 11.

[612] Ebd.

[613] Ebd.

[614] STEFFENSKY, Gott, 234. Siehe dazu auch STEFFENSKY, Flucht, 30: »Was uns am meisten zum Beten befähigt, ist das Wissen, dass wir selber nicht die Meister unserer eigenen Sprache und unserer eigenen Gebete sein müssen.«

[615] Ebd. Unsere Sprache ist in den Worten Steffenskys »nicht gut, weil sie gut ist, sondern weil sie gehört wird« (STEFFENSKY, Flucht, 31).

[616] A.a.O., 35; vgl. dazu ebenso STEFFENSKY, Schwachheit, 28.

Funktion des Gebets

Funktion des Gebets ist die Förderung der menschlichen Freiheit.[617] Sie entsteht durch den Verzicht auf Selbstrechtfertigung und der daraus resultierenden »Selbstentsagung«.[618] Das Gebet – als Handwerk geübt[619] – »entflammt« langsam das Herz: »Der Beter lernt das Wünschen, er wächst in die Dankbarkeit und die Gabe des Zorns gegen das Unrecht.«[620] Trotz dieses Ziels kann das Gebet nicht als »Mittel« verstanden werden, um »etwas zu erreichen«.[621] Gerade eine solche Erwartung verstellt oft den »Zugang zum Beten«.[622] Nach Steffensky gibt es »falsche Interessen« am Gebet, z.B. das Verlangen, im Gebet eine »besondere Erfahrung« machen zu müssen oder den »Wunsch, [dass] Gottesdienste und Gebete [...] besonders interessant sein [sollten]«.[623] Wenn Erfahrung zum Ziel oder zur Absicht wird, »stört [das] die Erlebnisfähigkeit des Menschen«.[624]

An dieser Stelle gerät die Argumentation in eine gewisse Paradoxie: Zum einen wird beschrieben, dass das Gebet durchaus eine Funktion haben kann, denn der Betende kann das Wünschen lernen und an Dankbarkeit wachsen, andererseits ist das Gebet »schwer zu rechtfertigen, weil es nichts nützt[625] – es ist nach Steffensky »purer Sinn, ohne Zwecke«[626].

Form und Gestalt

Um das *Verhältnis von Kopf und Herz* in Bezug auf das Gebet zu klären, setzt Steffensky beim konkreten Gebetsvorgang und damit auch bei der Form an. Es ist ihm nicht in erster Linie die »innere Gestimmtheit« wichtig, sondern das Einstimmen »in den großen Gesang der Schöp-

---

617 Vgl. STEFFENSKY, Flucht, 29.

618 Vgl. ebd.

619 Vgl. zum Gebet als Handwerk die Ausführungen unter *Form und Gestalt* in Steffenskys Gebetsauffassung im folgenden Abschnitt, 143ff.

620 STEFFENSKY, Flucht, 35.

621 STEFFENSKY, Sinn, 18.

622 Ebd.

623 A.a.O., 20.

624 Ebd.; ebenso verwendet in: STEFFENSKY, Schwachheit, 21.

625 STEFFENSKY, Sinn, 18.

626 A.a.O., 19.

fung«.[627] Dabei geht Steffensky davon aus, dass Stimme und Mund oft klüger sind als das Herz.[628] Auch sind nicht immer Worte nötig, um zu beten: »Wir beten schon mit unseren Beinen, wenn wir in eine Kirche gehen. Wir beten mit unseren Gesten, wenn wir uns verbeugen, uns an die Brust schlagen und ein Kreuz auf die Stirn unserer Geliebten zeichnen.«[629] Das Gebet hat neben der Innerlichkeit eine handwerkliche Dimension, die unter anderem »trockne Tugenden: Regelmäßigkeit, Pünktlichkeit, Ausdauer«[630] erfordert. Es kann geübt werden und ist daher nicht Menschen mit einer besonderen religiösen Begabung vorbehalten. Dennoch gibt es Menschen, die besser beten können als andere.[631]

Geprägte Sprache und eine *ritualisierte Gebetspraxis* spielen für ein Gebet als »Handwerk«[632] eine wichtige Rolle. Die regelmäßige Übung des Gebets ist »ein Stück Arbeit«[633] und kann durchaus auch »langweilig«[634] sein, doch nur so kann gewährleistet werden, dass das Gebet sich auch in der »Situation des Ernstes«[635] einstellt und trägt. Geprägte Gebete können vom Betenden z.B. dann eingesetzt werden, wenn ihm selbst die Sprache fehlt.[636] Es ist möglich, sich Sprache zu leihen. Lippen, Gesten und Rhythmen können das Herz stützen.[637] Steffensky hält es durchaus für möglich, dass das Gebet durch »die alten Formeln, durch die Psalmen, durch das Vaterunser [und] durch überlieferte Lieder« erlernt werden kann; er begründet das damit, dass diese Texte schon mit den »Tränen« und »Hoffnungen« derer »gewaschen« sind, die sie vor uns gebetet haben.[638] An diesem Punkt sieht sich Steffensky selbst protestantischer Kritik ausgesetzt: Er vermutet, dass man ihm vorhalten könnte, dass er sich hinter »einem Allgemeinen« verberge,[639] wodurch nicht

---

627 Steffensky, Flucht, 32.

628 Vgl. a.a.O., 34.

629 Steffensky, Sinn, 21.

630 Steffensky, Flucht, 35.

631 Vgl. Steffensky, Schwachheit, 30.

632 Vgl. z.B. Steffensky, Leben, 48.

633 A.a.O., 48f.

634 A.a.O., 49.

635 Ebd. Steffensky führt den eingängigen Vergleich an, dass der »Moment des Ertrinkens ungeeignet dazu ist, schwimmen zu lernen«.

636 Vgl. Steffensky, Flucht, 31.

637 Vgl. Steffensky, Sinn, 21.

638 Vgl. Steffensky, Gott, 238f.

639 Vgl. Steffensky, Flucht, 32.

der Einzelne für sein Gebet einsteht, sondern sich hinter dem kollektiven Gebet versteckt. Steffensky verschreibt sich an dieser Stelle jedoch ganz bewusst der katholischen Monotonie als spiritueller Technik und stellt sich einem »Bewusstseinsideal« entgegen, das Sprache, Geste und Ritual nur dann erlaubt, wenn sie durch Bewusstheit eingeholt werden.[640] In einem solchen Bewusstheitsideal sieht Steffensky eine »maßlose Überschätzung von Bewußtheit und Sprache«[641]. Besser als das Herz zu überfordern, ist es, etwas mit halbem Herzen zu tun und dafür regelmäßig.[642] Den Drang zum Nachvollziehenkönnen, zum Verstehen von Gebeten hält er für typisch protestantisch.[643] Er gesteht dabei durchaus zu, »dass protestantische Innerlichkeit die Rettung aus seelenlosem Geplapper«[644] sein kann.

Dass sich Gebete in *alter Sprache* erhalten haben, zeugt aber auch davon, dass geprägte Gebetssprache eine Sprache ist, die Wiederholung verträgt.[645] Sie verträgt die Wiederholung, weil sie nicht »Information«, sondern den »Sprechenden selber« enthält und daher vieles mit der Sprache der Liebe oder der Poesie gemeinsam hat.[646] Sie ist »kein Mittel«, um »etwas zu erreichen«, sondern »ihr eigenes Ziel«.[647] Steffensky hat dabei im Blick, dass jüngere Menschen mit der alten Sprache »weniger Erfahrungen« haben und sie ihnen daher »weniger kostbar« ist.[648]

Neben der Sprache hat auch das *Schweigen* in Steffenskys Gebetsauffassung eine besondere Bedeutung, sowohl in einem wörtlichen als auch in einem übertragenen Sinn. Es steht für die Passivität des Gebets.[649]

---

640 Vgl. STEFFENSKY, Gott, 239.

641 Ebd. Steffensky beschreibt dazu eine Szene aus seiner eigenen Biographie: Es gab in seiner Familie eine Zeit, in der das Tischgebet »zum Erliegen kam«, weil seine Kinder forderten, dass sich die Erwachsenen bei den »Formeln«, die sie aufsagten, etwas denken sollten. In der Folge praktizierten die Kinder »vor jeder Wassersuppe [...] ein politisches Nachtgebet«. Doch dies »ließ sich nicht durchhalten« (STEFFENSKY, Schwachheit, 22).

642 A.a.O., 22.

643 Vgl. z.B. STEFFENSKY, Sinn, 19.

644 STEFFENSKY, Schwachheit, 18.

645 Vgl. STEFFENSKY, Leben, 44.

646 Vgl. a.a.O., 43.

647 A.a.O., 44.

648 STEFFENSKY, Schwachheit, 20.

649 Vgl. STEFFENSKY, Flucht, 29. »Schweigen heißt nicht nur, still sein und nicht reden. Das Schweigen hilft dem Wort, wahrhaftig zu werden.« (STEFFENSKY, Schwachheit, 11.)

Die *klassischen Gebetsgattungen* teilt Steffensky in zwei Grundformen ein. Die *erste* Grundform wird überschrieben mit »*Einverständnis mit dem Leben*«.[650] Zu ihr zählen »Lob, Preis und Dank«, die von Steffensky als »nicht selbstverständlich« eingestuft werden.[651] Die *zweite* Grundform ist folgerichtig überschrieben mit dem Titel »*Nicht-Einverständnis mit dem, was der Mensch sieht und erfährt*«.[652] Zu dieser Grundform zählen »das Bittgebet, das Klagegebet und de[r] Hader mit Gott«.[653] Die Klage gilt ihm dabei als »Zeichen des Vertrauens«[654] gegen Gott.

Voraussetzung für beide Grundformen ist, dass das, »was im Leben geschieht«, »nicht gleichgültig« ist[655], und es erfordert die Kunst, »widersprüchlich zu sein«.[656] Letztere besteht darin, dass der Betende zugleich mit Gott zu hadern und ihn zu loben vermag.

Was definitorisch für das Gebet von Bedeutung ist, muss natürlich nicht nur im Gebet des Einzelnen, sondern auch im *liturgischen Gebet* einen Widerhall finden. Auch in den gottesdienstlichen Gebeten müssen also die »Passivität« und der »Verzicht auf sich selbst« erkennbar sein.[657] Vor allem Fürbittengebete dürfen nicht zu Orten des »Moraltransports«[658] werden.

Gemeinsames Gebet generell wird nach Steffensky dort schwierig, wo »Authentizität, Unmittelbarkeit und individuelle Stimmigkeit zu absoluten Maßstäben werden«;[659] hier entlasten *geprägte Formen*.

Steffensky erkennt positiv an, dass liturgische Gebete freier geworden sind, warnt aber vor Beliebigkeit und zu langen Gebeten: »Unsere spirituelle Phantasie kann aber auch an religiöser Schwatzhaftigkeit ersticken.«[660] Daneben ist die Einfachheit ein Kriterium für liturgische

---

650 STEFFENSKY, Gott, 236.
651 Vgl. ebd.
652 Ebd.
653 A.a.O., 237.
654 STEFFENSKY, Schwachheit, 27.
655 STEFFENSKY, Gott, 237.
656 Ebd.
657 STEFFENSKY, Flucht, 29.
658 Ebd.
659 STEFFENSKY, Gott, 240.
660 STEFFENSKY, Schwachheit, 11.

Gebete.[661] Der Gemeinschaftsaspekt ist für Steffensky beim liturgischen Gebet zentral, da »... viele Christen, viele Pfarrer und Pfarrerinnen, die nicht mehr beten können, wenn sie allein sind«, hier zusammen mit anderen »noch Sprache haben«.[662]

Erhörung des Gebets

Steffensky stellt fest, dass *erhören* »ein Wort aus der Sprache der Liebe«[663] ist. »Sprache und Gehör« sind nach Steffensky »Grund des Lebens«.[664] Dass Gott schweigt, »irritiert« den Glauben.[665] Glaube und Atheismus sind daher »Geschwister«.[666] In Bezug auf die Erhörung stellt Steffensky daher auch kein harmonisierendes, alles erklärendes Konzept vor, sondern spricht von zwei »Würden«, der »Würde der Untröstlichkeit« und der »Würde der unbewiesenen Behauptungen«.[667] In der ersten Würde spiegelt sich der Atheist wieder, der sich »nicht trösten [läßt] über allem, was dem Leben angetan wurde«,[668] der sich mit billigen Erklärungen, wonach Gott anders hört und hilft, als wir das erwarten, nicht abspeisen lassen will. Dem gegenüber steht die zweite Würde, die sich auf Verheißungen stützt; es geht um das »Versprechen der Ganzheit«[669], das es zu verkündigen gilt. Die Frage nach der Erhörung wird demnach dialektisch offen gelassen.[670]

Dort, wo Menschen davon berichten, dass ihre Gebete erhört wurden, handelt es sich um Interpretationen im Glauben. Nach Steffensky bedarf es der Beschreibung solcher Erhörungserfahrungen, da sie den

---

[661] Vgl. STEFFENSKY, Schwachheit, 19. So erfüllen z.B. Gebete, die »nach Rilke klingen«, dieses Kriterium nicht. Steffensky gibt eine »Hauptregel« für Pfarrer aus, die lautet: »Frage dich, was du in deinem Gebet *nicht* sagen musst!« (A.a.O., 18f.)

[662] A.a.O., 16.

[663] STEFFENSKY, Flucht, 28.

[664] A.a.O., 32.

[665] Vgl. a.a.O., 32f.

[666] Vgl. a.a.O., 33.

[667] Ebd.

[668] Ebd.

[669] A.a.O., 34.

[670] In STEFFENSKY, Schwachheit, 25f., führt Steffensky es ganz ähnlich aus. Er erklärt sich als »[n]icht einverstanden« mit dem Satz Hiobs: »Wenn wir Gutes empfangen haben, warum sollen wir nicht auch das Üble aus seiner Hand annehmen.« Steffensky hält diese Aussage für unlogisch.

Menschen danken lehren.[671] Dennoch bleibt die Frage bestehen, was mit all den Gebeten ist, die nach menschlichem Dafürhalten nicht erhört werden und dennoch erhörte Gebete sind.[672]

3.3.3.2 GEBET ALS »EIN TUN AUS REINER PASSIVITÄT« (BOHREN)

Grundzüge der Gebetsauffassung

Rudolf Bohren bietet verschiedenartige Aspekte für eine Gebetsdefinition an.[673]

Aus anthropologischer Perspektive kann er das Gebet als »ein Tun aus reiner Passivität«[674] bezeichnen. In diesem Tun überschreitet der Mensch sich selbst, indem er versucht, »die Grenze unserer Sprache zu durchbrechen« und damit auch »die Grenzen unserer Welt«.[675] Eine konsequente Selbstüberschreitung entspricht einer »Enthüllung des Menschen vor Gott«.[676] Das Gebet ist nach Bohren immer von einer Dialektik geprägt: Das Gebet hängt zum einen von dem ab, »an den es gerichtet ist«, zum anderen ist es »das eigene, das angeeignete Wort des Beters«.[677] Diese Dialektik lässt sich nur durch die Pneumatologie lösen.[678] Auch in der Spannung von der »unbedingte[n] Zusage der Erhörung« und der »Erfahrung von Unerfülltem« wird deutlich, dass das Gebet immer auch »die Signatur des Noch-nicht« in sich trägt.[679] Bohren geht so weit zu sagen, dass das Gebet von der Passion Jesu her als Fragen bezeichnet werden kann, da Jesus selbst »fragend« stirbt.[680]

Der Fragecharakter des Gebets verdeutlicht zudem, dass wir uns als Menschen im Gebet nie ganz sicher sein können: Das Gebet kann auch

---

671 Vgl. STEFFENSKY, Sinn, 18.

672 Vgl. ebd.

673 Bohrens Darstellungen zum Gebet finden sich neben kleineren Aufsätzen in überarbeiteten veröffentlichten Vorlesungsmanuskripten: RUDOLF BOHREN, Gebet 1, Waltrop 2003, sowie RUDOLF BOHREN, Das Gebet 2, Waltrop 2005.

674 BOHREN, Gebet 1, 38.

675 A.a.O., 94.

676 A.a.O., 115. Daher geht Reden über das Gebet oft mit Scham einher, der Mensch »enthüllt« sich vor Gott, er steht »nackt« vor ihm (vgl. a.a.O., 29f.).

677 A.a.O., 99.

678 Bohren konkretisiert das folgendermaßen: »Im Geist tritt der unerhörte Gott aus sich heraus, verschafft sich Gehör und hört zu. ... Im Geist tritt der erhörte Mensch aus sich heraus und spricht sich aus.« (Ebd.)

679 A.a.O., 157.

680 Vgl. a.a.O., 160, sowie Mt 27,46.

falsch sein. Einerseits ist es ein »Ziel, nach der Wahrheit unseres Betens zu fragen«,[681] andererseits ist das Beten immer »eingetaucht [...] ins Geheimnis« und bleibt daher »fragwürdig«.[682] Viele Beispiele aus der Geschichte bestätigen, dass Gebet nicht per se gut ist. Daraus folgt, dass das Gebet der Kritik bedarf.[683] Normativ gesehen ist *richtiges* Gebet das Gebet durch den Sohn.[684]

Christliches Gebet zeichnet sich unter anderem dadurch aus, dass es »gebotenes Tun« ist.[685] Problematisch wird es, wenn aus dem Gebot Zwang wird.[686] Der Gebotscharakter sollte eigentlich eine befreiende Wirkung haben, indem er das Gebet »aus der Abhängigkeit von Stimmungen«[687] befreit. So bleibt »Gott der Herr und Meister des Gebets« und das Gebet »unabhängig« von menschlichen »Bedürfnissen«.[688]

Neben den bisher genannten, eher abstrakten Metaphern für das Gebet bedient sich Bohren auch der klassischen Metapher des Gebets als *Gespräch*, wobei er nur eingeschränkt mit ihr arbeiten will: »Das Gebet ist eine Art des Gesprächs, und ein Gespräch wird nicht nur von dem bestimmt, der dazu die Initiative ergreift, der es führt. Ein Gebet hängt von dem ab, an den es gerichtet wird, so gut wie von dem, der es

---

681 BOHREN, Gebet 1, 15.

682 A.a.O., 22.

683 Vgl. a.a.O., 22ff.

684 Vgl. a.a.O., 149. Die Metapher, die Bohren für das Gebet wichtig ist, steckt in dem Satz: »Wir beten durch seinen [= Jesu] Mund.« (A.a.O., 151.) Es sind drei Schritte, die er mit diesem Satz aufzeigen will. Der erste besteht darin, dass Jesus das Unerhörtsein in Gethsemane selbst durchleidet. Im zweiten Schritt wird er aber erhört und die Himmelfahrt wird daher für den Menschen zum Schlüssel des Gebets. Durch die Himmelfahrt wiederum wurde der erhöhte Christus zum Fürbitter der Menschen (vgl. ebd.). Es entsteht ein Zirkel: Für die Erhörung ist es daher wichtig, die Himmelfahrt zu verstehen; umgekehrt kann die Himmelfahrt ohne die Erhörung nicht verstanden werden (vgl. a.a.O., 152). Die Himmelfahrt als Bild für das Gebet erklärt Bohren anhand des Credo. Dort ändert sich mit der Himmelfahrt die Zeitstufe im Text: »Er sitzt zur Rechten Gottes.« »Hier spätestens wird begreiflich, warum der Philister in uns mit der Himmelfahrt nichts anfangen kann: Sie eröffnet jene anderen Zustände, die der Spießer negiert. Das wahre Gebet bildet sozusagen eine Gegenwelt zum Spießer.« (Vgl. a.a.O., 154.) Der Philister steht bei Bohren für eine Person, die nur das Ihrige zulässt, die möchte, dass alle Menschen so werden wie sie (vgl. a.a.O., 152f.).

685 A.a.O., 39.

686 Vgl. a.a.O., 40.

687 A.a.O., 260.

688 Vgl. ebd.

spricht. Jedes Gebet ist eine Ausformung von Gotteserkenntnis. Im Gebet wird Gotteserkenntnis praktisch, wird Gott subjektiv erfahrbar. Das Gebet hat einen Adressaten und einen Sprecher auch da, wo das Gebet als Selbstgespräch verstanden und der Beter sein eigener Adressat ist, auch da, wo es zum wortlosen Gebet wird.«[689] Nicht zuletzt aufgrund dessen, dass die Metapher des *Telefonats* die Initiative des Menschen im Gebet suggeriert, hält Bohren sie für ungeeignet.[690]

In Bohrens Gebetsauffassung gibt es auch einen *kindlichen Aspekt* des Gebets.[691] Bohren spricht sogar vom »Kinderspiel des Gebets«, weist aber darauf hin, dass es falsch wäre, das Wort *Spiel* mit Leichtigkeit oder Einfachheit gleichzusetzen, denn man vergisst, dass auch Kinder beim Spielen ins Schwitzen kommen.[692]

»Die Frage nach dem Gebet« und »die Frage nach Gott« gehören für Bohren unmittelbar zusammen.[693] Gott ist in der Konstellation *Gott-Mensch-Gebet* zunächst der »unerhörte Bettler«.[694] Da Liebe »nicht allein sein« will, will Gott nicht allein sein, und so bittet Gott den Menschen.[695] Bei der Rede vom liebenden Gott sieht Bohren die Gefahr, dass Gott darüber zu »einem problemlosen Biedermeier-Papa«[696] gemacht wird. Gott als Vater zu bezeichnen, lehnt er aber – bei aller Problematik, die diese Anrede mit sich bringt – nicht generell ab. Bohren lässt es nicht gelten, wenn der Vatername mit der Begründung abgelehnt wird, dass man nicht mehr in einer patriarchalen Gesellschaft lebe. In einer solchen Begründung wird der Vater von der eigenen Projektion her gedacht.[697] Wer so vorgeht, übersieht laut Bohren, dass das Gebet »nicht religiös zu begründen ist, sondern eben nur theologisch, von dem sich

---

689 Bohren, Gebet 1, 60.

690 Siehe dazu die ausführlichere Darstellung in Anm. 1257.

691 Vgl. dazu folgendes Zitat: »Weil es beim Beten um etwas Elementares, kindlich Einfältiges geht, darum braucht der Beter ein Elementarbuch zur Unterweisung; darum habe ich den Katechismus zitiert.« (Bohren, Gebet 1, 219.)

692 Vgl. a.a.O., 263.

693 A.a.O., 14.

694 A.a.O., 53.

695 A.a.O., 54.

696 A.a.O., 58.

697 Vgl. a.a.O., 132. Als Begründung nennt Bohren zum einen, dass sich das Vaterbild »wandelt«; zum anderen ist die Anrede Gottes mit dem Vaternamen nichts spezifisch Christliches (vgl. a.a.O., 135).

offenbarenden Gott her«.[698] Bohren ist mit Karl Barth der Ansicht, dass menschliches Verhalten nicht »zum Kanon und Maßstab der Anrede«[699] gemacht werden kann. Das Vaterbild ist immer nur eine »Analogie«, keine »Gleichung«.[700] Damit ist ausgesagt, dass Gott immer mehr ist, als das Vaterbild darstellen kann.

Entsprechendes gilt für jegliche *anthropomorphe Redeweise von Gott* allgemein; nicht weil sie für den heutigen Menschen »unzumutbar«[701] wäre, sondern aufgrund des Bilderverbots. Dennoch verteidigt Bohren die anthropomorphe Redeweise in zwei Schritten. Als ersten Schritt nennt er die Menschwerdung Gottes in Jesus von Nazareth.[702] Der Verweis auf die Inkarnation würde als Begründung jedoch nicht ausreichen, denn die Einmaligkeit dieses Ereignisses wäre nicht ernst genommen.[703] Daher bedarf es eines zweiten Argumentationsschrittes, und dieser nimmt seinen Ausgang im Pfingstgeschehen. Dort wurde Gott allen Menschen präsent und – auch wenn die Rede vom Heiligen Geist eigentlich nicht mehr anthropomorph ist – so macht diese Redeweise dennoch deutlich, dass der Mensch in seiner Sprache nur menschlich von Gott reden kann.[704] Gott bleibt, trotz dieser Möglichkeit von ihm zu sprechen, Geheimnis. Der Mensch kann den, den er ausspricht, sprachlich nicht einholen.[705] Daher bleibt der Mensch beim Beten »ewig Dilettant«.[706] Dementsprechend ist es auch eine Eigenschaft Gottes, dass er mehr hört als unser Beten.[707] Er ist seiner Schöpfung nahe. Er ist in seinem Hören nicht unbeteiligt.[708]

Bohren spricht sich dezidiert gegen die Vorstellung aus, dass der Mensch Gott in sich trage.[709] Auch darf Gott nicht als »Objekt« menschlicher »Versenkung« verstanden und geglaubt werden, so wie es die

---

698 BOHREN, Gebet 1, 133.
699 Ebd.
700 Vgl. a.a.O., 134f.
701 A.a.O., 106.
702 Vgl. a.a.O., 108.
703 Vgl. ebd.
704 Vgl. a.a.O., 109.
705 Vgl. a.a.O., 114.
706 A.a.O., 127.
707 Vgl. a.a.O., 122.
708 Vgl. a.a.O., 124.
709 Vgl. BOHREN, Gebet 2, 71.

»Mystiker« tun.[710] Damit würde sich der Mensch »zum Gott über Gott« erheben.[711]

Grundsätzlich ist Bohren der Ansicht, dass der *Mensch* beten kann, »auch wenn er es noch nicht gelernt hat«.[712] Anthropologisch-theologische Grundlage für das Betenkönnen ist, dass der Mensch immer schon der Erhörte ist.[713] Das Betenkönnen ist demnach »nicht vom Menschen und seiner Befindlichkeit her zu beantworten«.[714]

Die Tatsache, dass ein Mensch betet, muss aber noch nicht heißen, dass er es auch wirklich kann,[715] denn der Mensch kann sich sowohl durch das Nichtbeten als auch durch das Beten betrügen.[716] Der Selbstbetrug bleibt jedoch nicht das einzige Hindernis, das den modernen Menschen vom Gebet abhält. Ein weiteres sieht Bohren im »abgelagerten Glaubensgut«, in »religiöse[n] dogmatische[n] Vorstellungen, die sich vom lebendigen Gott gelöst haben«.[717] Zudem wird die »Sehnsucht

---

710 Bohren, Gebet 2, 84. Als Beispiel für einen *Mystiker* nennt Bohren Gerhard Teerstegen.

711 Ebd.

712 Bohren, Gebet 1, 155. Dabei gilt es zu bedenken, dass es seelsorgerlich natürlich falsch wäre, jemandem, der meint, er könne nicht beten, zu sagen: »Doch du kannst, wenn du willst.« Damit würde aus einer »richtigen Einsicht ein Gesetz« (a.a.O., 156). Der, der meint, nicht mehr beten zu können, sagt im Grunde, »dass er den Zweck der Übung nicht mehr einsieht«. Er braucht dann einen »Stellvertreter« (a.a.O., 157). Daneben gibt es auch den umgekehrten Fall, dass ein Mensch behauptet, nicht (mehr) beten zu können, und es dennoch tut (vgl. a.a.O., 73ff.). Als Beispiel führt Bohren Tilmann Moser an, der sein Buch »Gottesvergiftung« als Anklage an Gott verfasst, dem er eigentlich die Existenz abspricht.

713 Vgl. a.a.O., 76. Bohren versteht das als »ontologische Aussage«. Normative Bezugspunkte für seine Gebetsauffassung findet Bohren vor allem bei Karl Barth und im Heidelberger Katechismus. Dennoch stimmt er nicht komplett mit Barth überein: Wenn Barth sagt, dass kein Mensch sage könnte, er könne beten, hält Bohren ihm vor, dass er an dieser Stelle zu wenig dialektisch denke bzw. dass er christologisch denke, wo pneumatologisch gedacht werden müsste. Dabei gilt es auch zu bedenken, dass der Mensch nie außerhalb seiner Geschichte beten kann (vgl. a.a.O., 211).

714 A.a.O., 76.

715 Vgl. ebd.

716 Vgl. a.a.O., 14f. Die zwei Möglichkeiten des Betrugs sind zum einen das Gebet als Flucht vor der Wirklichkeit und zum anderen, Gott im Gebet für eigene Zwecke zu missbrauchen.

717 A.a.O., 44. Als Beispiel für dieses Phänomen nennt Bohren eine Aussage der Figur Jim Larkin White aus Max Frischs Roman »Stiller«. Dieser behauptet, für das Gebet »nicht

nach dem Gebet«,[718] die eigentlich im Menschen besteht, durch das »Leistungsdenken«[719] unterdrückt. Gebetsbetrug und Gebetshindernisse machen eine Gebetskritik notwendig. Wichtig ist Bohren, dass diese wirklich Gebetskritik bleibt, d.h. »Gestus und Worte« in den Blick nimmt und nicht den Betenden als Person.[720]

Die oben erwähnte »Sehnsucht nach dem Gebet« bzw. das Bedürfnis zu beten hat nach Bohren jeder Mensch, weil der Geist es befiehlt.[721] Im Geist betet der Mensch nicht außerhalb seiner selbst, sondern aus sich heraus; der Geist betet in ihm.[722] Der Mensch muss also keine Eigenleistung im eigentlichen Sinne bringen, sondern vor allem auf das »Anklopfen« des Geistes achten.[723]

Eine *Voraussetzung* des Betenkönnens ist, »die Bitte zur Versöhnung« anzunehmen – wie sie der Sohn, in der Geschichte vom wiedergefundenen Sohn, an den Vater stellt.[724]

Zudem ist die »Erhörungsgewissheit« für den Christen eine Voraussetzung für das Betenkönnen.[725] Bohren scheint sich dessen bewusst zu sein, dass seine theoretischen Voraussetzungen »deprimierend«[726] wirken können. Er versucht dem entgegenzuwirken, indem er eine aktive Komponente einbringt: Er fordert den Menschen auf, die Möglichkeit des Betenkönnens zu ergreifen, »im Heraustreten und Herausgehen des

---

ergeben genug« zu sein. (Frisch, zitiert nach BOHREN, Gebet 1, 35.) Bohren vermutet, dass sich hinter der *Ergebung*, wie sie die Romanfigur versteht, ein stoischer Ergebungsbegriff verbirgt, der im Christentum fälschlicherweise weit verbreitet ist. Nach Bohren ist *Ergebung* richtig verstanden kein »Willensentschluss« (BOHREN, Gebet 1, 36). Ergebung ist vielmehr die konsequente Reaktion auf die werbende Liebe Gottes (a.a.O., 35). Eine solche Ergebung ist keine Ergebung in etwas Statisches, sondern Ergebung, die auf Verwandlung aus ist.

718 A.a.O., 38.

719 Ebd. Vgl. dazu unten die Ausführungen zur *Funktion des Gebets* bei Bohren, 154f.

720 BOHREN, Gebet 1, 22.

721 Vgl. a.a.O., 259.

722 Vgl. a.a.O., 187.

723 Vgl. a.a.O., 78.

724 Vgl. a.a.O., 58. Hintergrund ist die Geschichte vom »verlorenen« Sohn. Bohren sieht im »Wort des Heimkehrenden« den »Archetyp des Gebets« (a.a.O., 56). Das »Wort des Heimkehrenden« lautet: »Vater ich habe gesündigt gegen den Himmel und vor dir; ich bin nicht mehr wert, dein Sohn zu heissen [sic!]« (Lk 15,18f., zitiert nach BOHREN, Gebet 1, 56.)

725 Vgl. BOHREN, Gebet 1, 76f.

726 A.a.O., 77.

Menschen zu Gott hin«.[727] Die oben kritisierte Zumutung wird durch die Vorstellung aufgelöst, dass der Geist Gottes den Menschen zum Gebet »reizt«.[728]

Eine *praktische* Voraussetzung des Gebets ist die Sammlung.[729] Jedes Gebet bedarf der Vorbereitung, in der sich der Betende »Rechenschaft« darüber ablegt, mit wem er spricht.[730] Er soll sich darüber bewusst werden, dass Gott nahe ist, und aus der »Zerstreuung und Ablenkung« des Alltags – die Bohren auch als »Unzeit« bezeichnet – in die echte Gegenwart treten.[731] Dabei ist es wichtig, dass der Mensch sich nicht in seiner Mitte sammelt, weil er sich selbst zu genügen glaubt, »sondern um einer vertieften personalen Begegnung willen«[732] auf ein Gegenüber hin. Obwohl Bohren es für wichtig hält, das Gebet nicht »mit seiner eigenen Befindlichkeit« zu beginnen,[733] hält er dennoch eine innere Beteiligung für notwendig.[734]

Funktion des Gebets

Der dialektisch gehaltenen Definitionssatz, dass Gebet »ein Tun aus reiner Passivität«[735] sei, macht bereits deutlich, dass im Gebet immer auch ein aktives Element enthalten ist. Der Begriff der »Zweckfreiheit«[736] allein reicht nicht aus, um das Gebet zu beschreiben.

Zu lernen, »das Selbst zu bejahen«[737], kann eine Funktion des Gebets sein. Durch das Gebet kann dem Betenden die »Möglichkeit einer neuen

---

727 Bohren, Gebet 1, 77.

728 A.a.O., 78.

729 Vgl. a.a.O., 197.

730 Vgl. ebd.

731 Vgl. a.a.O., 199.

732 A.a.O., 202. Die Vorbereitung auf das Gebet konkretisiert Bohren folgendermaßen: »Es ist nicht gleichgültig, womit man anfängt, wenn man sich sammelt. Man erleichtert sich möglicherweise vieles, wenn man nicht mit seiner eigenen Befindlichkeit anfängt. Vielleicht wird man eher davor geschützt sein, einem Legalismus des Gebets zu verfallen, und eher fähig, der falschen Isolation bürgerlicher Religion zu entrinnen.« (A.a.O., 203.)

733 Vgl. a.a.O., 203.

734 Vgl. a.a.O., 206f. Hier wird Martin Luthers Form des Sich-Sammelns zum Gebet beschrieben.

735 A.a.O., 38.

736 Bohren, Gebet 2, 167.

737 Bohren, Gebet 1, 31.

Existenz«[738] aufgezeigt werden, so dass Selbsterkenntnis zu einer Funktion des Gebets wird. Dieser Effekt des Gebets ist jedoch nicht »machbar«[739]. Nach Bohren ist es dem modernen Menschen nur schwer zu vermitteln, dass er keine unmittelbar erfahrbaren Veränderungen vom Gebet erwarten darf. Eine durch das Gebet bewirkte, umgehend erfahrbare Veränderung des Betenden kann nach Bohren nicht die Erwartung an das Gebet sein. Eine solche Veränderung kann nicht erzwungen werden. Dennoch kann es zur Folge haben, dass die »Möglichkeit einer neuen Existenz«[740] aufgezeigt wird und Selbsterkenntnis eine Erfahrung aus dem Gebet ist.[741]

Klage und Bittgebet tragen in sich selbst bereits eine Funktion der Veränderung. Diese Gebetsgattungen wären hinfällig, wenn man ihnen absprechen würde, dass sie auf Veränderung aus sind. Diese Gebetsformen haben insofern die Funktion, Veränderung zu bewirken. Im Bittgebet zeigt sich sogar der »Kampfcharakter des Gebets«.[742]

Nach Bohren besteht generell ein Zusammenhang zwischen *menschlichem Handeln* und Gebet: Das Gebet bildet »die Basis allen menschliche Tuns«.[743] Die Sammlung zum Gebet spiegelt sich in der Folge »in der Sammlung zu anderen Werken« wider.[744]

Form und Gestalt

Die Vielfalt der Gebetsformen, die alle Dimensionen des menschlichen Lebens umfassen – Dank ebenso wie Klage und Bitte –, macht deutlich, dass das Gebet »den ganzen Menschen betrifft«.[745] Dementsprechend muss es sowohl *öffentliche* als auch *intime Formen* des Gebets geben. Sobald das intime Gebet dem Wesen nach Beichte ist, ist sein Ort in jedem Fall das *stille Kämmerlein*.[746]

---

738 BOHREN, Gebet 1, 83.

739 A.a.O., 32. Durch ein Zitat von Albert Peyriguere verdeutlicht Bohren diesen Umstand noch einmal: »Man geht zu ihm [Anm. Vf.: Gott], um etwas in ihm zu finden, nicht um ihn zu finden.« (Peyriguere, zitiert nach BOHREN, Gebet 1, 33.)

740 BOHREN, Gebet 1, 83.

741 Vgl. z.B. a.a.O., 106.

742 BOHREN, Gebet 2, 167.

743 BOHREN, Gebet 1, 211.

744 Ebd.

745 A.a.O., 63.

746 Vgl. a.a.O., 227.

Bohren geht davon aus, dass sich »die Art und Weise unseres Redens« im alltäglichen Leben auch in unserer *Gebetssprache* widerspiegelt, »wie umgekehrt unser Beten [auch] unser Denken und Sagen bestimmt«.[747] Gebet und Leben sind wechselseitig aufeinander bezogen.

Das Gebet des Einzelnen steht immer in einer *Tradition*; der Betende ist »Glied einer Kette von Betern«.[748] Die Verbundenheit mit der Tradition ist Bohren wichtig. Sie darf aber keinesfalls gegen das Gebet als »das freie Ausschütten des Herzens«[749] ausgespielt werden. Der Umgang mit der Tradition erfordert vom Betenden den Eintritt »in eine Art Gegenwelt, in ein Novum, das meine alte Welt überholt«.[750] Dies ist nicht nur im theoretisch theologischen Sinne gemeint, sondern durchaus auch sprachlich; »das Vorformulierte« der Tradition deckt sich »nicht einfach mit der Sprachmöglichkeit des Beters«.[751] Bohren zieht jedoch nicht die Konsequenz, die Gebetssprache der Zeit anzupassen, sondern vergleicht vielmehr das Betenlernen mit dem Erlernen einer Fremdsprache.[752] Auch Jesus leiht sich am Kreuz Worte, was nach Bohren für »eine Lerntheorie des Gebets« von Interesse ist.[753]

Aus der Überzeugung, dass Gebet nicht per se gut ist, ergibt sich für Bohren die Warnung vor einer unkritischen Bewertung der Traditionen. Auch »die betenden Väter« waren Sünder.[754]

Bohren kritisiert Gebetsauffassungen, bei denen das *Herz* gegen den *Verstand* ausgespielt wird. Dort wird seiner Meinung nach die biblische Sichtweise verlassen. Das geschieht z.B. bei Tersteegen: »Man polemisiert in dieser Tradition gerne gegen einen bloßen Kopfglauben und plädiert für Herzensfrömmigkeit, wobei man nicht bedenkt, dass das Herz zu schlagen aufhört, wenn es den Kopf verliert.«[755] Eine Überanstrengung des Herzens bedeutet nach Bohren eine Verengung »ins Gesetzliche«.[756] Vor allem ist es dem menschlichen Herzen gar nicht immer

---

747 Vgl. BOHREN, Gebet 1, 90.

748 A.a.O., 80.

749 A.a.O., 81.

750 Vgl. a.a.O., 83.

751 A.a.O., 87.

752 Vgl. a.a.O., 99.

753 Vgl. a.a.O., 162.

754 Vgl. a.a.O., 82.

755 A.a.O., 216.

756 Vgl. ebd.

möglich, sich auszuschütten.[757] Dennoch ist es Bohren wichtig, dass »Seele und Herz zur Einheit mit dem Wort finden«.[758] Ob der Beter seine Gebete selbst formuliert oder Vorlagen benutzt, ist nicht entscheidend.

In den *klassischen Gebetsgattungen* spiegeln sich nach Bohren die verschiedenen Dimensionen des Lebens.

Schon dem Wortsinn nach handelt es sich bei der *Anbetung* um eine gesteigerte Form des Gebets.[759] Körperlich findet sie ihren »Ausdruck im Kniefall«.[760] Anbetung ist durch das »Staunen« geprägt.[761] Es ist die Gattung des Gebets, in der die Differenz zwischen Gott und Mensch am deutlichsten ist, und gleichzeitig die Gattung, in der eine große Nähe zwischen Schöpfer und Geschöpf besteht, weil der Mensch weiß, dass er sich Gott verdankt. Dennoch ist es keine Nähe, die einer Versenkung des Menschen in Gott entspräche. Bohren lehnt die Versenkungsvorstellung, die den Menschen als den aktiven Part des Gebets sieht, ab. Er vertritt im Gegenzug einen *contemplatio*-Begriff, wie er von Martin Luther geprägt wurde, nach dem die *contemplatio* an das Wort gebunden bleibt[762] und der Heilige Geist im Menschen betet. Das Wirken des Geistes markiert den Wendepunkt im Gebet: Das menschliche Werk endet, »und Gottes Werk beginnt«.[763] Der Mensch ist nicht der Aktive. Da die Gottesvorstellung damit in der Anbetung ganz besonders deutlich wird, scheiden sich hier auch »wahre und falsche Religion, wahrer und falscher Gottesdienst«.[764] Die Anbetung ist daher auch der schwerste Part des Gebets:[765] Gegen die Welterfahrung wird in der Anbetung das Wissen von Gott behauptet und stark gemacht.[766] Anbetung heißt: »Liebe erklären«.[767] Sie geschieht in aller »Zweckfreiheit«.

---

757 Vgl. BOHREN, Gebet 1, 227.

758 A.a.O., 219.

759 Vgl. BOHREN, Gebet 2, 62.

760 A.a.O., 69. Bohren spricht sich allerdings dagegen aus, den Kniefall beim öffentlichen Gebet zur Regel zu machen. Er sieht die Gefahr, dass das Gebet damit zum »Showgeschäft« wird (vgl. a.a.O., 76). Er plädiert dafür, den körperlichen Aspekt des Gebets »nicht metaphysisch« aufzuladen (vgl. a.a.O., 77).

761 Vgl. a.a.O., 80f.

762 Vgl. a.a.O., 88.

763 A.a.O., 89.

764 A.a.O., 83.

765 Vgl. a.a.O., 88.

766 Vgl. a.a.O., 87.

767 A.a.O., 95.

Das *Lob* wird bei Bohren von der Anbetung unterschieden. Für das Lob ist zentral, dass es von Gott befohlen ist. Im Paradoxon vom befohlenen Lob wird der Mensch von der Selbstlegitimation befreit. Es ist nicht als Zwang zu verstehen, sondern als Entlastung.[768] Es entlastet z.B. von der Ansicht, dass der Mensch »in freudiger Stimmung« sein muss, um loben zu können.[769] Das Lob stellt keinen Anspruch an die Befindlichkeit des Betenden, aber an die Form des Gebets: Wie Liebeslieder schön sein sollten, sollte auch das Lob schön sein.[770] Auch für das Lob ist die »Dimension der Geistwirkung«[771] wichtig, wie sie z.B. im Epheserbrief beschrieben wird.[772] Demnach wird der Mensch vor allem dann vom Geist erfüllt, wenn er sich in der Gemeinschaft mit anderen Gläubigen befindet; so sollte das Lob seinen Ort vor allem auch im Gottesdienst haben.[773] In dieser Auffassung hat nicht nur die Fürbitte, sondern auch das Lob eine »soziale Dimension«.[774] Um den Geist in sich aufzunehmen, ist nach Bohren nicht nur der Verstand gefragt, sondern auch das »Musikgehör«.[775]

Während die Anbetung durch Zweckfreiheit gekennzeichnet ist, trägt die *Klage* bereits eine »Funktion« in sich: Sie ist auf »Lebensrettung«[776] aus. Für Bohren ist die Klage »immer der erste Schritt in eine Wiedergeburt«.[777] Die Klage ist damit in der Nähe der Beichte anzusiedeln.[778] Bohren beobachtet, dass es der Christenheit schwer fällt zu klagen. Hintergrund ist seiner Meinung nach der frühzeitige Einfluss der stoischen Lehre auf das Christentum. Es ist das falsche »Ideal der Ergebung«[779] in den Willen Gottes, das Christen vom Klagen abhält. Es ist ein verkehrtes Gottesverständnis, das in ein solches Ideal führt. Nicht alles,

---

768 Vgl. BOHREN, Gebet 2, 254.

769 Vgl. ebd.

770 Vgl. a.a.O., 256. Hier entsteht »das Paradox, dass das Lob, wenn es Lob sein will, den Willen zur Kunst hat und dass gerade der Kunstwille das Lob gefährdet« (a.a.O., 311).

771 A.a.O., 261.

772 Eph 5,15-21.

773 Vgl. BOHREN, Gebet 2, 262. Bohren sieht es daher als Aufgabe des Verkündigers, zum Lob anzustecken. Lob sollte »ein Grundelement rechter Predigt sein« (a.a.O., 271).

774 A.a.O., 262.

775 Vgl. ebd.

776 A.a.O., 101.

777 Eugen M. F. Rosenstock-Huessy, zitiert nach BOHREN, Gebet 2, 102.

778 Vgl. BOHREN, Gebet 2, 103.

779 A.a.O., 111.

was geschieht, ist Gottes Wille, sondern Gottes Wille leitet in allem, was geschieht.[780] Daher ist die Klage eine Herausforderung an den Willen Gottes.[781] Indem sie Hilfe und Rettung erwartet, beinhaltet die Klage jedoch immer auch einen doxologischen Aspekt.[782] Ein weiterer Faktor, der die Klage verhindert, ist nach Bohren die so genannte »bürgerliche Religion« der Neuzeit, die keine »Angreifer und Bedränger« mehr kennt.[783] Diese Art der Religion stellt sich »mit aller Welt gut«, und in der Folge benötigt sie auch die Klage nicht mehr.[784]

Die *Bitte* steht in enger Beziehung zur Klage, da »[j]ede Klage [...] ein Hilferuf und jeder Hilferuf eine Bitte« ist.[785] Betenlernen ist für Bohren wesentlich Bittenlernen.[786] Die Bitte an sich und das Bittgebet im Speziellen haben damit eine besondere Bedeutung. Die Bitte gehört »zu den Grundformen menschlichen Zusammenlebens«.[787] Ein Mensch muss lernen, seine Wünsche als Bitten zu formulieren, um nicht an ihnen zugrunde gehen. Bitten gehört zur »Menschwerdung des Menschen«.[788] Dennoch ist es eine Übung, die dem Menschen nicht leicht fällt. Das Bitten ist nicht im Menschen angelegt; er muss das Bitten erlernen und somit auch das Bittgebet. Letzteres ist folglich »ein Phänomen spiritueller Kultur«.[789] Die »Art und Weise« des Bittens sagt immer auch etwas über die »Stellung« des Menschen zu Gott aus.[790] So ist es wichtig, dass Bitte und Fürbitte immer einen Bezug zur Anbetung wahren, denn sonst werden sie »allzu schnell zu einer Art höherer Bierbestellung«.[791] Dennoch spricht sich Bohren gegen eine Unterscheidung des »Bittgebet[es]

---

780 Vgl. BOHREN, Gebet 2, 112.

781 Vgl. a.a.O. Diese positive Bewertung der Klage schließt nicht aus, dass es nicht auch eine »Getrostheit aus Glauben« geben kann, die z.B. »an einem Grab nicht zu klagen braucht« (a.a.O., 113).

782 Vgl. a.a.O., 145.

783 Vgl. a.a.O., 139.

784 Vgl. ebd.

785 A.a.O., 159.

786 Vgl. a.a.O., 160.

787 A.a.O., 161.

788 A.a.O., 211.

789 A.a.O., 177.

790 Ebd.

791 A.a.O., 210.

des Primitiven« vom »Bittgebet des Christen« aus.[792] Eine solche Unterscheidung würde das Bittgebet spiritualisieren.[793] Vielmehr muss sich der Christ dessen bewusst sein, dass er in der »Bedürftigkeit« dem Primitiven gleich ist.[794] Nur wenn die für das Bittgebet so zentrale »elementare Bedürftigkeit« nicht vergessen wird, ist man davor bewahrt, das Gebet für die Eigensucht zu missbrauchen.[795] In diesem Sinne formiert sich im Bittgebet auch Widerstand gegen die Zustände, die der Mensch vorfindet. Im Bittgebet kommt der »Kampfcharakter des Gebets«[796] zum Tragen. Gleichzeitig wird der Bittende »ein vor Gott freier Mensch«, denn »er gewinnt, indem er bitten lernt, Freiheit von sich selber und Freiheit zu seinen Mitmenschen«.[797] Die Bitte hat damit auch eine »Entlastungsfunktion«.[798]

Für die *Fürbitte* ist ein Bewusstsein dafür nötig, dass der erhöhte Christus bereits Fürbitte für die Menschen tut. Bevor Menschen also selbst zu Fürbittenden werden, sind sie immer schon Gegenstand der Fürbitte.[799] In der Fürbitte tritt der Mensch aus sich heraus.[800] Sie ist »ein Medium, durch das hindurch mir die Welt begegnet und ich der Welt«.[801] Die Fürbitte hat dabei als Sprachhandlung eine »doppelte Be-

---

792 Vgl. Bohren, Gebet 2, 178. Rudolf Bohren, Bittgebet und Klage, in: Rudolf Bohren, Geist und Gericht. Arbeiten zur Praktischen Theologie, Neukirchen-Vluyn 1979, 158-164, hier 161, ist weiterhin der Ansicht, dass heute weniger »der Primitive« das Bittgebet »gefährdet« als vielmehr der »Gnostiker«, der das Bitten lässt.

793 Vgl. Bohren, Gebet 2, 178.

794 Vgl. ebd.

795 Vgl. a.a.O., 189.

796 A.a.O., 167.

797 A.a.O., 171.

798 A.a.O., 181.

799 Vgl. a.a.O., 201ff.

800 Vgl. a.a.O., 210.

801 A.a.O., 216. Bohren verdeutlicht seine Aussage mit einem Beispiel: »Die Menschen, für die ich bete, nehme ich anders wahr als die Menschen, für die ich nicht bete.« (A.a.O., 217f.) Gegenstand der Fürbitte sind zum einen »alle Heiligen« – diese sind definiert als »die dem Vater und dem Sohn Gehörenden« (a.a.O., 229) –, zudem die Herrschenden – die Fürbitte für sie muss heute meist als »ein Akt des Widerstandes« (a.a.O., 232) verstanden werden –, die Kranken und die Feinde – Bohren geht davon aus, dass jeder Christ, bedingt durch sein Christsein, Feinde hat. (Vgl. a.a.O., 240.) Des Weiteren haben die Sünder einen Platz in der Fürbitte, denn »[w]er den andern, gerade wenn er schuldig geworden ist, einbezieht ins eigene Denken, Fühlen, Beten, bezieht ihn damit auch ein in die Lebensgemeinschaft der christlichen Gemeinde, läßt ihn also nicht fallen, schließt ihn

wegung« hin zum anderen und hin zu Gott.[802] In der Fürbitte hat das Gebet »Werkcharakter«.[803]

Bohren erwähnt die *Psalmen* als eine Form, mit der der Betende in die *communio sanctorum* eintritt.[804] Sie sind eine Anleitung zur »Existenz- und Bewusstseinserweiterung«[805] und Beispiele für »unzensuriertes Beten«.[806]

Weil der Mensch Gott sprachlich nicht fassen kann, sind auch *Schweigen und Zungenrede* als Formen des Gebets anzuerkennen.[807] Beide machen deutlich, dass sich das Gebet nicht in Sprache allein erschöpfen kann. Bohren plädiert allerdings dafür, nicht das Phänomen der Zungenrede an sich wiederzuentdecken, »sondern die hier gemeinte Sache«[808]: Im Gebet wird eine Sprachgrenze überschritten. Es muss daher nicht immer unbedingt auf das Verstehen hin angelegt sein. Beide Phänomene machen deutlich, dass sich das Gebet nicht in gesprochener oder gedachter Sprache erschöpfen kann.

Das *Stoßgebet* ist nach Bohren Sammlung, die auf einen »Augenblick« »reduziert« ist.[809]

Das *Tischgebet* ist Ausdruck dafür, dass wir *für Jesus* essen. Das haben wir nach Bohren in der so genannten westlichen Welt besonders nötig, da wir auf Kosten derer essen, die für uns Nahrungsmittel produzieren und dabei selbst hungrig bleiben müssen.[810] Beim Tischgebet ergibt sich häufig das Problem der Gewohnheit. Bohren bemerkt dazu, dass es auch »gesegnete Gewohnheiten« gibt.[811]

---

nicht aus, stößt ihn nicht zurück, sondern ›gibt ihm das Leben‹.« (Kurt Marti, zitiert nach BOHREN, Gebet 2, 245.) Ferner werden die Besessenen genannt und schließlich alle Menschen. Die Aufnahme aller Menschen in das Gebet entspricht dem Missionsauftrag (vgl. BOHREN, Gebet 2, 248).

802 Vgl. a.a.O., 222.

803 A.a.O., 221.

804 Vgl. BOHREN, Gebet 1, 226.

805 Ebd.

806 Vgl. ebd.

807 Vgl. a.a.O., 114.

808 RUDOLF BOHREN, Gebet und Gedicht. Versuch eines Vergleichs, in: RUDOLF BOHREN, Geist und Gericht. Arbeiten zur Praktischen Theologie, Neukirchen-Vluyn 1979, 165-168.

809 Vgl. BOHREN, Gebet 1, 212.

810 Vgl. a.a.O., 286. Den Ausdruck *für den Herrn bzw. Jesus essen* entnimmt Bohren Röm 14,6.

811 A.a.O., 287; Bohren zitiert hier Eberhard Busch.

Die *Meditation* ist bei Bohren ein Weg hin zum Gebet, »ein Nachdenken, bezogen auf die Schrift«.[812] Sie ist vom eigentlichen Gebet zu unterscheiden.[813] Der Begriff der *Kontemplation* hingegen steht bei Bohren für wahres Gebet.[814]

Gemeinsames Beten ist nach Bohren Seelsorge.[815] Es ist zudem *Grundform* des Gebets – so wie es der Plural des Vaterunsers vorgibt.[816] Wäre das Gebet des Einzelnen Grundform des Gebets, so wäre dieser allein gelassen »in seinem Gefühl des Unerhörtseins«.[817] Das Fundament des gemeinsamen Gebets hält er auch in Bezug auf eine »Didaktik des Gebets« für wichtig, denn: »Beten lernen wir – wie Sprechen – nicht allein, sondern im Miteinander und Nacheinander.«[818] Beten ist immer »Nachbeten«.[819]

Das gemeinsame Beten kann problematisch werden, wenn es in Gebetsgemeinschaften zu einem »Gruppenzwang« kommt und das Gebet damit zur »Heuchelei« wird.[820]

Beim Gebet allgemein sieht Bohren die Schwierigkeit, dass es oft »krankt«, wenn es mit »Selbstverständlichkeit« vollzogen wird.[821] Das gilt auch für das *gottesdienstliche Gebet*. Wenn »viele Pfarrer dem lieben

---

812 BOHREN, Gebet 1, 90.

813 Bohren will nicht gelten lassen, dass jede Selbstbesinnung bereits Gebet ist. In einer solchen Auffassung, wie er sie z.B. bei Wolfhart Pannenberg findet, sieht er »das Elementare des Bittens« – für das die Brotbitte des Vaterunsers ein Beispiel ist – nicht ernst genommen (vgl. BOHREN, Gebet 2, 180).

814 Vgl. oben die Ausführungen zur *contemplatio* bei Bohren unter *Form und Gestalt*, 157.

815 Bohren schließt sich Eduard Thurneysen an, wenn er sagt, dass Seelsorge Beten *ist* und umgekehrt auch das »Miteinanderbeten« Seelsorge (vgl. BOHREN, Gebet 1, 272). Er weist die Kritik Joachim Scharfenbergs an Thurneysen zurück, indem er erklärt, dass Thurneysen »das Zuhören in die Nähe des Gebets« rückt und dass jede Seelsorge damit beginne, »dass ein Christenmensch dem andern vor Gottes Angesicht zuhört« (a.a.O., 288).

816 Da das Vaterunser im Plural formuliert ist, befindet sich der Mensch im Gebet schon allein durch das Sprechen dieses Textes in Gemeinschaft, auch wenn kein anderer Mensch anwesend sein sollte (vgl. a.a.O., 79f.).

817 A.a.O., 79. Bohren stellt sich mit dieser Aussage gegen Ebeling, der im Gebet des Einzelnen die Grundform des Gebets sieht.

818 A.a.O., 79f.

819 A.a.O., 83.

820 Vgl. a.a.O., 273.

821 A.a.O., 141.

Gott etwas Gedrucktes vorlesen«, wird »der Wagnischarakter des Gebets weithin vergessen und verdrängt«.[822] Dort wird dann auch die »Erhörung verkannt«.[823]

Die zunehmende »Spiritualisierung unserer Gottesdienste«[824] hat dazu geführt, dass die Klage weitgehend aus ihnen verschwunden ist. Die Klage wiederzugewinnen, könnte zu mehr Lebendigkeit im Gottesdienst führen.[825]

Beten bedarf grundsätzlich einer »Didaktik«. Zum einen lehrt die Mutter das Kind, aber auch ein Erwachsener lernt im Gebet nicht aus.[826] Für das Gebet mit Kindern ist es wichtig zu beachten, dass nicht zu einem »Puppenstubengott« gebetet werden darf, »sondern zu dem Gott, zu dem wir auch als Erwachsene beten«.[827] Als Beispiel für eine gute Gebetsschule in der Kindheit führt Bohren Karl Barth an, für den bis auf sein Sterbebett das Lied »Weil ich Jesu Schäflein bin« eine große Bedeutung hatte. Dies dient ihm als Beweis dafür, wie wichtig Gebete sind, die in der Kindheit gelernt werden.[828]

Erhörung des Gebets

Bohren hält Erfahrungsberichte zur Erhörung des Gebets zu gegebener Zeit für sinnvoll, sie seien »aber zur Explikation der Erhörung nicht ausreichend«.[829]

»Erhörungserfahrung« ist nach Bohren »Gotteserfahrung«. Diese stellt sich dann ein, wenn die oben bereits erwähnte »Wende im Gebet« geschieht, wenn das menschliche Werk endet und Gottes Werk beginnt.[830] Wenn ein Mensch diese Art von Erfahrung macht, erfährt er auch sich selbst neu.[831] Darin liegt dann nach Bohren auch der Unterschied zum Selbstgespräch; denn es macht einen Unterschied, ob sich

---

822 Bohren, Gebet 1, 141.
823 Ebd.
824 Bohren, Gebet 2, 127.
825 Vgl. ebd.
826 Vgl. Bohren, Gebet 1, 42.
827 A.a.O., 284.
828 Vgl. ebd.
829 A.a.O., 103.
830 Vgl. Bohren, Gebet 2, 89.
831 Vgl. Bohren, Gebet 1, 105.

der Mensch durch ein Selbstgespräch selbst erfährt oder ob er sich neu entdeckt, indem er Gott findet.[832]

Ein Problem ist nach Bohren, dass »Erhörung« oft mit »Lieferung« verwechselt wird.[833] Dagegen wendet er ein, dass es »kein unerhörtes Gebet« gibt, aber sehr wohl ein »Gebet, dessen Antwort der in der securitas gefangene Mensch nicht wahrnimmt«.[834] Oft ist der Mensch zum Verstehen der Erhörung auch auf andere Menschen angewiesen.[835] Eine konkrete Antwort darauf, wie Gott hört, fehlt uns Menschen jedoch noch.[836] Der Beter kann sich nur in Christus der Erhörung gewiss sein.[837]

Bohren spricht sich gegen ein Erhörungsverständnis aus, das Erhörung als Ergebung in den Willen Gottes versteht, sofern es sich um eine stoische Interpretation von *Ergebung* handelt oder der Wille Gottes als starr und unbeweglich verstanden wird.[838]

3.3.4 GEBET ALS MEHRDIMENSIONALES GESCHEHEN

Mit Josuttis und Klein werden hier noch einmal zwei Entwürfe aufgenommen, die in die neuere Zeit gehören.

---

832 Vgl. ebd.

833 Vgl. a.a.O., 129.

834 Ebd.

835 Vgl. a.a.O., 130.

836 Vgl. a.a.O., 131.

837 Vgl. a.a.O., 145.

838 Vgl. BOHREN, Gebet 2, 108ff. So hält er es auch für falsch, wenn das Bittgebet als Ringen des Menschen mit sich selbst um den Willen Gottes verstanden wird (vgl. a.a.O., 180).

Sein Erhörungsverständnis insgesamt unterlegt Bohren mit einer sehr komplexen theoretischen Darstellung, auf die hier nicht in aller Ausführlichkeit eingegangen werden kann: »Die Erhörung ist ein Akt außer uns. Der Vater, der Sohn, sie sind mit ihrem Hören und Fürsprechen außer uns; aber das Gebet kommt aus uns, wird unser Wort.« (BOHREN, Gebet 1, 183.) Daraus ergibt sich für ihn die Frage: »Welcher Akt in uns korrespondiert mit dem Akt außer uns?« (Ebd.) Bohren verweist dafür in den Bereich des »pneumatischen Denkens« und bedient sich der Rezeptionsästhetik, bei der im Dreieck von Autor, Werk und Publikum der Adressat – also das Publikum – nie nur passiv ist (vgl. ebd.). Da Gebet immer schon erhört ist, »im Lichte des Evangeliums und im Horizont der Rezeptionsästhetik«, kann das Beten folgendermaßen charakterisiert werden: »*Beten im Prozess* der Erhörung heißt Beten in der Geistesgegenwart.« (A.a.O., 184.)

Im Hintergrund der Gebetsauffassung von Manfred Josuttis steht seine Auffassung vom Glauben: »Das Leben im Glauben eröffnet eine Welt, in der es Geheimnisse gibt. Nicht nur Informationen, die ich mit meinem Verstand noch nicht begriffen habe.«[839] Entsprechend ist sein Gebetsentwurf auch geprägt von einer Vorstellung, die Gott als »unerforschliche[] Macht«[840] versteht. Allein der dialogische Charakter und die dahinterstehende direkte Anrede an Gott würden als Beschreibung des Gebets zu kurz greifen.

Christoph Kleins Intention ist es, mittels einer Zusammenschau von westlicher und östlicher Gebetstradition eine umfassende Gebetsauffassung zu entwickeln und diese für den heutigen Menschen anwendbar zu machen.

Beide wollen ganzheitliche Vorstellungen vom Gebet entwickeln, die vor allem auch die körperliche Dimension einbeziehen. Entsprechend verleiht das Gebet nicht nur im geistigen Sinn eine Stärkung, sondern auch körperlich.

---

[839] MANFRED JOSUTTIS, Verführung zum Leben. Über die Geheimnisse des christlichen Glaubens, Gütersloh 2006, 69. Die Textgrundlage für die Gebetsauffassung von Josuttis ist nicht befriedigend. Dennoch wird Josuttis' Gebetsauffassung hier aufgenommen, da er Aspekte einbringt, die in den anderen besprochenen Gebetsauffassungen so nicht zu finden sind. Bei dem Titel »Verführung zum Leben. Über die Geheimnisse des christlichen Glaubens« handelt es sich um ein Buch, das eher theologisch versierte Laien ansprechen soll und sich weniger als Beitrag zum wissenschaftlichen Diskurs versteht. Dies wird in der Formulierung der Intention des Buches deutlicher: Es soll »Menschen dazu verführen, sich dahin in Bewegung zu setzen, woher sie immer schon kommen, wohin sie auch unvermeidlich gelangen werden, zum Urgrund des Lebens«, und es soll Menschen dazu motivieren, zu ihrer Taufe »ja« zu sagen (vgl. a.a.O., 11). Die Schwierigkeit, die dieses Buch mit sich bringt, ist, dass nicht das Gebet an sich besprochen wird, sondern dass es als gegeben vorausgesetzt ist und einzelne Formen oder Ausführungen benannt werden. Mehr Reflexion erfährt das Gebet in: MANFRED JOSUTTIS, Religion als Handwerk. Zur Handlungslogik spiritueller Methoden, Gütersloh 2002. In diesem Buch ist es jedoch bisweilen schwierig, die Meinung des Autors von der Darstellung allgemeiner Beobachtungen zum Gebet abzugrenzen.

[840] JOSUTTIS, Verführung, 21.

3.3.4.1 GEBET ALS KOMMUNIKATIVER VORGANG MIT DEM ZIEL DES ENERGETISCHEN KRAFTGEWINNS (JOSUTTIS)

Grundzüge der Gebetsauffassung

Josuttis' Gebetsauffassung kann durch die folgenden beiden Zitate zusammengefasst werden. Das erste Zitat beschreibt, wie und wann Gebet geschieht; das zweite erklärt, was Gebet ist:

- »Das Beten ist eine Handlung der Telephonie. Durch körperliche Einstellung und sprachliche Ausrichtung wird eine überweltliche Macht angerufen. Menschliche Ohnmacht stellt eine Verbindung zur göttlichen Allmacht her. Der Anruf der Gottheit erfolgt häufig in einer Notlage und enthält einen Hilfsappell.«[841]
- »Wenn wir beten, klären wir die elementaren Fragen des menschlichen Lebens. [...] Wir wollen, dass Gottes Wille geschieht, und wir lassen mit unserem Beten diesen Willen in uns geschehen.«[842]

Josuttis beschreibt das Gebet als Gespräch. An anderer Stelle spricht er sogar vom Gebet als der »Urform der Telephonie« und begründet dies damit, dass eine Macht angerufen wird, die »nicht sichtbar anwesend ist«.[843] Diese Telefonie wird als »zielgerichtet« und »zweckorientiert« beschrieben.[844]

Theologisch betrachtet, »ist das Gebet immer menschliche Antwort auf ein göttliches Wort«.[845] Dabei ist es Josuttis aber wichtig, dass das Gebet nicht nur – wie es oft geschieht – als »sprachliches Phänomen« betrachtet wird.[846] Für das Gebet ist die körperliche Haltung ebenso konstitutiv. Josuttis betont den ganzheitlichen Vollzug des Gebets: »Menschen sprechen nicht ein Gebet. Menschen beten.«[847] Dies wird auch daran deutlich, dass Gebetshaltungen in der Regel »nicht dem Ausdruck individueller, schon vorhandener Gefühle« dienen, sondern dass diese »in kommunikativer Absicht und mit dem Ziel des energetischen Kraftgewinns vollzogen« werden.[848] Gebet ist nicht nur Ausdruck, sondern deutlich auf Wirkung hin ausgerichtet. Josuttis hält aber auch

---

[841] JOSUTTIS, Handwerk, 116.

[842] JOSUTTIS, Verführung, 128.

[843] A.a.O., 113.

[844] Vgl. JOSUTTIS, Handwerk, 119.

[845] A.a.O., 103.

[846] Vgl. a.a.O., 104.

[847] A.a.O., 105.

[848] A.a.O., 109.

fest, dass es strittig ist, »wie sich äußere und innere Einstellung bei dieser Aktion zueinander verhalten«.[849]

Josuttis beschreibt sehr konkret, wie er sich die Funktionsweise des Gebets vorstellt: »Das Gebet, das Menschen sprachlich artikulieren, wird durch den Einfluss des göttlichen Geistes in transverbale Laute aufgelöst und in die Felder der göttlichen Allmacht transportiert.«[850]

Wie bei jedem kommunikativen Akt ist nach Josuttis auch beim Gebet eine Bestimmung des *Adressaten* notwendig.[851]

Empirisch betrachtet, haben sich nach Josuttis heute Vorstellungen und Bilder von *Gott* und dem Leben durchgesetzt, »die von der biblischen Überlieferung erheblich abweichen«,[852] die z.B. einen immer liebevollen Gott und einen Menschen, der grundsätzlich gut ist, propagieren.[853] Dagegen ist es aber sehr wahrscheinlich, dass harte Erfahrungen im menschlichen Leben das Bild vom liebevollen Gott zerstören. Er spricht von Gott als einer »unerforschlichen Macht« und präzisiert sie als »Wirklichkeit aller Wirklichkeiten, die man letztlich nur anbeten kann«.[854] Diese Macht muss dabei nicht ausschließlich als liebevoll erfahren werden. Josuttis geht davon aus, dass Gott »nach dem Gesetz der Vergeltung«[855] handelt, auch wenn das für den neuzeitlichen Individualismus lange Zeit unverständlich war.

Einen Grund für die Reduktion der Gottheit auf das Liebevolle sieht Josuttis im Wunsch der Menschen nach einer eindeutigen Gottheit. Ge-

---

849 JOSUTTIS, Handwerk, 106.

850 A.a.O., 119.

851 Vgl. a.a.O., 113.

852 JOSUTTIS, Verführung, 19.

853 Josuttis nennt keine empirischen Studien, die diese These untermauern würden. Vermutlich greift er hier auf eigene Beobachtungen zurück.

854 JOSUTTIS, Verführung, 21.

855 A.a.O., 183. Josuttis zieht die Rede vom eifersüchtigen Gott der Rede vom eifernden Gott vor und meint damit, dass der eifersüchtige Gott das Leben gegen die Verführungskünste des Bösen verteidigt, denn »niemand kann einen anderen wirklich lieben, ohne voll Eifer gegen den drohenden Verlust des anderen anzukämpfen« (a.a.O., 182). Besser als die Rede vom eifersüchtigen Gott ist es jedoch nach Josuttis, von Gott als »brodelnder ›Energie‹« zu sprechen. »Alles Leben, das sich von diesen Energieströmen zu trennen versucht, kann an Lebenskraft nur verlieren.« (Ebd.) Dass in Gott Zorn und Barmherzigkeit zusammengehen, erklärt Josuttis mit einer Erkenntnis, dass »Liebe und Strenge zusammengehören«, was Menschen schon sehr früh in ihrem Leben erfahren (a.a.O., 188).

gen einen solchen Wunsch spricht jedoch, dass ein solcher Gott nicht lebendig wäre.[856]

Durch die *Anrede* kann das Gebet in drei Richtungen gelenkt werden.[857] Die Anrede »Herr« verweist auf die Ohnmachtsposition des Menschen. Eine Anrede, die einen »Hinweis auf die Heilsgeschichte« umfasst, betont dagegen die barmherzige Seite Gottes.[858] Zudem kann Gott bei seinem »menschlichen Namen[]« *Jesus* genannt werden.[859] Die Anrede »Herr« wird heute oft kritisiert; es dürfte aber schwierig sein, eine Alternative zu ihr zu finden, denn diese Gebetsanrede markiert die »respektable Distanz« zwischen Gott und Mensch, die nicht verloren gehen darf.[860] Nach der Interpretation von Josuttis steht die *Vateranrede* im Vaterunser dafür, dass Gott der »Ursprung des Lebens«[861] ist. Durch die Weihnachtsgeschichte erfährt diese Anrede, die auch in anderen Kulturen für die Gottheit bekannt ist, für das Christentum »genauere Bestimmung«.[862] Die Vateranrede »... bedeutet [dennoch] nicht, dass der christliche Glaube, wie man es heute oft hört, ein ›persönliches Gottesbild‹ vertritt.«[863] Nach Josuttis sind Gottesbilder für die christliche Tradition ausgeschlossen. Gott ist vielmehr eine »unbegreifliche, unfassliche, auch unheimliche Macht«[864], die wir als Vater anrufen dürfen. Dabei soll man aber »alle persönlichen Vaterbilder, die mit positiven und negativen Erfahrungen besetzt sind, hinter sich lassen«; sie sind keine Vergleichspunkte für den »Vater in den Himmeln«.[865] Auch Mt 6,9 zeige, dass es bei der Vateranrede nicht um »infantile Vertraulichkeit« gehe, sondern um eine »himmlische Macht«.[866]

Gegen ein »persönliches Gottesbild« beim Bittgebet spricht, dass mit dem Bittgebet nicht etwa Gefühlsregungen bei der Gottheit aktiviert

---

856 Vgl. JOSUTTIS, Verführung, 188.

857 Vgl. JOSUTTIS, Handwerk, 114.

858 Vgl. ebd.

859 Vgl. ebd.

860 Vgl. a.a.O., 115. Josuttis weist darauf hin, dass es sich um einen Herrn handelt, der »schutzbedürftig« ist, da sein Name auch »missbräuchlich« eingesetzt werden kann, wie es im Gebot zum Ausdruck kommt.

861 JOSUTTIS, Verführung, 92.

862 Vgl. ebd.

863 A.a.O., 94.

864 Ebd.

865 Ebd.

866 JOSUTTIS, Handwerk, 115.

werden, sondern dass der Mensch durch seine spirituelle Praxis Einfluss auf »göttliche Energien« gewinnt, auf »ewige, ungeschaffene, weil zum dreieinigen Sein Gottes immer gehörende Machtfelder«.[867] Auch beschwörende Aussagen, wie man sie etwa in Psalmen findet, stehen nach Josuttis nicht für einen »senilen Gott«, der an seine Versprechungen erinnert werden müsste.[868] Grundsätzlich bezieht sich der »Anruf der Gottheit« immer auf »Offenbarungserfahrungen, die für die Gegenwart reaktiviert werden sollen«.[869]

Josuttis geht von einer Gottheit aus, die sich durch den Menschen beeinflussen lässt. Ermöglicht wird dies dem Menschen durch den »Code«, der ihm mit dem Namen Jesu gegeben ist.[870]

Die Erfahrung von »fundamentaler Abhängigkeit«[871] treibt den *Menschen* zum Gebet. Diese wird vor allem in Notsituationen empfunden; in solchen ruft der Mensch verhältnismäßig häufig Gott an.[872] Somit hat das Gebet auch klare Ziele: Menschen wollen durch ihre Gebete etwas erreichen.[873] Josuttis wertet dies nicht negativ, solange sich der Einzelne dessen bewusst bleibt, dass Menschen auch durch religiöse Methoden »ihrer irdischen Schwachheit nicht entrinnen«[874] können – wie es Paulus bereits beschreibt.

Josuttis geht mit Ebeling davon aus, dass dem Gebet immer ein Wissen von Gott vorausgeht.[875] Dabei handelt es sich um eine Voraussetzung, die der Mensch nicht aktiv erfüllen muss, sondern die ihm gegeben ist, die eine anthropologische Grundkonstante bildet.

---

867 JOSUTTIS, Handwerk, 117.

868 Vgl. a.a.O., 115.

869 Ebd.

870 Vgl. a.a.O., 116. Josuttis führt hier Stellen des Neuen Testaments an, die beschreiben, was im Namen Jesu möglich ist. So können die Jünger nach Mk 9,38f. in Jesu Namen »böse Geister austreiben und Wunder tun« (JOSUTTIS, Handwerk, 116). Nach Mt 18,20 »dürfen sie mit seiner Gegenwart rechnen«, sofern »zwei oder drei in seinem Namen versammelt sind« (JOSUTTIS, Handwerk, 116). Weitere Stellen sind: Joh 14,13, Apg 9,21 und Phil 2,5ff.

871 JOSUTTIS, Handwerk, 105.

872 Vgl. a.a.O., 116.

873 Vgl. a.a.O., 108.

874 A.a.O., 119.

875 A.a.O., 104.

Für den Menschen ist das Gebet immer ein ganzheitliches Geschehen, für das nicht allein die sprachliche Verfasstheit, sondern auch Körperhaltung konstitutiv ist.[876]

Funktion des Gebets

Es geht im Gebet darum, Gottes Willen an sich geschehen zu lassen, indem man in ihn einstimmt.[877] Doch es fällt dem Menschen nicht unbedingt immer leicht, aus dem Gebet das zu ziehen, was eigentlich der *Funktion* des Gebets entspräche: die Lasten der Vergangenheit aufzulösen und die ›Kräfte der zukünftigen Welt‹ (Hebr 6,5) ins Herz einziehen zu lassen.[878]

Da sich diese Kräfte als »energetische[r] Kraftgewinn«[879] im Menschen bemerkbar machen sollen, kann das Gebet als »eine zielgerichtete und zweckorientierte Handlung«[880] bezeichnet werden.

»Im Kontakt mit anderen und in der Arbeit an sich selbst kann man dem göttlichen Willen immer nur vorsichtig, mit starkem Gebet und feinem Gespür, zu dienen versuchen.«[881] Dabei geht es – wie oben bereits erwähnt – immer auch um die Klärung der elementaren Fragen des Lebens.

Form und Gestalt

Josuttis spricht sich unter anderem für Gebetsformen aus, bei denen der Mensch alles um sich herum – sogar sich selbst und Gott – vergisst. Rückblickend kann der Mensch in einem solchen *Vergessen* einen »Ahnung« von dem entdecken, »was Ewigkeit heißt«.[882] Ob dies nun im stillen Sitzen, in der Meditation oder im eher klassisch verstandenen Gebet geschieht, ist weniger wichtig. Alle diese Formen können von Josuttis als Gebet verstanden werden.

In Bezug auf das *Verhältnis von Gebet und Tradition* geht Josuttis davon aus, dass Menschen »bis heute ihr Leben in alten Geschichten und

---

[876] Vgl. JOSUTTIS, Handwerk, 104.

[877] Vgl. JOSUTTIS, Verführung, 128.

[878] A.a.O., 211.

[879] JOSUTTIS, Handwerk, 109. Wie Josuttis sich den Prozess des Kraftgewinns vorstellt, wurde oben unter *Grundzüge der Gebetsauffassung*, 167, bereits dargestellt.

[880] JOSUTTIS, Handwerk, 119.

[881] JOSUTTIS, Verführung, 159.

[882] A.a.O., 208.

Bekenntnissen wiederfinden« können; zunächst geraten sie »in einen Raum, der auf den ersten Blick nur Worte enthält, in der Bibel, in Gebeten, auch im Gesangbuch. Aber diese Worte können einen ergreifen, und dann begreift man, dass sie wahr sind, weil sie die Wirklichkeit des eigenen Lebens treffen.«[883]

Josuttis lehnt so genannte psychologische Gebetsauffassungen ab, da sie die »spontane Gebetsäußerung«[884] höher werten als die ritualisierte Gebetspraxis bzw. eine Gebetspraxis unter Zuhilfenahme geprägter Texte. Er kritisiert, dass das wahre Gebet in derartigen Auffassungen nur im »innere[n] Herzensverkehr«[885] besteht. Josuttis hingegen macht die Beobachtung, dass sogar spontane Stoßgebete meist »nicht nur sprachlich auf ein kollektives Verhaltensprogramm zurückgreifen«.[886] Für Josuttis ist folglich nicht allein das Herz Garant für das wahre Gebet.

Das *Schweigen* ist für Josuttis keine Methode des Gebets im eigentlichen Sinn, vielmehr stellt sich das Schweigen bei einer konsequent geübten Praxis der Anbetung automatisch ein.[887]

Im *Bittgebet* geschieht nach Josuttis die menschliche »Zustimmung zum göttlichen Wirken.«[888] Die Bitte konstituiert sich aus zwei Momenten: Sie entsteht aus der »Situation der Hilfsbedürftigkeit«[889] und ist verknüpft mit den »Handlungsmöglichkeiten der Gottheit«.[890] Mit seinem Verständnis der Aktivierung göttlicher Energien durch das Gebet[891] beschreibt Josuttis das Bittgebet als eine »Überweisung«; der Mensch stiehlt sich damit nicht aus der Verantwortung, selbst etwas zu tun, sondern er »mobilisiert [...] ein Hilfspotential«, das seine eigenen »rein menschlichen Fähigkeiten übersteigt«.[892] Damit sieht Josuttis bereits im

---

883 JOSUTTIS, Verführung, 54.

884 Vgl. JOSUTTIS, Handwerk, 111.

885 Heiler, zitiert nach JOSUTTIS, Handwerk, 112.

886 JOSUTTIS, Handwerk, 111. Er fügt als Erklärung hinzu: »... was als Ausdruck frommer Seelenregungen im Augenblick aufbricht, verdankt sich seinerseits dem Einfluss von Impulsen, die aus sozialen wie transzendenten Quellen stammen.« (A.a.O., 112.)

887 Vgl. dazu oben die Ausführungen zu den *klassischen Gebetsgattungen* in Josuttis' Gebetsauffassung unter *Form und Gestalt*, 169ff.

888 JOSUTTIS, Verführung, 127.

889 JOSUTTIS, Handwerk, 116.

890 A.a.O., 117.

891 Vgl. ebd.

892 A.a.O., 118.

Bittgebet »eine Tendenz zur Selbstvergessenheit«,[893] der Mensch bewegt sich von sich selbst weg auf die Gottheit zu.

Der *Dank* erfolgt nach Josuttis auf eine erhörte Bitte. Dabei ist es nicht zwingend notwendig, dass die Bitte in der Weise erfüllt wurde, wie sich der Betende die Erhörung vorgestellt hat.[894]

Die *Klage* hingegen steht zwischen Bitte und Dank. Sie schaut auf eine negative Erfahrung zurück, sieht in dieser Erfahrung aber keinen Anlass, Gott nicht mehr zu vertrauen.[895] Daher zeigt sich gerade in ihr, ob mit der »Wirksamkeit« der göttlichen Wirklichkeit gerechnet wird oder ob Gott nur als »Lückenbüßer« fungiert.[896]

Das bereits beschriebene Vergessenkönnen bzw. die Selbstvergessenheit wird vor allem in der Anbetung erreicht, »weil im Lob der göttlichen Ewigkeit ihre eigene Zeit segensreich aufgehoben wird.«[897] So kann das geschehen, was als Funktion des Gebets bereits beschrieben wurde: Die Lasten der Vergangenheit »lösen sich auf« und die ›Kräfte der zukünftigen Welt‹ (Hebr 6,5) ziehen ins Herz ein.[898] Josuttis sieht hier eine Art Gebetsweg: »Der Anruf kann über Bitte, Dank und Lob zur Anbetung führen«.[899] Die Anbetung geschieht »jenseits aller Zweckorientierung«[900] und stellt in dreifacher Weise eine »Grenzüberschreitung« dar: Sie überwindet die Distanz »zwischen Vergangenheit und Gegenwart, zwischen Individuum und Gemeinschaft« sowie »zwischen dem Menschlichen und dem Göttlichen«.[901] Anbetung führt, »wenn man sie ausführlich übt, unvermeidlich in ein vom Beten erfülltes Schweigen«[902]. Im schweigenden Gebet sieht Josuttis die »Grundlage« für ein christliches Leben als »Beten ohne Unterlass«.[903]

---

893 JOSUTTIS, Handwerk, 119

894 Vgl. ebd.

895 Vgl. a.a.O., 118

896 Vgl. ebd.

897 JOSUTTIS, Verführung, 210f.

898 Vgl. a.a.O., 211.

899 JOSUTTIS, Handwerk, 119.

900 Ebd.

901 A.a.O., 120.

902 Ebd.

903 Vgl. a.a.O., 121.

Erhörung des Gebets

Im Zuge der Besprechung des Vaterunsers stellt sich Josuttis der Frage, warum wir auch um das bitten, »was auch ohne uns und unabhängig von unseren Worten geschieht«[904]. Josuttis geht davon aus, dass in uns Menschen, »[i]ndem wir um das Geschehen des göttlichen Waltens bitten«, das »geschieht [...] was unsere Worte besagen.«[905] Indem wir durch unser Bitten dem »göttlichen Wirken« zustimmen, geschieht bereits Erhörung.

Was für die Bitte um das göttliche Walten gilt, gilt nicht für jegliche Gebetsbitte. Nach Josuttis wird nicht jedes Gebet erhört, denn »religiöse Methodik« erreicht keinen »Wirkungsmechanismus«.[906] Eine Nichterhörung bedeutet nach Josuttis eine Verlängerung der »Prüfungszeit«.[907] Es besteht auch die Möglichkeit, dass Gebete anders erhört werden, als es sich der Betende vorgestellt hat.[908]

Eine grundsätzliche Wirkweise des Gebets besteht im »energetischen Kraftgewinn«.[909]

3.3.4.2 »DAS GRENZÜBERSCHREITENDE GEBET« (KLEIN)

Für die Beschreibung des Gebets ist es nach Klein notwendig, sich von einem »rein immanenten, vom physikalischen – auch vom modernen – Weltbild« frei zu machen, ohne jedoch »mit seinem Gebetsverständnis« die Flucht »in eine ›innere Welt‹« anzutreten.[910]

Grundzüge der Gebetsauffassung

Nur durch ein Zusammenbringen von westlicher und östlicher Gebetstradition ist nach Klein ein »ganzheitliches Verständnis« des Gebets möglich. Diese ganzheitliche Auffassung ist notwendig, um »dem Men-

---

904 JOSUTTIS, Verführung, 127. Er stellt diese Frage vor dem Hintergrund der Vaterunser-Bitte »Dein Wille geschehe«, wobei er davon ausgeht, dass Gottes Wille sowieso die Entscheidungsmacht über alles hat, »was in der Schöpfung geschieht« (a.a.O., 126).

905 Vgl. a.a.O., 127.

906 Vgl. JOSUTTIS, Handwerk, 118.

907 Vgl. ebd.

908 Vgl. a.a.O., 119.

909 A.a.O., 109. Wie Josuttis sich den Prozess des Kraftgewinns vorstellt, wurde oben unter *Grundzüge der Gebetsauffassung*, 166ff., bzw. unter *Funktion des Gebets*, 170, bereits dargestellt.

910 KLEIN, Zugänge, 88.

schen unserer Zeit wieder Zugang zu dieser unerläßlichen geistlichen Praxis«[911] zu verschaffen. Klein sieht sich gestützt durch den Befund der Darstellung des Gebets im Alten und Neuen Testament. Vor allem unter der Berücksichtigung der komplexeren Gebetsauffassung bei Paulus kommt Klein zu dem Schluss, dass eine Gebetsauffassung, die nur auf der Vorstellung eines Dialogs zwischen Gott und Mensch basiert, für das Christentum nicht ausreichend ist.[912]

Weder die Vorstellung vom Gebet als Gespräch mit einem Gegenüber noch die von der so genannten Mystik geprägte Vorstellung einer Vereinigung mit der Gottheit im Gebet sind nach Klein ausreichend, um das christliche Gebet zu beschreiben.[913] Das christliche Gebet muss Anteile aus beiden Vorstellungen übernehmen. Bei den Anteilen aus der Mystik geht es jedoch nicht um die Vereinigung mit der Gottheit, sondern darum, »daß die beschenkte Seele es lernt«, die Welt mit den Sinnen Gottes zu sehen und zu begreifen.[914] Es geht darum, die Beziehung zu Gott nicht als »Herrschaftsverhältnis«, sondern als »Liebesverhältnis« zu verstehen und zu leben.[915] Dementsprechend will Klein das Gebet auch nicht als »Aufschwung des Menschen zu Gott« oder als »Leiter«[916] verstehen; dies würde dem nicht gerecht werden, dass der Mensch nicht Ausgangspunkt des Gebets ist. Das Gebet ist vielmehr in Gott selbst begründet.[917] Er wirkt im Gebet im Menschen.[918]

---

911 Klein, Zugänge, 13.

912 Im Alten Testament ist das Gebet vorwiegend Gespräch, und auch auf das Gebet Jesu trifft dies zu. Bei Paulus hingegen werden die »Auseinandersetzungen« um das Gebet »existentieller« (a.a.O., 63). Nach Röm 8,26 weiß der Mensch nicht, was er beten soll. Das Beten des Menschen ist oft nicht mehr als ein »Seufzen« oder ein »Abba-Rufen« (vgl. ebd.). Zusammenfassend argumentiert Klein mit Hans-Martin Barth: »Für das Verständnis christlichen Betens ergibt sich damit: Es kann nie in einem vordergründigen, banalen Sinn einfach als ›Anrufung eines Partners‹ oder als ›fingierter Dialog‹ verstanden werden. Die schematische Gegenüberstellung von Mensch und Gott im Gebet reicht nicht aus, wenn man christliches Beten beschreiben will.« (Hans-Martin Barth, zitiert nach Klein, Zugänge, 63.)

913 Vgl. Klein, Zugänge, 13f.

914 Vgl. a.a.O., 132.

915 Sölle, zitiert nach Klein, Zugänge, 132.

916 Klein, Zugänge, 42.

917 Vgl. a.a.O., 43.

918 Vgl. z.B. a.a.O., 47.

Da der »Weg nach außen«,[919] der im dialogischen Gebet besteht, und der »Weg nach innen«,[920] der eher durch mystische Elemente geprägt ist, nicht als Alternativen begriffen werden dürfen, kann Klein das Gebet auch als Begegnung zwischen Gott, der die Mitte ist, und der menschlichen »Wesensmitte«[921] beschreiben. Inhalt eines solchen auf die Mitte bezogenen Gebets sind dann »alle Dinge, die uns begegnen, alle Geschehnisse unseres Lebens, der Mitmenschen und der ganzen Welt, die wir aufnehmen«.[922] Es gilt, diese »vor Gott [zu] bringen, ihm dafür zu danken, darin seine Herrlichkeit [zu] loben oder [...] ihn um Hilfe und Rettung zu bitten«.[923]

Klein bezeichnet sein »umfassendes Gebetsverständnis« auch als »das koinonische und trinitarische Gebetsverständnis«, womit er ebenfalls östliche und westliche Terminologie vereint. *Koinonisch* bedeutet, »das Gebet [...] als ›Geschehen‘, nicht nur als Dialog zu begreifen«.[924] Gebet ist immer mehr als nur »Dialog, Begegnung, Beziehung, Kommunikation«.[925] Im Gebet geht es letztlich – ähnlich wie beim Abendmahl – »um das geheimnisvolle Geschehen der ›Koinonia‘, der Gemeinschaft mit dem Christus«.[926]

Den *Bezugspunkt* sieht Klein eindeutig im dreieinigen Gott. Diesen beschreibt er als changierend zwischen nah und fern: Er ist als »Geheimnis der Welt« ein ferner Gott, aber im Gebet »im Geist zum Vater durch den Sohn« weiß sich der Mensch »in dieses Geheimnis hineingenommen«.[927] Ein dialogisches »Denkmodell« wäre in Bezug auf diesen Gott ebenso einseitig wie das »a-personale«.[928] Gott lässt sich – wie bereits erwähnt – »am ehesten als ›Mitte‘ beschreiben«.[929]

---

919 KLEIN, Zugänge, 142ff.

920 A.a.O., 148ff.

921 A.a.O., 157.

922 A.a.O., 165.

923 Ebd.

924 CHRISTOPH KLEIN, Das Gebet als Rede und als Geschehen. Berührungen zwischen ostkirchlichem und lutherischem Gebetsverständnis, in: PETER HAUPTMANN (Hrsg.), Kirche im Osten. Studien zur osteuropäischen Kirchengeschichte und Kirchenkunde, Göttingen 1990, 58-69, hier 67.

925 Ebd.

926 Ebd.

927 KLEIN, Zugänge, 76.

928 Vgl. ebd.

929 A.a.O., 157.

In Bezug auf die Welt ist es Klein wichtig zu betonen, dass der Gott, an den sich das Gebet wendet, als »Schöpfer« und »Erhalter« von Himmel und Erde »verstanden und geglaubt wird« und nicht als »Deus ex machina«, der kurz in die Welt »eingreift«, sich dann aber »wieder aus ihr zurückzieht«.[930] Sichtbare und unsichtbare Welt müssen im Gebet zusammengeglaubt werden.[931]

Sollte Gott »feindlich« erscheinen, so gilt es, dieses »falsche Gottesbild« im Gebet zu überwinden.[932]

Das Gebet ist *geistgewirkt*; daher liegen ihm weder eine »Veranlagung« noch ein »Bedürfnis« des *Menschen* zugrunde.[933] Der Mensch nimmt im Gebet etwas entgegen. Deshalb ist Gebet nach Klein immer auch mehr als menschliche Worte.[934]

Trotzdem kann Klein das Gebet auch als »eine Tat des Willens«[935] bezeichnen. Der Mensch nimmt darin »seine Freiheit wahr, etwas vielleicht Nutzloses zu tun«.[936]

Für den Menschen geht es im Gebet auch darum, ein *falsches Gottesbild* zu überwinden, was nur durch das Gebet selbst möglich ist. Die Situation des Menschen im Gebet beschreibt Klein folgendermaßen: »Im Gebet steht der Mensch im Wirkungsfeld der schöpferischen und erlösenden Kräfte der unsichtbaren Welt Gottes. Er setzt sich ihnen aus, kämpft gegen die zerstörerische und knechtende Macht der Dämonen und der satanischen Welt.«[937]

---

930 Vgl. KLEIN, Zugänge, 89.

931 Vgl. a.a.O., 90.

932 Vgl. a.a.O., 44.

933 Vgl. ebd.

934 A.a.O., 47: »Gerade weil jedes Gebet vom Menschen aus unmöglich ist, gerade weil es tiefere Schichten unseres Seins vor Gott bringt als die Schicht unseres Bewußtseins, geschieht etwas in ihm, was nicht durch Worte ausgedrückt werden kann. Worte stammen aus unserem Bewußtsein, und wir gebrauchen sie *mit* Bewußtsein; deshalb sind sie nicht das *Wesen* des Gebets. Das Wesen des Gebets ist das Handeln Gottes, mit dem er in uns wirkt und unser ganzes Sein zu sich erhebt.«

935 A.a.O., 199.

936 Ebd. Siehe auch folgende Aussage: »... wenn es nun wirklich zum Beten kommt, dann wird dem Beter im Vollzug seines Betens immer mehr bewußt, daß es doch nicht seine Entschlußfreudigkeit oder Entscheidungskraft war, wenn er ins Beten gekommen ist.«

937 A.a.O., 93.

Hat ein Mensch *Schwierigkeiten* beim Beten, so geht Klein mit Martin Luther davon aus, dass diese nicht so sehr vom Verstand herrühren, sondern vielmehr auf das menschliche Herz zurückzuführen sind: »Der Trotz, der innere Widerstand des Menschen, der im Beten seine Herrschaftsposition aufgibt, [...], ist die eigentliche Ursache aller Hemmnisse und Barrieren beim Beten.«[938]

Entgegen Heilers Aufteilung der Betenden in Propheten und Mystiker favorisiert Klein die Bezeichnung »Jünger«.[939] Der *Jünger* ist der »Lernende«, der sich »zwischen Wissen und Nichtwissen« bewegt. Heilers Aufteilung hält Klein für »irreführend«,[940] da es für den christlichen Beter nicht möglich ist, die prophetische und die mystische Gebetsweise voneinander zu trennen.[941] Er sollte beide Gebetsweisen vielmehr in sich vereinen. Da der in sich begrenzte Mensch auf ein »konkretes, bildhaftes Verständnis der ›größeren Wirklichkeit‹«[942] angewiesen ist, bedarf er einerseits des Gebets als Gespräch zum Vater, das »Stärkung und Hilfe«[943] von Gott erwartet, das auf »Gottes Möglichkeiten«[944] vertraut und

---

938 KLEIN, Zugänge, 41.

939 Vgl. a.a.O., 127ff.

940 Vgl. a.a.O., 127. Heiler geht von zwei »Haupttypen der persönlichen Frömmigkeit« aus. Er bezeichnet sie als »Mystik und prophetische Frömmigkeit« (HEILER, Gebet, 248). Den Gegensatz dieser beiden Typen beschreibt er zusammenfassend folgendermaßen: »Die Mystik flieht und vernichtet das naive Leben und Lebenwollen, um jenseits desselben ein Unendliches zu erfahren; die prophetische Frömmigkeit hingegen glaubt an das Leben und bejaht das Leben, wirft sich entschlossen und froh dem Leben in die Arme; dort herbe Lebensverneinung – hier unerschütterliche Lebenszuversicht.« (A.a.O., 257.) In einem Vergleich beider Typen sieht Heiler das Motiv des mystischen Gebets »in der Sehnsucht nach Vereinigung mit dem Unendlichen« (a.a.O., 407). Das prophetische Gebet hingegen entsteht »aus der tiefen Not des Herzens und aus dem Verlangen nach Heil und Gnade« (a.a.O. 407f.). Die *Form* ist beim mystischen Gebet die Meditation in verschiedenen Ausprägungen (vgl. z.B. a.a.O., 408). Das prophetische Beten hingegen ist »ein leidenschaftliches Rufen und Seufzen, ein ungestümes Klagen und Bitten« (ebd.). Dem mystischen Gebet liegt ein Stufenmodell zugrunde; der Betende steigt langsam auf »zu den Höhen der Gottesschau und Gotteseinigung« (ebd.). Das prophetische Gebet drängt dagegen eher situativ auf »innere Umwandlung«; Angst wandelt sich »in ruhige, heitere Zuversicht und die gelassene, frohe Ergebung« (ebd.). Letztendlich haben nach Heiler aber beide Typen ihre Gemeinsamkeit darin, dass sie »auf einen letzten und höchsten Wert« gerichtet sind, der sich auf verschiedene Weise realisiert (a.a.O., 409).

941 KLEIN, Zugänge, 129.

942 Ebd.

943 A.a.O., 115.

»Furcht und Hoffnung« voraussetzt.[945] Im Gebet als Gespräch hat der Betende zudem die Möglichkeit, Gefühle wie z.B. Mitleid oder Dankbarkeit vor Gott zu bringen. »Das prophetische Beten« ist daher auch eine »Affektäußerung«.[946] Andererseits ist das Gebet auch der Ort, an dem der Jünger lernt, »offen zu sein für das unermeßliche, unbegreifliche Geheimnis«.[947] Diese Offenheit kann ihn – ähnlich wie in der Geschichte der Verklärung beschrieben – im Gebet in den Zustand der »Verzückung« bringen.[948] Dieser Zustand ist nicht endgültig, sondern nur eine »Vorwegnahme«.[949] Er ist »das ›Mystische‹ am Gebet des ›Jüngers‹«.[950]

Funktion des Gebets

Mit Friedrich Mildenberger kann Klein das Gebet als »Einübung des Glaubens«[951] bezeichnen.

Klein stellt drei unterschiedliche Weisen des Betens dar, die sich in ihrer Funktion unterscheiden: das *mündliche* Gebet, das *betrachtende* Gebet und das *Herzens*gebet. Das *mündliche* Gebet ist die bekannteste und »vertrauteste Weise« des Gebets.[952] Es muss sich nicht unbedingt als laut gesprochener Text darstellen, sondern kann auch ein Gespräch in Gedanken sein. Mit dieser Gebetsweise kann der Beter »sein inneres Leben, seine Gefühle und auch das, was beim Beten vor sich geht, nach außen kundtun«.[953] Seine Funktion besteht damit im Offenlegen des Lebens vor Gott.

Das *betrachtende* Gebet ist nach Klein eine umfassendere Weise des Betens,[954] da es nicht nur Sprache bzw. Denken einbezieht, sondern

---

944 Klein, Zugänge, 115.

945 Vgl. a.a.O., 116. »Furcht und Hoffnung« sind für die Vorstellung des Gebets als Gespräch zum Vater zentral; der »Mystiker« kommt ohne diese beiden Aspekte aus: »In seiner Erwartung der Vereinigung mit dem Göttlichen ist er unabhängig von einem solchen Glauben.«

946 Ebd.

947 A.a.O., 129.

948 Vgl. ebd.

949 Ebd.

950 A.a.O., 130.

951 Friedrich Mildenberger, zitiert nach Klein, Zugänge, 68.

952 Klein, Zugänge, 96.

953 A.a.O., 97.

954 Vgl. a.a.O., 102.

auch »Einbildungskraft«, Gefühle und »Verlangen«.[955] Es hat die Funktion, sowohl das Gebet als auch den Glauben zu vertiefen.

Das *Herzensgebet* ist das »immerwährende Gebet«.[956] Bei dieser Weise des Betens geht es weniger um das Antworten als vielmehr um das Gott-Sprechen-Lassen.[957] Die Gebete sollen im Menschen »selbsttätig« werden.[958] Die Funktion dieser Gebetsform ist in der »Sammlung angesichts unserer inneren Zerrissenheit und unseres Mangels an Einheit und Ganzheit« zu sehen.[959]

Jede dieser drei Weisen des Betens hat ihre Richtigkeit und damit ihre Berechtigung. Es ist jedoch eine Steigerung hin zum Herzensgebet zu erkennen.

Als übergeordnete, alle andere zusammenfassende Funktion ist die »Hilfe zur Bewältigung des Lebens«[960] zu sehen. Findet das Gebet beispielsweise in der stillen Kammer statt, so lernt der Betende beim Gebet sich auszuhalten. Er »stellt sich seinen Gedanken und Gefühlen, seinen Wünschen und Begierden; er begegnet sich selbst«.[961]

Daneben hat das täglich praktizierte Gebet allgemein – egal in welcher Weise es geübt wird – die Funktion, dass dadurch »der Tag gestaltet und ausgerichtet wird«.[962]

Form und Gestalt

Voraussetzung, um beten zu können, ist die Bereitschaft zum Üben des Gebets.[963]

Wie das Gebet abläuft, sollte grundsätzlich dem Beter vorbehalten sein. Der Beter soll jene Weise des Betens finden, die gut für ihn ist.[964] Dennoch muss das Gebet »methodisch« eingeübt werden, um dabei die jeweils eigene Gestaltung zu finden.[965] Klein gibt bei aller Offenheit der

---

955 Vgl. Katechismus der Katholischen Kirche, zitiert nach KLEIN, Zugänge, 102.

956 KLEIN, Zugänge, 105.

957 Vgl. a.a.O., 109.

958 Vgl. a.a.O., 110.

959 A.a.O., 111.

960 A.a.O., 205.

961 A.a.O., 199.

962 A.a.O., 193.

963 Vgl. z.B. a.a.O., 168.

964 Vgl. ebd.

965 Vgl. ebd.

Gebetspraxis aber auch ganz konkrete Hinweise, wie gebetet werden kann. Am Anfang des Rituals sollten »meditative Elemente«[966] stehen. Sie bereiten das eigentliche Gebet vor. Als nächste Schritte folgen das »dialogische Gebet«, »das Bitten und Fürbitten zum Ausdruck bringt«, und das Gebet als »Reflexion«,[967] das je nach Tageszeit entweder »als Rückblick und Ausdruck der Dankbarkeit, als Beichte und Buße für das nicht Getane oder verkehrt Getane« oder »als Bitte um Zurüstung, Begleitung und Segen für den Tag«[968] praktiziert wird. Wichtig ist, dass das Einüben des Gebets in keiner Weise als Leistung verstanden wird. Ganz im Gegenteil soll es falsche »Aktivität« abbauen.[969] Anregungen für die Gebetspraxis kann sich der Beter an verschiedenen Stellen holen: Da wären z.B. die »Tradition«, die »Lebensschule«, die »Begegnungen mit Lehrern des Gebets und der Meditation« und der »Umgang mit Betern und geistlichen Menschen«.[970]

Klein empfiehlt, das Gebet täglich zu üben, denn nur so kann es auch durch Notzeiten tragen.[971] Für das Üben sind gleichbleibende Gebetsorte und -zeiten »hilfreich«.[972] Am besten sind ruhige Orte geeignet, an denen der Betende allein ist.

Die körperliche »Ausrichtung beim Gebet« nach Osten hält Klein für nützlich; wird sie vollzogen, kann sich der Betende daran erinnern, im Gebet »mit Gott ›von Angesicht zu Angesicht‹ zu verkehren«.[973] Die sonstige Körperhaltung sollte so beschaffen sein, dass das Gebet in einer entspannten Weise möglich ist.[974]

Theologisch betrachtet ist ein Gebet nach Klein immer mehr als die Worte, die im Gebet ausgesprochen werden.[975] Dennoch sind die Worte immer auch Bestandteil des Gebets, denn sie stellen das Gebet in eine Geschichte. »[B]ewußt oder unbewußt« gibt es »einen Traditionsbezug

---

966 Vgl. KLEIN, Zugänge, 170.

967 Vgl. ebd. Siehe dazu unten die Ausführungen zum Verhältnis von Meditation und Gebet in Kleins Gebetsauffassung, 182.

968 KLEIN, Zugänge, 172.

969 Vgl. a.a.O., 176.

970 A.a.O., 168.

971 Vgl. a.a.O., 174.

972 Vgl. a.a.O., 190.

973 A.a.O., 191.

974 Vgl. a.a.O., 170.

975 A.a.O., 47.

des Betenden zu den Vätern und Müttern des Glaubens«.[976] Für das Erlernen des Gebets bzw. beim Üben des Gebets sind Worte »unerläßlich«.[977] Sie sind aber nur so lange »notwendig«, »bis der Mensch gelernt hat, ohne Worte zu beten«.[978]

Die Dialektik, die sich durch die gesamte Darstellung des Gebets bei Klein zieht, muss sich konsequenterweise auch in der Besprechung der *klassischen Gebetsgattungen* niederschlagen.

Das *Bittgebet* stellt die Bewegung nach außen dar. Es steht dafür, dass Gott »nicht in unserem Inneren«[979] zu suchen ist. Der Weg nach innen – auch der Weg »zu sich selbst« – hingegen korrespondiert mit dem *Dank* und der *Anbetung*.[980] Klein unterscheidet drei Arten der Bitten: Es gibt zum einen die *»Bitte um äußere Güter«*, wie sie z.B. in »allgemeinen Fürbitten in den Agenden für den Gottesdienst« stattfindet.[981] Diese Art, »Bitten auszusprechen«, hält Klein für die »einfachste und allgemeinste«.[982] Klein zieht aber in Zweifel, ob es sich dabei um eine legitime Weise des Bittens handelt. Die Problematik dieses Betens zeigt sich, wenn etwa zwei feindliche Kriegsparteien Gott um den Sieg bitten.[983] Als »reiferes, geläutertes, wissendes Gebet«[984] gilt ihm dagegen die zweite Art: die »Bitte um Gottes Gegenwart«.[985] Hier weiß der Beter, »daß es im christlichen Leben um mehr geht als um einfache Erfüllung von Wünschen«.[986] Die dritte Art der Bitten sind die Bitten um das Eingreifen Gottes. Diese Art der Bitten beschreibt Klein als »eine Art Standortbestimmung, von der man hofft und erbittet, daß Gott in sie eingreift«.[987] Solches Bitten hilft dem Beter, Situationen zu tragen, und bringt ihn in seinem Glauben voran.

---

976 KLEIN, Zugänge, 48.

977 A.a.O., 77.

978 KLEIN, Gebet als Rede, 68. Gewährsmann für diese Gebetspraxis ist Martin Luther.

979 KLEIN, Zugänge, 142.

980 Vgl. ebd.

981 Ebd. Unter äußeren Dingen versteht Klein hier »eine gute Ernte, die Früchte des Feldes, günstiges Wetter, Bewahrung vor Unwetter, Dürre und vor wirtschaftlichen, sozialen und politischen Katastrophen«.

982 Ebd.

983 Vgl. a.a.O., 143.

984 Ebd.

985 Ebd.

986 Ebd.

987 A.a.O., 145.

Die *Fürbitte* kann über die einfachste Art des Betens hinausreichen, wenn sich die Bitten nicht auf äußere Güter, sondern auf Menschen beziehen. Dann nämlich eröffnet sie die Möglichkeit, das »Urteil« über einen Menschen »zu überprüfen, Vorurteile abzubauen, anderen unvoreingenommen zu begegnen und das alles vor Gott zu bringen«.[988] Fürbitte ist dann eine »innere Solidarisierung«, die unsichtbar helfen kann.[989] Es geht darum, für einen Menschen da zu sein und gleichzeitig loszulassen, ihn Gott zu übergeben.

Die Begriffe *Anbetung* und *Lob* werden von Klein parallel gebraucht.[990] Das *Lob Gottes* ist nicht zu verwechseln mit jenem Lob, das Menschen sich gegenseitig aussprechen. Es geht in erster Linie um das Staunen über die Macht Gottes und seine Schöpfung.[991]

Meditation ist für Klein ein sehr wichtiges Element innerhalb des Gebetsprozesses. Allerdings muss die *christliche* Meditation deutlich von der Meditation der »asiatischen Hochreligionen« unterschieden werden, die zum Ziel hat, dass der Mensch »personlos« wird.[992] Christliche Meditation hingegen hat die Funktion, dem Beter zu verdeutlichen, »daß es neben dem rationalen und kritisch denkenden Bewußtsein noch andere Formen und Schichten des Denkens gibt«.[993] Meditation und Gebet zu trennen, ist daher nicht einfach.[994] Es ist Klein wichtig zu betonen, dass Meditation nichts mit »Werkgerechtigkeit oder Selbsterlösung«[995] zu tun hat. Er versteht Meditation als »Einübung in das Hören« und »Wirkenlassen Gottes im Menschen«.[996]

Um die Meditation zu erlernen, kann in einem Dreischritt vorgegangen werden. Am Anfang steht das »Betrachten von Gegenständen, Bildern und Worten«.[997] Für die Betrachtung ist es wichtig, dass der Betende sich in die Stille begibt. *Stille* ist dabei nicht einfach nur die Abwesenheit von Lärm.[998] Sie ist gekennzeichnet durch die »Verbindung

---

988 KLEIN, Zugänge, 165.
989 Vgl. ebd.
990 Vgl. a.a.O., 167.
991 Vgl. ebd.
992 A.a.O., 149.
993 Ebd.
994 Vgl. a.a.O., 164.
995 A.a.O., 176.
996 Ebd.
997 A.a.O., 180.
998 Vgl. a.a.O., 178.

mit einem Du«.[999] Stille zu erlangen ist schwierig, daher ist sie auch »nicht unbedingt eine Vorübung zum Gebet«, sondern »kann auch das Ergebnis der Gebetsübung sein«.[1000] In einem zweiten Schritt wird das, was in der Betrachtung geschehen ist, »verdichtet«, d.h. es wird zentriert auf ein »Bild« oder ein »Beispiel«.[1001] In einem dritten Schritt stellt der Meditierende oft fest, dass er »außerhalb« dessen bleibt, was sich in der Zentrierung der Betrachtung als wichtig herausgestellt hat.[1002] Indem er sich nun die Frage stellt, wo der Grund dafür zu suchen ist, kommt es zur »Selbstprüfung, Beichte oder Buße«.[1003] Meditierende machen nach Klein die Erfahrung, dass dieser Prozess »zu einer tiefen Erkenntnis des eigenen Zustands« führt.[1004] Eine einfachere Alternative zu diesem Dreischritt stellt die ostkirchliche Meditationspraxis des Herzensgebets dar, die »auf Bilder und Vorstellungen verzichtet«.[1005] Durch die Wiederholung des Herzensgebets (»Herr Jesus Christus, erbarme Dich meiner!«) soll »das Denken und Anrufen des Namens« im Betenden »abgelöst« werden »von einer ruheerfüllten Klarheit und von der sich verstärkenden Gewißheit der Gegenwart Gottes«.[1006] Es kommt zum Gebet des Herzens, wobei *Herz* »nicht das Gefühl oder die Affekte [bezeichnet], sondern die Gesamtheit der menschlichen Person«.[1007] Durch

---

999 KLEIN, Zugänge, 178.

1000 Ebd.

1001 A.a.O., 181. Klein verdeutlicht die ersten beiden Meditationsschritte am Beispiel des Baumes. Beim bewussten Betrachten des Baumes werden zunächst alle Gedanken zugelassen, die dem Meditierenden in den Sinn kommen: Wie ist der konkrete Baum in seine Umgebung integriert? Welchen Umwelteinflüssen ist er ausgesetzt? Die Bibel »vergleicht den Menschen immer wieder mit einem Baum« (a.a.O., 180). Solche und ähnliche Fragen und Gedanken können eine Rolle spielen. Die Konzentration im zweiten Schritt kann dann z.B. darin bestehen, dass der Meditierende sich daran »erinnert, wie erquickend es ist, an einem heißen Sommertag unter seinem Schatten zu sein« (a.a.O., 181). In der Folge bedenkt der Meditierende »seine Beziehung zum Baum«; er versucht, von ihm zu lernen, z.B. »aufrecht« zu sein, »allen Angriffen und Eingriffen von außen« standzuhalten.

1002 Vgl. a.a.O., 182. Wenn man das Beispiel des Baumes (siehe Anm. 1001) weiterdenkt, so könnte sich der Betende möglicherweise die Frage stellen, warum es ihm oft nicht möglich ist, aufrecht zu seinen (Glaubens-)Überzeugungen zu stehen.

1003 KLEIN, Zugänge, 182.

1004 Ebd.

1005 A.a.O., 183.

1006 A.a.O., 184.

1007 CHRISTOPH KLEIN, Das Gebet in der Begegnung zwischen westlicher und ostkirchlicher Theologie und Frömmigkeit, in: KuD 34 (1988), 232-250, hier 242.

die Meditation wird einerseits Distanz zur Welt geschaffen, diese Distanz macht in der Folge aber »eine neue Art der ›Zuwendung‹ zur Welt«[1008] möglich.

Auch wenn es eine große Tradition ist, dass das persönliche Gebet im Verborgenen stattfindet, so ist das persönliche Gebet doch immer Gebet, das der Einzelne als Teil einer Gemeinde in der Kirche vollzieht,[1009] denn in einem koinonischen Gebetsverständnis wird Gebet »als Teilhabe an Christus durch Einswerden mit ihm«[1010] verstanden. Persönliche Frömmigkeit braucht den »Gemeinschaftsbezug«.[1011]

Das *gottesdienstliche Gebet* hat außerdem Stellvertretungsfunktion, wenn ein Beter in einer schweren Situation nicht mehr zu beten vermag.[1012]

Die Form des Gottesdienstes macht es unabdingbar, dass das gottesdienstliche Gebet vor allem als »das dialogische, sprachlich festgelegte Gebet« praktiziert wird.[1013]

Erhörung des Gebets

Die Erhörung im konkreten Sinn spielt bei Klein keine Rolle. Vielmehr hilft das Gebet bei der Lebensbewältigung: Es ist »eine Schule der Bewältigung des Lebens« und »nicht ein Mittel zur Rettung aus der Not«.[1014] Der Mensch, der im Gebet »im Wirkungsfeld der schöpferischen und erlösenden Kräfte der unsichtbaren Welt Gottes«[1015] steht, ist in Verbindung mit dieser unsichtbaren Welt. Das Stehen in diesem Wirkungsfeld ist auch geprägt von Auseinandersetzung und Kampf.[1016] Wenn der Mensch es zulässt, mit der unsichtbaren Welt Gottes in Verbindung zu kommen, kommen ihm von dort auch Kräfte zu.

1008 KLEIN, Zugänge, 184.

1009 Vgl. a.a.O., 197: »Der Beter mag als solcher ein Einzelner bleiben, doch er weiß sich eingefügt in die Gemeinde, die ihn umgibt.«

1010 A.a.O., 158. Es geht um die »Darstellung des Leibes Christi«, und die kann es nur in Gemeinschaft geben (vgl. KLEIN, Gebet als Rede, 67). In diesem Sinn sieht Klein eine Parallele von Gebet und Abendmahl (vgl. ebd., sowie KLEIN, Zugänge, 158).

1011 KLEIN, Zugänge, 197.

1012 Vgl. a.a.O., 199.

1013 A.a.O., 158.

1014 Vgl. a.a.O., 207.

1015 A.a.O., 93.

1016 Vgl. ebd.

3.3.5 GEBET UND BIOGRAPHIE

Im Folgenden werden Gebetauffassungen in den Blick genommen, die Leben und Gebet als stark verwoben betrachten.

Robert Leuenberger verfasst seinen Entwurf in den 80er Jahren des 20. Jahrhunderts. Seine Gebetsauffassung ist einerseits von einer stark psychologischen Tendenz geprägt, die im Gebet ein Mittel zur Selbstbegegnung sieht; bringt aber auch eine rationale Komponente ein, die konkrete Bitten, welche das Eingreifen Gottes in die Welt verlangen, gerne ausschließen würde. Seine Gebetsauffassung rechnet zugleich fest mit einem Gott der Offenbarung, an den sich der Mensch im Gespräch wenden kann.

Auch Klaus Reblin geht in seiner Predigt aus den 90er Jahre davon aus, dass das Gebet vor allem den Menschen verändert. Einen neuen Gedanken stellt in seinem Entwurf die Vorstellung dar, dass Menschen dort, wo sie ihr Leben reflektieren, bereits beten. Anders als Otto oder Bernet geht er nicht von einem noch zu konstruierenden System aus, sondern sieht es schon als gegeben an.

3.3.5.1 GEBET ALS VERTRAUENKÖNNEN (LEUENBERGER)

Grundzüge der Gebetsauffassung

Robert Leuenberger versteht das Gebet als »ein Stück gelebten Lebens«.[1017] Wer über das Gebet nachdenken will, muss das Leben in all seinen Dimensionen in den Blick nehmen.[1018] In einem weiten Sinn kann Leuenberger »alles vernünftige Denken und tapfere Tun im Glauben« als Gebet bezeichnen.[1019] Von der ursprünglichen Bedeutung des deutschen Begriffs *beten* her wird deutlich, dass Beten immer mit Beziehung zu tun hat, denn *Beten* heißt *Bitten*.[1020] Das Bitten setzt sogar eine doppelte Beziehung voraus: Eine »personhafte Beziehung« zu dem, *den* man bittet, und eine »Beziehung zu ›etwas‹«, eine Beziehung zu dem, »worum man bittet«.[1021] Gebet ist folglich eine religiöse Form des Bittens

---

[1017] LEUENBERGER, Zeit, 14.

[1018] Vgl. a.a.O., 15. Dabei gilt es, »die vielfältigen Aspekte des Gebets« zu beachten, »die religiösen und die psychologischen, die sozialen, die sprachlichen und selbst die ästhetischen«.

[1019] Vgl. a.a.O., 118.

[1020] Vgl. a.a.O., 17.

[1021] Vgl. a.a.O., 16.

und ist dennoch nicht auf das Bitten beschränkt: Vor Gott soll alles »zur Sprache kommen, was einen in irgendeiner Hinsicht bewegt«.[1022]

Neben der doppelten Beziehung ist das Gebet auch durch eine doppelte Bewegung bestimmt: Zum einen führt es den Menschen *heraus*, »aus allem, was ihn auf der Welt festhält und weg von allem, was er selbst ist«, zum anderen ist die Folge dieses Herausgehens ein vertiefter Kontakt zu sich selbst und zur Welt.[1023] Für den ersten Schritt ist es wichtig, dass Beten immer auch bedeutet, »sich zu erinnern und Erinnertes zu verarbeiten«.[1024] Leuenberger sieht eine Schwierigkeit darin, dass dieses Erinnern in der Vergangenheit häufig mit »Gewissensforschung« gleichgesetzt wurde und damit den Beigeschmack eines »Verhör[s]« erhielt.[1025] Doch es geht im Gebet nicht um eine »Selbstanklage«, sondern im Wissen um die vorausgehende Gnade Gottes, um ein »Sichanvertrauen und Sichweggeben«.[1026] Wenn man fähig ist, »sich in ein letztes Vertrauen zurückzuziehen«, betet man schon – auch wenn man vielleicht gar nicht weiß, »was ein Gebet ist«.[1027] Es gibt folglich Menschen, die beten, ohne ein Bewusstsein für das Beten zu haben. Auch ein Staunen über die Genialität der Schöpfung kann »Beten ohne Gott« sein.[1028] Dieses vorbehaltlose »Sichanvertrauen«, das eine gewisse Feind-

---

[1022] LEUENBERGER, Zeit, 16.

[1023] A.a.O., 101.

[1024] A.a.O., 220.

[1025] Vgl. ebd.

[1026] Ebd. »Glaube aber heisst Vertrauen, und Beten heisst nichts anderes als ganz vertrauen können.« (A.a.O., 178.) Leuenberger veranschaulicht dies am Vaterunser. Die Bitte um Vergebung der Schuld ist nicht Voraussetzung, um das Vaterunser zu sprechen, denn am Anfang des Gebets steht die Bitte um die »Heiligung des Namens« und damit zunächst das Schauen auf den Vater und das Vertrauen in ihn (vgl. a.a.O., 221). Zudem beschreibt Leuenberger die Nähe von Seelsorge bzw. Gebet zur Psychotherapie. Den Unterschied sieht er darin, dass in Seelsorge und Gebet alle Schuldvergebung und »›Erlösung von dem Bösen‹ nur von Gott her geschehen kann«, also Gnade ist. Doch diese Differenz ist nicht absolut zu verstehen, denn »Gnade ist nicht billig«; der Mensch muss diesen Prozess bejahen, was wiederum Selbsthingabe verlangt (vgl. a.a.O., 231).

[1027] Vgl. a.a.O., 178f.

[1028] Vgl. a.a.O., 224. Aus theologischer Sicht kann die Gemeinschaft mit Gott vom Menschen gar nicht aufgehoben werden. »Vor Gott ist auch das unablässige Stöhnen derer, die ohne Gebet leben, immer noch ein Beten.« (Vgl. a.a.O., 226f.) Leuenberger weist aber darauf hin, dass die Rede von »anonymen Christen« nur berechtigt ist, wenn das Urteil darüber Gott überlassen wird (vgl. a.a.O., 227).

lichkeit gegen die Vernunft voraussetzt, die sich auf sich selbst verlässt, ist wesentlicher Bestandteil des *christlichen Gebets.*[1029] Leuenberger wehrt sich gegen den Vorwurf, dass dies einem regressiven Akt gleichkomme. Es geht nicht um ein Zurückkehren in die eigene Kindheit, sondern um das Zurückkehren »in das Kindesalter der Menschheit«.[1030] In einer solchen Rückkehr ist nach Leuenberger keine »Schwäche« zu sehen, sondern es ist die »bewahrte Fähigkeit« des Menschen, sich »trotz aller Zivilisation« »aus den Wurzeln« seiner »seelischen Existenz zu erneuern«.[1031]

Theologisch betrachtet hat das Gebet keine Heilswirkung und muss »keinem ›magischen‹ Gesetz genüge tun«[1032]. Es gilt: Wer »christlich betet, versucht nicht, durch Wissenschaft auf die Kräfte der Natur einzuwirken, sondern sich durch seinen Glauben mit Gott zu verbinden«.[1033] Dennoch bleibt nach Leuenberger die Frage, »ob Gebetsglaube Gebetsglaube bleibt, wenn er ganz aufgehört hat, ›primitiv‹ zu sein: wenn er nicht mehr damit rechnet, dass Gott sich dazu bewegen lässt, in das Geschehen der Welt einzugreifen.«[1034] Ein magisches Gebetsverhalten will den Menschen mit der göttlichen Macht vereinen; beim christlichen Gebet geht es darum, »von der natürlichen Machtposition zu der Position der Ohnmacht vor Gott«[1035] zu kommen.

Der *Adressat* des Gebets ist bei Leuenberger Gott. Der Mensch weiß sich im Gebet »in Beziehung zu Gott«.[1036] Die Beziehung wird jedoch nicht durch das Gebet »hergestellt«.[1037]

Die Texte von Gedichten können wie Gebetstexte Heimat bieten (vgl. LEUENBERGER, Zeit, 240). Auch Musik und Kunstwerke können »einen eigenen Raum inmitten der ›Geschäfte‹ der Welt« bieten (ebd.). Es gibt nach Leuenberger das Phänomen, dass der »Glaube ausgewandert ist« in die Lyrik oder Kunst (vgl. a.a.O., 245).

1029 A.a.O., 97: »Ohne ›Verrückung‹ seines vernünftigen Standorts ist es nicht möglich, sich auf das einzulassen, was ausserhalb der vorhandenen Vernunft- und Erfahrungswelt liegt.« Dabei geht es vor allem um die »Verrücktheit [...], sich auf das einzulassen, was nicht die Welt ist und was nicht im menschlichen Machtbereich liegt«. (A.a.O., 98.)

1030 A.a.O., 27.

1031 Ebd.

1032 A.a.O., 50.

1033 A.a.O., 109f.

1034 A.a.O., 110.

1035 A.a.O., 113.

1036 Vgl. a.a.O., 49.

1037 Vgl. ebd.

Die *Anrede »Vater«* macht nach Leuenberger das Beten überhaupt erst möglich, weil durch sie deutlich wird, dass der Mensch im Gebet frei sprechen kann und nicht »um Worte erst zu ringen« braucht.[1038] Wenn Menschen heute die Vateranrede verwerfen, weil sie Gott entweder nicht mehr als Person denken können oder die Anrede als »Flucht in die Scheingeborgenheit der verlorenen Kindheit«[1039] sehen, verweist Leuenberger auf das Gethsemanegebet Jesu. Es scheint zunächst so, dass mit diesem Gebet »das Ende kindlicher Gebetsfrömmigkeit« gekommen ist.[1040] Dieser Eindruck wendet sich jedoch, wenn man Jesu Wandlung in Gethsemane nicht als »Unterwerfung« versteht, sondern als Findung Jesu in den Willen Gottes.[1041] Als »kindertümliche Vatergestalt« kann Gott nach diesen Erfahrungen Jesu dennoch nicht mehr verstanden werden. Gott ist vielmehr »der Gott, der mit Jesus schweigend und verborgen in den Tod geht«.[1042] Der Anruf »Vater« wird dadurch nicht sinnlos, denn Jesus findet seinen Weg gerade, indem er Gott als Vater anruft.

Leuenberger merkt an, dass es im Christentum immer auch Vorstellungen von Gott jenseits des Personbegriffs gegeben habe, in denen Gott nicht als Gegenüber, sondern als »in mir« oder »ich in ihm« verstanden wird.[1043] Auch der Personbegriff war nie auf eine Definition festgelegt.[1044] Die Bibel weiß durch die Offenbarung von einem persönlichen Gott. Es handelt sich um ein »Zeugnis des Glaubens und nicht um ein Wissen, so, wie die Wissenschaft weiß«.[1045] Leuenberger zieht die Konsequenz, dass Gott eine Person ist »innerhalb der Beziehung zu ihm«[1046]

[1038] Vgl. LEUENBERGER, Zeit, 54.

[1039] A.a.O., 55.

[1040] A.a.O., 56.

[1041] Vgl. a.a.O., 57.

[1042] A.a.O., 59. Dass die Anrede an den Vater psychologisch betrachtet eine Projektion darstellt, ist nach Leuenberger nicht widerlegbar (vgl. a.a.O., 93). Ebenso wird das Gebet für Nicht-Gläubige immer wie ein Selbstgespräch aussehen (vgl. a.a.O., 191).

[1043] Vgl. a.a.O., 66. Er stellt Paul Tillichs Verständnis des göttlichen Du dar: »Gott wird dann gedacht als der beseelte Grund allen Lebens, der den Menschen ›angeht‹ aus der Tiefe des Seins: als das ›Gegenüber‹ einer im Menschen selbst zu erfahrenden letzten Instanz.« (A.a.O., 67.)

[1044] Vgl. a.a.O., 69.

[1045] Vgl. a.a.O., 81.

[1046] A.a.O., 82.

und dass es nur im Gebet gelingt, Gott als Person zu denken. Bei einem philosophischen Gottesbegriff ist das nicht möglich.[1047]

Beten ist etwas, das einem beigebracht wird. Dass man beten kann, verdankt man anderen *Menschen*.[1048] Der Zuspruch muss dem Antworten vorausgehen. Dies ist nicht nur eine theologische Erkenntnis, sondern auch eine menschliche Grunderfahrung: Jeder Mensch ist zunächst auf Mutter und Vater angewiesen. Daran anknüpfend ist es für Leuenberger zentral, dass »auch ein christliches Beten [...] mit seinen menschlichen Voraussetzungen hineingebunden [ist] in das elementare Dasein der Kreatur«[1049] und deswegen »primitive Formen des Gebets noch bis in unsere säkularisierte Gemütssprache hineinspielen«.[1050] Diese These findet Leuenberger z.B. in einer Studie von Serge Bonnet zu Gebetswänden in Kirchen bestätigt. Die untersuchten Gebete zeigen »das menschliche Leben« völlig »unverstellt«; ob Menschen christlich sind oder nicht, ob sie gläubig sind oder nicht, »verschwindet hinter dem überwältigend Menschlichen«.[1051] Es fällt jedoch auf, dass sich die meisten dieser Texte der christlich geprägten Sprache bedienen.[1052]

Beten- und Glaubenkönnen heißt in der heutigen Zeit, dass der Mensch »den Mut [hat], sich dem Leben auszusetzen«.[1053] Nichtbetenkönnen kann daher ein Zeichen dafür sein, »dass man sich selbst weder begegnen noch von sich zu lassen vermag«.[1054] Leuenberger konstatiert dem heutigen Menschen eine »religiöse Sehnsucht«, die oft einhergeht

---

1047 Vgl. LEUENBERGER, Zeit, 82.

1048 Vgl. a.a.O., 19ff.

1049 A.a.O., 30.

1050 Ebd. Als naives oder primitives Gebet wird z.B. bei Heiler das Gebet bezeichnet, in dem der »Egoismus ganz ungeschminkt zutage tritt« (Heiler, zitiert nach LEUENBERGER, Zeit, 34). Dabei versucht der Mensch, durch die Hilfe der Götter dem Unheil zu entgehen. Als primitiv werden das Weltbild und die Vorstellung von den höheren Mächten erachtet. Doch Leuenberger stellt demgegenüber fest, dass »der Versuch [...], mit tauglich scheinenden Mitteln einzugreifen in den Gang des Schicksals oder der Natur, [...] unverändert auf allen Stufen der menschlichen Entwicklung [begegnet]« (LEUENBERGER, Zeit, 34).

1051 A.a.O., 39.

1052 Anhand der Studie wird deutlich, dass auch so genannte säkularisierte Menschen oder Kirchenferne an solchen Gebetswänden Spuren hinterlassen. Leuenberger schließt daraus, dass auch Menschen, die an der Existenz Gottes und der Heiligen zweifeln, sich diesen anvertrauen (vgl. a.a.O., 42).

1053 A.a.O., 88.

1054 Ebd.

mit einem »faktischen Atheismus«[1055]. Den Grund dafür sieht er im »Vertrauensschwund in einen sich ausschließlich auf das Wort verlassenden Glauben«[1056].

Der Mensch kann beten, weil er »weiss, dass sich sein Leben nicht von selbst versteht«[1057]. Er ist dazu in der Lage, die Ambivalenz des Daseins in Worte zu fassen. Dass ihm das dennoch nicht immer möglich ist, hat seinen Grund unter anderem darin, dass »Glaubens- und Gebetsfähigkeit (und Unfähigkeit!)« immer auch an »psychologische[] Bedingungen« gebunden sind:[1058] Oft sind es Ängste und die fehlende Fähigkeit, sich anvertrauen zu können, die einen Menschen vom Glauben und Beten abhalten.[1059]

Leuenberger schließt sich der Meinung an, dass »die Macht der Gewohnheit« sowie »die Erziehung« eine entscheidende Rolle für die Gebetspraxis spielen.[1060]

Funktion des Gebets

Die ursprüngliche Funktion des Gebets sieht Leuenberger darin, »dem Dasein in der zerrinnenden Zeit einen Halt, eine Ordnung und dadurch einen Sinn zu geben«.[1061]

Leuenbergers eigenen Ausführungen zur Folge ist die Funktion der Gebete eher in der Selbstbegegnung zu finden: Jemand, der den Mut hat, zu beten und zu glauben, wird vor Gott sich selbst begegnen. So hält Leuenberger – obwohl er die »erste Heimat« des Gebets in der Gemeinschaft sieht – das Gebet im stillen Kämmerlein für äußerst sinnvoll, da der Mensch dort nicht die Rollen der Welt aufsetzen muss, sondern »unverstellt« sein kann.[1062] Dies bedeutet jedoch nicht, dass der Mensch dazu auch immer in der Lage ist: Es ist durchaus möglich, sich im Gebet

---

1055 LEUENBERGER, Zeit, 166.

1056 Ebd.

1057 A.a.O., 44.

1058 A.a.O., 86f.

1059 Vgl. a.a.O., 87.

1060 Vgl. a.a.O., 22. Er beruft sich dafür auf eine Studie unter katholischen Christen: Vgl. URSULA BOOS-NÜNNING, Die Dimensionen der Religiosität. Zur Operationalisierung und Messung religiöser Einstellungen, München/Mainz 1972.

1061 LEUENBERGER, Zeit, 23.

1062 Vgl. a.a.O., 88.

selbst zu betrügen. Unverstellte Worte sind nur dem möglich, der vertraut.[1063]

Form und Gestalt

Sprache steht in direktem Bezug zur Erfahrung, denn alle Erfahrung drängt darauf, ausgesprochen zu werden.[1064] Das Problem ist, dass Sprache nicht ungefährlich ist; sie kann Wahrheit oder auch Lüge ausdrücken. Hier liegt nach Leuenberger ein Paradox des Gebets; einerseits ist beim Gebet sprachlich alles möglich, andererseits scheint es etwas zu geben, das einen »Massstab« an die Sprache des Gebets legt.[1065] Doch Leuenberger geht davon aus, dass Gott in unserer Sprache »unser Herz und nicht unsere Redekunst«[1066] erkennen will und es im Gebet daher vor allen um die »einfache Sprache der Wahrheit«[1067] geht. Nach Leuenberger hat bereits eine Entwicklung in die richtige Richtung stattgefunden: Die Gebetssprache des Christentums ist »weniger theologisch und dafür gefühls- und erlebnisoffener geworden«.[1068]

Geprägte Gebete haben den Vorteil, dass sie den Betenden vom Zwang der sprachlichen Eigenleistung befreien können.[1069]

Wie die »Sprache der Liebenden« ist die »Sprache des Gebets« aber »nicht nur an Wörter gebunden«.[1070] Es bestehen verschiedenste weitere Möglichkeiten, z.B. Gebärden, Kerzen anzünden, Musik etc. Durch Gebärden können Wortgebete verstärkt oder auch ersetzt werden.[1071] So sieht Leuenberger z.B. im »Schrei« und im »Verwerfen der Arme und Hände« zwei »gleichursprüngliche Äusserungen menschlicher Hilflosigkeit wie menschlicher Lebenskraft«.[1072] Wird diese Dimension der Ge-

---

1063 Vgl. LEUENBERGER, Zeit, 88.

1064 Nach a.a.O., 210, ist eine Erfahrung nicht alles, was einem widerfährt, sondern alles, was man auch reflektiert hat.

1065 Vgl. a.a.O., 169.

1066 A.a.O., 171.

1067 Vgl. ebd. »Beten ist kein ästhetisches Unternehmen, und wer es in ästhetischer Absicht betreibt, hat mit Sicherheit schon zu beten aufgehört.« (A.a.O., 251.)

1068 A.a.O., 266.

1069 Vgl. a.a.O., 90f.

1070 A.a.O., 150.

1071 A.a.O., 152.

1072 A.a.O., 151.

betssprache nicht wahrgenommen, besteht die Gefahr, dass »Gefühle« unterdrückt werden und »anderswo ihren Ausdruck« suchen.[1073]

Kann jemand keine Worte für ein Gebet finden, so ist das nicht unbedingt negativ zu bewerten. Es besteht die Möglichkeit, dass »das *wortlose Beten* wie vom Unbewussten her gelenkt und mit Gehalt erfüllt wird«.[1074] Überhaupt geht Leuenberger davon aus, »dass es keine Worte gibt, die nicht vom Schweigen herkommen und zu ihm zurückführen«.[1075] Umgekehrt ist jedes Schweigen – auch das der Asketen, das ein Leerwerden der Seele zum Ziel hat – dennoch von Sprache geprägt.[1076] Die protestantische Kritik am Schweigen, wie man sie z.B. bei Karl Barth finden kann,[1077] will Leuenberger nicht in aller Konsequenz gelten lassen, da damit die im Menschen verankerte »Sehnsucht nach Schweigen«, die er als Sehnsucht nach dem Heraustreten aus der Alltagswelt versteht, im Voraus verdächtigt würde.[1078] Er spricht sich auch gegen die protestantische Angst aus, »die Stille der Natur und des Kosmos religiös zu erleben«, und wendet sich damit gegen die Ansicht, dass Gott »einzig durch das ›Wort‹« zu uns rede.[1079] Bei den evangelischen Dichtern findet er einen Beweis dafür, dass er mit dieser Ansicht in der protestantischen Theologie nicht allein dasteht.[1080]

Überlieferte Sprache und damit *Tradition* kann versagen, wenn Bilder leer geworden sind.[1081] Leuenberger stellt nicht explizit die Forderung, dieses leer gewordene Bildgut wieder zu lehren und weiter zu geben. Doch es ist für die »Glaubens- und Gebetsfähigkeit« einer Generation wichtig, »dass feste Traditionen christlichen Lebens [...] sie noch mit einer gewissen Selbstverständlichkeit umgeben«[1082] und dass die Tradi-

---

1073 Vgl. Leuenberger, Zeit, 153.

1074 A.a.O., 156. (Hervorhebung durch Vf.)

1075 A.a.O., 158.

1076 Vgl. a.a.O., 160f.

1077 Nach Leuenberger versteht Barth das christliche Gebet im Wesentlichen »als ›Antwort‹ auf die in der Heiligen Schrift bezeugte ›Anrede‹ Gottes« (a.a.O., 161).

1078 Vgl. ebd.

1079 A.a.O., 162.

1080 Vgl. a.a.O., 162f. Er zitiert Paul Gerhardts Gedicht »Nun ruhen alle Wälder«.

1081 Vgl. a.a.O., 153.

1082 A.a.O., 177.

tionen »einem von jemand glaubwürdig gemacht«[1083] werden; ansonsten vermitteln sie kein Vertrauen.

Leuenberger spricht sich mit Martin Luther für die *Regelmäßigkeit der Gebetspraxis* aus, die zwar nicht heilsnotwendig, aber nützlich »gegen mancherlei Selbstbetrug der Vernunft« ist.[1084] Luther sah in einer regelmäßigen Gebetspraxis keinen Zwang, sondern begründete sie innerhalb der Freiheit eines Menschen. Ohne das Gebet läuft der Mensch Gefahr, sich in die »Fremdherrschaft« zu begeben.[1085] Zudem vermittelt eine regelmäßige Gebetspraxis die »Geborgenheit einer gelebten Ordnung«, die es braucht, um »eigene Wege zu gehen«.[1086] Tagesübergänge sind als »Zeiten der ›Krisis‹« klassische Gebetszeiten.[1087] Das Gespür für diese Übergänge ist auch dem modernen Menschen nicht ganz abhanden gekommen.[1088]

In den klassischen Gebetsgattungen wird bei Leuenberger das *Dankgebet* dem *Bittgebet* vorgeordnet, da er das Bittgebet im Danken und Feiern verankert sieht. Beim *Dankgebet* geht es nach Leuenberger theologisch um ein Danken für das Leben, »das durch den Tod hindurch gegangen ist«.[1089]

Gott zu bitten, in das Weltgeschehen einzugreifen, wäre nach Leuenberger eine magische und damit eine falsche Gebetsauffassung. Gott »darum zu bitten, dass er da sei, was auch geschehen wird«,[1090] ist die legitime Form des *Bittgebets*. Dementsprechend geht Leuenberger von verschiedenen Qualitäten des Bittgebets aus. Dennoch fordert Leuenberger, dass beim Beten den Wünschen des Herzens freie Bahn gelassen wird, denn »dies allein eröffnet jenen innern Prozess, durch den das Herz lernt, anders zu bitten als das ›Fleisch‹ es will«.[1091]

[1083] LEUENBERGER, Zeit, 177. Leuenberger geht davon aus, dass auch heutige Menschen unbewusst von den Traditionen, die sich in 2000 Jahren Christentum herausgebildet haben, beeinflusst sind (vgl. a.a.O., 13).

[1084] A.a.O., 184.

[1085] Vgl. a.a.O., 192f.

[1086] A.a.O., 178.

[1087] A.a.O., 194.

[1088] Vgl. a.a.O., 195.

[1089] A.a.O., 280.

[1090] Vgl. a.a.O., 118.

[1091] A.a.O., 139.

In der *Fürbitte* ist es mit der Bitte »um Ermutigung zum eignen Handeln« nicht getan[1092]; es geht vor allem darum, sich mit allen andern bei Gott zu wissen. Das Fürbittgebet ist kein Instrument, sondern »das offene Herz, die Herzkammer, in der die Sorge, die Angst, aber auch die Hoffnung und die Freude der Welt eingeritzt sind«[1093].

Es gab im Christentum von Anfang an sehr unterschiedliche Formen des Gebets, »die von den charismatischen Zungenreden zu den ersten, theologisch reflektierten Bekenntnisgebeten« reichten.[1094] Leuenberger sieht in dieser Vielfalt der Gebete ein Zeichen der »integrierende[n] Kraft des christlichen Glaubens«.[1095]

Die *Zungenrede* ist nach Leuenberger eine Form, an der »eine Grenze sichtbar [wird], die dem rational geordneten Beten gezogen ist«[1096].

Auch *Seufzer* können Gebete sein. Nach Leuenberger kommt es darauf an, was dem Menschen während des Seufzers durch den Kopf geht. Der Seufzer kann sich nämlich auch als Beschwörungsformel entpuppen: »Für die Zeitspanne eines Atemzugs empfinden wir unsere Ohnmacht und beschwören wir eine Macht, die ausserhalb unser selbst ist.«[1097] Mit christlichem Glauben hat das meist nur noch am Rande zu tun.

Bei der Form der *Meditation* unterscheidet Leuenberger zwischen einem modernen Verständnis und dem eigentlich christlichen, wie er es im Meditationsbegriff Martin Luthers findet. Das moderne Meditationsverständnis stellt im Gegensatz zum gängigen Gebetsbegriff kein fiktives Gespräch dar und hat daher für den heutigen Menschen den »Vorteil«, dass Meditation nicht nach einem »Anruf- und Antwort-Schema« abläuft.[1098] Damit ist jedoch nicht ausgesagt, dass jede Meditation »ausserhalb des Gesprächsschemas Gott – Mensch«[1099] verläuft oder einem Gebet ohne Gott gleich kommt. In den modernen Meditationsbewegungen wird entweder das Selbst gesucht oder das Heile in der heillosen

[1092] Leuenberger, Zeit, 273.
[1093] A.a.O., 276.
[1094] A.a.O., 45.
[1095] A.a.O., 48.
[1096] A.a.O., 155.
[1097] A.a.O., 29.
[1098] A.a.O., 92.
[1099] A.a.O., 93.

Welt.[1100] Dem Christentum widerstrebt das zunächst, da es nicht die Person in den Mittelpunkt stellt. Trotzdem schließen sich das moderne und das traditionell christliche Meditationsverständnis nicht zwingend gegenseitig aus: Der Mensch, der zuerst das Reich Gottes sucht, wird sicher auch den Sinn des Lebens finden.[1101] Die eigentliche Meditation bleibt für Leuenberger die Meditation nach Martin Luther, bei der es darum geht, Texte vor sich her zu sprechen und darüber das Herz zu erwecken, so dass es »frei zu ›reden‹ anfängt«.[1102] Meditation kann nach Leuenberger definiert werden als Beten, das als Gewohnheit geübt wird. *Christliche Meditation* unterscheidet sich von anderer Meditation durch die Bindung an die Bibel. Sie nimmt ihren Ausgang bei der Lesung. Sie ist ein »Umweg« über Bilder und Texte, der letztlich aber zu einem selbst führt.[1103] Als *nicht christlich* wird die transzendentale Meditation eingestuft, in der »Ich-Erfahrung« zur »Heils-Erfahrung« werden soll.[1104]

Grundsätzlich sind heute die »Grenzen« zwischen Glaube und Nichtglaube »fliessend«, so auch die zwischen Gebet und meditativem Verharren – es ist nicht möglich zu sagen, wo genau Meditation anfängt.[1105]

Öffentliches und privates Gebet »klaffen« nach Leuenberger auseinander, so wie die »private und kirchliche Frömmigkeit« auseinanderklaffen.[1106] Dennoch geht er davon aus, dass auch bei evangelischen Christen ein Zusammenhang zwischen dem *gottesdienstlichen und dem privaten Gebet* besteht.[1107] Für viele ist der Gottesdienst der einzige Ort, an dem sie noch beten: Es handelt sich um ein Beten »unter dem Schutz der gesellschaftlich anerkannten Institution«.[1108] Leuenberger sieht im Gebet den »intimsten« Teil des Gottesdienstes, weil es den Besucher zum »Subjekt« macht.[1109]

[1100] Vgl. LEUENBERGER, Zeit, 201.

[1101] Vgl. a.a.O., 203.

[1102] Vgl. a.a.O., 187.

[1103] Vgl. a.a.O., 209.

[1104] Vgl. a.a.O., 212.

[1105] Vgl. a.a.O., 225.

[1106] Vgl. a.a.O., 24.

[1107] Für katholische Christen wurde dies nach Leuenberger mittels einer Studie nachgewiesen; vgl. BOOS-NÜNNING, Dimensionen.

[1108] LEUENBERGER, Zeit, 257.

[1109] Vgl. a.a.O., 259.

Da die für das Gebet geforderte »Wahrhaftigkeit« gerade auch für den Menschen im stillen Kämmerlein eine »Überforderung« darstellt,[1110] betont Leuenberger, dass es der »Mitmenschen« bedarf, um »wahrhaftig zu werden«.[1111] Die »erste Heimat« des Gebets sieht er daher nicht im stillen Kämmerlein, »sondern in der Gemeinschaft«.[1112]

Für das *Gebet mit Kindern* beruft sich Leuenberger auf Regine Schindler.[1113] Schindler hält es für wichtig, dass das Gebet mit Kindern in vertrauenserweckenden Situationen, z.B. beim Zubettgehen, stattfindet. Sie spricht sich außerdem für eine Gebetspraxis aus, die von Wiederholungen geprägt ist. Dabei ist es nicht notwendig, immer dasselbe Gebet zu sprechen, sondern das Gebet in der gleichen inneren Ordnung zu vollziehen. Dazu gehört, »dass ausgesprochen werden kann, was ungerade ist«.[1114] Kinder dürfen nicht zum Gebet genötigt werden; das kann eine »Gottesvergiftung« herbeiführen.[1115] Gebet am Abend ist »Ausdruck dafür, dass man füreinander Zeit hat« sowie »für den vergangenen Tag, für die Welt« und Gott.[1116]

Erhörung des Gebets

Zur Erhörung von Gebeten sagt Leuenberger unter anderem Folgendes: »Was immer Gebete auf der Welt in Bewegung setzen und verändern mögen, geschieht durch das Medium von Menschen. Zu meinen, Gott liesse sich zu Eingriffen in die Welt bewegen, ohne dass die, welche zu ihm beten, selbst gebraucht würden, dies eben wäre Magie.«[1117] Gott würde dadurch zum Instrument. So ist es nach Leuenberger der Wille des Menschen, der sich durch das Gebet »in der Tiefe verändern lässt«.[1118] Interessant ist, dass Leuenberger sich dennoch die Frage er-

---

1110 Vgl. LEUENBERGER, Zeit, 233.

1111 Ebd.

1112 A.a.O., 234.

1113 Leuenberger bezieht sich auf: REGINE SCHINDLER, Erziehung zur Hoffnung. Ein Elternbuch zur religiösen Erziehung, Lahr 1986.

1114 LEUENBERGER, Zeit, 180.

1115 Vgl. a.a.O., 172.

1116 Vgl. a.a.O., 180.

1117 A.a.O., 112.

1118 A.a.O., 113.

laubt, ob es denn Gebetsglaube bleibe, »wenn er ganz aufgehört hat, ›primitiv‹ zu sein«.[1119]

3.3.5.2 GEBET ALS BIOGRAPHIE – BIOGRAPHIE ALS GEBET (REBLIN)

Die Entscheidung, die Überlegungen von Klaus Reblin aufzunehmen, mag ungewöhnlich erscheinen, denn der zugrunde liegende Text versteht sich als Predigt und wurde zum Teil auch sehr persönlich verfasst.[1120] Er soll hier – auch wenn die Vergleichbarkeit nicht ganz gegeben ist – trotzdem besprochen werden, da er noch einmal eine andere Perspektive in die Diskussion um das Gebet einbringt, die in den anderen Gebetsauffassungen nicht in dieser Direktheit zu finden ist.

Interessant ist Reblins »Predigt« auch deshalb, weil sie aus der Perspektive eines Pfarrers verfasst wurde und eine größere Vergleichbarkeit mit den Aussagen der in den Interviews befragten Pfarrer erhoffen lässt. Schwierig ist hingegen, dass der Autor oft fragend formuliert und damit keine klaren Aussagen trifft.

Grundzüge der Gebetsauffassung

Reblin *definiert* sehr einprägsam »Biographie als Gebet« und »Gebet als Biographie«.[1121] Gebet geschieht für ihn also, wenn der Mensch über sich und seinen Weg nachdenkt: In »Zweifel und Dank, Schuldgefühl und Auflehnung, Jubel und Stöhnen« findet der Mensch zur »Tiefe« seines Lebens.[1122] Zum einen können so die Inhalte verschiedener klassischer Gebetsgattungen zur Vertiefung des Lebens beitragen. Zum anderen kann sich nach Reblin Beten aber auch da ereignen, »wo Menschen sich in ihren Ausdrucksmitteln zur Sprache bringen, wo sie weinend oder lachend Lebensbilanz ziehen, wo sie Antwort geben auf das, was ihnen

---

[1119] LEUENBERGER, Zeit, 110. Ähnlich beschreibt Leuenberger auch die Wirkung eines Gebets für Kranke oder in der Krankheit. Es steht für ihn außer Frage, dass solche Gebete wirken und immer wieder gewirkt haben. Wichtig ist für ihn dabei, dass sich bei denen, die den Kranken vor Gott bringen, in ihrer Beziehung zu dem Kranken etwas ändert (vgl. a.a.O., 128).

[1120] Vgl. KLAUS REBLIN, Beten und leben, in: ERHARD DOMAY u. JÜRGEN FRANK (Hrsg.), Arbeitsbuch Gebete. Ideen, Anleitungen, Beispiele und Überlegungen zur Gestaltung gottesdienstlicher Gebete, Gütersloh 1994, 19-24.

[1121] A.a.O., 20.

[1122] Ebd.

widerfährt«.[1123] Ist das der Fall, dann befindet sich das Gebet nicht in der Krise, sondern ist im Gegenteil sehr lebendig. Im Alten und Neuen Testament ist das Beten ganz unmittelbar mit dem Leben verbunden. Diese Art zu beten sollte nach Reblin für die heutige Zeit zurückgewonnen werden. Mit Schleiermacher können nach Reblin auch »Gedanken von einiger Wichtigkeit« Gebete sein.[1124]

Bezugspunkt des Gebets ist nach Reblin *Gott*. Dieser erwartet das biographische Gebet von den Menschen. Gott spricht den Menschen zuerst an. Er muss daher nicht herbeigerufen werden; er hört immer und ist immer gegenwärtig.[1125]

Der *Mensch* soll beten, nicht um »Gott etwas zu übermitteln«, sondern um für sich selbst »Klarheit« zu gewinnen.[1126]

Vielleicht ist es nicht ein Zeichen des Schwindens des Gebets, dass der Mensch ihn nicht mehr anruft, sondern vielleicht lebt der Mensch »schon in seiner Gegenwart«.[1127] Reblin begründet seine These damit, dass einige Menschen, die in der Gegenwart Gottes gelebt haben, nicht wussten, wie sie beten sollen. Er nennt die Jünger sowie Paulus und Augustin. Er sieht hierin eine Hilfestellung für alle, »denen es Not macht, im traditionellen Sinn nicht mehr beten zu können und bei eigenen neuen Versuchen nur Misserfolge haben«.[1128]

Funktion des Gebets

Durch das Gebet gewinnt der Mensch für sein Leben an Klarheit und verleiht seinem Leben dadurch Tiefe. Indem das Gebet den Menschen verändert, motiviert es ihn zum Handeln.

Form und Gestalt

Mit Kurt Marti geht Reblin davon aus, dass das private Beten zum *Pfarrberuf* dazugehört. In diesem Betenmüssen sieht er eine Chance, denn die Form, die »Mechanik der Worte«,[1129] kann sich zum Zwiegespräch entwickeln.

1123 Reblin, Beten, 21.

1124 Schleiermacher, zitiert nach Reblin, Beten, 21.

1125 Vgl. Reblin, Beten, 22.

1126 Vgl. a.a.O., 20.

1127 Vgl. a.a.O., 22.

1128 Ebd.

1129 Marti, zitiert nach Reblin, Beten, 19.

Die eigentliche *Sprache* des Gebets ist nach Reblin die ganz normale Alltagssprache. Die Bibel gibt dafür zahlreiche Anhaltspunkte. Dass sich die Sprache des Gebets in den »Hochreligionen« von der »Umgangssprache« unterscheidet, sieht er nicht als ursprünglich an.[1130]

Eine *Anrede* an Gott ist für das Gebet, wie Reblin es versteht, nicht unbedingt notwendig; die Form der Anrede kann »ein möglicher, hilfreicher Gestus«[1131] sein. Er sieht seine Gebetsauffassung nicht zuletzt auch deswegen in der Nähe von dem, was man gemeinhin als *Meditation* bezeichnet.[1132] Als Referenz dafür, dass eine Gebetsanrede nicht zwingend notwendig ist, dienen Reblin die Psalmen, die ebenfalls oft keine Anrede an Gott haben und sich eher als ein Nachdenken vor Gott darstellen.

Erhörung des Gebets

Erhörung findet nach Reblin statt, indem Gott Menschen verwandelt, nicht indem Gott etwas tut, das er eigentlich nicht tun wollte. Die »entscheidende Wirkung des Gebets« ist für ihn: »Wer betet, bleibt nicht, wer und wie er ist.«[1133]

Die Wirkung des Gebets, sprich die Veränderung, die der Mensch erfährt, wirkt sich auch auf sein Tun aus. Aus dem Gebet entspringt die Motivation zur Tat.[1134] Trotzdem können beim Gebet und wie beim Handeln Fehler gemacht werden.[1135]

3.4 Systematisierung und Beurteilung des Beobachteten

Die Gliederung der vorangehenden Abschnitte nimmt bereits die Systematisierung vorweg und wird im Folgenden für die Zusammenfassung der Ergebnisse zu den Vergleichsaspekten übernommen.

Vorab soll jedoch ein Blick auf die verschiedenen Zugangsweisen der wissenschaftlichen Betrachtung des Gebets geworfen werden.

1130 Vgl. Reblin, Beten, 21.

1131 A.a.O., 22.

1132 Vgl. a.a.O., 21.

1133 A.a.O., 23.

1134 Vgl. ebd.

1135 Vgl. a.a.O., 24.

3.4.1 Verschiedene Zugänge zum Gebet

Eine chronologische Auflistung der Gebetsauffassungen wäre dem Überblick nicht unbedingt zuträglich; vielmehr gibt es über die Jahrhunderte hinweg immer wieder ähnliche Ansätze und Fragestellungen, was die Beurteilung und Theologie des Gebets betrifft.[1136]

Die besprochenen Gebetsauffassungen aus dem 20. und 21. Jahrhundert nähern sich dem Gebet auf unterschiedliche Weisen: Theologen wie Mössinger gehen in erster Linie offenbarungstheologisch vor; andere wie z.B. Bernet und Otto wählen ihre jeweiligen Anthropologien (zum Teil ein Idealbild des Menschen) als Ausgangspunkt; wieder andere setzen empirisch an bei dem, was Menschen heute als Gebet verstehen und praktizieren. Der letztgenannte Zugang wurde oben nicht besprochen, da er sich zunächst bewusst gegen eine vorausgehende (praktisch-)theologische Definition des Gebets stellt. Im Zusammenhang mit einem Versuch der Systematisierung von Zugängen zum Gebet darf dieser Ansatz aber nicht fehlen. Dazu wird im Folgenden die Untersuchung Hans Ulrich Hauensteins kurz dargestellt.[1137]

Stellt man sich die genannten Herangehensweisen als Spitzen eines Dreiecks vor, so lassen sich die übrigen besprochenen Auffassungen (Seitz, Zimmerling, Steffensky, Bohren, Josuttis, Klein, Leuenberger und Reblin) mit jeweils unterschiedlichen Tendenzen in der Fläche des Dreiecks ansiedeln.

3.4.1.1 Offenbarungstheologischer Zugang

Eine *rein* offenbarungstheologische Herangehensweise an das Gebet stellen die Überlegungen Mössingers dar. Er kommt nach einem zunächst phänomenologischen Überblick zum Gebet zu dem Schluss, »daß christliche Theologie zwar immer in der Welt steht und an ihr in ihrem Zusammenhang teilhat, sich von daher auf sie ganz allgemein besinnen muß, daß aber christliche Theologie nur etwas zu sagen hat, weil ihr etwas gesagt ist«.[1138] Es handelt sich hierbei um einen Zugang, der stark von der dialektischen Theologie geprägt ist. Mössinger lehnt es ab, bei

---

[1136] So weist Mössinger, Lehre, 128f., z.B. auf die Parallelen in den Gebetsauffassungen bei Origenes und Schleiermacher hin.

[1137] Hauenstein, Spuren.

[1138] A.a.O., 10.

empirischen Beobachtungen zum Gebet anzusetzen. Seiner Meinung nach ist es nicht legitim, dass in der Theologie von der Praxis oder Haltung ausgehend, die als Gebet verstanden wird, definiert wird, was Gebet sei.[1139] Er möchte eine primär theologisch begründete Gebetsauffassung festlegen, die es erlaubt, dass andere Auffassungen daraus abgeleitet werden.[1140]

Methodisch betrachtet, gehen Zugänge wie der Mössingers beinahe ausschließlich deduktiv vor. Ein gewisser Einfluss von eigenen Gebetserfahrungen muss natürlich auch hier vermutet werden.[1141]

3.4.1.2 Sozio-anthropologischer Zugang

Die Zugänge von Bernet und Otto gleichen sich darin, dass sie die von ihnen als traditionell beschriebenen Gebetsauffassungen für nicht mehr zeitgemäß halten. Als Hauptproblem wird dabei die personale Vorstellung von Gott gesehen. Bernet und Otto verstehen daher das Gebet als einen denkerischen Vorgang; eine Reflexion des eigenen Lebens, die den Menschen in seinem Leben auf die eine oder andere Weise voranbringt.[1142] Voraussetzung dafür ist, dass es aber Menschen gibt, die in der Lage sind, diese denkerische Leistung zu vollziehen, und die diese auch vollziehen wollen.

Auch dieser Zugang ist in gewisser Weise deduktiv, da er aus den vermeintlichen Einstellungen des aufgeklärten Menschen abzuleiten versucht, wie vorhandene religiöse Praktiken – darunter das Gebet – heute[1143] sinnvoll angewendet werden können.

1139 Vgl. Hauenstein, Spuren, 13.

1140 Vgl. ebd. »Es muß vielmehr grundsätzlich geklärt werden, welche von den so verschiedenen Inhalten vom Wort ›Gebet‹ primär und welche in übertragenem oder abgeleitetem Sinn damit bezeichnet werden, so daß jeder dieser Bedeutungsinhalte, die verschiedenen Verhaltensformen und Ausdrucksmöglichkeiten, eine eigene Kontur behält und nicht durch einen gemeinsamen oft unscharf gewählten Oberbegriff nivelliert wird.«

1141 Vgl. z.B. die knappe Darstellung von möglichen Modellen zur Erforschung von Religiosität bei: Pirner, Religiosität, 32f.

1142 Wüst-Lückl, Theologie, 25, schätzt das Gebet bei Bernet als einen »eminent analytischen Vorgang« ein.

1143 Ausgehend von den besprochenen Gebetsauffassungen bezieht sich »heute« auf das *Heute* der 70er-Jahre des vergangenen Jahrhunderts. Es ist jedoch nicht ausgeschlossen, dass ein solcher Zugang auch gegenwärtig Anhänger findet.

3.4.1.3 Empirischer Zugang

Hauenstein fordert, in Abhandlungen über das Gebet nicht theologische Systeme oder Anthropologien zugrunde zu legen, sondern das, »was Menschen meinen, wenn sie sagen, sie selber oder andere würden zu bestimmten Zeiten ›beten‹«.[1144] Er kritisiert, dass »[d]ie Fülle vorliegender empirischer Gebetsstudien [...] in systematisch-theologischen Abhandlungen zum Gebet zumindest im deutschsprachigen Raum merkwürdig unberücksichtigt [bleibt].«[1145] Für Hauenstein ist die Frage wichtig, »was betende Individuen unter ihrem Tun verstehen und wie sie zu diesem Verständnis kommen.«[1146] Um sie zu beantworten, muss die Definitionshoheit zunächst den Individuen überlassen bleiben.[1147] Dabei ist davon auszugehen, dass es immer auch das »*soziale* Wissen« bestimmter Gruppen ist, das in die »Gebetskonzepte« Einzelner mit einfließt.[1148] Dieses Wissen ist in unserem Kulturkreis vor allem geprägt von kirchlich-theologischen Begrifflichkeiten, so dass es hier durchaus Überschneidungen von akademischer Theologie und Laientheologien in Bezug auf das Gebet gibt.[1149] »Ein einheitliches Verhalten und Erleben ›Gebet‹« könnte es nur geben, »wenn tradierte Deutungskategorien als Norm vorgegeben werden« und sich in der Folge alle Betenden an diese Norm hielten.[1150] Da nicht davon ausgegangen werden kann, dass sich alle Betenden einer solchen Norm unterwerfen würden, ist es wenig sinnvoll, sie zu postulieren.

1144 Hauenstein, Spuren, 5.

1145 A.a.O., 9.

1146 Ebd.

1147 Vgl. a.a.O., 233: »Wenn [...] die tatsächlich vorhandene Vielfalt an Gebetshandlungen und -erfahrungen empirisch erfasst und beschrieben werden soll, müssen die Deutungskategorien (Gebetskonzepte) den Subjekten überlassen werden, die ihr eigenes Tun und Erleben als ›Gebet‹ verstehen.« Hauenstein fragt nach der »Möglichkeit einer Theologie, die sich als Theorie religiöser Phänomene im christlichen Kulturraum versteht, dabei bestehende theologische Phänomene reflektiert, darin aber nicht aufgeht« (a.a.O., 10).

1148 A.a.O., 228: »›Betende‹ oder ›nicht-betende‹ Menschen sind immer auch Theologinnen und Theologen. Sie erfassen, verstehen und beschreiben ihr Tun (oder Lassen) mit Hilfe theologischer Begriffe, d.h. solcher Begriffe, die für sie mit Gott (den Göttern) konnotiert sind.«

1149 Siehe hierzu unten die Ausführungen unter *4.2.1.2 Problematisierung des Individualisierungsbegriffs in Bezug auf Gebetskonzepte*, 292ff.

1150 Hauenstein, Spuren, 233.

Im Gegensatz zu den beiden zuerst beschriebenen Zugängen fordert Hauenstein ein induktives Vorgehen.[1151]

3.4.1.4 Zugänge im Raum zwischen Erfahrung und Offenbarung

Die verbleibenden Gebetsauffassungen verbinden deduktives und induktives Vorgehen. Sie bewegen sich damit im Raum zwischen Erfahrung und Offenbarung.[1152] Bei den meisten überwiegt jedoch – wie Hauenstein zu Recht kritisiert – das deduktive Vorgehen, sie sind im gedachten Dreieck eher auf der Verbindungsgeraden zwischen offenbarungstheologischem und anthropologischem Zugang als auf der Fläche zwischen den drei Punkten anzusiedeln. Empirische Studien werden nur am Rande wahrgenommen, eher fließen empirische Erkenntnisse, die sich aus eigenen Beobachtungen ergeben, in die Überlegungen ein.

Bohren arbeitet als dialektisch geprägter Theologe nahe am offenbarungstheologischen Zugang. Er nimmt jedoch zur Darstellung seiner Gebetsauffassung in abgrenzender und befürwortender Weise auch »Sätze und Szenen, die von anderen stammen«[1153] auf: »Seine Zeugen sind Poeten und Politiker, Philosophen und Theologen aus der jüdischen, der christlichen, auch der religionskritischen Literatur.«[1154] Da die meisten dieser Zeugen dem intellektuellen Milieu zuzuordnen sind, dürften in seinem Entwurf eher Aspekte aus den Gebetsauffassungen spezifischer Milieus abgebildet sein als die des durchschnittlichen Betenden. Erfahrungsbezogen sind die Gebetserfahrungen, die er aus der eigenen Biographie einbezieht.[1155] Ähnliche Beobachtungen sind für Leuenberger zu machen,[1156] der z.B. davon ausgeht, dass das so genann-

---

[1151] Siehe Anm. 1141.

[1152] Vgl. Wüst-Lückl, Theologie, 26. Wüst-Lückl sieht bei Bernets Gebetsauffassung eine Schwierigkeit im alleinigen Bezug zur Erfahrung und stellt fest, dass ein Zugang zwischen Erfahrung und Offenbarung eine komplette Umdeutung und Umgestaltung von Gebetspraxis und -reflexion verhindern könnte.

[1153] Josuttis, Wort, 403.

[1154] Ebd.

[1155] Siehe dazu unten die Ausführungen unter *3.4.1.5 Exkurs: Erfahrungsbezogene Beschreibungen*, 204f.

[1156] Siehe zu Leuenberger z.B. die Beurteilung durch Hans-Günther Heimbrock, Frömmigkeit als Problem der Praktischen Theologie, in: PTh 71 (1982), 18-32., hier 28: »... alle Reflexion über Art und Weise der Aneignung [Anm.: von Frömmigkeit] beim Einzelnen [wird] gebunden an die Offenbarung des Wortes Gottes, faktisch damit an die sie auslegende Theologie«.

te primitive Gebet unauslöschbar zu sein scheint, und daraus folgert, dass es tief im Menschen eine Erfahrungsschicht gibt, die stärker ist als die Angst.[1157] Er bringt an dieser Stelle psychologische Aspekte in seine Ausführungen ein. Im Gegensatz zu Bohren zieht Leuenberger aber auch einige empirische Studien zu Rate.[1158] Josuttis und Reblin integrieren in ihre Ausführungen ein Bild des heutigen Menschen, das sich aber größtenteils aus eigenen Beobachtungen generiert.

Seitz, Steffensky, Klein und Zimmerling legen einen großen Wert auf die Ausübung einer regelmäßigen Gebetspraxis. Sie zielen also sehr eindeutig auf das Tun des Gebets ab. Doch ähnlich wie bei Bohren, Josuttis und Reblin dienen eigene Beobachtungen und Texte aus der Literatur als Referenzpunkte, weniger aber die Gebetspraxis des *normalen* Gläubigen. Die Frage ist, ob der praktisch-theologische Aufruf zu mehr *Empirie* gehört werden kann, wenn die Empirie nicht wirklich *eine* Basis der Diskussion ist.

3.4.1.5 EXKURS: ERFAHRUNGSBEZOGENE BESCHREIBUNGEN

An vielen Stellen in den besprochenen Gebetsauffassungen wird deutlich, dass auch lebensgeschichtliche Aspekte eingeflossen sind.[1159]

[1157] Vgl. LEUENBERGER, Zeit, 30. Ähnlich verhält es sich mit Leuenbergers These, dass das Gebet die »bewahrte Fähigkeit« des Menschen sei, sich »aus den Wurzeln« seiner »seelischen Existenz zu erneuern« (a.a.O., 27). Hier bleibt offen, ob Leuenberger davon ausgeht, dass der Mensch diese Fähigkeit in sich trägt oder ob sie ihm von außen zukommt. Das Urteil, das Heimbrock ausgehend vom Artikel ROBERT LEUENBERGER, Frömmigkeit als theologisches Problem, in: ThPr 2 (1967), 110-188, fällt, kann m.E. trotz Leuenbergers starker Rückbindung an die Offenbarung für seine anderweitigen Ausführungen zum Gebet nicht in dieser Ausschließlichkeit aufrechterhalten werden: »Die Wirklichkeit der Glaubenspraxis kommt hier allein unter immer schon normativem Blickwinkel des Dogmatikers vor. [...] Leitwort für theologische Theorie wie fromme Praxis ist gleichermaßen allein der ›Gehorsam‹ gegenüber dem Wort. Solch ein Maßstab macht vielleicht immun gegenüber vorschnellen Anpassungstendenzen nach der Parole ›Bekehrung der Kirche zur Welt‹. Aber er setzt [...] kaum eine konkrete inhaltliche Perspektive frei, nach welcher eine neue Glaubenspraxis entworfen werden könnte.« (HEIMBROCK, Frömmigkeit, 28.) Auch WÜST-LÜCKL, Theologie, 34f., betont, dass Leuenberger sich »aus diversen Richtungen« dem Thema *Gebet* annähere und es als »vermittelt und menschlich« betrachte.

[1158] Siehe dazu z.B. LEUENBERGER, Zeit, 42.

[1159] So wirft z.B. Hauenstein den (praktisch-)theologischen Gebetsauffassungen vor, dass sie über das Gebet schreiben, ohne praktische Beispiele heranzuziehen oder von eigenen

Ganz offensichtlich ist das dort, wo Beispiele aus der eigenen Biographie in die Abhandlungen über das Gebet eingebracht werden. So erwähnt z.B. Bohren, als er darüber spricht, dass wir das Beten »außerhalb unserer selbst«[1160] lernen, eine Episode aus seiner Studentenzeit. Seinerzeit wurde bei ihm ein Herzfehler diagnostiziert, und er fand in der Wiederholung einer Liedzeile aus einem von Paul Fleming gedichteten Lied »eine Gegenwelt zu dem Urteil ›lebenslänglicher Krüppel‹«.[1161]

Gebetserfahrungen zu sprechen: »Die Frage nach dem, was ›betende‹ Menschen – abgesehen von den Autorinnen und Autoren – selber von ihrem Tun und Erleben denken, wie sie sich darüber äussern und wie es zu diesen Äusserungen kommt, bleibt ausgeklammert. ›Das‹ Gebet wird als Vorausgesetztes gedeutet« (HAUENSTEIN, Spuren, 10). Tatsächlich werden meist weniger die eigenen Erfahrungen oder Erfahrungen anderer realer Personen eingebracht als vielmehr Beispiele aus der zeitgenössischen Literatur. Auffällig ist, dass solche Beispiele oft dazu dienen, das Phänomen einer allgemeinen Gebetskrise zu belegen. Dazu werden z.B. bei Bohren Beispiele aus Epik und Poesie herangezogen, Texte von Robert Musil, Max Frisch, Kurt Marti und Reiner Kunze (vgl. BOHREN, Gebet 1, 27ff.). Otto greift eine Passage aus Martin Walsers Roman »Halbzeit« auf. Dort bemerkt der Protagonist, dass sein Leben in der Gebetssprache nicht mehr unterzubringen sei, dass er sich »nicht mehr so verrenken« könne. Gebete sind für den Protagonisten »Formeln«, mit denen er nichts mehr anzufangen weiß, die ihm Gott entfremden (vgl. OTTO, Gebet, 31f.). Eine weitere Szene entnimmt Otto Wolfgang Borcherts »Draußen vor der Tür«, in der Gott als ohnmächtiger Gott dargestellt wird, an den keiner mehr glaubt. Ausgehend von diesen literarischen Beispielen stellt Otto die Fragen: »Heißt beten, mit Gott als einem ansprechbaren personalen Gegenüber rechnen?« und »Heißt beten, mit einem von außerhalb der Welt kommenden unmittelbaren Eingreifen Gottes in weltliche Geschehensabläufe rechnen?« (A.a.O., 33.) Die Literaturstücke sind also zum Teil Ausgangspunkt für Ottos Überlegungen zu einer neuen Gebetsauffassung. PETER CORNEHL, »... Vorspiegelnd altgewesene Vertrautheit.« Gebet und Gebetserfahrung heute, in: FRIEDRICH W. BARGHEER u. INGEBORG RÖBBELEN (Hrsg.), Gebet und Gebetserziehung, Heidelberg 1970, 86-110, hier 93ff., zeigt anhand eines Textes aus der Popmusik und eines modernen Gedichts, dass die Inhalte, die früher Gebetsanliegen waren, im 20. Jahrhundert weiterhin versprachlicht, aber nicht mehr als Gebete formuliert wurden. Er weist anhand dieser Texte das Phänomen nach, dass Menschen trotz eines vermeintlichen Nicht-mehr-Beten-Könnens die Sehnsucht verspüren, Gebetsanliegen auszudrücken. Hier bleibt die Frage zu stellen, ob Texten aus Epik und Lyrik nicht vor allem die Gedanken eines bestimmten Milieus zugrunde liegen und ob es daher nicht problematisch ist, solche Texte als Referenzen für Gebetsauffassungen der Gegenwart oder auch für die Krise des Gebets heranzuziehen.

[1160] BOHREN, Gebet 1, 83.

[1161] A.a.O., 84. Die Liedzeilen lauten: »Es kann mir nichts geschehen als was er hat ersehen und was mir selig ist.« (Paul Fleming, zitiert nach BOHREN, Gebet 1, 84.)

Dies wäre ihm nicht möglich gewesen, hätte er diese Liedzeile nicht irgendwann einmal auswendig gelernt. Es ist anzunehmen, dass unter anderem diese Erfahrung seine Wertschätzung für geprägte Gebetstexte gefördert hat. Auch Steffensky zeigt Stationen der Entwicklung seiner persönlichen Gebetsauffassung auf: Er beschreibt die Gebetsauffassung seiner Kindheit, als Gott »ein großer, mächtiger Alleskönner« war, mit dem man handeln musste,[1162] ebenso wie das Gebet der »›jungen‹ Zeit«, der Zeit des Politischen Nachtgebets, als er sieben Thesen verfasste, die in letzter Konsequenz davon ausgingen, dass »Gott keine anderen Hände hat als unsere«.[1163] Der Aufsatz, in dem Steffensky die Gebetsstationen seiner Biographie beschreibt, ist dabei insgesamt geprägt von einer Gebetsauffassung, wie er sie heute vertritt und die sich von früheren Vorstellungen über das Gebet charakteristisch unterscheidet. Diese Erfahrung aus der eigenen Biographie trägt mit Sicherheit auch zu Steffenskys Erkenntnis bei, dass man »in unserer Kirche viel mehr mit verschiedenen Wahrheiten rechnen [muss], der Wahrheit der Kinder, der Frauen, der Starken, der Schwachen, der Alten«.[1164] Diese Wahrheiten dürfen sich durchaus auch im Gebet zeigen. In ganz ähnlicher Weise geht Seitz davon aus, dass »jedes Lebensalter« und »jede Lebenslage« ihr jeweils eigenes Gebet brauchen.[1165]

Des Weiteren könnte die Tatsache, dass in den besprochenen Gebetsauffassungen kaum auf neuere Literatur zum Erlernen des Gebets bzw. auf neuere Gebetstexte verwiesen wird, ein Zeichen dafür sein, dass viele der besprochenen Theologen mit geprägten Texten aufgewachsen sind, die selbstverständlich in ihre Gebetspraxis eingeflossen sind. Sie sprechen also an diesem Punkt aus ihrer persönlichen Erfahrung. Die Möglichkeit, neue Texte für die Gebetsvermittlung heranzuziehen, wird kaum beachtet.

Dass sich auch Gebetsauffassungen von Theologen zu einem großen Teil aus der persönlichen Biographie speisen, mag keine neue oder erstaunliche Erkenntnis sein, sie zeigt aber, dass auch Theologen, wenn sie vom Gebet – und gerade auch vom Erlernen des Gebets – sprechen, von Prämissen ausgehen, die sie vor allem in ihren eigenen Erfahrungen vorfinden. In der Folge muss damit gerechnet werden, dass diese Erfah-

---

1162 Steffensky, Schwachheit, 24.

1163 A.a.O., 25.

1164 Ebd.

1165 Seitz, Christsein, 64.

rungen und Deutungen nicht ohne weiteres für andere Menschen, die nicht entsprechend beheimatet sind oder waren, erfahrbar oder nachvollziehbar sind.

3.4.1.6 FAZIT

Die Beobachtungen zu den verschiedenen Herangehensweisen zeigen, dass eine chronologische Darstellung der Gebetsauffassungen nicht zwingend aussagekräftig ist, da ähnliche Auffassungen in Abwandlung immer wiederkehren. Entscheidender ist, welcher Stellenwert der menschlich-religiösen Erfahrung in den Gebetsauffassungen zukommt.

In sich relativ geschlossene Systeme ergeben sich dort, wo der Zugang rein offenbarungstheologisch gedacht ist. Wird dieser Ansatz konsequent weiter verfolgt, besteht die Gefahr, dass ein adäquates Gebet nur den Menschen möglich ist, die sich auf diese Systeme einlassen bzw. gedanklich in der Lage sind, diese Systeme nachzuvollziehen.[1166]

Die gleiche Problematik ergibt sich bei den sozio-anthropologischen Zugängen. Auch sie sind in sich geschlossen und zu Ende gedacht. Ihre Schwierigkeit ist, dass sich Betende in beinahe komplett neue Gebetswelten und -praktiken einfinden müssten, die nur noch wenig von der Tradition geprägt sind.

Das zuerst genannte geschlossene System der rein offenbarungstheologischen Gebetsauffassung verkennt, dass das Gebet in der Neuzeit besonders umstritten ist.[1167] Auf bestimmte anthropologische Ansätze rekurrierende Systeme nehmen genau diesen Umstand zum Anlass, das Gebet in ein beinahe komplett neues System zu überführen.[1168] Beide systemische Ansätze müssen letztlich daran scheitern, dass sie stark auf das Rationale fokussieren und damit außer Acht lassen, dass gerade auch im Gebet das Emotionale und die Körperlichkeit eine wesentliche Rolle spielen.

Ein rein empirisches Arbeiten ohne Rückbezug auf theologische Grundlagen würde seinerseits verkennen, dass Menschen auch heute von traditionellen Gebetsauffassungen geprägt werden. Es ist wichtig,

---

[1166] Vgl. dazu die in Anm. 1157 zitierte Aussage Heimbrocks, die im Blick auf Gebetsauffassungen wie die von Mössinger durchaus Berechtigung hat.

[1167] Vgl. Wüst-Lückls Kritik an Mössinger (WÜST-LÜCKL, Theologie, 34).

[1168] Siehe Anm. 1152; sowie die Ausführungen unter *3.4.1.4 Zugänge im Raum zwischen Erfahrung und Offenbarung*, 203ff.

diese Verwurzelung in tradierter Sprache und tradierten Ausdrucksformen in den empirischen Erfahrungen wahrzunehmen.

Jene Zugänge, die sowohl Erfahrung berücksichtigen als auch Wirklichkeit und Theologie miteinander vermitteln wollen, sind sicherlich am wenigsten frei von Widersprüchlichkeiten bzw. dialektischen Aspekten, nicht zuletzt *weil* sie menschliche Erfahrungen gelten lassen. Doch nur indem sie Erfahrungen, die Menschen mit und in ihrem Glaubensleben machen, einbezieht, wird Theologie nicht weltfremd. Es ist weder realistisch noch durchsetzbar, dass die Theologie das Gebetsverhalten bestimmt, noch ist es sinnvoll, »dem Gebet als religiösem Erlebnis« »die ganze Last der Glaubensgewissheit« aufzubürden,[1169] was den Weg der dialektischen Synthetisierung zwischen Erfahrung und Offenbarung am plausibelsten macht.

Dabei gilt es zu bedenken, dass Gebetspraxis immer auch etwas geschichtlich und biographisch Vermitteltes ist. Jede Gebetspraxis muss sich der religiösen Kultur ihrer Zeit, der Tradition und der Theologie stellen.

3.4.2 Zusammenfassung zu den Vergleichsaspekten

Die Ergebnisse zu den einzelnen Kategorien sollen nun gegenübergestellt und verglichen werden. Dort, wo es notwendig und zur Ergänzung sinnvoll erscheint, werden auch Autoren zu Rate gezogen, die oben nicht besprochen wurden, oder neue Aspekte zu den bereits dargestellten Gebetsauffassungen eingebracht.

3.4.2.1 Definitorisches

Einzelgebet und Gebet als Haltung

Es werden zwei grundsätzliche Formen des Gebets unterschieden.

Sehr oft wird unter Gebet eine konkrete Handlung als Gebet verstanden, die sich über begrenzte Zeiträume erstreckt und deren Ausdrucksform in erster Linie die Sprache ist.[1170]

Daneben wird das Gebet – meist nicht alternativ, sondern ergänzend – als *Haltung* beschrieben. Bei diesem sehr viel weiteren Gebetsbegriff

[1169] Wüst-Lückl, Theologie, 109.

[1170] Vgl. dazu unten die Ausführungen unter *Sprachliche Verfasstheit*, 209ff.

herrscht die Vorstellung vor, dass das Gebet das Leben im Ganzen andauernd prägt und bewegt. Diese Vorstellung findet sich in verschiedenen Gebetsauffassungen mit sehr unterschiedlichen Ansätzen: So kann Seitz das Gebet »im weitesten Sinn« als »glaubendes Dasein«[1171] bezeichnen. Aber auch Otto versteht das Gebet, das er als verbindliches Nachdenken beschreibt, als Lebenshaltung.[1172]

In den meisten oben besprochenen Gebetsauffassungen wird beides einander zugeordnet, wobei unterschiedliche Gewichtungen getroffen werden. Einige sehen den »ursprünglichen und eigentlichen Ort«[1173] im Wort. Das Gebet ist dabei in erster Linie eine Sprachhandlung. Selbst wenn das Gebet in diesen Auffassungen auch als Haltung oder »glaubendes Dasein«[1174] verstanden werden kann, so bedarf es doch immer wieder der sprechenden Akte; nur wenn sich das Gebet sprachlich »verdichtet«, kann es vor Falschheit bewahrt werden.[1175]

In manchen Gebetsauffassungen verliert das »Gebet als Einzelakt« seine Bedeutung beinahe komplett. Es ist eine mögliche, aber eine verzichtbare Ausdrucksform des eigentlichen Gebets als »Haltung«.[1176]

Sprachliche Verfasstheit

Bestimmungen dessen, was *Gebet* meint, wurden bisher unter *Grundzüge der Gebetsauffassung* dargestellt. Oft wurde mit dem Begriff *Definition* gearbeitet; dabei wurde allerdings der Begriff *Definition* sehr weit gefasst. Beschreibungen des Gebetsvorgangs beziehen sich immer auch auf Bilder, die die Beschaffenheit des Gebets bezeichnen, oder fassen

---

[1171] SEITZ, Gebetserhörung, 282. Seitz führt dazu Martin Luthers Vorstellung von Beruf und Leben als Gottesdienst an.

[1172] Vgl. OTTO, Gebet, 35.

[1173] MÖSSINGER, Lehre, 17.

[1174] SEITZ, Gebetserhörung, 282.

[1175] Vgl. ebd. Eine ähnliche Position vertritt z.B. auch JÜRGEN WERBICK, Der Zweifel gehört dazu. Gespräch mit Jürgen Werbick über die Bedeutung des Gebets und die landläufige Gebetspraxis, in: Zeitzeichen 4 (2003), 33-36, hier 34. Er geht davon aus, dass Ausgesprochenes eher das Potential hat, den Menschen zu verändern, als bloße Gedanken: »Denn wenn ich etwas einem anderen sage, wenn ich es ausspreche, geschieht etwas mit mir.« Daher will er das Gebet als Haltung vom tatsächlich gesprochenen Gebet unbedingt unterscheiden.

[1176] Vgl. OTTO, Gebet, 35.

seine Besonderheit in ein Bild bzw. eine Metapher.[1177] Konkret wird das Gebet in vielen Fällen als *Gespräch mit Gott* oder *Rede zu Gott* bezeichnet, womit von einem dialogischen Charakter des Gebets ausgegangen wird.
Die sprachliche Vermittlung und die sprachliche Ausführung des Gebets spielen eine große Rolle beim Nachdenken über das Gebet.[1178]

In einigen praktisch-theologischen Gebetsauffassungen wird der reale sprachliche Ausdruck unter anderem aus dem Grund gefordert, dass nur so der dialogische Charakter klar hervortritt, ohne den das Gebet per definitionem kein Gebet wäre.[1179] Andere sehen bereits in Gedanken, die sich nicht lautsprachlich artikulieren, die sprachliche Verfasstheit gegeben.

Als weiterer Grund dafür, dass zum Gebet der konkrete lautsprachliche Ausdruck gehört, wird in manchen Gebetsauffassungen angeführt, dass nur das, was wirklich ausgesprochen wird, auch ins Bewusstsein dringt und in der Folge als Gebet verstanden werden kann.[1180] Hält sich das Gebet an die von der Tradition vorgegebenen Texte, wird hier erwartet, dass die gesprochenen Texte kognitiv nachvollzogen und nicht einfach *nur* gesprochen werden.[1181] Andere wehren sich dagegen, dem Ge-

---

[1177] Zur Bedeutung der Metapher in Bezug auf die Auseinandersetzung mit dem Gebet siehe unten die Ausführungen unter *Bedeutung der Metaphern für Gebetsauffassungen*, 223ff.

[1178] Hier soll es zunächst um das Gebet als sprachliches Phänomen im Allgemeinen gehen. Die verschiedenen Formen der Sprache (frei oder geprägt, traditionell oder modern etc.) werden unten im Abschnitt zur Form des Gebets unter *Gebetssprache*, 246ff., behandelt.

[1179] Vgl. z.B. die Ausführungen zum Verhältnis von Meditation und Gebet in Mössingers Gebetsauffassung unter *Form und Gestalt*, 113ff.

[1180] Siehe hierzu die Ausführungen in Anm. 1175, sowie unten die Ausführungen unter *Exkurs: Kopf und Herz im Gebet*, 251ff.

[1181] Steffensky, der diese Meinung nicht vertritt, führt zu ihrer Veranschaulichung das Beispiel eines Pfarrers an, der erklärte, das Vaterunser nur dann mitzusprechen, wenn er es »aus ganzem Herzen sprechen« könne. Steffensky äußert daraufhin die Sorge, dass dieser Mann Gefahr laufe, »an seiner Redlichkeit zu verhungern« (STEFFENSKY, Sinn, 19). In Steffenskys Augen handelt es sich hierbei um ein Phänomen, das vor allem in protestantischen Kreisen zu finden ist. Er schließt dennoch nicht aus, dass »Innerlichkeit auch die Rettung aus seelenlosem Geplapper« ist; er ist sich folglich der Ambivalenz der Thematik bewusst. Vgl. dazu die Ausführungen unter *Exkurs: Widersprüchlichkeiten*, 239f.
Des Weiteren geht z.B. Stefan Orth in seinem Artikel »Hat Beten Zukunft?« davon aus, dass es für die Sprache des Gebets wichtig ist, dass es »meine Worte« sind; dabei ist auch

bet ein solches Bewusstheitsideal aufzuoktroyieren. Für sie ist Bewusstheit und denkerisches Nachvollziehen des Ausgesprochenen nicht das Entscheidende, um einen gesprochenen Text als Gebet begreifen zu können; auch ein nicht gänzlich nachvollzogenes Sprechen eines Gebetstextes der Tradition kann als Gebet verstanden werden.[1182] Überdies besteht die Möglichkeit, dass dem Menschen die Worte versagen. Dies ist etwa dort der Fall, wo Gefühle nicht in Worte umgesetzt werden können. Dennoch kann in einer solchen Situation gebetet werden, wenn z.B. (im Bild gesprochen) das Gefühl »dem ›Geist‹ übergeben« wird.[1183] An diesem Beispiel wird die Grenze der Forderung nach der sprachlichen Verfasstheit des Gebets deutlich. Klein geht mit der Aussage, dass im Gebet etwas im Menschen geschieht, »was nicht durch Worte ausgedrückt werden kann«, noch einen Schritt weiter. Nach seiner Auffassung bringt das Gebet »tiefere Schichten unseres Seins vor Gott [...] als die Schicht unseres Bewußtseins«.[1184] Worte aber »stammen aus unserem Bewußtsein, und wir gebrauchen sie *mit* Bewußtsein; deshalb sind sie nicht das *Wesen* des Gebets.«[1185]

In der eben dargestellten Unterscheidung – von einerseits einem ganz bewussten Einsatz von Sprache im Gebet und andererseits von Geschehen-Lassen von Sprache im Gebet – lassen sich Parallelen zu verschiedenen Sprachverständnissen ziehen: Während im ersten Modell ein »hermeneutische[s] Verständnis von Sprache« zugrunde liegt, wonach »das Verständnis von Sprache von ihrem Verstehen abhängig« gemacht wird und Sprache erst spricht, »indem sie verstanden wird«,[1186]

Vorformuliertes denkbar, aber es muss angeeignet werden (vgl. STEFAN ORTH, Hat Beten Zukunft?, in: HerKorr 54 [2000], 595-597, hier 597).

[1182] So spricht z.B. Bohren von »gesegnete[n] Gewohnheiten« (BOHREN, Gebet 1, 287; Bohren zitiert hier Eberhard Busch). Ähnliches beschreibt Steffensky (vgl. Anm. 641).

[1183] Vgl. LEUENBERGER, Zeit, 156. Leuenberger geht z.B. davon aus, dass nur von wahrhaftigem Gebet gesprochen werden kann, wenn diese Möglichkeit einbezogen wird (a.a.O., 155).

[1184] KLEIN, Zugänge, 47.

[1185] Ebd. »Das Wesen des Gebets ist das Handeln Gottes, mit dem er in uns wirkt und unser ganzes Sein zu sich erhebt. Die Art wie das geschieht, nennt Paulus ›Seufzen‹. Seufzen ist der Ausdruck der Schwachheit unserer kreatürlichen Existenz. Nur im Ausdruck wortlosen Seufzens können wir uns Gott nähern, und selbst diese Seufzer sind Gottes Werk in uns.«

[1186] STEPHANIE DIETRICH, Das schweigende Gebet. Zur Grundlage des Verständnisses von schweigendem Gebet in ökumenischem Blickwinkel, Leipzig 2000, 27.

geht das zweite Modell in Richtung eines performativen Sprach- und Gebetsverständnisses,[1187] indem es den rituellen Gebrauch von Sprache beschreibt. Während im ersten Fall das Sprechen eines Gebetstexts nur dann »gerechtfertigt« zu sein scheint, »wenn *ich* es bewusst setze, wenn es *meine* Form ist, wenn es *mich* unmittelbar ausdrückt und wenn ich mit *meiner* ganzen Existenz dahinter stehe« und das »Subjekt in seiner augenblicklichen Gestimmtheit und Verfaßtheit zum Maßstab für alles wird«,[1188] muss der Betende im zweiten Fall nicht auf »Übereinstimmung [...] mit seiner augenblicklichen Gestimmtheit« bestehen und kann damit zulassen, dass die Worte des Gebets von »außen nach innen« wirken.[1189] Es wird davon ausgegangen, dass das Sprechen des geprägten Gebets etwas bewirkt, das durch den Begriff »verstehen« nur unzureichend beschrieben wäre. Einen grundsätzlichen Vorbehalt gegen derartige ritualistisch, aus Gewohnheit vollzogene Sprechakte kann es in solchen Gebetsauffassungen folglich nicht geben.[1190] Somit klingen in

---

1187 Vgl. CHRISTIANE TIETZ, Art. Sprache III. Religionsphilosophisch, in: RGG[4] Bd. 7, 2004, 1610-1612, hier 1611.

1188 FULBERT STEFFENSKY, Rituale als Lebensinszenierungen, in: FULBERT STEFFENSKY, Das Haus, das die Träume verwaltet, Würzburg [6]2000, 95-105, hier 104. Steffensky bezieht seine Aussage auf das Ritual an sich, während sie hier ausschließlich auf die rituelle Gebetssprache angewendet wird.

1189 A.a.O., 100.

1190 REINER PREUL, Art. Ritus/Ritual III. Dogmatisch, in: RGG[4] Bd. 7, 2004, 556f., hier 556, beschreibt das ambivalente Verhältnis von Ritual und evangelischer Theologie folgendermaßen: »Das krit[ische] Verhältnis ev[angelischer] Theol[ogie] zu R[itus] und R[itua]l, aber auch deren vorbehaltliche Akzeptanz, resultiert aus der der reformatorischen Rechtfertigungserkenntnis entsprechenden Konzentration auf die Relation von Wort und Glaube und einer demgemäßen Reform der gesamten Frömmigkeitspraxis. Der Glaube verdankt sich keiner rituellen Einwirkung, obwohl er sich auch in rituellen Handlungen einen Ausdruck geben darf.« Steffensky äußert seine Kritik an der protestantischen Tradition, die verstärkt auf die Innerlichkeit der Frömmigkeit abzielte und skeptisch gegen das Formale war, auf etwas pragmatischere Weise. Er sagt: »Der Mensch lebt nicht nur von innen nach außen, sondern auch von außen nach innen, das heißt: die Innerlichkeit des Menschen, sein Selbstbewußtsein, seine Hoffnung, das Gefühl von Zusammenhang und Sinn des Lebens, finden sich nicht nur innen als reiner Geist, als Eigenbesitz und Eigenerwerb. Der Mensch liest seine Innerlichkeit am Außen ab, an den Symbolen, Zeichen und Überlieferungen, die seine Lebenslandschaft prägen, an den Regeln, Ritualen, Regelmäßigkeiten, Rhythmen und Methoden, die er seinem eigenen Leben gegeben hat und die ihn von außen nach innen prägen.« (FULBERT STEFFENSKY, Spiritualität – an inneren Bildern vom Leben bauen, in: RENATE SEITZ u. SIEGFRIED HANSELMANN [Hrsg.],

den verschiedenen Sprachverständnissen auch unterschiedliche anthropologische Voraussetzungen an: Dort, wo ausschließlich ein in sprachlicher Bewusstheit vollzogenes Gebet gefordert wird, wird an den vernunftbegabten Menschen appelliert, der die Gebetstexte mit seinem Verstand nachvollzieht, sie reflektiert und auf diese Weise in eine Form der Innerlichkeit überführt.[1191] Dort, wo die Bewusstheit nicht zwingend Voraussetzung dafür ist, dass ein Gebetstext tatsächlich auch zum Gebet wird, soll das Herz des Menschen nicht überfordert werden bzw. wird betont, dass dem menschlichen Herzen diese Perfektion nicht unbedingt und nicht immer möglich ist.[1192] Gerade in der Spannung zwischen diesen beiden anthropologischen Aspekten wird deutlich, dass das Gebet und seine Sprache immer auch gefährdet sind. Denn dort, wo Gebetstexte nicht geprüft werden, besteht die Gefahr des Missbrauchs und der Instrumentalisierung von Gebet.[1193] Dies belegen zahlreiche Beispiele im Bereich des öffentlichen Gebets – nicht nur aus Zeiten des Ersten und Zweiten Weltkriegs. Zugleich besteht auch bei einer sorgfältigen Überprüfung keine Garantie dafür, dass alle relevanten Aspekte bedacht wurden. Ein Gebet kann folglich nie unter der Prämisse absoluter Bewusstheit geschehen.[1194]

In manchen Fällen ist die Frage nach dem sprachlichen Ausdruck auch eine Frage der Gebetsform. So bedarf z.B. die klassische Gattung der Fürbitte des sprachlichen Ausdrucks mehr als die des Dankgebets. Die Fürbitte erfordert wenigstens die Nennung der Namen, für die gebetet wird.

In einem weitgefassten Sprachbegriff muss sich Sprache nicht unbedingt ausschließlich in Worten artikulieren, sie kann sich auch in *Körpersprache* und *Symbolen* ausdrücken.[1195]

Den Glauben leben. Evangelische Spiritualität. Hilfen zum Verständnis. Anregungen für die Praxis, Rothenburg o. d. Tauber 1994, 37-50, 42f.)

1191 Siehe dazu auch unten die Ausführungen unter Exkurs: Kopf und Herz 251ff.

1192 STEFFENSKY, Flucht, 30, geht z.B. im Gegenteil davon aus, dass es gerade das Wissen darum ist, »dass wir selber nicht Meister unserer eigenen Sprache und unserer eigenen Gebete sein müssen«, das uns »zum Beten befähigt«. Er erklärt weiterhin: »Unsere Sprache ist nicht gut, weil sie gut ist, sondern weil sie gehört wird.« (Ebd.)

1193 Vgl. z.B. LEUENBERGER, Zeit, 165.

1194 Vgl. dazu Anm. 1181; dort wird ein Beispiel angeführt, das von Steffensky beschrieben wurde.

1195 Der erste Aspekt wird unter *Gebet und Körper*, 222f., verhandelt. Der zweite wird in den dargestellten Gebetsauffassungen kaum beachtet und kommt daher auch in dieser

Schweigen im bzw. als Gebet kann gemäß der dargestellten Gebetsauffassungen aus zweierlei Umständen resultieren: Zum einen wird das Schweigen als die Form des Gebets aufgefasst, die mit der geheimnisvollen Seite Gottes korrespondiert – der Mensch verstummt vor der Größe und Unfassbarkeit Gottes.[1196] Zum anderen gibt es Ereignisse und Emotionen im Leben eines Menschen, die nicht in Sprache gefasst werden können; hier besteht unter anderem die Möglichkeit, diese schweigend vor Gott zu bringen.[1197] Diese beiden Erfahrungsbereiche können sich selbstverständlich auch überschneiden. Beide machen sehr deutlich, dass sich Gebet nicht in Worten erschöpft.[1198] Neben dem Schweigen aus positiver oder negativer Sprachlosigkeit heraus[1199] gibt es auch gezieltes Schweigen, Schweigen als Methode des Gebets.[1200] In einer auf ein personales Gottesbild bezogenen Gebetsauffassung kann es jedoch kein »[l]eeres Schweigen, d.h. das Schweigen des Menschen an sich, ohne jegliche bewußte Relationalität zu einem göttlichen Gegenüber«[1201] geben. Stephanie Dietrich definiert »Schweigen als Korrelat zur Rede und damit als Sprache«.[1202] Zu diesem Ergebnis kommt Dietrich, indem sie verschiedene sprachphilosophische Richtungen in ihre Überlegungen einbezieht: »Sprache habe performativen Charakter (Sprechakttheorie von John L. Austin) und sei bezogen auf eine Kommunikationsgemein-

---

Arbeit nicht zur Darstellung. Vgl. dazu außerdem die Feststellung Bargheers: »Gebet als Sprache ist in einem verengten Horizont beobachtet, wenn die ›Ganzheitlichkeit‹ des Betens in Sprache, Gestus, Mimik und Affekt nicht in Betracht kommt.« (Bargheer, Gebet, 77.) In liturgischen Vollzügen werden diese Verbindungen durchaus beachtet und reflektiert; z.B. im Bezug auf Offertorien oder Kerzen an Gebetswänden.

1196 So sieht z.B. Bohren im Schweigen eine Konsequenz aus der Erkenntnis, dass Gott sprachlich nicht fassbar ist (vgl. Bohren, Gebet 1, 114).

1197 Leuenberger, Zeit, 160, stellt die These auf, dass es sogar hinderlich für das Gebet sein kann, wenn der Betende immer dem Zwang ausgesetzt ist, Worte zu finden.

1198 Dietrich, Das schweigende Gebet, 3, geht davon aus, dass Gebetsauffassungen, die »den ganzen Menschen ›coram deo‹« einbeziehen und die das Gebet als »eine *Begegnung* zwischen Mensch und Gott« verstehen, die Vorstellung vom Gebet als »rein worthafter Kommunikation« überschreiten müssen.

1199 Vgl. dazu auch die zusammenfassende Darstellung der Thesen Dietrichs bei Wüst-Lückl, Theologie, 42f.

1200 Letzteres wird unten unter *Weitere Gebetsgattungen und Formen* bzw. unter *Gebet als Meditation* gesondert betrachtet; siehe 260f. bzw. 218ff.

1201 Dietrich, Das schweigende Gebet, 5, Anm. 7.

1202 A.a.O., 44.

schaft (Karl-Otto Apel). In ihrer religiösen Dimension werde in ihr eine Gottesdimension erschlossen (disclosure situations von Ian T. Ramsey). Das alles gilt nach Dietrich auch für das Schweigen, das ohne Worte trotzdem sprachliche Ausdrucksweise sei. Es stifte Beziehung und sei immer auf Kommunikation angelegt.«[1203] Auch Steffensky versteht Schweigen als Ausdruck der Passivität relational. In Bezug auf das liturgische Gebet rät er, dass jedes Gebet »etwas von dem Schweigen durchscheinen lassen«[1204] sollte, damit sich im Gebet der Verzicht des Menschen auf sich selbst widerspiegelt. Leuenberger kommt auf einem etwas anderen Weg zu einem ähnlichen Ergebnis: Auch für ihn ist Schweigen nicht die Abwesenheit gesprochener Worte.[1205] Er geht davon aus, »dass selbst bei einem durch Askese gelernten Schweigen immer noch die Welt reden wird«[1206], dass »Bilder[], Erinnerungen, Gedanken aus unserm eignen Innern«[1207] unser Schweigen füllen und das Schweigen auf diese Weise mit der Sprache verbunden ist. Leuenberger hat Verständnis für die Sehnsucht nach einem Schweigen, das die Welt hinter sich lässt, hält dies aber für unmöglich.[1208] Auch in der »Stille der Natur« kann Gott zum Menschen sprechen.[1209]

Gebetsinhalte

Die Frage nach den Gebetsinhalten spielt vor allem eine Rolle, wenn es um die verschiedenen Gattungen des Gebets geht. Durch die Gattungen ist bereits festgelegt, ob *Dank*, *Anbetung*, *Klage* oder *Bitte* Inhalt des Gebets sind. Mit der Bevorzugung bestimmter klassischer Gattungen oder *einer* bestimmten klassischen Gattung werden deren Inhalte bevorzugt.[1210]

1203 So die Zusammenfassung der sprachphilosophischen Erkenntnisse Dietrichs bei Wüst-Lückl, Theologie, 42.

1204 Steffensky, Flucht, 29.

1205 Vgl. Leuenberger, Zeit, 158.

1206 A.a.O, 161.

1207 A.a.O., 162.

1208 Vgl. a.a.O., 161. Man kann »mit gutem Recht geltend machen, dass es ein Denken in vollkommener Sprachlosigkeit sowenig geben kann wie ein inneres Schauen jenseits aller Bildvorstellungen«.

1209 Vgl. a.a.O., 162.

1210 Dies ist Gegenstand der Ausführungen zu den einzelnen Gebetsgattungen unter *Klassische Gebetsgattungen in der Zusammenschau*, 253ff.

Die Gebetsauffassungen, die das Gebet vor allem als Denkakt verstehen, mit dessen Hilfe das eigene Leben zurechtgebracht wird, sehen das gesamte Leben des Einzelnen in seinen jeweiligen Bezügen als Gebetsinhalt.

Auch Gebetsauffassungen, die einen starken Fokus auf dem biographischen Element haben, halten das Gebet nur dann für wahres Gebet, wenn sich der Mensch unverstellt Gott öffnet. Das bedeutet, alle menschlichen Wünsche, Gedanken und Anliegen – auch die eudämonistischen – können vor Gott gebracht werden bzw. müssen vor Gott gebracht werden, da eine Unterdrückung der Wünsche ein Verbleiben in alltäglichen Rollenmustern darstellen und eine wirkliche Offenheit vor Gott verhindern würde. Was in der Folge mit den menschlichen Wünschen geschieht, bleibt Gott überlassen.

Es gibt jedoch auch die Forderung, den eudämonistischen Wünschen im Gebet keinen Platz einzuräumen. Ausgehend vom gottesdienstlichen Gebet sollte sich auch das private Gebet in einen größeren Kontext gestellt wissen.[1211]

Als Orientierungspunkt für Inhalte des christlichen Gebets wird der Wille Gottes genannt. Eine Möglichkeit, Bittgebete am Willen Gottes auszutarieren, sieht Eilert Herms in der Regel der »Konformität« gegeben. Demnach sind Bitten nur sinnvoll, wenn »der vom Bittenden gewünschte Zustand nicht nur Inhalt *seines* Wollens ist, sondern zumindest auch dem Willen der *gebetenen Person* nicht widerspricht«.[1212] Im biblisch-christlichen Sinn sollte diese Regel auch für die Gebetsbitte gelten. Der Betende würde dann nur solche Inhalte in sein Gebet auf-

[1211] Bargheer, Gebet, 63, begründet diese Forderung mit der Fundamentierung des privaten Gebets im öffentlichen: »Das christliche Bitt- und Fürbittgebet in Gemeinde und Gottesdienst hat implizit [...] Anhalt am Typus der Epiklese. Dieser Rückbezug entzieht Bittgebeten als privaten Gebeten eudämonistischen Wünschens jegliche biblische und theologische Basis.« In den besprochenen Gebetsauffassungen wird einmal die Ansicht vertreten, dass das Gebet inhaltlich nicht auf die privaten Anliegen des Beters reduziert sein sollte (vgl. Zimmerling, Evangelische Spiritualität, 197f.). Ein anderes Mal wird betont, dass das Gebet durch Jesus Christus prinzipiell freigegeben ist, dass aber ebenfalls in Jesus Christus eine Einschränkung für Gebetsinhalte gegeben ist (vgl. Mössinger, Lehre, 135). Vgl. außerdem oben die Ausführungen zur *Bitte* in Mössingers Gebetsauffassung unter *Form und Gestalt*, 113ff., sowie die Ausführungen unter *Unterscheidung von öffentlichem, gemeinschaftlichem und privatem Gebet*, 234ff.

[1212] Eilert Herms, Was geschieht, wenn Christen beten?, in: Eilert Herms, Offenbarung und Glaube, Tübingen 1992, 517-531, hier 521.

nehmen, bei denen er der Ansicht ist, dass sie Gottes Willen entsprechen könnten.[1213] Dabei sieht Herms zwar das Problem, dass wir als Menschen nur schwer entscheiden können, »welche von den vielfältigen Wünschen unseres Herzens denn nun tatsächlich diejenigen sind, von denen wir ehrlich sagen können, daß sie nicht bloße Manifestationen unseres Eigensinns sind, sondern positiv konform gehen mit dem uns jeweils gewissen Willen Gottes«.[1214] Er kann diese Schwierigkeit mit dem Verweis darauf, dass das Gebet immer auch »Suchbewegung«[1215] bleiben wird, jedoch hinnehmen. Die Vorstellung vom Gebet als Suchbewegung findet sich in so unterschiedlichen Gebetsauffassungen wie denen von Otto und Bohren, die an einem gewissen Punkt zu dem Schluss kommen, dass Gebet letztendlich Fragen ist.[1216]

Kindlichkeit als Teilaspekt des Gebets

In Gebetsauffassungen, die das Gebet ausschließlich als Reflexion von Erfahrung verstehen, ist Kindlichkeit in Bezug auf das Gebet negativ besetzt. Kindliches Gebet in diesem Sinne ist verbunden mit regressiven Tendenzen.[1217] Es wird von einem Kindheitsbegriff ausgegangen, der Kindheit im »Verhältnis zum Erwachsensein« definiert »als ein zu überwindendes minderwertiges Stadium«.[1218]

Andere schließen den Aspekt der Kindlichkeit nicht in dieser Radikalität aus, was daran liegen mag, dass sie Kindheit weniger im »Verhältnis zum Erwachsensein«, sondern vielmehr als Beziehungsaspekt verstehen.[1219] Kindlichkeit ist dann ein Teilaspekt des Gebets und darf es auch sein.[1220] Sie sollte allerdings nicht mit Leichtigkeit oder Einfach-

---

[1213] Vgl. a.a.O., 522.

[1214] A.a.O., 524.

[1215] A.a.O., 525.

[1216] Bohren, Gebet 1, 160, stellt fest, dass das Gebet von der Passion Jesu her als Fragen verstanden werden kann. Jesus »stirbt fragend«. Siehe außerdem die Ausführungen oben unter *Grundzüge der Gebetsauffassung* Bernets, 135ff.

[1217] So sieht z.B. Bernet, Gebet, 114, eine »regressive Gefahr« in *dem* Gebet, das sich auf einen personalen Bezugspunkt bezieht; er sieht darin »eine Flucht aus dem Erwachsensein in die Illusion eines realitätsvergessenen Kinderlandes«.

[1218] Corinna Schlapkohl, Art. Kind/Kindheit III. Dogmatisch, in: RGG[4] Bd. 4, 2001, 969f., hier 969.

[1219] Vgl. ebd.

[1220] So stellt z.B. Bohren, Gebet 1, 220, fest, dass es beim Beten um »das schlichte Dürfen des Kindes Gottes« geht.

heit gleichgesetzt werden. Das Gebet kann zwar als »Kinderspiel« bezeichnet werden, Kinderspiele sind aber durchaus auch durch Anstrengung gekennzeichnet.[1221] An Jesu Gebet in Gethsemane kann festgemacht werden, dass Gott nicht »als die kindertümliche Vatergestalt zu verstehen ist, zu der man dann zurückkehrt, wenn man nicht weiter weiss«.[1222] Dennoch sind die Vateranrede und damit das Kindschaftsverhältnis durch dieses Ereignis nicht sinnlos geworden, denn Jesus findet seinen Weg gerade, indem er den Vater anruft. Die Vateranrede verweist damit auf eine Beziehung, die durch Vertrauen geprägt ist.[1223]

Gebet als Meditation

Der Meditationsbegriff kann sehr unterschiedlich gefüllt werden, was es nicht einfach macht, sein Verhältnis zum Gebetsbegriff darzustellen.

Eine wichtige Unterscheidung besteht darin, dass es grundsätzlich zwei Wege der Meditation gibt, den apophatischen, der die »Entleerung aller Begriffe und Gefühlsinhalte« zum Ziel hat, und den kataphatischen, der davon ausgeht, dass der Mensch Begriffe und Bilder braucht, um Gott zu erfahren und zu erkennen. Somit gibt es Meditationsformen, denen es darum geht, dass der Mensch das Weltliche hinter sich lässt, wie auch Formen, die durch eine »Intensivierung aller weltl[ichen] Erfahrungen« Gotteserfahrung anstreben.[1224] Im erstgenannten Weg sehen die meisten der hier besprochenen Gebetsauffassungen keinen christlichen Weg und können diesen folglich auch nicht als christliche Form anerkennen und schon gar nicht als Gebet verstehen. Als Begründung wird entweder die sprachliche Verfasstheit im Zusammenhang mit dem

---

[1221] Vgl. BOHREN, Gebet 1, 263.

[1222] LEUENBERGER, Zeit, 59.

[1223] Vgl. a.a.O., 59ff.

[1224] MICHAEL VON BRÜCK, Art. Meditation/Kontemplation I. Religionswissenschaftlich, in: RGG[4] Bd. 5, 2002, 964f., hier 965. Vor jeder Differenzierung ist *Meditation* in der religionswissenschaftlichen Perspektive Michael von Brücks zunächst ein »Sammelbegriff für differente und unterschiedlich kontextualisierte Methoden der Bewußtseinsschulung [...], die in verschiedenen Rel[igionen] vorkommen«. Bei einer »Bewußtseinsschulung« geht es um die »Dekonditionierung erlernter Verhaltens-, Gefühls- oder Urteilsmuster«. (A.a.O., 964.) Ebenso wie die Definition der Meditation an sich sind auch die Beschreibungen ihrer Wirkungen »ambivalent und abhängig vom psycho-sozialen Umfeld bzw. dem rel[igiösen] Deutungshorizont des Subjekts«. (A.a.O., 965.)

unaufgebbaren dialogischen Charakter des Gebets herangezogen[1225] oder auch der Hinweis darauf, dass ein Verlassen der Welt und des Selbst – und damit die Trennung von Gebet und Alltag – nicht Ziel einer christlichen Lebenshaltung und damit auch nicht christliches Gebet sein können.[1226] Den zweiten – den kataphatischen – Weg, sofern er als Konzentration auf ein Schriftwort oder -bild verstanden wird, können viele der besprochenen Gebetsauffassungen als christliche Form der Meditation anerkennen.[1227] Sie kann mit dem Gebet gleichgesetzt werden, aber

---

[1225] Vgl. z.B. die Ausführungen zum Verhältnis von Meditation und Gebet in Mössingers Gebetsauffassung unter *Form und Gestalt*, 113ff.

[1226] Vgl. z.B. auch KLEIN, Zugänge, 148ff. Religionswissenschaftlich ist diese Betrachtung der apophatischen Meditation durch Vertreter des Christentums nicht unumstritten. BETTINA BÄUMER, Art. Gebet/Meditation/Mystik, in: JOHANNES FIGL (Hrsg.), Handbuch der Religionswissenschaften, Göttingen u.a. 2003, 702-712, hier 706, merkt z.B. an, dass es sich bei der Meditation, die »Erlösung bzw. Befreiung« zum Ziel hat, nicht um eine »Flucht aus der Wirklichkeit, aus menschlichen Beziehungen und Verantwortung« handele. Vielmehr sei es das Ziel, »zu einem ausgeglichenen Bewusstseinszustand« zu kommen, von dem aus »alle Aktivitäten eine Tiefendimension« (ebd.) erhalten. Wenn »von Seiten des Christentums« etwa dem »indischen Yoga oder Buddhismus« eine angestrebte »Selbsterlösung« vorgeworfen wird, so handle es sich um ein »Missverständnis«, denn auch in diesen Religionen geht man nicht davon aus, dass dies »gemacht« werden könne (vgl. a.a.O., 711).

[1227] MARTIN NICOL, Art. Meditation/Kontemplation II. Christentum, in: RGG[4] Bd. 5, 2002, 965-967, hier 965, definiert christliche Meditation zunächst allgemein als »ein methodisches, ganzheitliches, nicht notwendig in der Anredeform des Gebets gestaltetes Nachsinnen des einzelnen mit dem Ziel erfahrungsmäßiger Gottesbegegnung«. Diese Definition kann wiederum verschieden gefüllt werden. Während im christlichen Osten vor allem das Jesus- oder Herzensgebet aus der Meditationsform der Wüstenväter hervorging (vgl. a.a.O., 966), hat sich im Westen im Mittelalter vor allem eine Reihe herausgebildet, in der *meditatio* neben *lectio*, *oratio* und *contemplatio ein* Element darstellt. *Oratio* stand in dieser Reihe für die »affektiv-geistige Aneignung« des in der *lectio* vollzogenen Textes (vgl. ebd.). Die *contemplatio* galt als höchste Stufe, durch die »Gott selbst einen Vorgeschmack des Heils gewährt« (ebd.). Für Martin Luther war ein solches Stufendenken aufgrund seines Gnadenbegriffes nicht mehr möglich, so dass er eine neue Reihung einführte *oratio*, *meditatio* und *tentatio*; dabei wurde auch von einer möglichen Gotteserfahrung ausgegangen, diese wurde aber »in der Spannung von Anfechtung und Trost gelebten Lebens« (ebd.) verortet.

Auch LEUENBERGER, Zeit, 211, schlägt eine Kategorisierung verschiedener Meditationsformen vor. Er teilt sie in vier Arten auf: Die *transzendentale* Meditationsform lädt »zur Selbstverwirklichung jenseits der Welt, in der man sein Alltagsleben führen muss«, ein. Dabei soll »Ich-Erfahrung« zur »Heils-Erfahrung« werden (ebd.). Nach einem weiteren

auch abgegrenzt vom eigentlichen Gebet als Vorbereitung oder Nachbereitung desselben verstanden und praktiziert werden.[1228]

In jenen Fällen, die dem Dankgebet Priorität einräumen, und die damit die Antwort auf das Angerufensein des Menschen in den Vordergrund stellen und in der Konsequenz im schweigenden Gebet die höchste Stufe des Gebets sehen, kann die Meditation oder Kontemplation dem Gebet übergeordnet sein.

Innerhalb des christlich-kirchlichen Bereichs müssen zudem verschiedene Verwendungen des Begriffs *Meditation* konstatiert werden. Zum einen wird der Meditationsbegriff für das eben bereits beschriebene »Nachsinnen«[1229] über einen kurzen Text oder Bibelvers verwendet, das im privaten Bereich dazu dient, die Gedanken zum Gebet hinzuführen bzw. das selbst zum Gebet wird.[1230] Zum anderen bezeichnet man vor allem in Gottesdiensten und Andachten auch längere Texte als Meditationen, welche die Gedanken der Anwesenden in bestimmte Bahnen lenken wollen. Hier geht es nicht darum, ein kurzes Wort zu wiederholen und in der Wiederholung Meditation zu üben, sondern die Anwesenden folgen den immer neuen Worten eines Textes, bis dieser an sein Ende gelangt. Auch solche Texte werden manchmal als Gebete ange-

modernen Meditationsbegriff sucht der Mensch in der Meditation »nicht die Erfüllung von Wünschen durch ein anderes Wesen, sondern die Findung seiner selbst, und damit die Findung von Lebenssinn« (a.a.O., 93). Der Vorteil einer solchen Form ist, dass sie nicht auf der Vorstellung eines fiktiven Gesprächs beruht und damit nicht auf einem »Anruf- und Antwortschema« (a.a.O., 92). Auch Beten, das als *Gewohnheit* geübt wird, kann als Meditation bezeichnet werden. Hier wird das oben bereits beschriebene Verständnis Martin Luthers als Beispiel angeführt. Dabei werden durch das meditative Hersagen biblischer Texte »die Textworte zum Medium, durch welches das Herz erweckt wird und frei zu ›reden‹ anfängt« (a.a.O., 187). Wird Meditation als *christliche* Meditation bezeichnet, so muss sie nach Leuenberger ein Gegenüber haben und sich von anderen Meditationsformen durch »die Bindung an die Bibel« unterscheiden (a.a.O., 207ff.).

[1228] Vgl. hierzu die ausführliche Darstellung zum Verhältnis von Martin Luthers *oratio* und *meditatio* bei MARTIN NICOL, Meditation bei Luther, Göttingen ^{2}1991, 64. Demnach wurden Meditation und Gebet zwar unterschieden, konnten aber dennoch nicht als komplett voneinander getrennt verstanden werden. In der Praxis gab es zum einen gestufte Formen, bei denen die *meditatio* eine Vorstufe zur *oratio* war. Doch zum anderen gab es auch einen »Umgang mit biblischen Texten, bei dem Gebet und Meditation letztlich dasselbe« waren, »nämlich betendes Meditieren«.

[1229] SEITZ, Meditation, 199.

[1230] A.a.O., 204.

kündigt – inwieweit das seine Berechtigung hat, kann diskutiert werden.[1231]

In den oben dargestellten Gebetsauffassungen zeigen sich sehr unterschiedliche Umgangsweisen mit der Meditation: In manchen wird von einem mystischen Gebetsbegriff Abstand genommen. Der mystische Gebetsbegriff ist in diesen Fällen meist mit dem apophatischen Weg der Meditation gleichgesetzt. Diese Auffassungen lehnen das Ziel der Vereinigung mit der Gottheit ab und gehen davon aus, dass christliche Meditation als Gebet immer in Verbindung mit der biblischen Überlieferung stehen muss.[1232] In einem solchen Fall wird die mittelalterliche *meditatio*, wie sie etwa auch von Martin Luther bekannt ist, als Idealbild der christlichen Meditation angenommen.[1233] Eine etwas weiter gefasste Auffassung erachtet das meditative Element in der Gebetspraxis für überaus wichtig, da es der Garant dafür ist, dass auch »andere Formen und Schichten des Denkens«[1234] angesprochen werden als im rein rationalen Denken, und nur *mit* diesem Aspekt *Gebet* tatsächlich auch *Gebet* ist. Bei einer solchen Zuordnung von Meditation und Gebet kann in der ostkirchlichen Meditationspraxis eine gute Alternative zum betrachtenden Gebet gesehen werden. Ziel ist es, dass der Betende durch die Wiederholung des Herzensgebets letztlich erfüllt wird von der »Gewißheit der Gegenwart Gottes«.[1235] Einzig Josuttis geht so weit zu sagen, dass in einem Vergessen von Welt, Selbst und Gott ein Moment der Ewigkeit aufscheinen kann.[1236]

Letztlich kann zwischen dem Gebets- und Meditationsbegriff im christlichen Bereich keine eindeutige Trennung vorgenommen werden. Wenn eine religionswissenschaftliche Definition im Gebet einen »spontane[n] Ausbruch« sieht und die Meditation als »eine Disziplin, die der Verwandlung des Bewusstseins oder der Konzentration dien[e], um in einen erhöhten Bewusstseinszustand zu gelangen oder die Gegenwart

---

[1231] Vgl. Seitz, Gebete, 52.

[1232] Vgl. die Darstellung der unterschiedlichen Meditationsbegriffe bei Leuenberger in Anm. 1227; sowie die Ausführungen zum Verhältnis von Meditation und Gebet in Seitz' Gebetsauffassung unter *Form und Gestalt*, 121ff.

[1233] Vgl. die Ausführungen in Anm. 1227. Ein Vertreter hierfür ist z.B. Bohren; vgl. Bohren, Gebet 2, 88ff.

[1234] Klein, Zugänge, 149.

[1235] Vgl. a.a.O., 184.

[1236] Vgl. Josuttis, Verführung, 208.

des Göttlichen zu erfahren«,[1237] so muss festgestellt werden, dass eine solche Trennung im christlichen Bereich weder der praktisch-theologischen Reflexion über Gebet und Meditation noch dem empirisch Vorfindlichen entspricht.

Gebet und Körper

Bei den oben besprochenen Gebetsauffassungen wird eine körperliche Dimension des Gebets meist nur sehr oberflächlich thematisiert. Selbst dort, wo die leiblichen Aspekte des Gebets für wichtig erachtet werden, werden sie meist nur kurz erwähnt und nicht in einem ähnlichen Umfang beschrieben wie die geistige Dimension des Gebets.

Dort, wo das so genannte *stillen Kämmerlein* als Ort des persönlichen Gebets bevorzugt wird, grenzt sich der Betende räumlich und damit auch körperlich vom Umfeld des Alltags ab. Indirekt wird auch hier ein körperlicher Aspekt des Gebets benannt. Dies gilt ebenso für die Forderung, dass das Gebet in einer entspannten Haltung zu vollziehen ist[1238] oder wenn eine angemessene Gebetshaltung generell als wichtig erachtet wird.[1239]

Es besteht aber auch die Möglichkeit, einen weit umfassenderen Blick auf die körperliche Dimension des Gebets zu werfen, wenn davon ausgegangen wird, dass das Beten »unwillkürlich einen Ausdruck im Leiblichen«[1240] hat. In den oben besprochenen Gebetsauffassungen sind Tendenzen in eine solche Richtung zu beobachten, wenn etwa die Rede davon ist, dass Körperhaltung und Empfindungen miteinander verbunden sind und somit auch der Gebetsinhalt seinen Ausdruck in der Gebetshaltung findet.[1241] Dort, wo der Gebetsinhalt vorrangig in der Bitte besteht, sind auch die erwähnten Haltungen – der Bitte entsprechend – demütige Haltungen. Andere denkbare körperliche Gebetsbeteiligungen

[1237] BÄUMER, Gebet, 702. Auch FLASCHE, Gebet, 460, stellt fest, dass die »verengte christliche Perspektive des Angerufenseins« dazu führe, dass »das Stillewerden und Stillesein« als »tiefere Form des Gebets« gewertet würden und dabei Meditation und Gebet nicht klar auseinander gehalten wären.

[1238] Vgl. z.B. KLEIN, Zugänge, 111.

[1239] Vgl. MÖSSINGER, Lehre, 174.

[1240] PETER BIEHL, Erschließung des Gottesverständnisses durch elementare Formen des Gebets. Religionspädagogische Erwägungen zu einer These G. Ebelings, in: EvErz 36 (1984), 168-188, hier 171.

[1241] Vgl. z.B. LEUENBERGER, Zeit, 150ff.

– wie etwa das Erheben der Hände oder der Tanz – werden dann nicht besprochen.[1242] Es wird erwähnt, dass das Lobgebet seinen körperlichen Ausdruck in »wortlose[m] Jubel und Tanz« finden kann.[1243]

Diese Positionen, in denen körperliche Aktionen beim bzw. im Gebet als Folgen seelischer Vorgänge verstanden werden,[1244] werden aber auch kritisiert, da sie einem Leib-Seele-Dualismus das Wort reden. Texte werden dann theologisch als wichtiger erachtet als Körperhaltungen.[1245] Die Gegenposition fasst das Verhältnis von Leib und Seele anders und geht von einer Wechselwirkung zwischen beiden aus: »Gebetshaltungen dienen in der Regel nicht dem Ausdruck individueller, schon vorhandener Gefühle, sondern werden in kommunikativer Absicht und mit dem Ziel des energetischen Kraftgewinns vollzogen«.[1246]

Bedeutung der Metaphern für Gebetsauffassungen

Dass sich die Metapherntheorie, wie sie in der Literaturwissenschaft verwendet wird, zunächst nicht analog auf Gebetsvorstellungen anwenden lässt, kann man anhand der Vorstellung vom Gebet als Gespräch darstellen: Der Satz *»Das Gebet ist ein Gespräch.«* kann aus Sicht eines Unbeteiligten, der einen anderen beim lauten Beten beobachtet, ohne Zweifel eine Metapher im literarischen Sinn sein. Der Beobachter sieht und hört eine Person, die sich mit jemandem zu unterhalten scheint, dieses Gegenüber ist aber nicht anwesend. Da *Gespräch* im Allgemeinen so definiert ist, dass sich mindestens zwei Personen miteinander austauschen, die auch real beieinander sind, wird der Beobachter das Gebet nur in einem übertragenen Sinn als Gespräch wahrnehmen können. Der Betende hingegen wehrt sich eventuell, wenn sein Gespräch mit Gott

---

[1242] Vgl. SEITZ, Beten lernen, 89.

[1243] Vgl. Schlinck, zitiert nach ZIMMERLING, Evangelische Spiritualität, 203.

[1244] Vgl. JOSUTTIS, Handwerk, 107.

[1245] Vgl. ebd.

[1246] A.a.O., 109. Als konkretes Beispiel führt Josuttis an, dass das Bekreuzigen nicht nur »Ausdruck von Frömmigkeit«, sondern »Methode des Kraftgewinns« (a.a.O., 111) sei. Auch Steffensky gewährt der körperlichen Dimension des Gebets eine gewisse Eigenständigkeit, wenn er beschreibt, dass bereits der Gang in die Kirche und verschiedene Gesten Gebete sein können, ohne dass sie dafür mit Texten und absolutem Bewusstsein unterlegt sein müssen. (Siehe dazu oben die Ausführungen zum Verhältnis von *Kopf und Herz* in Steffenskys Gebetsauffassung unter *Form und Gestalt*, 143ff.; sowie STEFFENSKY, Sinn, 21.)

nur in einem übertragenen Sinne als Gespräch verstanden wird. Er ist sich sicher, dass er mit Gott gesprochen hat, dieser ihn aber anders hört und wahrnimmt, als es ein menschliches Gegenüber tun würde. In der Folge spricht Gott auch anders zu diesem Betenden, und er nimmt ihn anders wahr, als er ein menschliches Gegenüber wahrnehmen würde. Obwohl der Betende sein Gebet als Gespräch ausweist, wird deutlich, dass auch er den Gesprächsbegriff anders gebraucht, als er normalerweise gebraucht wird.

Der Satz *»Gebet ist ein Gespräch«* macht auf der einen Seite deutlich, dass das Gebet ein Gegenüber hat, das unmittelbar zu erfassen die Möglichkeiten der menschlichen Sprache überschreitet. Wir können letztlich nichts anderes tun, als auf Metaphern und Bilder zurückzugreifen, um zu beschreiben, was im Gebet geschieht.[1247] Auf der anderen Seite wird deutlich, dass es sich bei diesen Metaphern nicht in derselben Weise um eine Übertragung handelt, wie bei Metaphern im innerweltlichen Bereich. Die Metaphern, die im Folgenden für das Gebet beschrieben werden, verdienen ihre sprachliche Charakterisierung als Metaphern, insofern mit der Wirklichkeit Gottes gerechnet wird.

Adaptiert man die Metapherntheorie in einen Raum, in dem mit der Wirklichkeit Gottes gerecht wird, so eröffnet sich eine neue Perspektiven im Blick auf die Gebetsauffassungen. Zum anderen macht sie einmal mehr deutlich, wie schwierig es ist, sich auf *eine* Gebetsdefinition festzulegen, da Metaphern in ihrer Darstellung ebenso begrenzt wie offen sind; sie bleiben interpretierbar.[1248] Andererseits liegt gerade darin ihre Stärke, denn Metaphern können »nicht nur als Sinnbilder, sondern als Suchbilder ›funktionieren‹: Sie kommunizieren mit ihrer Behauptung, Gott dürfe als Vater (als Fels, als Hirt, als Freund und Weggefährte, als Richter usw.) angesprochen werden, die Frage, was es – für mich, für uns – bedeuten kann, ihn so anzusprechen«.[1249] In dieser Aussage

---

[1247] Vgl. Hans J. Luibl, Des Fremden Sprachgestalt. Beobachtungen zum Bedeutungswandel des Gebets in der Geschichte der Neuzeit, Tübingen 1993, 94.

[1248] Gerhard Kurz, Metapher, Allegorie, Symbol, Göttingen [6]2009, 22, beschreibt dies folgendermaßen: »Die Metapher können wir erläutern, indem wir z.B. Umschreibungen, Vergleiche bilden, die aber nie an den Punkt kommen, wo alles gesagt ist. Die Metapher setzt einen nicht ganz festgelegten Spielraum an Bedeutungen frei. Sie gibt viel zu denken, ohne doch verbindlich zu sein.«

[1249] Jürgen Werbick, Gemeinsam beten? Fundamentaltheologische und praktisch-theologische Überlegungen zu einem heiklen Thema, in: Erich Garhammer, Peter

Jürgen Werbicks wird nicht nur eine freie Perspektive für das Nachdenken über Gott ausgegeben, sie kann auch auf Gebetsauffassungen angewendet werden. Sie erlaubt, für das Gebet Bilder stehen zu lassen, die verschieden besetzt werden können. Dies ist sicher auch eine realistischere Weise, das Gebet zu betrachten, als nur *eine* Definition gelten zu lassen.[1250] Niemand kann wirklich *wissen*, was der Einzelne mit einem bestimmten Bild verbindet. So wird durch das Nachdenken über die Metapher in Bezug auf das Gebet deutlich, dass es unmöglich ist, eine einzige Gebetsauffassung als die richtige auszugeben und zu erwarten, dass alle sie in der gleichen Weise verstehen.

Diese positive Bewertung der Offenheit der Metapher soll nicht darüber hinwegtäuschen, dass auch Metaphern, die das Gebet beschreiben, nichtssagend werden können, wenn sie häufig bemüht werden oder ihre Sprache sich verbraucht hat und unverständlich geworden ist.[1251]

Bevor im Folgenden einzelne Metaphern näher in den Blick kommen, die in den besprochenen Gebetsauffassungen für das Gebet verwendet werden, soll noch der Hinweis darauf erfolgen, dass es durchaus Gebetsauffassungen gibt, die ohne Metaphern auskommen, weil sie das Gebet als Denkvorgang oder Reflexion verstehen.[1252] Wenn diese das Gebet im traditionellen Sinn – mit Anrede an Gott – zulassen, weil es einem einzelnen Betenden das Hineinkommen in den Reflexionsprozess erleichtert, dann wäre der Satz *»Das Gebet ist ein Gespräch«* im klassi-

---

SCHEUCHENPFLUG u. HUBERT WINDISCH (Hrsg.), Provokation Seelsorge. Wegmarkierungen heutiger Pastoraltheologie. Für Konrad Baumgartner, Freiburg/Basel/Wien 2000, 38-54, hier 50.

[1250] Auch Wüst-Lückl ist mit Ingolf U. Dalferth der Ansicht, dass die Beschreibungen Gottes »missverstanden« seien, wenn man »sie definitorisch auffasst«: Wer oder was Gott ist, »ist durch das Wesen Gottes festgelegt, das nur aufgrund von Erfahrungen gewusst werden kann« (vgl. Dalferth, zitiert nach WÜST-LÜCKL, Theologie, 315). Analoge Rede ist immer als eine »tastende« und »kreative« Redeform zu verstehen (vgl. WÜST-LÜCKL, Theologie, 316). Eindrücklich ist die ebenfalls dort zitierte Beschreibung zur Vateranrede. Der Sprechende sagt mit dieser Anrede aus, dass er »Gott gegenüber die gleichen Gefühle, Denkweisen und Verhältnisweisen für angebracht hält wie gegenüber einem Vater«. Analoge Rede gibt demnach eine »perspektivische« und keine »sachliche« Ähnlichkeit an (vgl. ebd.).

[1251] Vgl. a.a.O., 332. Vgl. die ganz ähnlich gelagerte Problematik bei der geprägten Gebetssprache unter *Gebetssprache*, 246ff.

[1252] Siehe oben die Darstellungen der Gebetsauffassungen von Otto, 130ff., und Bernet, 135ff.

schen Sinne als Metapher zu verstehen. Es wäre in ontologischer Hinsicht keine Metapher in einem Konzept, das mit der Wirklichkeit Gottes rechnet. Interessant ist, dass auch in diesen Gebetsauffassungen spätestens bei der Beschreibung Gottes oder einer höheren Macht, Metaphern und Bilder wieder Einzug halten.[1253]

Für die Betrachtung der Gebetsmetaphern wird von einer Metapherntheorie ausgegangen, bei der die literale Rede von der metaphorischen unterschieden wird,[1254] trotz des Wissens um Theorien, die die Sprache insgesamt als metaphorisch betrachten.[1255]

[1253] So hält z.B. Ernst Lange, Streitgespräch. Ein Briefwechsel zwischen Ernst Lange und Walter Bernet, in: Walter Bernet, Gebet. Mit einem Streitgespräch zwischen Ernst Lange und dem Autor, Stuttgart/Berlin 1970, 153-163, hier 154f., die von Bernet angestrebte »Theologie ohne Mystifikation« für nicht konsequent durchgehalten, wenn Bernet »an den Schlüsselstellen der Argumentation« wiederum »Begriffe, nein, Signale wie ›Geheimnis‹, ›reine Frage‹ oder gar Bilder wie das von der ›Wildnis Gottes‹« verwendet.

[1254] Abstand genommen wird von der auf Aristoteles zurückgehende Lehre, die heute auch als »Substitutionstheorie« bezeichnet wird. Nach der *Substitutionstheorie* »wird bei der Metapher das ›eigentliche‹ Wort durch ein fremdes ersetzt (substituiert)« (vgl. Kurz, Metapher, 7f.). Demgegenüber geht die »Interaktionstheorie« davon aus, »daß es für einen metaphorischen Ausdruck keinen ›eigentlichen‹ Ausdruck gibt« (a.a.O., 8). Mit jedem Versuch, den metaphorischen Ausdruck zu ersetzen, büßt dieser etwas an »Bedeutung« ein (vgl. ebd.). In einem solchen Verständnis ist die Metapher »eine Abweichung vom normalen Sprachgebrauch im normalen Sprachgebrauch« (a.a.O., 17). Damit weicht eine Metapher nicht – wie in der Substitutionstheorie angenommen – vom wörtlichen Gebrauch ab, »sondern vom dominanten, prototypischen Gebrauch eines Wortes, der Standardbedeutung« (a.a.O., 18). Dass die Metapher-Definition der Substitutionstheorie nicht ausreichend ist, belegt Bohren anhand des Satzes »Es regnet heftig« (vgl. Bohren, Gebet 1, 150). Dieser Satz beschreibt die Art und Weise des Regens relativ unkonkret; ein viel konkreteres Bild entwickelt sich vor dem inneren Auge, wenn es heißt, dass es »Bindfäden« regne oder einem der Regen ins Gesicht peitsche (vgl. a.a.O., 151). Es wird deutlich, dass es bei der Metapher um mehr geht, als »den Bildempfänger unter bestimmten Aspekten zu *erkennen*, wie in nichtmetaphorischer Prädikation« (Kurz, Metapher, 24). »Metaphern setzen Gefühle frei«: Es geht daher vor allem darum, den Bildempfänger »zu *sehen, wahrzunehmen, vorzustellen,* zu *erleben*« (a.a.O., 24f.). Bei der Unterscheidung von *Bildspender* und *Bildempfänger* handelt es sich um eine Möglichkeit, die beiden in der Metapher zueinander in Beziehung gesetzten Bereiche zu bezeichnen (vgl. a.a.O., 24). So sind im oben genannten Beispiel die *Bindfäden* der *Bildspender, der* auf den *Regen* als *Bildempfänger* übertragen wird.

[1255] So z.B. Friedrich Nietzsche, dargestellt bei Markus Mühling-Schlapkohl, Art. Metapher III. Religionsphilosophisch, in: RGG[4] Bd. 5, 2002, 1167f., hier 1167, oder Kurz, Metapher, 7.

In den besprochenen Gebetsauffassungen ist die Vorstellung vom *Gebet als Gespräch* oder *Rede zu Gott* eine der am häufigsten angewandten Metaphern. Mit dieser Metapher wird in erster Linie eine Aussage zur Beschaffenheit oder auch zum Vorgehen beim Gebet getroffen. Es werden zunächst keine zum Gebet gehörenden Empfindungen beschrieben. Als Präzisierung der Gesprächsmetapher können die Begriffe *Telefonie* oder *Telefongespräch* verwendet werden. Manche sprechen sogar vom Gebet als »Urform der Telephonie«, da im Gebet eine Macht angerufen wird, die »nicht sichtbar anwesend ist«.[1256] Andere lehnen diese Metapher aus mehreren Gründen ab.[1257] So ist z.B. bei Bohren der theologische Hauptgrund für die Ablehnung, dass das Bild des Telefonierens suggeriert, dass der Mensch die Initiative zum Gebet ergreift. Es wird nicht bedacht, dass dem Gebet immer der Aufruf Gottes vorausgeht.[1258] Eine theologische Präzisierung der Gesprächsmetapher, die diesem Gedanken Rechnung trägt, ist folglich in der Beschreibung des Gebets »als Antwort auf die Offenbarung Gottes in Jesus Christus«[1259] zu sehen. Ebenfalls um eine Präzisierung der Gesprächsmetapher handelt es sich bei der Vorstellung, dass der Betende im Lobgebet *über sich selbst hinausspricht*.[1260] Diese Metapher für das Lobgebet kann in ganz ähnli-

---

[1256] JOSUTTIS, Handwerk, 113. Weil Josuttis im Gebet die »Urform der Telephonie« sieht, stellt er die Frage, ob hier überhaupt von einer »Metapher« gesprochen werden kann. Dass Menschen heute »über die fernsten Fernen miteinander kommunizieren« können, hat nach Josuttis seinen Grund darin, dass »sie beim Beten immer schon mit dem Allerfernsten, dem Allernächsten kommunizieren konnten« (JOSUTTIS, Wort, 405). Im oben definierten Bereich der Metaphern innerhalb eines Raumes, der mit Gottes Wirklichkeit rechnet, bleibt auch der Ausdruck »Urform der Telephonie« eine Metapher.

[1257] BOHREN, Gebet 1, 171, nennt insgesamt fünf Aspekte, die gegen die Metapher des Telefonats sprechen: Erstens suggeriert sie, dass der Mensch »die Initiative ergreife«. Zweitens wird durch diese Metapher davon ausgegangen, dass das Gebet »etwas Selbstverständliches« (a.a.O., 172) ist. Drittens wird der »Fürsprecher« ausgeschaltet und damit auf den Geist verzichtet (vgl. ebd.). Viertens stört der Vergleich mit einem mechanischen Geschehen die »Intimität« des Gebets und fünftens kann man bei einem Telefonat auflegen bzw. man weiß nicht, ob das Gegenüber zuhört (vgl. a.a.O., 173).

[1258] Vgl. dazu unten die Ausführungen zu den Bezugspunkten der Gebetsauffassungen unter *Bezugspunkt*, 237ff.

[1259] MÖSSINGER, Lehre, 113.

[1260] Vgl. z.B. a.a.O., 42.

cher Weise auch mit einem Verb der Bewegung verwendet werden: Gebet ist dann ein *Sich-selbst-Überschreiten*.[1261]

Während die Gesprächsmetapher und ihre Präzisierungen vor allem den Gebetsvorgang beschreiben, gibt es auch solche Metaphern, die stärker auf das fokussieren, was im Gebet geschieht – sei es allein in anthropologischer Perspektive oder in der Darstellung des Gebets als Wechselspiel zwischen Gott und Mensch. In ihnen spiegelt sich oft wider, was als Funktion des Gebets gesehen wird bzw. welche Wirkung das Gebet auf den Betenden hat. Dies geschieht z.B. auch in einer weiteren Präzisierung der Gesprächsmetapher, wenn das Gebet als »Hineinsprechen unseres empfangenen Lebens in das Geheimnis Gottes«[1262] bezeichnet wird. Eine ganz ähnliche Vorstellung ist mit der Bezeichnung des Gebets als »Selbstauslieferung des Menschen an das Geheimnis der Liebe Gottes«[1263] oder »an das Geheimnis des Lebens« oder »an diesen geheimnisvollen Gott der Gnade«[1264] gegeben. In diesen Metaphern ist eine Bewegung vom Menschen auf Gott zu ausgedrückt; es ist zu überlegen, ob hier nicht auch mit dem Begriff der *Hingabe* gearbeitet werden könnte. Interessant ist weiterhin, dass der Bezugspunkt als *Geheimnis* oder *geheimnisvoll* bezeichnet wird. Hier wird gegenüber der einfacheren Metapher vom *Beten als Gespräch mit Gott* eine Präzisierung bzw. eine Erweiterung des »Gottesbildes« innerhalb der Metapher vorgenommen.

So etwas wie *Hingabe* wird auch ausgedrückt, wenn das Gebet als »Ort völliger Offenheit und Aufrichtigkeit«[1265] beschrieben wird. Mit einer solchen Beschreibung wird das Gebet als »Ort« von anderen *Orten* bzw. Zeiten im Leben eines Menschen abgegrenzt, das Gebet wird damit als spezielle »Zeit in der Zeit«[1266] (und damit nicht in erster Linie als Haltung) begriffen. Auch der Anspruch völliger Offenheit begegnet in ähnlicher Weise noch in anderen Gebetsauffassungen, wenn vom Gebet

---

[1261] Vgl. KLEIN, Zugänge, 94.

[1262] SEITZ, Gebetserhörung, 287.

[1263] STEFFENSKY, Flucht, 28; ebenso STEFFENSKY, Sinn, 19, und STEFFENSKY, Schwachheit, 12.

[1264] STEFFENSKY, Gott, 235.

[1265] Härle, zitiert nach ZIMMERLING, Evangelische Spiritualität, 201.

[1266] LEUENBERGER, Zeit, 193, sowie der Titel des Buches.

als »Enthüllung des Menschen vor Gott«[1267] die Rede ist. Das Wort *Anspruch* ist hier ganz bewusst gesetzt, denn – und darauf weisen die Gebetsauffassungen auch meist hin – der Mensch ist nicht davor gefeit, sich im Gebet selbst zu betrügen[1268] und das Postulat der vollkommenen Offenheit damit nicht zu erfüllen.

Die Passivitätsmetapher, in der vom Gebet als »höchstem Ort der Passivität«[1269] bzw. als »ein[em] Tun aus reiner Passivität«[1270] gesprochen wird, sieht das Gebet zum einen ganz in der Nähe zu dem, was andere *völlige Offenheit* nennen; der Mensch muss sich und Gott im Gebet nichts (mehr) vormachen.[1271] Sie kann andererseits aber auch stärker auf den Vorgang des Gebets fokussieren. Die Metapher, die ja in sich bereits einen Widerspruch darstellt – sofern Lassen des Tuns auch als höchste Form des Tuns aufgefasst werden kann –, wird dann auch dem Leistungsdenken des heutigen Menschen entgegengestellt. Der Druck, selbst im Gebet alles richtig machen zu wollen, kann letztlich das Gebet verhindern.

Die Vorstellung, dass im Fürbittengebet »dem Nächsten frische[r] Sauerstoff aus der ewigen Welt Gottes zu[geblasen]«[1272] wird, ist eine Metapher. Die Wirkung, die dieses Gebet bezweckt – der Betende soll »neuen Mut und neue Kraft zum Leben gewinn[en]«[1273] – ist, so sie denn eintrifft, real spürbar. Sie kann auch von demjenigen wahrgenommen werden, der nicht mit der Wirklichkeit Gottes rechnet. Wenn das Ziel des Gebets der »energetische[] Kraftgewinn[]«[1274] ist, so ist das wörtlich zu verstehen als ein tatsächliches Geschehen im Gebet.

Es werden auch Metaphern erwähnt, die für das Gebet ungeeignet erscheinen. So lehnt Klein das Bild des »Aufschwung[s] des Menschen zu Gott« und das der »Leiter« ab, da hier der Eindruck erweckt wird,

---

1267 BOHREN, Gebet 1, 115. Nicht als Metapher formuliert, aber inhaltlich dennoch ähnlich, erklärt LEUENBERGER, Zeit, 88f., das *stille Kämmerlein* als den idealen Gebetsort, da der Mensch hier von den Rollen absehen kann, die er im Leben zu spielen hat, und so Gebet in Wahrhaftigkeit stattfinden kann.

1268 Siehe dazu oben die Ausführungen unter *Sprachliche Verfasstheit*, 209ff.; sowie unten den *Exkurs: Widersprüchlichkeiten*, 239f.

1269 Vgl. STEFFENSKY, Flucht, 28.

1270 BOHREN, Gebet 1, 38.

1271 Vgl. STEFFENSKY, Flucht, 28, ebenso STEFFENSKY, Schwachheit, 13.

1272 ZIMMERLING, Evangelische Spiritualität, 202.

1273 Ebd.

1274 JOSUTTIS, Handwerk, 109.

dass die Bewegung im Gebet vom Menschen ausgeht.[1275] Er kann aber vom »Weg nach innen« und vom »Weg nach außen« sprechen, die in Kombination die »Begegnung« zwischen der Mitte, die Gott ist, und »der eigenen Wesensmitte« hervorbringt.[1276]

Kennzeichen des christlichen Gebets

Wenn es um die Frage geht, was Gebet zu christlichem Gebet macht, dann muss man zunächst feststellen, »daß sich von der Phänomenologie des Gebets her keinerlei Unterscheidungsmerkmale aufzeigen lassen, die christliches von nichtchristlichem Beten abgrenzen würden«.[1277] Das heißt, die Frage nach dem christlichen Gebet ist vor allem eine Frage nach Normativität.

Für viele bezieht sich eine christliche Gebetsauffassung vor allem auf das zurück, was Jesus Christus als Gebet praktizierte und seinen Jüngern weitergab. Wichtige Texte sind hier das Vaterunser[1278] und Jesu Gebet in Gethsemane.[1279] Daraus ergibt sich zum einen das »Abba«-Sagen-Dürfen, das Kindschaftsverhältnis zu Gott, zum anderen aber auch die Bindung der Erhörung an den Willen Gottes und in der Folge das Fügen des Menschen in den Willen Gottes. Alle diese Punkte können natürlich höchst unterschiedlich ausgelegt werden.

Ein konträrer bzw. ergänzender Aspekt wird durch Paulus im Römerbrief angebracht: Nach Röm 8,26 weiß der Mensch nicht, wie es sich zu beten gebührt und ist daher auf das Beten des Geistes angewiesen.[1280]

In der Spannung dieser beiden Aspekte – des »Abba«-Sagen-Dürfens auf der einen und des Auf-den-Geist-angewiesen-Seins auf der anderen Seite – sehen sich viele, die theologisch über das Gebet nachdenken.

1275 KLEIN, Zugänge, 42.

1276 A.a.O., 157.

1277 SUSANNE HAUSAMMANN, Atheistisch zu Gott beten? Eine Auseinandersetzung mit D. Sölle, in: EvTh 31 (1971), 414-436, hier 416.

1278 Mt 6,9-13.

1279 Mk 14,36; Mt 26,42; Lk 22,42.

1280 Siehe zum Gebet im Neuen Testament u.a.: KLAUS BERGER, Art. Gebet IV. Neues Testament, in: TRE Bd. XII, 1984, 47-60; OSCAR CULLMANN, Das Gebet im Neuen Testament. Zugleich Versuch einer vom Neuen Testament aus zu erteilenden Antwort auf heutige Fragen, Tübingen [2]1997; ROLAND GEBAUER, Art. Gebet III. Neues Testament, in: RGG[4] Bd. 3, 2000, 488-491.

Die Unterscheidung zwischen christlichem und anders bestimmtem Gebet ist nicht für alle beschriebenen Gebetsauffassungen relevant. Für Bernet ist Gebet vor allem ein »menschlicher Gestus«. Ob es sich als christlich, protestantisch oder katholisch versteht, spielt dabei eine untergeordnete Rolle.[1281]

Die meisten der hier dargestellten Gebetsauffassungen sehen das Eigentliche des christlichen Gebets im vorausgehenden Angerufensein des Menschen durch Gott.[1282]

Auch das Beten im Namen Jesu Christi stellt ein wichtiges Unterscheidungsmerkmal dar: So ist nach Bohren genau in diesem Aspekt das eigentlich Christliche zu finden, denn eine Unterscheidung z.B. anhand der »Bedürftigkeit« ist nicht gerechtfertigt. Darin sind sich das Gebet des Christen und des Nichtchristen gleich.[1283]

Exkurs: Gebet und Magie

Manchen ist es wichtig, das christliche Gebet eindeutig von magischem Verhalten abzugrenzen.

Der Begriff der *Magie* ist in der (Gebets-)Theologie meist negativ besetzt, was vor allem damit begründet wird, dass das gesprochene Wort allein nicht wirkmächtig sein kann. Die Entscheidung über die Erhörung von Gebeten muss Gott vorbehalten bleiben. So genannte manipulatorisch formulierte Gebete erwecken hingegen den Anschein, dass »das Handeln Gottes uns zu Willen sei[n]« müsste.[1284]

In der ablehnenden Haltung gegenüber der Magie wird deutlich, dass – vom theologischen Standpunkt aus betrachtet – Gebetspraxis und Magie als unbedingte Gegensätze wahrgenommen werden. Es stellt sich jedoch die Frage, inwieweit solch eine strikte Trennung überhaupt mög-

---

1281 »Es [Anm. Vf.: das Gebet] ist darin ›ökumenisch‹, besser: es ist darin ein menschlicher Gestus, daß es das Protestantische oder Katholische, ja daß es auch das Christliche nicht negiert oder gar zerstört, es aber doch im analytischen Prozeß des Verzehrs seiner Objektivität und Autorität entmächtigt, zur Diskussion stellt, in Gebrauch nimmt, als Beitrag versteht.« (BERNET, Gebet, 129.)

1282 Siehe z.B. die Ausführungen oben unter *Grundzüge der Gebetsauffassung* Mössingers, 110ff. Weitere Beispiele finden sich bei SEITZ, Gebetserhörung, 284, und STEFFENSKY, Gott, 233. Vgl. zudem Bohrens Rede von Gott als »unerhörte[m] Bettler« (BOHREN, Gebet 1, 53).

1283 Vgl. BOHREN, Gebet 2, 178.

1284 HERMS, Christen, 525.

lich ist. Die Unterscheidung von religiösen und magischen Praktiken gestaltet sich schon allein deshalb schwierig, weil weder für den Religionsbegriff noch für den Magiebegriff eindeutige, allgemein anerkannte Definitionen existieren.[1285]

Wenn eine so strenge Trennung zwischen Religion und Magie getroffen wird, steht im Hintergrund die Unterscheidung zwischen reiner Religion (bzw. reiner Theologie) und reiner Magie. Für erstere würde gelten, dass sie in völliger »Hingabe an höhere Mächte« geschieht, »eigene menschliche Bemühungen [hätten] keinerlei Wert mehr«.[1286] Reine Magie wäre hingegen da gegeben, wo Riten und Worte als »selbsttätig« gelten.[1287] In der Folge müsste jeder »manipulatorische Umgang mit der Unverfügbarkeit als nichtreligiös und damit magisch abqualifiziert«[1288] und von der Religion ausgeschlossen werden. Zugespitzt formuliert, wäre dann »die einzig wahre Religion nur in dem Gebet ›Dein Wille geschehe‹ zu finden – immer vorausgesetzt, dies sei der genuine Ausdruck eines gehorsamen Herzens«.[1289]

Somit besteht in der Frage der Unterscheidung von Religion und Magie eine Affinität zu der Frage nach der Definition des Gebets, und wie dort erweist es sich als schwierig, eindeutige Definitionen festzulegen. Denn es gibt viele Zwischenbereiche: Weder ist eine Religion ohne menschliches Handeln denkbar, noch wird alle magische Praxis ausschließlich auf Kraft des jeweiligen Magiers bzw. seines Wortes zurückgeführt.[1290]

Die jüngere Forschung im Bereich der Religionswissenschaften geht daher dazu über, Religion und Magie nicht mehr einander gegenüberzustellen, sondern Magie »als Teilbereich innerhalb von Einzelrel[igionen]«[1291] zu verstehen, was nicht ausschließt, dass Einzelreligio-

---

[1285] Vgl. z.B. Frans A. M. Wiggermann, Art. Magie I. Religionswissenschaftlich, in: RGG^4 Bd. 5, 2002, 661f., hier 661; oder auch Erland Ehnmark, Religion und Magie. Frazer, Söderblom und Hägerstrom, in: Leander Petzoldt (Hrsg.), Magie und Religion. Beiträge zu einer Theorie der Magie, Darmstadt 1978, 302-312, hier 302.

[1286] Ehnmark, Religion, 303.

[1287] Vgl. ebd.

[1288] Flasche, Gebet, 464.

[1289] Ehnmark, Religion, 311.

[1290] Vgl. a.a.O., 305.

[1291] Wiggermann, Magie, 662. Martin Wallraff, Art. Magie IV. Kirchengeschichtlich 1. Alte Kirche und Mittelalter, in: RGG^4 Bd. 5, 2002, 669-672, hier 670, fordert in ähnlicher Weise: Magie sollte »nicht als primitive Stufe vor oder neben der Rel[igion] gesehen

nen bestimmte Formen der Magie bzw. das, was sie als Magie verstehen, dogmatisch ausgrenzen.[1292] Hier zeigt sich noch einmal die Schwierigkeit der Bestimmung von *Magie*: Denn sofern die Definitionshoheit den einzelnen Religionen oder auch Denominationen aufgegeben ist, sind äußerst unterschiedliche Definitionen zu erwarten.

Eine etwas andere Herangehensweise an den Begriff der *Magie* finden sich im Kontext von religionspsychologischen Überlegungen. Michael Klessmann z.B. geht mit Paul Tillich davon aus, dass eine »sympathetische Wechselwirkung zwischen allen Teilen des Universums«[1293] besteht und somit die »Wirkkraft des Wortes«[1294] durchaus eine auch im Christentum anzunehmende Größe ist. Zudem gehen nicht nur die Religionen von der »Wirkkraft des Wortes«[1295] aus; z.B. erkannte auch Sigmund Freud sie als »mächtiges Instrument«[1296] an.

Auch die kommunikationstheoretischen Ansätze können eine Hilfestellung für die Vorstellung der Wirkkraft des Wortes liefern. Wenn alle drei am Gebetsprozess Beteiligten (Beter – Gebet – Gott) ihren Anteil an diesem Prozess und damit auch an der Wirkung haben, bedeutet das gerade nicht, dass die Worte allein Kraft haben; doch deren Beteiligung

---

werden, [...], sondern als ein Gebiet innerhalb der Rel[igion], als ein Stratum der rel[igiösen] Kultur.« Ehnmark, Religion, 311, stellt ebenfalls fest: »Es wäre wirklich besser, man gebrauchte das Wort Religion in ganz umfassendem Sinne und spräche von rationalen und irrationalen Elementen *in der Religion*, d.h. in der menschlichen Annäherung zum Übernatürlichen. Mindestens aber sollte man Magie und Religion nicht als reale Gegensätze begreifen wollen. Rationalität und Irrationalität sind auch Gegensätze, aber wir alle wissen, wie leicht sich im menschlichen Verhalten rationale und irrationale Motive mischen – das menschliche Verhalten ist immer komplex.« Es folgt die oben bereits zitierte These, wonach Religion anderenfalls nur noch im Gebet »Dein Wille geschehe« zu finden wäre. (Siehe oben, 232.)

1292 Vgl. Wiggermann, Magie, 662.

1293 Paul Tillich, zitiert nach Michael Klessmann, Das Gebet als Erziehung des Wunsches. Eine religions- und pastoralpsychologische Perspektive, in: PTh 94 (2005), 73-82, hier 74.

1294 Klessmann, Erziehung, 74. Wüst-Lückl, Theologie, 322, stellt in Bezug auf die *Wirkkraft des Wortes* die These auf, dass die Angst vor Magie auch darauf zurückzuführen sei, dass im Abendland Sprache und Tun meist radikal getrennt wurden. In der Sprache wurde kein handelnder Aspekt gesehen, sondern lediglich »die Weitergabe von Informationen«.

1295 Klessmann, Erziehung, 74.

1296 Sigmund Freud zitiert nach Klessmann, Erziehung, 75.

steht außer Frage.[1297] Es handelt sich um ein Phänomen, das im Christentum z.B. in der Praxis des Segnens viel deutlicher bewusst und präsent ist als in Bezug auf das Gebet.[1298] Auch die von Werbick vorgetragene Vorstellung zur Gebetserhörung, wonach in einer kommunikativen Beziehung nicht letztgültig entschieden werden kann, von wem oder was die Veränderungen ausgehen, schlägt diese Richtung ein.[1299]

Bereits in den 70er Jahren des letzten Jahrhunderts stellt Friedrich W. Bargheer fest, dass »[e]ine rationale, logisch befriedigende Auflösung der Fragestellung fehlt«.[1300] Diese Ansicht muss wohl aufrecht erhalten werden, und es ist unwahrscheinlich, dass dies jemals logisch befriedigend aufgelöst werden kann.[1301] Deutlich wird dies z.B. auch an den Ausführungen Leuenbergers, der einerseits Gebete verurteilt, die Gott um ein Eingreifen in das Weltgeschehen bitten, sich andererseits aber die Frage stellt, ob Gebetsglaube nicht ein primitives Element braucht, um überhaupt Gebetsglaube zu bleiben.[1302]

Unterscheidung von öffentlichem, gemeinschaftlichem und privatem Gebet

Praktisch-theologisch muss unterschieden werden zwischen öffentlichem – also in erster Linie gottesdienstlichem – und privatem Gebet.

[1297] Auch ein Verweis auf die Rezeptionsästhetik kann hier hilfreich sein. Bei BOHREN, Gebet 1, 183, findet sich dieser unter den Ausführungen zum Gebet als »Sprachhandlung des Geistes«. Seine zusammenfassende These lautet: »*Beten im Prozess der Erhörung heißt Beten in der Geistesgegenwart.*« (A.a.O., 184f.) *Geistesgegenwart* wiederum bedeutet, dass der Geist »creator spiritus auch des Gebets« ist; er ist »Adressat, Inspirator, Medium und Rezipient des Gebets«: »Im Geist tritt der unerhörte Gott aus sich heraus, verschafft sich Gehör und hört zu. So sagt er für den Menschen, was der leidet; so gibt er ihm zu sagen, was er leidet, und zu verdanken, was ihn freut. Im Geist tritt der erhörte Mensch aus sich heraus und spricht sich aus« (a.a.O., 185). Die Spannung zwischen dem »Gebet als Werk des Geistes und als Werk des Menschen« bleibt dennoch bestehen.

[1298] KLESSMANN, Erziehung, 75, beschreibt z.B., dass Segen und Fluch sowohl in der Bibel als auch in verschiedenen anderen Religionen »nicht als leere Worte [gelten], sondern als rituelle Sprachhandlungen, die Wirkungen frei setzen«.

[1299] Siehe dazu unten die Ausführungen unter *3.4.2.7 Erhörung des Gebets*, 261ff.

[1300] BARGHEER, Gebet, 115.

[1301] DIETRICH STOLLBERG, Ora et Labora. Beten und Gebet – Arbeitsthesen zur Information und Diskussion, in: PTh 94 (2005), 65-72, hier 71, findet die Fragestellung »inkonsequent und illegitim«, da Religion generell Empirie »transzendiert« und allein dadurch »das rational, nüchtern-pragmatische Weltbild auch ins magische hinein überschritten« wird.

[1302] Vgl. LEUENBERGER, Zeit, 110.

Eine Zwischenform stellt das Gebet in Gemeinschaft dar, wie es z.B. in einem Gebetskreis stattfindet.

Meist unterscheiden sich das öffentliche und das private Gebet bereits in der Form.[1303] Das gilt vor allem für Gebete in agendarischen Gottesdiensten, die nach traditionellen Schemata formuliert werden.[1304]

Zum aktuellen Verhältnis von der Gebetspraxis des Einzelnen zum gottesdienstlichem bzw. gemeinschaftlichem Gebet werden unterschiedliche Beobachtungen gemacht. Zum einen wird festgestellt, dass für manche Menschen das gottesdienstliche Gebet das einzige praktizierte Gebet ist.[1305] Andere stellen eine zunehmende »Privatisierung des Betens« fest und wollen dem gottesdienstlichen Gebet mehr Gewicht verleihen.[1306]

In normativer Hinsicht ist jedoch vor allem die Zuordnung von gottesdienstlichem und persönlichem Gebet interessant. Hat eine der beiden Formen Priorität bzw. leitet sich eine aus der anderen ab? Oder handelt es sich um sich wechselseitig ergänzende Formen?

Einzig für Bernet, der das Gebet vor allem als Reflexion von Erfahrung versteht, gibt es nur das Gebet des Einzelnen. Wird dieses in der richtigen Weise geübt, hat es jedoch Einfluss auf die Gemeinschaft.

1303 Vgl. Birgit Weyel, Welche Agende brauchen wir 2017? in: Michael Meyer-Blanck, Klaus Raschzok u. Helmut Schwier (Hrsg.), Gottesdienst feiern. Zur Zukunft der Agendenarbeit in den evangelischen Kirchen, Gütersloh 2009, 150-164, hier, 161.

1304 So spricht z.B. Klein, Zugänge, 158, an, dass im Gottesdienst »das dialogische, sprachlich festgelegte Gebet« vorherrschend ist. Siehe dazu auch oben die Ausführungen zum *gottesdienstlichen Gebet* in Kleins Gebetsauffassung unter *Form und Gestalt*, 179ff.

1305 So erklärt z.B. Steffensky, Schwachheit, 16, dass für manche Menschen – zu denen auch Pfarrerinnen und Pfarrer zählen können – das gottesdienstliche Gebet das einzig praktizierte Gebet ist. Ganz ähnlich beschreibt es Heinz Fischer: »Dem Gebet am Altar kommt in unserer Zeit große Bedeutung zu, denn es ist nicht mehr selbstverständlich eingebettet in das persönliche Beten der Gemeindeglieder ›im stillen Kämmerlein‹. So gewährleistet das Altargebet einerseits, dass manche Gemeindeglieder überhaupt noch beten. Andererseits setzt es möglicherweise Impulse für eine neue private Gebetspraxis. Wenn am Altar so gebetet wird, dass Gemeindeglieder sich einbezogen fühlen, [...], erwerben sie dadurch Sprachkompetenz für das Beten zu Hause.« (Heinz Fischer, Mit der Gemeinde beten. Neue Fürbitten, Göttingen 2002, 9.)

1306 Vgl. Werbick, Gemeinsam beten, 39. Fischer sieht beide eben beschriebenen Phänomene: Zum einen stellt er, wie bereits erwähnt, fest, dass das gottesdienstliche Gebet für manche Menschen das einzige Gebet ist (vgl. Anm. 1305). Zum anderen wird seiner Meinung nach durch das öffentliche Gebet im Gottesdienst »das Bewusstsein dafür wach gehalten, dass Glaube nicht nur eine Privatsache ist« (Fischer, Gemeinde, 9).

Denn mit Kornelis Heiko Miskotte geht Bernet davon aus, dass das Gebet auch ein Sich-nicht-Abfinden mit der gegenwärtigen Situation ist.[1307] Eine solche Einstellung muss in der Konsequenz auch Veränderungen in der Gesellschaft, den Einsatz für den Nächsten, mit sich bringen.

Alle anderen besprochenen Gebetsauffassungen messen dem öffentlichen bzw. gottesdienstlichen oder dem gemeinschaftlichen Gebet große Bedeutung zu. Das gottesdienstliche Gebet kann als eine Intensivierung des persönlichen Gebets oder als Vorbild für das persönliche Gebet aufgefasst werden, so dass dem öffentlichen Gebet zumeist auch eine pädagogische Funktion zukommt. Demnach wäre das gottesdienstliche Gebet dem privaten übergeordnet.

Dort, wo der Gottesdienst als Ort der immer neu erfolgenden »Klärung des Lebens- und Glaubensverständnisses«[1308] verstanden wird, besteht der pädagogische Anspruch an das gottesdienstliche Gebet auch darin, dass der Einzelne im gottesdienstlichen Gebet über sein Leben lernt und damit lernt, »was beten heißt«.[1309] Sehr viel konkreter gefasst kann der pädagogische Anspruch auch darin bestehen, dass sich der Beter das Gebet oder dessen Sprache im gemeinschaftlichen, vor allem gottesdienstlichen Beten aneignet.[1310]

Einig sind sich viele darin, dass Gebetstexte in einem Gottesdienst so formuliert sein müssen, dass sie von den am Gottesdienst Teilnehmenden nach- bzw. mitvollzogen werden können.[1311] In der Diskussion steht, inwieweit man den am Gottesdienst Teilnehmenden inhaltlich und sprachlich entgegenkommen soll. Nach Werbick sollte das öffentliche Gebet dem Betenden nicht in seiner »Seelen- und Glaubenslage« vollkommen entsprechen, sondern »eine öffnende Herausforderung« sein, dabei aber kein »liturgische[s] Kunstgewerbe-Vokabular« verwenden.[1312] Es soll eine »Gegenwelt« erzeugen, in der all das Platz hat, was

---

[1307] Vgl. Bernet, Gebet, 119.

[1308] Otto, Gebet, 45. Damit dies der Fall ist, müssen Gebete so formuliert sein, dass eine Mehrzahl der Anwesenden sie mitdenken kann (vgl. a.a.O., 44).

[1309] Ebd.

[1310] Vgl. Seitz, Gebetserhörung, 281. Auch Fischer misst dem gottesdienstlichen Gebet diese Bedeutung bei (vgl. dazu Anm. 1305).

[1311] Hier ist wiederum die Diskussion darüber angedeutet, ob Gebete bzw. Gebetstexte zwingend vom Verstand mitvollzogen werden müssen; vgl. dazu unten *Exkurs: Kopf und Herz im Gebet*, 251f.

[1312] Werbick, Gemeinsam beten, 53.

in unserer Alltagswelt »wegrationalisiert« wird.[1313] Bei Otto hingegen haben Verständlichkeit und Alltagsbezogenheit Priorität.[1314]

3.4.2.2 Bezugspunkt

Die Ausführungen zum Definitorischen haben bereits deutlich gemacht, dass Gebetsauffassung und Gottesbild unmittelbar zusammenhängen.[1315] Normative Gesichtspunkte fließen hier am stärksten mit ein.

Es ist auffällig, dass in den dargestellten Gebetsauffassungen grundsätzlich drei Möglichkeiten gegeben sind, den Bezugspunkt des Gebets zu beschreiben. Die erste Möglichkeit ist, Gott beinahe ausschließlich von seiner Offenbarung in Jesus Christus zu verstehen und ihn als personalen Gott anzureden. Die zweite Möglichkeit verwehrt sich der personalen Gottesvorstellung und kann, wenn überhaupt, von Gott als einem Geheimnis sprechen. Bei Otto wird sehr deutlich, dass das Gebet vor allem eine anthropologische Zielrichtung hat; einen Gott um etwas zu bitten, der sowieso nichts ändern könne, wird für sinnlos gehalten.[1316] Die dritte Möglichkeit steht zwischen den beiden ersten. Sie vereint auf der einen Seite die Vorstellungen von Gott als Person und Gott als Macht oder Kraft, unter anderem auch mit der Begründung, dass beide Vorstellungen biblisch belegt sind.[1317] Auf der anderen Seite bringt sie auch die Vorstellung vom geoffenbarten Gott und das Empfinden, dass Gott dennoch ein Geheimnis bleibt, zusammen. So umschreibt Klein das eben Dargestellte mit den Worten, dass Gott zugleich nah und fern ist[1318] und Steffensky kann z.B. in seinen »Definitions«-Sätzen vom »geheimnisvollen Gott der Gnade«[1319] sprechen, gleichzeitig aber deutlich machen, dass er sich diesen Gott personal vorstelle und dass es ihm fern ist, zu einer Kraft zu beten.[1320] Josuttis wiederum wehrt sich gegen

---

[1313] Vgl. Werbick, Gemeinsam beten, 53.

[1314] A.a.O., 44.

[1315] Einiges, was für diese Zusammenschau zum Bezugspunkt relevant ist, wurde daher bereits in der Zusammenschau des Definitorischen dargestellt. Siehe *3.4.2.1 Definitorisches*, 208ff.

[1316] Otto, Gebet, 33.

[1317] So weist z.B. auch Leuenberger, Zeit, 64ff., darauf hin, dass die Vorstellung von Gott als Person im Christentum nie die alleinige war.

[1318] Vgl. Klein, Zugänge, 76.

[1319] Steffensky, Gott, 235.

[1320] Vgl. Steffensky, Schwachheit, 11, sowie oben das Zitat, 141.

die Rede vom persönlichen Gott, da Gottesbilder für die christliche Tradition ausgeschlossen seien. Er hält es für angemessener, Gott als eine »unbegreifliche, unfassliche, auch unheimliche Macht«[1321] aufzufassen, lehnt es aber nicht ab, diese Macht als Vater anzurufen. Auch Bohren findet die anthropomorphe Redeweise von Gott nicht unproblematisch, hält sie aber dennoch für notwendig.

In einigen der besprochenen Gebetsauffassungen spielt die Liebe als Attribut Gottes eine große Rolle.[1322] Nur Josuttis macht ganz deutlich, dass Gott nicht unbedingt immer liebevoll sein muss.[1323] Zweimal wird Gott als »Bettler« bezeichnet.[1324] Damit ist zum einen ausgesagt, dass die erste Bewegung im Gebetsverhalten von Gott ausgeht, zum anderen, dass Gott ein Bittender ist, der den Kontakt zu den Menschen unbedingt möchte, weil er sie liebt. Hier herrscht die Vorstellung von einem bewegten Gott vor,[1325] der damit auch beeinflussbar ist.

Die Frage nach der Gottesanrede wird in den besprochenen Gebetsauffassungen kaum gestellt. Gebetsauffassungen mit apersonalen Gottesvorstellungen verwerfen Gottesanreden. Auch Gebetsauffassungen, die das Gebet in erster Linie meditativ betrachten, können Gottesanreden als hilfreich ansehen, halten sie aber nicht unbedingt für notwendig.[1326] Lediglich die *Vateranrede* wird ausführlich diskutiert: Sie wird gegen den Projektionsvorwurf verteidigt[1327] und gegen die Vorstellung des »Biedermeier-Papa[s]« abgegrenzt.[1328] Wie oben in Bezug auf den möglichen kindlichen Aspekt von Gebeten bereits beschrieben, wird die Vateranrede – dort, wo sie positiv verstanden wird – vom Beziehungsaspekt her gedacht.[1329] Auch Josuttis wertet die Vateranrede positiv, in

---

1321 JOSUTTIS, Verführung, 94.

1322 Vgl. oben die Ausführungen zum *Bezugspunkt* in den Darstellungen der Gebetsauffassungen von Mössinger, 110ff., Zimmerling, 126ff., und Steffensky, 139ff.

1323 Vgl. oben die Ausführungen zum *Bezugspunkt* in Josuttis' Gebetsauffassung unter *Grundzüge der Gebetsauffassung*, 166ff.

1324 STEFFENSKY, Flucht, 28, spricht vom »erste[n] Bettler«; BOHREN, Gebet 1, 53, vom »unerhörte[n] Bettler«.

1325 Sehr deutlich setzt sich z.B. MÖSSINGER, Lehre, 165, gegen das »Axiom der Unveränderlichkeit Gottes« ein.

1326 Siehe z.B. oben die Ausführungen unter *Form und Gestalt* in Reblins Gebetsauffassung, 198f.

1327 Vgl. BOHREN, Gebet 1, 133.

1328 Vgl. a.a.O., 59.

1329 Siehe dazu oben die Ausführungen unter *Kindlichkeit als Teilaspekt des Gebets*, 217f.

ihr ist ein *Dürfen* gegenüber Gott ausgedrückt. Hier ist jedoch nicht vom persönlichen Vaterbegriff auszugehen, so wie Gott auch nicht zu einem »persönlichen Gott« gemacht werden darf. Die Vateranrede zeigt Gott als »Ursprung des Lebens«[1330] an, der aber weiterhin auch eine »unerforschliche[] Macht«[1331] bleibt. Aus diesem Grund sieht Josuttis darin auch keinen adäquaten Ersatz für die Anrede *Herr*, die die vorhandene Distanz zwischen Gott und Mensch ausdrückt.

3.4.2.3 ANTHROPOLOGISCHES

Exkurs: Widersprüchlichkeiten

Die ersten beiden Vergleichsaspekte – *Definitorisches* und *Bezugspunkt* – zeigen bereits, dass eine Betrachtung des Gebets nicht erfolgen kann, ohne auf Fragen zu stoßen, die sich mit Hilfe des menschlichen Verstandes letztlich nicht lösen lassen.[1332] Auch die einzelnen Gebetsauffassungen in sich sind daher nicht frei von argumentativen Spannungen.

Ausnahmen bilden diesbezüglich die Gebetsauffassungen, die sich – wie etwa bei Otto – durch eindeutige Weltbezogenheit auszeichnen oder systematisch theologische Abhandlungen, die versuchen, ein widerspruchsfreies Gebetsverständnis zu entwerfen. So möchte z.B. Wilfried Härle, der oben nicht besprochen wurde, Bittgebet und klassisches christliches Gottesbild denkerisch vereinbaren.[1333] In beiden Fällen stellt

---

[1330] JOSUTTIS, Verführung, 92.

[1331] A.a.O., 21.

[1332] Sehr eindrücklich kann das anhand der Überlegungen zum Verhältnis von Magie und Gebet aufgezeigt werden; siehe oben *Exkurs: Gebet und Magie*, 231ff.

[1333] Vgl. WILFRIED HÄRLE, Den Mantel weit ausbreiten. Theologische Überlegungen zum Gebet, in: NZSTh 33 (1991), 231-247. Härle stellt drei Kriterien für ein Gebetsverständnis auf, die es erlauben, »das Bittgebet mit den für das Gottesverständnis essentiellen Eigenschaften der Allmacht, Allwissenheit und vollkommenen Güte sowie mit der für die Gottesbeziehung essentiellen Attitüde des Vertrauens [...] widerspruchsfrei« zusammenzudenken (a.a.O., 239). Dabei wird das Bittgebet »verstanden als Bitte um etwas, das ohne diese Bitte nicht geschähe« (ebd.). »Das, was erbeten wird, wird vom Adressaten des Gebets, also von Gott, erwartet, es ist nicht vom Betenden selbst zu leisten.« (Ebd.) Außerdem ist das Bittgebet keine »Einwirkung auf Gott, die ihn veranlasst, etwas zu tun, das er ohne das Gebet nicht getan hätte« (ebd.). Härle sieht diese Kriterien erfüllt, »wenn man das Bittgebet selbst nicht nur als Ausdruck oder Mitteilung Gott gegenüber versteht, sondern zugleich als das (oder als ein) Mittel, durch das Gottes Handeln den Menschen erreicht und in ihm zur Wirkung kommt« (a.a.O., 240). Härle nennt ein Beispiel, in dem die Kriterien erfüllt sind: Wenn ein Mensch darum bittet, »die Geduld zu bekommen, die

sich die Frage, ob solche komplexen Gedankengebilde Anknüpfungspunkte in der Empirie haben oder ob es sich nicht vielmehr um Kunstprodukte handelt, zu denen nur wenige einen Zugang finden.[1334]

Ein Metaphernverständnis, das vorschlägt, Gottesanreden als Suchbilder zu verstehen, ist im Vergleich realitätsnäher.[1335] Den Hintergrund bildet dann eine Anthropologie, die mit Ebeling und anderen davon ausgeht, dass es Gebet nur in Widersprüchlichkeit gibt, weil der Mensch mit sich selbst im Widerspruch lebt.[1336] Widersprüche bzw. Paradoxien, die beim Reden über das Gebet auftauchen, müssen dann nicht aufgelöst werden – sie dürfen bis zu einem gewissen Grad bestehen bzw. deutungsoffen bleiben.

Anthropologisches aus den besprochenen Gebetsauffassungen

Während manche Gebetsauffassungen vor allem die dialektische Dimension des Betens betonen, dass der Mensch im Gebet etwas tue, zu dem er eigentlich nicht in der Lage sei,[1337] sprechen andere davon, dass

---

er braucht, um eine schwere Krankheit oder Behinderung zu ertragen« (ebd.) und er diese Geduld im Gebet erfährt, dann »geschieht etwas, das ohne das Gebet nicht geschehen wäre, ohne das Gott etwas getan hätte, was er ohne Gebet nicht getan hätte« (ebd.). Im Folgenden versucht Härle alle Einsprüche, die man gegen dieses Beispiel erheben könnte, zu widerlegen (vgl. a.a.O. 240f.).

[1334] Siehe dazu oben die Zusammenfassung zu den Zugängen zum Gebet unter *Fazit*, 207f.

[1335] Vgl. die Ausführungen zur Metapher bei Werbick unter *Bedeutung der Metaphern für Gebetsauffassungen*, 223ff.

[1336] Nach EBELING, Gebet, 213, ist es die »Widersprüchlichkeit des Lebens«, die letztlich »zum Gebet treibt«. Ebeling kommt über die Widersprüche, die sich für den Menschen beim Nachdenken über das Gebet ergeben, dazu, dass diese letztlich von der Erfahrung des Menschen rühren, der mit sich selbst uneins ist. Widersprüche beim Nachdenken über das Gebet zeigen sich zum einen in der Frage nach dem Gottesbild: Wie lässt sich z.B. die Vorstellung von Gottes Allwissenheit mit der Vorstellung der Wirksamkeit des Bittgebets zusammendenken. Zum anderen gibt es Widersprüchlichkeiten in Bezug auf die Anthropologie, wenn etwa die Sprache »zum Mittel des Ausbrechens aus der Endlichkeit« gemacht wird (vgl. a.a.O, 209). Einen weiteren Widerspruch sieht er zwischen den »zeitlichen Wünschen und dem Verlangen nach ewigem Heil« (ebd.) gegeben. Widersprüche sind aber auch im ganz praktischen Bereich festzustellen, wenn etwa Tun und Gebet auseinanderklaffen und Beten damit zur »Ersatzhandlung« (ebd.) wird oder beim Fürbittengebet ein Gebet inhaltlich gegen ein anderes steht (vgl. a.a.O., 210).

[1337] Eine Variante dieser Problemstellung, wie sie in verschiedenen Gebetsauffassungen vorkommt, besteht in der Vorstellung, dass sich der Mensch im Gebet all seiner Alltags-

der Mensch grundsätzlich beten bzw. es erlernen könne.[1338] Auch diese beiden Aspekte schließen sich nicht zwingend aus. Denn dort, wo der Mensch als der zuerst Angesprochene oder der immer schon Erhörte geglaubt[1339] wird, ist es dem Menschen möglich, beten zu lernen. Steffensky hält es sogar für die höchste Aussage, die man über den Menschen machen kann, dass dieser in der Lage ist zu beten, weil darin deutlich wird, dass der Mensch sich seine Authentizität nicht selbst geben muss, sondern ihm durch die Beziehung zu Gott Authentizität gegeben wird.[1340]

Uneinigkeit herrscht darüber, welche innere Verfasstheit einen Menschen während des Gebets begleiten sollte bzw. ob eine spezielle innere Verfasstheit oder Befindlichkeit überhaupt vonnöten ist, um beten zu können oder um aus einem rein äußeren Gebet ein wahres Gebet werden zu lassen.[1341]

Doch mehr noch als über das Beten-Können wird darüber nachgedacht, warum manche Menschen nicht – oder nicht mehr – beten können. Die beschriebenen Gebetsauffassungen haben hierzu verschiedene Hypothesen: Ein Grund wird in den Anfragen der Religionskritik an das Gebet gesehen.[1342] Diese sind nicht nur in ihrer historischen Dimension von Bedeutung, sondern können im Lauf eines Lebens dazu führen, dass das Gebet für den entsprechenden Menschen seinen Sinn verliert. Daneben besteht die Möglichkeit, dass jemand »einer alten Lehre vom Gebet nachhängt«,[1343] die ihm aber nicht mehr entspricht; dieser Mensch hat diese Lehre einmal vermittelt bekommen, konnte sie aber nicht in dem Maße weiterentwickeln, wie es vielleicht nötig gewesen wäre. Wei-

---

rollen entledigen soll. Dies ist die Konsequenz aus einer Gebetsauffassung, die im Gebet einen Ort der absoluten Offenheit sieht. (Vgl. dazu z.B. die Ausführungen unter *Funktion des Gebets* in Leuenbergers Gebetsauffassung, 190f.) Gleichzeitig wird festgestellt, dass der Mensch nicht davor gefeit ist, seine Rollen weiterzuspielen und dadurch sich selbst und Gott im Gebet zu betrügen (vgl. z.B. LEUENBERGER, Zeit, 89).

[1338] Siehe dazu auch die Ausführungen oben unter *Exkurs: Erfahrungsbezogene Beschreibungen*, 204ff.

[1339] Vgl. z.B. BOHREN, Gebet 1, 76.

[1340] Vgl. z.B. STEFFENSKY, Gott, 234.

[1341] Siehe dazu unten die Ausführungen unter *Exkurs: Kopf und Herz im Gebet*, 251ff.

[1342] Zu den Anfragen der Religionskritik an das Gebet finden sich zusammenfassende Überblicke in folgenden Werken: WÜST-LÜCKL, Theologie, 59ff.; KLEIN, Zugänge, 18ff., BARGHEER, Gebet, 148ff., BERNET, Gebet, 17ff. u.a.

[1343] BOHREN, Gebet 1, 31.

tere Gründe, die genannt werden, sind der Verlust einer geeigneten Gebetssprache bzw. die Tatsache, dass eine solche oft nicht mehr vermittelt wird,[1344] wie auch die Übertragung der Leistungsvorstellung auf das Gebet. So kann es zum Gebetshindernis werden, wenn Menschen »unbarmherzig gegen sich, ein vollkommenes Beten fordern«,[1345] das sie überfordert. Leistungsdruck drückt sich auch dadurch aus, dass der Betende erwartet, dass das Gebet ihn verändern müsse, und damit wird dem Gebet eine Art mechanische Wirkung abverlangt.[1346] Die Gebetsauffassungen, die sich der psychologischen Terminologie bedienen, sehen einen weiteren Grund für das Nicht-Beten-Können darin, dass ein Mensch nicht (mehr) in der Lage ist zu vertrauen.[1347] Hinter dem Nicht-Mehr-Beten-Können stecken dann Ängste, die den Menschen daran hindern, »den elementaren Wirklichkeiten des Lebens zu begegnen«,[1348] sich auf sie einzulassen.

3.4.2.4 FUNKTION DES GEBETS

Es macht einen entscheidenden Unterschied, ob das Gebet einem bestimmten Zweck zugeordnet wird oder nicht.[1349] Allerdings beschreiben z.B. auch solche Auffassungen, die im Gebet »pure[n] Sinn ohne Zwecke«[1350] sehen – trotz dieses Postulats und trotz der Feststellung, dass die »Erlebnisfähigkeit des Menschen«[1351] gestört wird, sobald eine Erfahrung beabsichtigt wird – Wirkungen, die das Beten auf den Menschen haben kann.

Viele der Gebetsauffassungen, die große Unterschiede in Bezug auf die definitorischen Aspekte, den Bezugspunkt des Gebets und die Anthropologie aufweisen, finden in der Beschreibung der Funktion des Ge-

---

1344 Siehe dazu unten die Ausführungen unter *Gebetssprache*, 246f.

1345 BOHREN, Gebet 1, 238.

1346 Vgl. z.B. STEFFENSKY, Sinn, 18, und BOHREN, Gebet 1, 127f.

1347 Vgl. LEUENBERGER, Zeit, 87.

1348 Ebd.

1349 Vgl. z.B. HANS G. ULRICH, Gebet, in: GlLern 1 (1986), 13-21, hier 17: »So ist das Gebet nichts, was der Beter selbst hervorbringt, sondern woraus er etwas empfängt«. Das eigene Tun wird demnach »zu einem Nicht-Tun, einem Empfangen im Tun«.

1350 Vgl. STEFFENSKY, Sinn, 19. Vgl. dazu auch BOHREN, Gebet 1, 38, der ebenfalls die Passivität als eine zentrale Einstellung zum Gebet sieht.

1351 STEFFENSKY, Sinn, 18, nennt z.B. den »Wunsch, Gottesdienste und Gebete sollten besonders interessant sein«. Ebenso verwendet in: STEFFENSKY, Schwachheit, 21.

bets bzw. seiner Wirkung auf den Menschen sehr ähnliche Worte. Oft ist von einer Vertiefung des Lebens durch das Gebet die Rede. Dies kann eine ethische Implikation haben, wenn es um Selbstprüfung bzw. das Austarieren des eigenen Lebens am Verhalten Jesu wie bei Otto geht.[1352] Andere formulieren psychologienah, wenn im Gebet das Selbst bejaht werden soll.[1353] Dazu gehört es, Erinnerungen vor Gott zu verarbeiten. Eine Mischung aus psychologischer und (offenbarungs-)theologischer Argumentation findet sich bei Bohren, der im Gebet ebenfalls einen Weg sehen kann, das Selbst zu bejahen, die Möglichkeit dieses Weges aber ausschließlich theologisch begründet wissen will, indem er davon ausgeht, dass im Gebet Gotteserkenntnis geschieht und damit in logischer Konsequenz auch Selbsterkenntnis vollzogen werden muss.[1354] Eine ähnliche Vorstellung findet sich auch bei Mössinger, der jedoch weit davon entfernt ist, sich einer psychologischen Begrifflichkeit zu bedienen.[1355]

Ein anderer Aspekt, der ebenfalls die Veränderung des Lebens betrifft, wird mit der Funktion der »Selbstentsagung« eingebracht. Gemeint ist damit nicht der Abschied vom Selbst oder das Aufgehen in einer numinosen Macht, sondern der Abschied von der »Selbstrechtfertigung«,[1356] der Abschied davon, der eigene »Schönfinder«[1357] sein zu müssen.[1358] Im Gebet soll ein falsches Leistungsdenken überwunden werden.[1359] In diesem Sinn hat das Gebet die Aufgabe, dem Menschen Freiheit zu vermitteln. Hier geht es eher um eine *Öffnung* des Lebens als um eine *Vertiefung*.

1352 Vgl. OTTO, Gebet, 41, sowie die Ausführungen oben zur *Funktion des Gebets* Ottos Gebetsauffassung, 132.

1353 Siehe z.B. oben die Ausführungen unter *Funktion des Gebets* in Leuenbergers Gebetsauffassung, 190f.

1354 Vgl. BOHREN, Gebet 1, 106, sowie die Ausführungen oben zur *Funktion des Gebets* in Bohrens Gebetsauffassung, 154f.

1355 Vgl. MÖSSINGER, Lehre, 124. Auch bei ZIMMERLING, Evangelische Spiritualität, 200, findet sich die Aussage, dass der Mensch sich im Gebet seiner Schuld bewusst wird.

1356 STEFFENSKY, Sinn, 19.

1357 STEFFENSKY, Flucht, 28.

1358 Hierzu kann auch Kleins Anliegen, im Gebet falsche »Aktivität« abzubauen, gezählt werden (vgl. KLEIN, Zugänge, 176).

1359 Das kommt auch zum Ausdruck, wenn Klein davon spricht, dass das Gebet »Sammlung angesichts unserer inneren Zerrissenheit und unseres Mangels an Einheit und Ganzheit« (a.a.O., 111) ist.

Beide Aspekte – Öffnung und Vertiefung des Lebens – bedeuten Veränderung. Sie beschreiben eine Wirkung, die das Gebet für den Menschen hat und die vielleicht am besten mit dem Begriff *Persönlichkeitsbildung* umschrieben werden kann. In manchen Gebetsauffassungen wird diese Intention deutlich ausgesprochen. So spricht z.B. Steffensky davon, dass im Gebet das »Wünschen« ebenso wie die »Dankbarkeit« und »die Gabe des Zorns gegen das Unrecht« erlernt werden könne.[1360] Einen etwas anderen Fokus hat Josuttis, der dem Gebet zwar auch die »Klärung der elementaren Fragen des Lebens«[1361] als Funktion zuschreibt, den Effekt aber als »energetischen Kraftgewinn«[1362] beschreibt und damit eine Beschreibung verwendet, die sich in dieser Weise bei den anderen praktischen Theologen nicht findet.[1363]

Zusammenfassend betrachtet, wird dem Gebet auf verschiedene Weise die Funktion der »Hilfe zur Bewältigung des Lebens in dieser Welt«[1364] oder, anders gesagt, der Hilfe zu einem besseren, christlich orientierten und gelingenden Leben zugeschrieben.

Gemeinschaftliche oder politische Aspekte spielen in den Funktionsbeschreibungen der Gebetsauffassungen zum persönlichen Gebet eine geringere Rolle.[1365]

3.4.2.5 VORAUSSETZUNGEN DES GEBETS

Die Voraussetzungen für das Gebet können verschiedener Natur sein: Es kann zum einen theologische Voraussetzungen geben, wonach nur ein Vorgang, der bestimmten Kriterien genügt, als Gebet verstanden werden kann.[1366] Des Weiteren kann es Voraussetzungen geben, die Menschen erfüllen müssen oder sollten, bevor sie mit dem Beten beginnen. So wird

---

1360 STEFFENSKY, Flucht, 35.

1361 Vgl. JOSUTTIS, Verführung, 128.

1362 Vgl. JOSUTTIS, Handwerk, 109.

1363 Allenfalls Klein geht in eine ähnliche Richtung. Siehe die Ausführungen unter *Erhörung des Gebets* in Kleins Gebetsauffassung, 184.

1364 KLEIN, Zugänge, 205.

1365 Lediglich bei ZIMMERLING, Evangelische Spiritualität, 197, wird die Mitarbeit am Bau des Reiches Gottes als eine Funktion genannt und BERNET, Gebet, 119, erwähnt, dass das Gebet zur »Humanisierung der Gesellschaft« beiträgt – ein Effekt, der sich z.B. auch bei STEFFENSKY, Flucht, 35, einstellen kann, wenn der Betende »die Gabe des Zorns gegen das Unrecht« tatsächlich erlernt.

1366 Siehe dazu die Ausführungen oben unter *Was ist ein Gebet?*, 11ff.

in manchen Gebetsauffassungen gefordert, dass sich der Mensch sammelt, bevor er anfängt zu beten (Bohren, Seitz). Dazu zählen auch Vorstellungen, nach denen sich der Mensch beim Gebet der Gegenwart Gottes bewusst sein muss (Zimmerling). Dieser letzte Punkt ist eng verbunden mit der Frage, ob die Sammlung – und in der Folge das Gebet an sich – mit einer gewissen inneren Gestimmtheit einhergehen sollte.[1367] Teil der inneren Gestimmtheit kann das Bemühen um Wahrhaftigkeit sein, dieses kann in einem Schuldbekenntnis oder einer Art Beichte, die in einer ritualisierten Gebetspraxis dem Gebet vorangehen, einen sehr konkreten Ausdruck finden (Mössinger, Seitz, Bohren). In einem weiteren Kontext korrespondiert das Bemühen um Wahrhaftigkeit mit dem Bemühen um einen »herrschaftsfreie[n] Umgang der Menschen untereinander« wie auch »der Menschen mit der außermenschlichen Natur« (Steffensky).[1368]

Manche gehen davon aus, dass zum Gebet ein gewisses Vorwissen notwendig ist, sei es das um die Existenz Gottes (Josuttis) oder das Wissen darum, dass sich das »Leben nicht von selbst versteht«, das Wissen um das »Wunder« des »Daseins« und das »Rätsel« des »Sterbenmüssens« (Leuenberger).[1369]

Nicht vorausgesetzt wird meist eine bestimmte Begabung zum Gebet.[1370] Eine Bereitschaft zum Einüben des Gebets kann hingegen als Voraussetzung gesehen werden.[1371]

3.4.2.6 FORM UND GESTALT

Im Folgenden geht es um konkrete Hinweise zur Praxis des Betens. Dabei werden die verschiedenen Arten der Sprache, die für das Gebet vorgeschlagen werden, ebenso betrachtet wie die Gebetszeiten, die Frage nach dem ritualisierten Gebet und die Gebetshaltungen. Daneben soll es auch um die klassischen Gebetsgattungen *Lob* bzw. *Anbetung*, *Dank*, *Klage* und *Bitte* gehen. Hier interessiert vor allem, welche Gattungen in den Augen der praktischen Theologen Priorität genießen und welche

---

[1367] Vgl. dazu unten die Ausführungen unter *Exkurs: Kopf und Herz im Gebet*, 251ff.

[1368] STEFFENSKY, Flucht, 35; vgl. dazu ebenso STEFFENSKY, Schwachheit, 28.

[1369] LEUENBERGER, Zeit, 44.

[1370] Vgl. z.B. STEFFENSKY, Schwachheit, 30.

[1371] Vgl. z.B. KLEIN, Zugänge, 168. Siehe dazu außerdem unten die Ausführungen unter *Feste Gebetszeiten und ritualisiertes Gebet*, 250f.

spezifische Bedeutsamkeit sie innerhalb der bereits beschriebenen Gesamtfunktionen des Gebets haben.

Gebetssprache[1372]

Es ist davon auszugehen, dass es neben spontanen, sprachlich frei gestalteten Gebeten des Einzelnen immer schon »von der Glaubensgemeinschaft« formulierte Gebete gab.[1373] Die meisten Gebetsauffassungen sehen davon ab zu fragen, welche der beiden Formen die ursprüngliche ist.[1374] Es wird allerdings darüber nachgedacht, ob eine Form der anderen vorzuziehen ist oder ob sich beide gegenseitig bedingen. Dennoch sehen die meisten der besprochenen Gebetsauffassungen in beidem mögliche Formen der Gebetspraxis und wollen sie nicht gegeneinander ausspielen.[1375]

In den meisten Gebetsauffassungen gelten die Texte der Tradition als Gewinn für die persönliche Gebetspraxis oder werden als selbstverständlich erachtet und nicht in Frage gestellt. Sie spielen häufig für das Erlernen des Betens eine große Rolle. Außerdem können sie eine Hilfestellung für die (Wieder-)Aufnahme einer Gebetspraxis sein, die mit der Zeit auch das freie Gebet für sich entdeckt.[1376] Die Erfahrung, dass sich Menschen seit jeher in den Texten der Vorfahren wiederfinden, spricht für viele weiterhin dafür, dass geprägte Texte sowohl für das Erlernen des Betens als auch in der privaten Gebetspraxis verwendet werden sollen.[1377] Geprägte Texte können dabei auf verschiedene Weise zum

---

1372 In den Ausführungen oben unter *Sprachliche Verfasstheit*, 209ff., ging es darum, inwieweit Gebet überhaupt sprachlich verfasst sein muss. Hier kommt nun das Gebet in den Blick, das sich tatsächlich in gesprochener Sprache ausdrückt.

1373 KLEIN, Zugänge, 49.

1374 Dies war z.B. Anfang des 20. Jahrhunderts eine Intention Heilers. HAUENSTEIN, Spuren, 143, beschreibt dessen Vorgehen aus heutiger Perspektive folgendermaßen: »Heiler (1923) hat aus Gebetstexten und mit Hilfe von Sekundärliteratur das eigentliche ›echte, spontane‹ Gebet als Ausdruck der ›innigsten Sehnsucht eines Menschenherzens‹ (1923,27) rekonstruieren wollen. Die textlich fixierten Gebete werden dabei als sekundäre Ableitungen ursprünglich reiner Seelenregungen gesehen«.

1375 Vgl. z.B. BOHREN, Gebet 1, 81.

1376 Siehe dazu z.B. oben die Ausführungen zu *Form und Gestalt* in Seitz' Gebetsauffassung, 121ff., und in Kleins Gebetsauffassung, 179ff.

1377 Vgl. z.B. JOSUTTIS, Verführung, 54. Vgl. auch LEUENBERGER, Zeit, 81, der Psalm 23 als Beispiel für einen Text anführt, welcher, obwohl oder gerade weil er so alt ist, auch heute Vertrauen weckt.

Einsatz kommen: Sie können zum einen der Sammlung hin zum eigentlichen Gebet dienen. In diesem Fall sind sie der Einstieg ins Gebet.[1378] Zum anderen kann auch das komplette Gebet aus geprägten Texten bestehen. Der Beter macht damit im Idealfall die Sprache der Tradition zu seiner eigenen. Manche Gebetsauffassungen gehen davon aus, dass geprägte Texte nur zeitweilig in der persönlichen Gebetspraxis eine Rolle spielen müssen. Geprägte Texte haben hier die positive Funktion, Lücken zu füllen, indem sie Sprache liefern, wenn eigene Worte fehlen. Der Einzelne kann sich die Sprache der Tradition *leihen*.[1379] Sich Sprache zu leihen, kann von dem Zwang befreien, im Gebet auf jeden Fall authentisch oder präzise sein zu müssen.[1380] Für manche sind geprägte Texte sogar ein Muss, denn nur durch sie wird nach deren Ansicht gewährleistet, dass das Gebet nicht vom menschlichen Willen allein beeinflusst wird.[1381] Die Ambivalenz ist hier ein weiteres Mal offensichtlich: Auch die geprägten Texte wurden von Menschen verfasst und sind daher nicht ungeprüft zu übernehmen.[1382]

Häufig wird die These vertreten, dass die Sprache von geprägten Gebetstexten – die meist gleichgesetzt wird mit der Sprache der Kirche – von vielen Menschen nicht (mehr) angenommen wird bzw. nicht (mehr) angenommen werden kann.[1383] Einerseits haben die Bilder der geprägten Texte das Potential, Menschen existentiell zu berühren, andererseits können sie mit der Zeit auch leer und nichtssagend wer-

---

[1378] Vgl. dazu z.B. oben die Ausführungen zu *Form und Gestalt* in Seitz' Gebetsauffassung, 121ff.

[1379] Vgl. z.B. STEFFENSKY, Sinn, 20: »Ich schlüpfe in die Sprache der Toten und damit in den Glauben der Toten. Das genügt. Man muss nicht Meister seiner selbst sein, auch nicht im Gebet.« Vgl. auch Bohrens Plädoyer für das Auswendiglernen von Gebets- oder Liedtexten: »das Auswendiglernen von Gesangbuchliedern [hat] eine Funktion, die nicht hoch genug einzuschätzen ist« (BOHREN, Gebet 1, 245). Auswendig gelernte Worte können sich in Krisensituationen wieder einstellen und hilfreich sein.

[1380] Vgl. z.B. STEFFENSKY, Flucht, 31: »Noch einmal der Lebenstrost: meine Authentizität beschränkt sich nicht auf die Übereinstimmung mit mir selber. Ich kann meinen halben Glauben mit der Sprache und mit den Liedern meiner toten und lebenden Geschwister maskieren.« Vgl. außerdem LEUENBERGER, Zeit, 90.

[1381] Vgl. SEITZ, Beten lernen, 93.

[1382] Vgl. z.B. BOHREN, Gebet 1, 82.

[1383] Vgl. z.B. a.a.O., 87: »Das hermeneutische Problem des Betens besteht darin, dass wir das Beten nur am Beten lernen können, nur an vorformulierten Gebeten also, dass aber das Vorformulierte sich nicht einfach mit der Sprachmöglichkeit des Beters deckt.«

den.[1384] Während Steffensky lediglich feststellt, dass Jüngeren die Sprache der Gebete weniger vertraut ist und Gebetstexte daher weniger wertvoll für sie sind,[1385] sieht Bohren den Grund für dieses Problem darin, dass sich oft nicht mehr darum bemüht wird, dass junge Menschen eine Vertrautheit zu den Texten der Tradition gewinnen.[1386] Die Schwierigkeit für die jungen Menschen liegt dabei nicht in der Aneignung der Texte an sich, sondern vielmehr darin, dass der heutige Mensch schwer dazu zu bewegen ist, sich mit etwas zu beschäftigen, dass ihm auf den ersten Blick nicht entspricht.[1387] In einigen der Gebetsauffassungen wird explizit oder implizit die Forderung ausgesprochen, dass auch der moderne Mensch versuchen sollte, über die Gebetssprache »in eine Art Gegenwelt«[1388] hineinzukommen. Kaum diskutiert wird die Frage, ob der Eintritt in solche *Gegenwelten* nicht auch über geprägte Texte neuerer Zeit erreicht werden kann.

Gebetsauffassungen, die das Gebet als Denkakt oder Reflexion von Erfahrung verstehen, lassen Vorstellungen, die im Gebet eine Gegenwelt aufbauen wollen, nicht zu. Dort soll das Gebet in keiner Weise vom Alltag abgehoben sein. Auch in den Vorstellungen zur Sprache zeigt sich folglich eine Ambivalenz: Während auf der einen Seite das Wiedererlernen der alten Gebetssprache beworben wird, wird abseits von den geprägten Texten von anderen eine einfache freie Gebetssprache für das persönliche Gebet vorgeschlagen. Es wird zu überlegen sein, welche Voraussetzungen die Texte der Tradition mitbringen, die auch heute noch gut angenommen werden.[1389]

Das frei formulierte Gebet wird vor allem dort positiv bewertet, wo der Mensch im Gebet sein Leben offen darlegen soll. Es wird davon ausgegangen, dass hierfür die freie Sprache geeigneter ist, da sie dem Menschen leichter fällt. Die positive Wertung der freien Gebetssprache kann

---

[1384] Vgl. z.B. LEUENBERGER, Zeit, 154.

[1385] Vgl. STEFFENSKY, Schwachheit, 20.

[1386] Vgl. BOHREN, Gebet 1, 90.

[1387] Die Krise des Gebets ist damit für Bohren nicht unbedingt eine Krise des Textes, sondern vielmehr ein »Problem der Seele« (Abraham J. Heschel, zitiert nach BOHREN, Gebet 1, 230).

[1388] BOHREN, Gebet 1, 83. Siehe dazu auch die Problematisierung des Begriffs *Gegenwelt* unter *Unterscheidung von Gegenwelt und Anderswelt*, 304f.

[1389] Siehe dazu unten die Ausführungen unter *Geprägte Texte und freie Gebetssprache*, 278ff., sowie die Ausführungen unter *Problematisierung des Individualisierungsbegriffs in Bezug auf Gebetskonzepte*, 292ff.

mit der Gebetspraxis, wie sie im Alten Testament beschrieben wird, begründet werden.[1390]

In einigen Gebetsauffassungen wird davon ausgegangen, dass dem freien Gebet eine lange Übung mit geprägten Gebetstexten vorausgegangen sein muss, um zu gewährleisten, dass der Gebetsinhalt nicht allein vom Willen des Einzelnen geprägt ist.[1391] Das freie Gebet hat auch dort seine Berechtigung, es steht allerdings am Ende eines Lernprozesses mit geprägten Gebetstexten. In diesen Auffassungen können geprägte Gebetstexte und freie Gebetssprache nicht als unabhängige Alternativen verstanden werden.

Ein ganz eigenes Themenfeld, das hier nur angeschnitten werden kann, stellt die Verbindung von Gebetssprache und Lyrik in den geprägten Gebetstexten dar. Als ein positiver Aspekt von geprägten Texten ist zu nennen, dass sie sich oft einer Bildsprache bedienen, die über eine rationale aufgeklärte Sprache hinausweist und damit das Potential hat, den Menschen existentiell zu berühren.[1392] Das vielleicht eindrücklichste Beispiel hierfür ist Psalm 23, der sich nach wie vor großer Beliebtheit erfreut und der trotz seiner alten Sprache auch heute viele Menschen bewegt.[1393] Auch stellt sich die Frage, ob manche Gattungen eine bestimmte Form erfordern, ob z.B. das Lobgebet – ähnlich wie das Liebeslied – aus seiner Gattung heraus bereits sprachliche Schönheit fordert.[1394] Natürlich entsteht eine gewisse Ambivalenz, wenn man davon ausgeht, dass es im Gebet gerade nicht um die menschliche »Redekunst« gehen kann.[1395]

[1390] ZIMMERLING, Evangelische Spiritualität, 194, nimmt Abstand vom Gebet, das sich als »distanziertes Reden in liturgischen Formeln« darstellt, wenn er Moses Fürbitte in Ex 32,7-14 heranzieht, um deutlich zu machen, dass Mose mit Gott wie mit einem Freund in einer normalen Sprache spricht. REBLIN, Beten, 21, geht mit Westermann davon aus, dass es lange Zeit gar keinen eigenen Begriff für das Beten gab; Beten war alltägliches Reden mit der Gottheit.

[1391] Vgl. SEITZ, Beten lernen, 93.

[1392] Vgl. z.B. die Darstellung von Sölles Auffassung von Gebetssprache bei WÜST-LÜCKL, Theologie, 358f.

[1393] Vgl. Anm. 1377.

[1394] Vgl. BOHREN, Gebet 2, 256.

[1395] LEUENBERGER, Zeit, 161. Auch BOHREN, Gebet 1, 220, geht davon aus, dass »eine theologische Ästhetik des Gebets« nicht primär das kunstvolle Gebet im Auge hat, sondern »den spontanen Seufzer, den vorliterarischen Akt«.

Feste Gebetszeiten und ritualisiertes Gebet

Mit Ausnahme von Otto, der das ritualisierte Gebet aus den oben besprochenen Gründen ablehnt,[1396] wird das Gebet zu festen Gebetszeiten wie auch das ritualisierte Gebet in den meisten der besprochenen Gebetsauffassungen für sinnvoll erachtet. Bisweilen wird es sogar als Garant dafür gesehen, dass eine Gebetspraxis beständig und gut ist.

Hierfür werden ganz unterschiedliche Gründe angeführt: Neben der ganz pragmatischen Funktion, wonach festgelegte Gebetszeiten helfen, Tagesübergänge zu gestalten,[1397] wird auch davon ausgegangen, dass eine festgelegte Zeit dazu beiträgt, dass das Gebet überhaupt geübt wird.[1398] Die »Macht der Gewohnheit« sowie die »Erziehung« (hin zu dieser Gewohnheit) spielen demnach für eine gelebte Gebetspraxis eine große Rolle.[1399] Dies wird z.B. aus psychologischen Gesichtspunkten für wichtig erachtet, da Gewohnheit und Ritual Geborgenheit vermitteln.[1400] Beides kann nur entstehen, wenn das Gebet regelmäßig geübt wird. Die Vertrautheit mit den Gebetstexten, die sich durch das regelmäßige Üben einstellt, trägt außerdem dazu bei, dass der Einzelne diese Texte so verinnerlicht, dass sie in Notzeiten abgerufen werden können und helfen, den Menschen durch solche Zeiten hindurchzutragen.[1401] In Gebetsauffassungen, die das Gebet als Handwerk verstehen, wird gerne darauf hingewiesen, dass eine regelmäßige Übung des Gebets einen Wachstumsprozess hin zu einer Gebetspraxis befördert, die von Offenheit geprägt ist.[1402] Wichtig ist dabei, dass das Gebet trotz der Übung und der Übbarkeit nicht als »Mittel« verstanden wird, um »etwas zu errei-

---

1396 Siehe dazu oben die Ausführungen unter *Form und Gestalt* in Ottos Gebetsauffassung, 132ff.

1397 Vgl. z.B. Leuenberger, Zeit, 194ff.

1398 Siehe dazu z.B. oben die Ausführungen zu *Form und Gestalt* in Zimmerlings Gebetsauffassung, 128f.

1399 Vgl. Leuenberger, Zeit, 22.

1400 Vgl. z.B. a.a.O., 178.

1401 Vgl. Klein, Zugänge, 174. Vgl. auch das Beispiel, das Bohren zur Veranschaulichung aus seiner eigenen Biographie darstellt (Bohren, Gebet 1, 83f.); sowie die Ausführungen oben unter *Erfahrungsbezogene Beschreibungen*, 204ff. Auch Steffensky, Leben, 49, geht davon aus, dass das Gebet in der »Situation des Ernstes« nur trägt, wenn es vorher eingeübt wurde.

1402 Siehe dazu oben die Ausführungen unter *Funktion des Gebets* in Steffenskys Gebetsauffassung, 143, sowie die Ausführungen oben zu *Form und Gestalt* in Kleins Gebetsauffassung, 179ff.

chen«.[1403] Damit wäre das Gebet als etwas Machbares missverstanden und der »Zugang zum Beten« verstellt.[1404]

Letztlich stellt sich hier die Frage, ob das Gebet nur gelingt, wenn es entsprechend geübt wird, oder ob auch schlichte Gedanken, die zu einer beliebigen Zeit an einem beliebigen Ort an Gott gerichtet werden, ebenbürtig als Gebet verstanden werden können.[1405]

Exkurs: Kopf und Herz im Gebet

Die Frage, in welcher Weise das Herz beim Beten beteiligt ist, wird in den Gebetsauffassungen auf unterschiedliche Weise diskutiert.[1406] Dabei fällt auf, dass meist relativ ungeklärt bleibt, wie Herz und Kopf aufeinander bezogen sind.

Unabhängig von den Bedeutungszuschreibungen in den Gebetsauffassungen steht der umgangssprachliche Begriff *Kopf* häufig für die *kognitive* Dimension. Diese rekurriert bei einem gesprochenen Gebet auf den Inhalt. Wenn nun jemand erklärt, dass er das Vaterunser nur dann mitspreche, wenn er es »aus ganzem Herzen sprechen« könne,[1407] dann hat diese Person den Anspruch, dass sie mit ihrer ganzen Person hinter diesem Gebet stehen kann. Die *kognitive* Dimension wird ergänzt durch die an sich selbst gerichtete Forderung, dem Gebetsinhalt zustimmen und ihn vollständig mittragen zu können. Welche Voraussetzungen gegeben sein müssen, damit genau dies eintritt, bleibt offen. Deutlich wird aber, dass für diese Person eine *affektive* Dimension beim Gebet nicht fehlen darf. Diese *affektive* Dimension wird häufig mit dem Begriff *Herz* beschrieben. Das Beispiel zeigt aber eindeutig, dass diese affektive Beteiligung nicht unabhängig von der *kognitiven* Dimension zu erreichen ist. *Herz* steht folglich in der Regel nicht allein für »das Gefühl oder die Affekte«, sondern für »die Gesamtheit der menschlichen Person«.[1408]

1403 STEFFENSKY, Sinn, 18.

1404 Ebd.

1405 Siehe z.B. die Ausführungen unter *Grundzüge der Gebetsauffassung* Reblins, 197f.

1406 Diese Frage ist eigentlich Gegenstand des *definitorischen* Bereichs und wurde dort unter *Sprachliche Verfasstheit* in Teilen bereits behandelt (siehe oben 209ff.). Da sie aber auch das Nachdenken über die konkrete Gebetssprache und Gebetsformen voraussetzt, wird sie hier nochmals aufgegriffen.

1407 Hier wird ein Beispiel von Steffensky aufgegriffen, das in Anm. 1181 bereits näher ausgeführt wurde.

1408 KLEIN, Begegnung, 242.

Dieser ganzheitliche Ansatz, nach dem das Herz als Teil des menschlichen Körpers zugleich als Sitz des »seelische[n] Erleben[s]« verstanden wird, vermag es, »dualistische ebenso wie monistische Konzeptionen der Anthropologie« zu überwinden.[1409]

Das Verhältnis von *Inhalt* – respektive *Kopf* – und *Herz* wird in den besprochenen Gebetsauffassungen oft als prozesshaft gesehen. In Anlehnung an Martin Luther gehen einige davon aus, dass das äußere Gebet – also gesprochene Texte sowie die dazugehörenden Körperhaltungen und Gesten – bei regelmäßiger Übung zum inneren Gebet wird.[1410] Das *äußere* Gebet ist somit Hilfsmittel, um zum *inneren* Gebet zu gelangen, das in der Verbindung mit dem äußeren als das *wahre* Gebet angesehen wird. Dieses *wahre* Gebet wäre wiederum das Gebet, hinter dem ein Mensch mit der Gesamtheit seiner Person steht.

Manche Gebetsauffassungen, die unter Herz nur die affektive Seite im Menschen verstehen, kritisieren die einseitige Verlagerung auf das Herz. Das wahre Gebet kann für sie nie allein im »innere[n] Herzensverkehr«[1411] bestehen. Psychologische und pietistische Gebetsauffassungen werden hier als Negativbeispiele angeführt. Das Betenkönnen kann demnach »nicht vom Menschen und seiner Befindlichkeit her« begründet werden,[1412] da der Mensch – theologisch gesprochen – immer schon der Erhörte ist. Es kommt auf ein ausgewogenes Verhältnis von Kopf und Herz an. Es wird als Vorteil gesehen, wenn Kopf bzw. geprägte Texte und Herz zusammenkommen,[1413] aber nicht als Muss. »[D]er Gegensatz zwischen Buchgebet und dem Gebet aus dem Herzen« ist z.B. dann aufgehoben, wenn sich ein auswendig gelernter geprägter Gebetstext in einer schwierigen Situation von selbst wieder beim Betenden einstellt.[1414]

1409 JOHANNES VON LÜPKE, Art. Herz, in: RGG^4 Bd. 3, 2000, 1695-1697, hier 1695. Lüpke konkretisiert dies folgendermaßen: »Gerade als metaphorische Rede, wie sie in der Poesie der Liebe gepflegt wird, empfiehlt sich die Rede vom H[erzen] zur Erkenntnis dessen, was den Menschen in der Differenz von Leib und Seele in Spannung hält und mit sich identisch sein und werden läßt.« (A.a.O., 1695f.)

1410 Siehe oben die Ausführungen zu *Form und Gestalt* in Seitz' Gebetsauffassung, 121ff.

1411 Heiler, zitiert nach JOSUTTIS, Handwerk, 112.

1412 BOHREN, Gebet 1, 76.

1413 Vgl. a.a.O., 219.

1414 Vgl. a.a.O., 84, sowie die Darstellung von Bohrens eigener Erfahrung mit einem verinnerlichten geprägten Gebetstext oben unter *Erfahrungsbezogene Beschreibungen*, 204ff.

Steffensky sieht das Erreichen des so genannten *wahren* Gebets als ein Ideal an, das den Menschen überfordern muss. Auch er spricht sich zwar für das Üben des Gebets unter Zuhilfenahme von geprägten Texten aus, besteht jedoch nicht unbedingt auf einer kompletten Aneignung der Gebetstexte durch das Herz. Er sieht sich damit in positiver Weise mit der katholischen Gebetspraxis verbunden. Demnach ist es besser, das Gebet in Treue und »mit halbem Herzen« zu üben, anstatt das Herz zu überfordern.[1415] Ein »Ja des Herzens« – also ein Ja des ganzen Menschen – stellt in dieser Auffassung eine unnötige Überforderung des Beters dar.

Die Spannung zwischen den beiden Dimensionen – *Kopf* und *Herz* – macht letztlich das Gebet aus: »Die Bedeutung des äußeren Gebetes muß gegenüber der Verachtung der Schwärmer für das äußere Wort hervorgehoben werden, die Bedeutung des inneren Gebetes gegenüber dem leeren Geplapper.«[1416]

Klassische Gebetsgattungen in der Zusammenschau

Klassisch werden *Lob* bzw. *Anbetung*, *Dank*, *Klage* und *Bitte* als verschiedene Gattungen des Gebets unterschieden. Meistens werden sie nach der jeweils definierten Wichtigkeit geordnet. Für diese Anordnungen innerhalb der Gebetsauffassungen spielen normative Gründe die größte Rolle.

Entweder werden das Dank- oder das Bittgebet vorgeordnet. Die Begründungen für die Priorität des Dankgebets fallen verschieden aus: Mit Schleiermacher gesprochen, ist das Gebet in erster Linie »der Ausdruck dankbarer Ergebung des Menschen, der sich schlechthin abhängig und damit völlig geborgen weiß«.[1417] Dementsprechend wird im Dank das eigentliche Gebet gesehen. Aber auch bei offenbarungstheologischen Ansätzen, die sich deutlich gegen die Gebetsauffassung Schleiermachers aussprechen, kann das Dankgebet an erster Stelle stehen, da es als direkte Folgerung aus Gottes Offenbarung in Jesus Christus verstanden

---

[1415] Vgl. Steffensky, Schwachheit, 22; sowie das Zitat in Anm. 1380. Das Bild von der Überanstrengung des Herzens verwendet auch Bohren. Er sieht darin die Gefahr der Verengung des Gebets »ins Gesetzliche« (vgl. Bohren, Gebet 1, 216).

[1416] Klein, Begegnung, 247. Vgl. dazu außerdem die Ausführungen von Steffensky zu dieser Thematik in Anm. 1181.

[1417] Klein, Zugänge, 67f.

wird.[1418] Andere ordnen das Bittgebet als »Eingeständnis der Bedürftigkeit«[1419] den anderen Gattungen vor.[1420] Hierfür wird häufig die prägnante Formulierung Martin Kählers herangezogen, wonach das biblische Zeugnis lehrt, »der Pharisäer dankt, der Zöllner bittet«.[1421]

Manche Gebetsauffassungen ordnen die verschiedenen Gattungen auch prozesshaft aneinander: Bei Mössinger z.B. hat das *Dankgebet* Priorität. Das Lob Gottes bzw. die Anbetung sieht Mössinger als Teil des Dankgebets. Da der im Danken »von Gottes Nähe berührte Mensch merkt, daß er von Gottes Gaben lebt und ihm nichts Gleichwertiges wiedergeben kann«,[1422] provoziert das *Dankgebet* das *Sündenbekenntnis*, und auch das *Bittgebet* erschließt sich damit logisch aus dem Dankgebet. Anders verhält es sich bei Josuttis: Bei ihm steht die *Anbetung* am Ende eines längeren Weges, der über Anruf, Bitte, Klage und Dank führt. Dank ereignet sich als Antwort auf eine erfüllte Bitte. Die Klage steht nach Josuttis zwischen Bitte und Dank: Sie ist Indiz dafür, dass Gott nicht als »Lückenbüßer«[1423] verstanden wird.

Eine weitere Form der Zuordnung besteht in der Zusammenfassung von Dankgebet und Lob bzw. Anbetung auf der einen und Klage und Bittgebet auf der anderen Seite. Diese Gruppen werden in den verschiedenen Gebetsauffassungen unterschiedlich betitelt: Bei Mössinger hat die erste Gruppe den Hintergrund der »Lebensgewährung«, dem steht mit der zweiten Gruppe der Hintergrund der »Lebensminderung« gegenüber. Steffensky formuliert es aktiver: In der ersten Gruppe drückt der Mensch sein »Einverständnis mit dem Leben«, in der zweiten sein »Nicht-Einverständnis« mit dem Leben aus.[1424] Klein kommt zu einem ähnlichen Ergebnis wie Steffensky, beschreibt die Gruppen jedoch anders. Er sieht in Dank und Anbetung eine Bewegung nach innen. Der Betende kommt »zu sich selbst«,[1425] d.h. er kommt zu einem gewissen Einverständnis mit seinem Leben. Im Bittgebet hingegen findet eine

---

[1418] Vgl. Mössinger, Lehre, 115.

[1419] Karl Barth, zitiert nach Klein, Zugänge, 68.

[1420] So z.B. bei Seitz, Gebetserhörung, 285.

[1421] Martin Kähler, zitiert nach Gerhard Sauter, Das Gebet als Wurzel des Redens von Gott, in: GlLern 1 (1986), 21-38, 25.

[1422] Mössinger, Lehre, 124.

[1423] Josuttis, Handwerk, 118.

[1424] Steffensky, Gott, 236.

[1425] Klein, Zugänge, 142.

Bewegung nach außen statt. Der Betende möchte etwas erreichen, das ihm nur von außen zukommen kann.[1426]

Trotz der Vorrangstellung bestimmter Gattungen in den verschiedenen Gebetsauffassungen wird in dieser Gegenüberstellung – wie bereits in Bezug auf die Zuordnung von Kopf und Herz beschrieben – nochmals deutlich, dass das Gebet in den meisten Gebetsauffassungen als ganzheitliches Geschehen verstanden wird, das auch durch seine unterschiedlichen Gattungen das gesamte Leben einbezieht. Meist wird das Gebet nur als vollständig erachtet, wenn die verschiedenen Pole berücksichtigt sind, seien es *Lebensgewährung* und *Lebensminderung, Einverständnis* und *Nicht-Einverständnis* mit dem Leben oder die *Bewegungen nach innen* und *nach außen.*

In den Beschreibungen der Gebetsauffassungen wird das *Dankgebet* meist weniger ausführlich behandelt als das Bittgebet. Uneinigkeit herrscht darüber, ob das Dankgebet – etwa im Wissen um die Offenbarung als konsequente Folge der »Lebensgewährung«[1427] – wie von selbst geschieht,[1428] oder ob es gerade nicht selbstverständlich ist,[1429] weil es dem Menschen viel schwerer fällt, sein »Einverständnis mit dem Leben« auszudrücken als sein »Nicht-Einverständnis«.[1430] Sofern Letzteres gilt, ist es erforderlich, dass der Mensch sich in Dankbarkeit übt und dadurch in das Dankgebet hineinwächst.[1431]

In engem Zusammenhang mit dem Dankgebet werden meist das *Lob* Gottes und die *Anbetung* gesehen. Manche verstehen Lob und Anbetung als Steigerung des Dankgebets, denn in diesen Gattungen geht der Mensch ganz über sich und seine Situation hinaus und ist ganz auf Gott ausgerichtet. Während im normalen Dankgebet das konkrete Leben Gegenstand des Dankes ist, handelt es sich beim Lobgebet um so etwas wie eine Liebeserklärung an Gott, die sich aus einem Wissen bzw. einer Ahnung um das Verdanktsein speist.[1432] In manchen Gebetsauffassungen kann das Lobgebet vollzogen werden, ohne dass der Mensch dazu

---

[1426] Vgl. KLEIN, Zugänge, 142.

[1427] MÖSSINGER, Lehre, 105.

[1428] Vgl. a.a.O., 123.

[1429] Vgl. STEFFENSKY, Gott, 236.

[1430] Vgl. ebd.

[1431] Vgl. STEFFENSKY, Flucht, 35.

[1432] Vgl. BOHREN, Gebet 2, 95.

eine bestimmte innere Gestimmtheit erreichen müsste.[1433] Andere Vorstellungen sehen das Ziel dieser Gebetsgattung in der Versenkung in die Gottheit oder zumindest in einer tiefen Innerlichkeit.[1434] Dass Anbetung und Lob auch als die höchste Gattung des Gebets verstanden werden können, hat seinen Grund folglich auch darin, dass in der Konzentration auf die Gottheit jegliche »Zweckorientierung« des Gebets aufgehoben ist.[1435] Beachtet man, dass Lob und Anbetung Gebetsgattungen sind, die vor allem in Gemeinschaft angewandt werden, kann ihnen eine »soziale Dimension« zugesprochen werden.[1436] Eine solche Funktion wird sonst meist eher für das Fürbittgebet angenommen.

Die *Klage* wird von allen klassischen Gattungen am wenigsten besprochen, was unter anderem daran liegt, dass sie in einigen Gebetsauffassungen unter das Bittgebet subsumiert wird und keine eigene Gattung darstellt. Nach Bohren ist es aber auch historisch bedingt, dass die Klage in der christlichen Gebetspraxis weniger Beachtung fand: Das Christentum orientierte sich früh am »Ideal der Ergebung«[1437] in den Willen Gottes, wie es die stoische Philosophie lehrte. Zudem trägt in der Neuzeit eine falsche Harmoniebedürftigkeit, die es allen recht machen und keinen vor den Kopf stoßen will, zum Verschwinden der Klage vor allem im öffentlichen Gebet bei.[1438] Dort, wo die Klage als eigenständige Gattung behandelt wird, gilt sie als »Zeichen des Vertrauens«[1439] gegenüber Gott: Obwohl die Klage deutlich macht, dass der Betende mit seinem Leben nicht einverstanden ist, lässt er nicht von Gott ab, sondern legt die Situation in Gottes Hände oder tritt in eine Auseinandersetzung mit ihm.[1440] In diesem Sinn ist gerade die Klage ein wichtiger Faktor »der gelingenden Beziehung zu Gott«[1441] und kann die Beziehung sogar

---

[1433] Siehe hierzu oben die Ausführungen unter *Exkurs: Kopf und Herz im Gebet*, 251ff.

[1434] So spricht z.B. Josuttis, Handwerk, 113, davon, dass der Mensch durch »den Lobpreis der Doxologie [...] in die schweigenden Tiefen der Gottheit« hineintaucht. Vgl. zum Thema der *Versenkung in die Gottheit* auch die Ausführungen Josuttis' zur Anbetung (a.a.O., 120).

[1435] Vgl. z.B. Josuttis, Handwerk, 119, oder Bohren, Gebet 2, 95. Zu beachten ist, dass Bohren die Vorstellung der Versenkung in die Gottheit ablehnt.

[1436] Vgl. Bohren, Gebet 2, 262.

[1437] A.a.O., 111.

[1438] Vgl. a.a.O., 139.

[1439] Vgl. Steffensky, Schwachheit, a.a.O. 27.

[1440] Vgl. z.B. Josuttis, Handwerk, 118.

[1441] Zimmerling, Evangelische Spiritualität, 201.

vertiefen, denn sie stellt ein Stück menschlicher Wahrhaftigkeit gegen das oben angedeutet *Ideal der Ergebung* dar. Zum Teil wird die Klage in der Nähe der Beichte angesiedelt.[1442] Klage kann in der Folge ein erster Schritt zur Veränderung des Lebens oder bestimmter Umstände sein. Ein Mensch, der klagt, hat erkannt, dass er mit seinem Leben nicht einverstanden ist und kann zur Veränderung übergehen oder um Veränderung bitten. Klage kann sogar zur »Lebensrettung«[1443] werden oder führen.

Beim *Bittgebet* handelt es sich um die am meisten besprochene Gattung. Die Gründe dafür sind zum einen im normativen Bereich zu suchen: Es war vor allem das Bittgebet, das von Religionskritikern aufgegriffen wurde, um die Sinnlosigkeit des Gebets aufzuweisen.[1444] Würde Gebet ausschließlich als innere Haltung verstanden, könnte die Bitte schwerlich Gebet sein. Bitten ist – mit Klein gesprochen – ein Weg nach außen, d.h. das Bittgebet muss auf ein Gegenüber ausgerichtet sein, denn der Mensch kann keinen »Abstand« von seinem eigenen »Dasein« gewinnen,[1445] wenn er keinen Punkt mehr außerhalb seiner selbst ansprechen kann, wenn Gott »in das psychische Selbst des Menschen aufgelöst« wird.[1446] Die Gebetsauffassungen, die Gebet ausschließlich als Haltung verstehen, kennen daher kein Bittgebet bzw. halten es nicht für sinnvoll.[1447]

Die Frage nach dem Inhalt von Gebeten wird am häufigsten in Bezug zum Bittgebet diskutiert. Die einen sehen den Willen Gottes als alleinigen Maßstab der Gebetsinhalte, andere lassen alle Wünsche, die Menschen vor Gott bringen wollen, im Bittgebet zu. Oft wird auch beides

---

1442 Vgl. BOHREN, Gebet 2, 103.

1443 A.a.O., 101.

1444 KOLL, Körper, 141: »Vor dem Hintergrund eines philosophischen Gottesideals, dem Gott nur mehr als rationales Prinzip gilt und das von der Gesetzmäßigkeit des Weltgeschehens ausgeht, erscheint ein Bittgebet als Zeichen intellektueller Beschränktheit oder kindischen Trotzes. Auch von psychoanalytischer Seite wird das Gebet als Ausdruck kindlichen Glücks- oder Trostbedürfnisses mit dem Ziel der Wunscherfüllung aufgefasst«. Siehe dazu außerdem Anm. 1342.

1445 Vgl. Karl Heim, zitiert nach KLEIN, Zugänge, 87.

1446 Vgl. KLEIN, Zugänge, 86. Siehe dazu außerdem oben die Ausführungen zu den *klassischen Gebetsgattungen* in Kleins Gebetsauffassung unter *Form und Gestalt*, 179ff.

1447 Siehe dazu oben z.B. die Ausführungen unter *Grundzüge der Gebetsauffassung* Ottos, 131f.

zugleich gefordert, wodurch eine gewisse Spannung entsteht.[1448] Zum Teil wird versucht, diese mit Erklärungen zur Gebetserhörung aufzulösen, zum Teil bleibt die Spannung einfach bestehen.[1449] Manche schränken die Inhalte insofern ein, als die Bitten für die eigene Person nicht dominieren sollten,[1450] und sprechen damit der Fürbitte den höheren Stellenwert zu. Es gibt unterschiedliche Ansichten darüber, ob das (richtige) Bitten im Gebet erlernt werden muss oder ob es – z.B. aufgrund der Erfahrung der Bedürftigkeit – nicht bereits im Menschen angelegt ist. Sofern eine »realistische«[1451] Gebetserhörung Ziel des Bittgebets ist, geht es darum, sehr konkrete Bitten vor Gott zu bringen. Das Bittgebet hat dann die Funktion, Mittel zur Wunschübermittlung zu sein. Es bedarf jedoch nicht zwingend einer konkreten Erfüllung, bereits durch das Formulieren, Vorbringen und Adressieren der Wünsche kann das Bittgebet eine befreiende Funktion haben.[1452] Der Betende wird sich seiner Sehnsüchte und Wünsche bewusst, lernt mit ihnen umzugehen. Zudem zeigt sich der Mensch im Bittgebet – darin ist Letzteres eng verbunden mit der Klage – als nicht einverstanden mit dem, was er vorfindet, so dass ein Ziel des Bittgebets die Veränderung ist.

Eine spezielle Form der Bitte ist die *Fürbitte*. In manchen Gebetsauffassungen hat sie deshalb eine hervorgehobene Stellung inne, weil sie garantiert, dass der Einzelne mit seinem Gebet nicht ausschließlich bei sich selbst verharrt.[1453] Die Fürbitte wird häufiger im positiven Sinn als

---

1448 So sieht z.B. BOHREN, Gebet 2, 210, die Inhalte des Bittgebets durch eine Rückkopplung an die Anbetung eingegrenzt, gleichzeitig soll der Betende aber seine Wünsche formulieren. (Siehe zudem oben die Ausführungen zu den *klassischen Gebetsgattungen* in Bohrens Gebetsauffassung unter *Form und Gestalt*, 155ff.) Nach Leuenberger ist die legitime Form des Bittens die Bitte um das Dasein Gottes. Die Bitte um Gottes Eingreifen in die Welt versteht er als magische Anschauung des Gebets. Dennoch soll das Gebet für alle Wünsche offen sein. (Siehe dazu oben die Ausführungen zu den *klassischen Gebetsgattungen* in Leuenbergers Gebetsauffassung unter *Form und Gestalt*, 191ff.) Klein erstellt eine Rangfolge zu den Inhalten des Bittgebets. (Siehe dazu oben die Ausführungen zu den *klassischen Gebetsgattungen* in Kleins Gebetsauffassung unter *Form und Gestalt*, 179ff.)

1449 Siehe dazu unten die Ausführungen unter *3.4.2.7 Erhörung des Gebets*, 261ff.

1450 Vgl. z.B. ZIMMERLING, Evangelische Spiritualität, 199f.

1451 Siehe zum Begriff der »realistischen« Gebetserhörung die Ausführungen unter *Erhörung des Gebets* in Mössingers Gebetsauffassung, 116ff.

1452 Vgl. BOHREN, Gebet 2, 171; sowie LEUENBERGER, Zeit, 139.

1453 Siehe dazu oben die Ausführungen zu den *klassischen Gebetsgattungen* in Zimmerlings Gebetsauffassung unter *Form und Gestalt*, 128f.

»Überweisung«[1454] verstanden. Indem man sich in der Fürbitte mit einem Menschen solidarisiert, ist man für ihn da und lässt ihn gleichzeitig los, indem man ihn Gott übergibt.[1455] Dem wird entgegengehalten, dass damit Verantwortung an Gott übertragen wird, die eigentlich in den Händen der Menschen liegt. Das Fürbittgebet ist somit immer stark mit der Frage nach dem Verhältnis von Gebet und Handeln verknüpft. Dies gilt vor allem dann, wenn sich Aussagen zum Fürbittgebet auf das öffentliche Beten beziehen, was in den meisten Ausführungen zum Gebet überwiegt. Jene, die der Fürbitte eine zentrale Stellung auch im privaten Gebet einräumen,[1456] sehen in ihr keine Konkurrenz zum Handeln, sondern weisen ihr eine begleitende Funktion zu oder beurteilen sie sogar als Motivation für das Handeln.

Dass die Gattung des *Bekenntnisses* in den Gebetsauffassungen kaum verhandelt wird, lässt zweierlei Schlussfolgerungen zu: Zum einen besteht die Möglichkeit, dass das Bekenntnis aufgrund seiner Ausrichtung zum Menschen hin und nicht zu Gott als eigenständige Gattung verstanden wird und nicht als Gebet. Das kann sowohl für das Glaubensbekenntnis gelten als auch für das Sündenbekenntnis. Zum anderen besteht die Möglichkeit, dass die Bekenntnisformen anderen Gattungen zugeordnet werden: Das Glaubensbekenntnis kann eine Form der Anbetung sein;[1457] das Sündenbekenntnis eine Form der Bitte, in der das Leben des bekennenden Menschen vor Gott offengelegt wird.

In den oben besprochenen Gebetsauffassungen wird das Sündenbekenntnis nur bei Mössinger eindeutig als Teil des christlichen Gebets benannt. In seiner Anordnung der Gebetsgattungen steht es an zweiter Stelle nach dem Dankgebet. Denn dieses provoziert zur Selbsterkenntnis, die notwendigerweise das Sündenbekenntnis nach sich zieht.[1458]

[1454] JOSUTTIS, Handwerk, 118.

[1455] Vgl. KLEIN, Zugänge, 165; oder auch BOHREN, Gebet 2, 222, der in der Fürbitte eine »doppelte Bewegung« zum Mitmenschen und zu Gott hin sieht.

[1456] Gebetsauffassungen, die das Gebet vorrangig als Reflexion verstehen, schließen das Fürbittgebet als sinnlos aus, daher tritt es nicht in Konkurrenz zum Handeln. (Siehe dazu oben z.B. die Ausführungen unter *Grundzüge der Gebetsauffassung* Ottos, 131f.)

[1457] Vgl. z.B. CHRISTOPH SCHRODT, »Betet im Geist!« Vorläufige Bemerkungen über ein vernachlässigtes Thema, in: Festhalten am Bekenntnis der Hoffnung, Festgabe für Prof. Dr. Reinhard Slenczka zum 70. Geburtstag, hrsg. v. CHRISTIAN HERRMANN u. EBERHARD HAHN, Erlangen 2001, 119-131, hier 121. Schrodt referiert an dieser Stelle Cullmann.

[1458] Siehe dazu z.B. die Ausführungen zu den *klassischen Gebetsgattungen* in Mössingers Gebetsauffassung unter *Form und Gestalt*, 113ff.

Weitere Gebetsgattungen und Formen

Das *Tischgebet* wird meist als eine Form des Dankgebets verstanden. Es hat in so unterschiedlichen Gebetsauffassungen wie der von Bernet und der von Mössinger seinen Platz. Beim Tischgebet wird verstärkt die Gefahr der Gewohnheit gesehen, die seine Ernsthaftigkeit bedroht. Zudem spielen bei dieser Gattung geprägte Texte eine große Rolle, so dass sich auch hier die Frage stellt, ob Sprache und Herz im Gebet immer zusammenkommen müssen oder ob es nicht auch die Möglichkeit der »gesegnete[n] Gewohnheiten«[1459] geben kann oder soll.

Das *Schweigen* ist nicht für alle eine Form des Gebets: Während im Schweigen einerseits eine Form gesehen werden kann, die sich notwendigerweise aus der Unfassbarkeit Gottes ergibt,[1460] ist das Schweigen für andere nur *ein* Aspekt im Verlauf eines Gebetsrituals. Im Gebetsritual kann das Schweigen ganz am Anfang stehen, da der Mensch zunächst auf Gott hören muss, um ihm dann im Gebet antworten zu können. Die gezielte Übung des Gebets kann aber auch in das Schweigen münden.[1461] Letzteres kann die Grundlage für das Gebet als *immerwährendes* Gebet bilden.[1462] Diese Weise des Betens soll dem entsprechen, was oben unter Gebet als *Haltung* beschrieben wurde.[1463] In dieser Vorstellung ist das ganze Leben immer vom Gebet durchdrungen.

Die hier vorgestellten Gebetsauffassungen wollen nicht in erster Linie pädagogische Konzepte sein. Auf das *Gebet mit Kindern* gehen sie daher nur am Rande ein. Da das Gebet meist als etwas verstanden wird, das vermittelt werden muss, wird häufig Wert darauf gelegt, dass das Gebet bereits mit Kindern praktiziert wird. Es wird davon ausgegangen, dass die Gebetserfahrung, die der Mensch als Kind macht, auch sein Gebet im Erwachsenenalter trägt.[1464] Ein wichtiges Instrument der Vermittlung sind geprägte Texte.[1465]

1459 Vgl. BOHREN, Gebet 1, 287; Bohren zitiert hier Eberhard Busch.

1460 Vgl. a.a.O., 114.

1461 Vgl. SEITZ, Gebetserhörung, 288; und JOSUTTIS, Handwerk, 120.

1462 Vgl. a.a.O., 121.

1463 Siehe die Ausführungen unter *Einzelgebet und Gebet als Haltung*, 208f.

1464 Ein Beispiel hierfür sieht Bohren in Karl Barth, dem das in der Kindheit erlernte Lied »Weil ich Jesu Schäflein bin« bis ans Sterbebett wichtig war. (Siehe dazu die Ausführungen zu *Form und Gestalt* in Bohrens Gebetsauffassung, 155ff.)

1465 Siehe dazu unten die Ausführungen unter *4.1.6.1 Geprägte Texte und freie Gebetssprache*, 278ff.

An dieser Stelle unterscheiden sich die beiden Gebetsauffassungen, die im Gebet vor allem einen Reflexionsakt sehen: Während Bernet der Ansicht ist, dass der von ihm vertretene Denkakt für Kinder zu schwierig ist und daher von diesen auch nicht ausgeübt werden kann,[1466] hält Otto das Gebet mit Kindern für sinnvoll, da er den Kindern im Gegensatz zu Erwachsenen ein personales Gottesbild zugesteht.[1467]

3.4.2.7 ERHÖRUNG DES GEBETS

Wenn über die Erhörung des Gebets gesprochen wird, geht es in der Regel um das Bittgebet, das konkrete Anliegen vor Gott bringt.

Die Überlegungen zu einer Trennung von Magie und Religion haben bereits gezeigt, dass es wenig sinnvoll scheint, bei einem Gebet genau zu eruieren, wer oder was (Gott - Beter - Gebet) in welcher Intensität am Gebet beteiligt ist. Für eine Gesamtbetrachtung des Gebets sollte das »Subjekt-Objekt-Schema« folglich überwunden sein.[1468]

Dennoch ist es - ähnlich wie bei der Unterscheidung von *Kopf* und *Herz* - interessant, diese Unterscheidung zu Beobachtungszwecken vorzunehmen, um aufzuspüren, wo in den einzelnen Gebetsauffassungen Schwerpunkte in Bezug auf die Erhörung des Gebets gesehen werden. Es gilt, die Frage zu stellen, wer oder was durch das Gebet verändert wird und wer oder was diese Veränderung bewirkt. Die Vorstellung von der Gebetserhörung steht dabei immer in unmittelbarem Zusammenhang zu den Vorstellungen über den Bezugspunkt des Betens und die Anthropologie in den jeweiligen Gebetsauffassungen.

Möglich ist es z.B. darzustellen, wer in der Gebetserhörung in erster Linie als aktiv gedacht wird. Dieser Weg kann zu der vierfachen Unterscheidung von der übertragenden (Gott aktiv - Mensch passiv), der kollaborativen (Gott und Mensch aktiv), der selbstverändernden (Gott

---

[1466] Vgl. BERNET, Gebet, 117.

[1467] Siehe dazu oben die Ausführungen zum *Gebet mit Kindern* in Ottos Gebetsauffassung unter *Form und Gestalt*, 132ff.

[1468] Vgl. z.B. KLEIN, Zugänge, 47, sowie ein Zitat Pauls Tillichs bei BARGHEER, Gebet, 139: »Jedes ernsthafte und ›erfolgreiche‹ Gebet ... ist ein Sprechen zu Gott in dem Sinne, daß Gott zwar logisches Objekt ist für den, der betet. Doch kann Gott niemals zum Objekt werden, es sein denn, daß er gleichzeitig Subjekt ist. Die Paradoxie dieses Gedankens löst sich auf, wenn man sich klar macht, daß der göttliche Geist, der den Betenden ergreift, Gott selbst ist, so daß man sagen kann: Gott spricht zu uns durch sich selbst.«

passiv – Mensch aktiv) und der rezeptiven (Gott und Mensch passiv) Gebetserhörung führen.[1469]

Eine andere Möglichkeit der Unterscheidung bietet der katholische Fundamentaltheologe Werbick an, der drei verschiedene Erhörungsvorstellungen unterscheidet. Die ersten beiden entsprechen der Vorstellung von der übertragenden und der kollaborativen Gebetserhörung. Die dritte Kategorie bringt einen neuen Aspekt ein: Nach der Vorstellung von der übertragenden Gebetserhörung lässt sich Gottes Wille durch das Gebet beeinflussen; gemäß der Idee der selbstverändernden Gebetserhörung verändert das Gebet nicht den Willen Gottes, sondern den Beter. Nach Werbick geht die dritte Vorstellung schließlich davon aus, dass man »in kommunikativen Beziehungen [...] letztlich nicht mehr unterscheiden [kann], von wem die Veränderungsprozesse in der Beziehung ausgehen«.[1470] Durch diese Vorstellung – die nach Werbick nur eine »analog brauchbar[e]« Vorstellung sein kann – »erübrigt sich das Denken in falschen Alternativen«.[1471]

Wenn in (praktisch-)theologischen Gebetsauffassungen Erhörungserfahrungen thematisiert werden, so herrscht weitgehend Einigkeit darüber, dass diese Erfahrungen zu den Glaubenserfahrungen zählen. Sie sind nicht unbedeutend, können aber als individuelle Erfahrungen das Gebet nicht allgemein begründen und haben daher auch keinen Einfluss auf die Beschreibung der Erhörungsvorstellungen.[1472]

In Gebetsauffassungen, die das Gebet vor allem als Denkakt verstehen, spielen Erhörungsvorstellungen keine Rolle. Wo nichts von einem Gegenüber erbeten wird, wird auch keine Erhörung im klassischen

---

[1469] Zu dieser Unterscheidung kommen Janssen und seine Mitarbeiter bei der Auswertung einer empirischen Studie über das Gebetsverhalten niederländischer Jugendlicher. (Vgl. JANSSEN u.a., Structure, 34f.)

[1470] WERBICK, Zweifel, 34.

[1471] Ebd. Auch KLEIN, Zugänge, 47, will das »Subjekt-Objekt-Schema« im Gebet überwinden. Er führt dafür einen theologischen Grund an: Das dialektische Verhältnis, dass der Mensch nicht beten kann, aber der Geist in ihm betet und somit *auch* der Mensch betet.

[1472] Vgl. SEITZ, Gebetserhörung, 284; sowie BOHREN, Gebet 1, 103, der Erfahrungsberichten zur Erhörung des Gebets zu gegebener Zeit ihr Recht einräumt, diese »aber zur Explikation der Erhörung nicht [als] ausreichend« einschätzt. STEFFENSKY, Sinn, 18, urteilt ähnlich: »Eine Gebetserhörung ist das, was man als solche interpretiert. Ich mache mich widersprüchlich und behaupte: Solche Interpretationen sind unerlässlich. Sie lehren mich danken, eine Grundfähigkeit des menschlichen Herzens.« Vgl. außerdem ZIMMERLING, Evangelische Spiritualität, 205.

Sinne erwartet, und wo das Gebet »absichtslos«[1473] ist, ist es nicht an der Einwirkung auf ein Gegenüber interessiert. Hier geht es folglich eher um die Wirkung des Gebets – wie sie in den Ausführungen zur Funktion beschrieben wurde – als um Erhörung im klassischen Sinne. In solchen Gebetsauffassungen kann in erster Linie der Mensch als aktiv bezeichnet werden bzw. verändert das Gebet den Menschen.

Des Weiteren gibt es Erhörungsvorstellungen, in denen vor allem Gott als der Aktive gesehen wird. Diese wehren sich dezidiert gegen eine »resignierte Ansicht des Bittgebets«,[1474] bei der es vor allem um Ergebung des Menschen in den Willen Gottes geht und eine Veränderung Gottes durch das Gebet ausgeschlossen wird. In »dieser realistischen Auffassung des Bittgebets«[1475] wird davon ausgegangen, dass auch die »weltlichen Gebetsbitten«[1476] erhört werden. Dabei muss es nicht sein, dass menschliche Bitten von Gott in eben der Weise erhört werden, wie der betende Mensch sich die Erhörung wünscht. Gott wandelt vielmehr menschliche Anliegen zum Besten.[1477]

Eine weitere Gruppe geht davon aus, dass Gott alle Gebete erhört, weil Erhörung die stimmige Konsequenz aus seiner liebenden Zuneigung zu den Menschen ist. Mit der Tatsache, dass der Mensch nicht jegliche Erhörung auch als solche wahrnimmt, wird verschieden umgegangen: Es gibt die eben schon beschriebene Vorstellung, dass Gott das Gebet nicht unbedingt so erhört, wie der Betende sich das vorgestellt hat, und der Betende bisweilen Hilfestellung braucht, um die Erhörung als solche zu erleben. Steffensky hingegen sieht in einem solchen Erhörungsverständnis z.B. die Würde und die Bitten der KZ-Häftlinge nicht ernstgenommen, die Gott um ihre Befreiung baten.[1478] Er lässt die Frage nach der Gebetserhörung an diesem Punkt offen.

1473 BERNET, Gebet, 137.

1474 Vgl. MÖSSINGER, Lehre, 150.

1475 A.a.O., 151.

1476 A.a.O., 153.

1477 Vgl. a.a.O., 144.

1478 Vgl. STEFFENSKY, Flucht, 33.: »Die Theologen sagen leichtmäulig: Gott hört und hilft auf eine andere Weise, als wir es erwarten und als wir es uns vorstellen. Aber die Menschen in den Lagern wollten nicht auf eine höhere Weise erhört werden. Sie wollten befreit werden von den Demütigungen, vom Hunger von den Vergewaltigungen und vom barbarischen Tod.«

Auch die Vorstellung, dass das Gebet den Willen des Menschen verwandelt, so dass er sich in Gottes Willen einfindet, wird diskutiert. Bei dieser Vorstellung ist – gemäß der dritten Kategorie Werbicks – nicht auszumachen, wo der aktive Part liegt. Bohren hält sie dann für gefährlich, wenn sich dahinter ein stoischer Ergebungsbegriff verbirgt, der Gott als starr ausweist.[1479]

Einzig Josuttis erwähnt die Möglichkeit, dass Gott Gebete zwar hört, aber nicht erhört, um den Menschen zu prüfen.

3.4.3 Fazit: Zwischen Idealvorstellung und Ambivalenz

Die meisten der besprochenen Gebetsauffassungen sind geprägt von (Ideal-)Vorstellungen zum Gebet, auf die hin sich der Mensch zubewegen sollte – wobei er dies meist nicht aus sich selbst heraus vermag, sondern Gottes Geist den Antrieb dazu gibt. So entsteht insgesamt der Eindruck, dass all diese Gebetsauffassungen, die nicht unbedingt Gebetslehren sein wollen, indirekt dennoch diesen Anspruch hegen. Zwischen den einzelnen Gebetsauffassungen gibt es immer wieder Überschneidungen; dennoch wird deutlich, dass es sehr viele unterschiedliche Zugänge und Deutungen des Gebets unter Praktischen Theologen gibt. Von einem »einheitlichen Verhalten und Erleben ›Gebet‹«[1480] quer durch die Gebetsauffassungen kann nicht die Rede sein. Auch dort, wo Einfachheit sowohl für die Praxis des Gebets als auch für den Anspruch an das Gebet gefordert wird, steht im Hintergrund ein hohes Gebetsideal. Dies wirft die Frage auf, wie Betende eingeschätzt werden, die diesem Ideal nicht entsprechen, sich aber trotzdem als Betende verstehen.

Wie viele der oben betrachteten Bereiche gezeigt haben, ist im Gebet »das rationale Denken und das theologische Wissen ein Stück weit aufgehoben«.[1481] Diese Erkenntnis spricht dafür, empirische Ergebnisse in das Nachdenken über das Gebet einfließen zu lassen. Zudem macht sie deutlich, dass – sofern man nicht nur offenbarungstheologische Aspekte

---

1479 Vgl. Bohren, Gebet 2, 108ff. So hält er es auch für falsch, wenn das Bittgebet als Ringen des Menschen mit sich selbst um den Willen Gottes verstanden wird (vgl. a.a.O., 180).

1480 Hauenstein, Spuren, 233.

1481 Klein, Zugänge, 75.

für eine systematisch-theologische Bewertung des Gebets zulässt – die Darstellung des Gebets immer auch Spannungen bzw. Paradoxien aufweisen wird. So wurden zum Beispiel Spannungen zwischen dem Nutzen und der Zweckfreiheit des Gebets, zwischen dem Gebet als Einzelakt und dem Gebet als Haltung, zwischen geprägter Gebetssprache und dem freiem Gebet des Herzens, zwischen dem Gebet in Gemeinschaft und dem privaten Gebet sowie zwischen dem Beten-Können und der Möglichkeit, »Gebetsdilettant« zu bleiben, aufgezeigt.[1482]

[1482] Das Gebet ist somit ein Spiegel dafür, dass das Christentum – wie auch andere Religionen – nicht ohne Paradoxa auskommt, was seine Ursache darin hat, dass Religionen einen »duale Struktur« aufweisen: Sie »erstrecken« sich zwischen »dem Pol des Chaotischen, Unfassbaren, Unbestimmten, Unverfügbaren und Unkontrollierbaren, und dem Pol des Bestimmten, vernünftig Fassbaren, sinnvoll Geordneten und handelnd Verfügbaren«. (INGOLF U. DALFERTH, Religiöse Erfahrung und Offenbarung, in: WILHELM GRÄB u.a. [Hrsg.], Ästhetik und Religion. Interdisziplinäre Beiträge zur Identität und Differenz von ästhetischer und religiöser Erfahrung, Frankfurt a. M. 2007, 183-203, hier 189.)

4 Abgleich von empirischen Ergebnissen und Gebetsauffassungen

4.1 Abgleich einiger Kategorien

4.1.1 Vorbemerkungen

Das unterschiedliche Material – empirisch (Kap. 2) und reflexiv-theologisch (Kap. 3) – machte es notwendig, in den beiden ersten Teilen dieser Arbeit je unterschiedliche Kategorien zu erarbeiten. Trotz des Bemühens, die praktisch-theologischen Gebetsauffassungen auf ihre praxisbezogenen Aspekte zu untersuchen, ist eine Vergleichbarkeit nicht in allen Kategorien gegeben. Nicht alle der für die praktisch-theologischen Gebetsauffassungen relevanten Unterscheidungen finden sich auch im empirischen Material wieder. So sind z.B. die Zielsetzungen der Aussagen zum Gebet bei den Interviewten und in den praktisch-theologischen Gebetsauffassungen unterschiedlich. Von den Interviewten konnte eine Definitionsleistung in Bezug auf das Gebet schon allein aufgrund des Studiendesigns nicht erwartet werden. Sie berichten vielmehr erzählend, wie sie das Gebet praktizieren und welchen Sinn sie ihm beimessen. Im Folgenden werden vor allem die Gesichtspunkte aufgegriffen, die es erlauben, von den empirischen Ergebnissen her Erkenntnisse für praktisch-theologische Gebetsauffassungen zu gewinnen.

Was bei den *Laien* innerhalb einzelner Kategorien als *Deutungen* oder *Begründungen* beschrieben wurde, kann zum Teil dem gegenübergestellt werden, was in den praktisch-theologischen Gebetsauffassungen unter *Definitorischem* verhandelt wurde. Was in der Auswertung des empirischen Materials als *Praxis* oder *Handlung* beschrieben wurde, hat seine Parallele in der Kategorie *Formen des Gebets* in den praktisch-theologischen Gebetsauffassungen.[1483]

4.1.2 Gebetsdeutungen und Definitorisches

4.1.2.1 Gebet als Handlung, Haltung, Meditation

Das Gebet als konkrete – vom Alltag abgegrenzte und bisweilen dennoch in den Alltag integrierte[1484] – Handlung dominiert die Aussagen der Befragten. Das Gebet als Haltung, das in vielen der praktisch-theologischen Gebetsauffassungen eine bedeutende Rolle spielt, findet sich in den Aussagen der Befragten kaum wieder. Nur ein Befragter erwähnt das immerwährende Gebet. Auch weitgefasste Gebetsauffassungen wie die reflexive von Otto oder Bernet – aber auch die Reblins, wonach der Gedanke an eine Person bereits als Gebet bestimmt werden kann – finden sich in den Erzählungen der Interviewten kaum. Dennoch ist bei den Befragten wie in den praktisch-theologischen Gebetsauffassungen eine Nähe von Nachdenken und Gebet bzw. von Meditation und Gebet festzustellen. Bisweilen können beide ineinander übergehen. An dieser Stelle decken sich folglich die Ergebnisse der praktisch-theologischen Überlegungen und der empirischen Ergebnisse zum Gebet: Es kann keine eindeutige Trennlinie zwischen Meditation und Gebet gezogen werden.

4.1.2.2 Gebet als Gespräch, Hingabe, Hilfe

Die konkrete Gebetshandlung wird von den meisten Befragten als Gespräch beschrieben.[1485] Die sprachliche Verfasstheit des Gebets und der

---

[1483] Die in der Auswertung der empirischen Studie vollzogene Trennung von *Handlung* und *Deutung* kann gestützt werden durch die Beobachtung Hauensteins, dass Gebetsdeutungen in der Regel keinen Aufschluss geben über Vorgänge des Gebets. Hauenstein bemerkt, dass diese Unterscheidung sowohl in empirischen wie auch in positiv-theologischen Arbeiten oft nicht gemacht wird (vgl. HAUENSTEIN, Spuren, 12).

[1484] Diese etwas paradox anmutende Formulierung spielt darauf an, dass die Befragten von Gebetshandlungen berichten, die sie lautlos direkt in eine Situation hineinsprechen, die aber trotzdem als eigenständige Handlungen verstanden werden können. Siehe dazu auch unten die Ausführungen unter *4.1.6.3 Situatives oder spontanes Gebet*, 283ff.

[1485] Die Aussage, die Wilhelm Gräb für die Entwicklung der Spiritualität im Allgemeinen trifft, wonach Menschen auch »nach sensibleren Sprachen, nach neuen Metaphern und

dialogische Charakter scheinen damit für die meisten Befragten selbstverständlich und die übliche Praxis des Gebets zu sein. Auf einer Metaebene wird die sprachliche Verfasstheit von den Befragten jedoch nicht reflektiert. Von einem Befragten wird das Gebet als Gespräch durch den Zusatz präzisiert, dass es wie ein Gespräch mit einer nicht anwesenden Ehefrau ist. Diese Präzisierung beschreibt die Art der Kommunikation; zum einen kann man Gott alles sagen, zum anderen kann man normale Sprache verwenden und ist nicht etwa auf liturgische Formeln angewiesen.[1486] Bei den Befragten wird das Gebet als reales Gespräch verstanden; *Gespräch* ist somit für die Befragten keine Metapher für das Gebet.

Pfarrer wie Laien verwenden außerdem Bilder des *Darbringens*: Wünsche werden vor Gott *hingelegt*,[1487] die Kinder werden in Gottes Hände *gelegt*,[1488] der Tag wird am Abend wieder an Gott *abgegeben*.[1489] Hierbei handelt es sich um Metaphern, die im oben besprochenen Sinn in einem Raum verwendet werden, in dem mit der Wirklichkeit Gottes gerechnet wird. Es ist eine Parallele zu den in den besprochenen Gebetsauffassungen angewandten Bildern der *Hingabe* zu erkennen.

Dort, wo das Gebet an sich als Hilfe[1490] bezeichnet wird und dabei nicht von der Wirkung die Rede ist, kann in den Aussagen der Befragten auch der performative Aspekt des Gebets erkannt werden. Das Gebet hilft, indem es praktiziert wird.

4.1.2.3 BEDÜRFNISSE ALS GEBETSBEGRÜNDUNGEN

Viel stärker als die Ebene der Deutung oder Reflexion des Gebets ist bei den Befragten jene Begründungsebene, die sich – vor allem, aber nicht nur – bei den Laien weniger auf theologische Theorien oder

---

Symbolen« suchten, kann für die hier Befragten in Bezug auf das Gebet so nicht bestätigt werden. (WILHELM GRÄB, Spiritualität – die Religion der Individuen, in: WILHELM GRÄB u. LARS CHABONNIER [Hrsg.] Individualisierung – Spiritualität – Religion. Transformationsprozesse auf dem religiösen Feld in interdisziplinärer Perspektive, Berlin 2008, 31-44., hier 36.)

1486 Vgl. die Aussagen des Befragten E-008; siehe dazu die Ausführungen zu E-008 unter *4.2.1.3 Gebetskonzepte von Befragten* im Unterpunkt *Laien*, 299ff.

1487 Vgl. z.B. das Zitat aus E-008/394, 47.

1488 Vgl. z.B. das Zitat aus E-024/329-331, in Anm. 205.

1489 Vgl. z.B. das Zitat aus E-029/46 in Anm. 102.

1490 Vgl. z.B. oben die Zitate aus E-005[m]/40, 36; sowie aus E-029/12-18 in Anm. 94.

Glaubenssätze bezieht, sondern vielmehr Bedürfnisse ausdrückt. Diese Bedürfnisse entstehen aus Erfahrungen und haben somit eine Vorgeschichte; sie haben sich aus Glaubenspraxis und Glaubenslehre in der Biographie der Einzelnen generiert und somit – wenn auch nur indirekt – einen Bezug zur Gebetslehre bzw. einer Laiengebetstheologie.[1491]

Ein solches Bedürfnis ist das Bedürfnis nach Gebet *an sich* z.B. am Tagesanfang oder Abend. Es kann auch als Bedürfnis nach Gewohnheit, Tradition oder Ordnung bewertet werden. Hierzu kann auch das Bedürfnis nach Pflege der Beziehung zu Gott gezählt werden. Andere Bedürfnisse entstehen in konkreten Lebenssituationen, so führt z.B. das Bedürfnis nach einer Besserung der Lebenssituation zum Gebet. Manchmal muss es auch nicht das Bedürfnis nach konkreter Besserung sein, sondern es ist das Bedürfnis nach Kraft oder Energie. Auch das Bedürfnis nach Vergebung und Annahme kann zum Gebet führen. In den besprochenen Gebetsauffassungen findet sich dies z.B. im Gedanken der Freiheit davon, sein eigener »Schönfinder«[1492] sein zu müssen. Gebetsauffassungen mit psychologienahen Begründungsmustern fordern diese Offenheit im Gebet sogar, um Verdrängungen im Gebet zu vermeiden.

Weniger häufig wird auch das Bedürfnis, Gott zu danken, genannt.

4.1.2.4 GEBETSINHALTE

Die Forderung, dass das persönliche Gebet über den Horizont des Privaten hinausreichen sollte,[1493] die in manchen der praktisch-theologischen Gebetsauffassungen gestellt wird, ist im privaten Gebet der Befragten kaum umgesetzt. Sie muss aber auch von wissenschaftlicher Seite her in Frage gestellt werden: Zum einen kann man mit der Ritualtheorie davon ausgehen, dass der Mensch im privaten Bereich im Gebet auf seine nächste Umgebung schaut und dem gottesdienstlichen Gebet – in den meisten Fällen vermutlich unbewusst – die weitere, die Gesellschaft und Gemeinschaft einbeziehende Perspektive überträgt. Privates und gottesdienstliches Gebet haben in diesem Sinn verschiedene Zuständigkeitsbereiche. Dass das Gebet im Gottesdienst Teil eines öffentlichen Rituals

---

[1491] Siehe dazu unten die Ausführungen unter *4.2.1.2 Problematisierung des Individualisierungsbegriffs in Bezug auf Gebetskonzepte*, 292ff.

[1492] STEFFENSKY, Flucht, 28.

[1493] Vgl. z.B. KLEIN, Zugänge, 203, der mit Martin Luther argumentiert.

ist und damit öffentlichen Charakter hat, muss sich demnach auch in den Inhalten widerspiegeln. Der Befragte, der angibt, dass es keine Rolle spiele, ob er im Gottesdienst mitbete, sucht im gesamten Gottesdienst vor allem Ruhe; die Verantwortung für die Gebetsinhalte kann er dem Pfarrer übergeben.[1494] Zum anderen manifestiert sich im persönlichen Gebet das persönliche Gottesverhältnis; es muss somit auch als *die* Praxis persönlicher Frömmigkeit gesehen werden.[1495] Da kann es schwerlich ausbleiben, dass das Gebet auch inhaltlich sehr individuell geprägt ist.

4.1.3 Bezugspunkt

Michael Meyer-Blanck sieht in Bezug auf das Thema *Gott* die Aufgabe der Praktischen Theologie darin, »die subjektive, gegenwärtige Rede von Gott [...] mit der objektiven, tradierten und kirchl[lich] garantierten Rede von Gott, wie sie etwa in der Rechtfertigungs- und Trinitätslehre formuliert ist«,[1496] zu vermitteln. Eine Möglichkeit, dieser Aufgabe in Zukunft nachzukommen, sieht er in Erhebungen zu Gottesvorstellungen mittels qualitativer Studien, die gegenüber quantitativen Erhebungen den Vorteil haben, nicht nur nach der Zustimmung zu tradierten Gottesbildern fragen zu müssen.[1497] In qualitativen Erhebungen wird immer auch ein Zusammenhang von individueller Lebenssituation und Gottesvorstellung ersichtlich sein.[1498] Dieser Zusammenhang wird vor allem auch im Gebet konkret.

Die Befragten beschreiben meist personale Gottesvorstellungen, indem sie Gott als Gegenüber in einem Gespräch verstehen. Das muss nicht bedeuten, dass sie sich Gott tatsächlich in der Gestalt einer Person vorstellen, aber es ist zumindest möglich, mit diesem Gott wie mit einer

---

[1494] Vgl. dazu oben das Zitat aus E-033/585-587, 53.

[1495] Biehl, Erschließung, 173, beurteilt dieses Phänomen – angelehnt an Gerhard Ebeling und Christian Link – folgendermaßen: »Die für unsere Welterfahrung so wichtigen Bereiche der Gesellschaft und Politik bleiben ausgeblendet, wo es um die Verstehensbedingungen unseres Gottesverständnisses geht.«

[1496] Michael Meyer-Blanck, Art. Gott VI. Praktisch-theologisch, in: RGG[4] Bd. 3, 2000, 1127-1130, hier 1127.

[1497] Vgl. a.a.O., 1128.

[1498] Vgl. ebd.

Person zu kommunizieren. Auch quantitative Studien kommen zu dem Ergebnis, dass die personale Gottesvorstellung keineswegs verschwunden ist.[1499] Bei zwei Befragten der Bayreuther Studie finden sich sogar konkrete Analogien zu menschlichen Personenkonstellationen.[1500] In zwei der besprochenen praktisch-theologischen Gebetsauffassungen wird hingegen die These vertreten, dass das personale Gottesbild für den modernen Menschen schwierig geworden sei, oder das personale bzw. persönliche Gottesbild wird ganz verworfen, was erhebliche Auswirkungen auf die Form des Gebets hat. Diese letztgenannte These muss aus heutiger Sicht einerseits als »Antwort auf die Herausforderung der Säkularisierung«[1501] verstanden werden, andererseits ist es möglich, dass sich hier ein »Expertenproblem« widerspiegelt. So wird aus religionswissenschaftlicher Perspektive durchaus beobachtet, dass religionswissenschaftliche, theologische und philosophische Reflexion zu »eine[r] zunehmende[n] logische[n] und ethische[n] ›Reinigung‹ der Gottesvorstellungen von anthropomorphen [...], tiergestaltigen, soziomorphen, natürlichen und neuerdings auch technomorphen Bildern«[1502] führen kann. »Inwieweit diese theol[ogische] Reinigung der Gottesvorstellungen von den Anhängern einer Rel[igion] allg[emein] angenommen werden [sic!], bleibt zweifelhaft. Empirische Untersuchungen verweisen eher darauf, daß die theol[ogisch] nicht gebildeten Anhänger mit dem durch Negationen und Abstraktionen gebildeten Gottesbegriff wenig anzufangen vermögen und an konkreten Vorstellungen für ihr Gottesbild festhalten.«[1503] Dass die gereinigten Gottesvorstellungen nicht übernommen werden, liegt vor allem daran, dass Gott durch solche Vorstellungen der »Verfügbarkeit der Menschen« entzogen und damit »unzugänglich« wird.[1504] Nun spricht sich der überwiegende Teil der darge-

---

[1499] Siehe die Ausführungen in Anm. 203.

[1500] Vgl. dazu oben das Zitat aus E-008/394, 47 (»Frau«); sowie aus E-008/396, 87 (»Vater«).

[1501] Heimbrock, Frömmigkeit, 25. Es liegt dabei der Säkularisierungsbegriff der jeweiligen Autoren zugrunde.

[1502] Hartmut Zinser, Art. Gott I. Religionswissenschaftlich, in: RGG[4] Bd. 3, 2000, 1098-1100, hier 1099.

[1503] Ebd.

[1504] Vgl. ebd. Auch die Ausdifferenzierung der Gesellschaft zwingt die Theologie dazu »ihre Begriffe auf einem immer höheren Abstraktionsgrad zu formulieren«, so dass »sich theologische Deutungsangebote den Laien kaum mehr vermitteln lassen« (Knoblauch, Religionssoziologie, 135). Der Psychologe Reinhart Lempp erklärt dieses Phänomen

stellten praktisch-theologischen Gebetsauffassungen nicht gegen eine personale Gottesvorstellung aus. »Wenn das Gebet menschlich von Gott redet, entspricht es damit dem Sachverhalt, daß Gott in unsere Erfahrung eingeht und in dem Menschen Jesus im wahrsten Sinne des Wortes ›anthropomorph‹ geworden ist.«[1505] Dennoch wird im Zusammenhang mit der Gottesvorstellung des Öfteren von einer Krise des Gebets gesprochen, die unter anderem mit Aussagen aus der epischen und poetischen Literatur belegt wird. Hier könnte sich das so genannte Expertenproblem in anderer Weise widerspiegeln, denn die Praktischen Theologen rekurrieren hier auf ein Klientel, das nur einen kleinen Teil der Betenden abbildet.[1506] Für viele anderen scheint es das Problem der Ansprechbarkeit Gottes nicht in dem Maße zu geben, wie es in der praktisch-theologischen Literatur den Anschein hat.

Eine weitere Möglichkeit, die Frage nach der personalen oder apersonalen Gottesvorstellung anzugehen, besteht darin, die Betenden in Gruppen von religiös weniger Begabten und höher Begabten einzuteilen. In dieser Einteilung ist nicht automatisch eine Wertung enthalten. So wie verschiedene Lebensphasen verschiedene Formen des Gebets benötigen, benötigen vielleicht auch verschiedene Milieus verschiedene Formen des Gebets, weil sie in verschiedenen spirituellen Welten zu Hause sind.[1507] Die einen haben sich von einem anthropomorph gepräg-

---

ebenfalls: »Für den Menschen ist der Erwerb der Sprache eine sehr viel weiter reichende Möglichkeit, sich mit seinen Mitmenschen einen gemeinsamen Realitätsbezug zu bilden, der weit über die konkrete Umwelt hinausreicht und auch abstrakte Vorstellungen, Ideen, Glaubensinhalte und philosophische Gedanken und Systeme mit einbeziehen kann. Je abstrakter der Gegenstand ist, desto kleiner wird der Kreis derer, für die der Realitätsbezug noch ein gemeinsamer ist und zur gegenseitigen Verständigung ausreicht.« (REINHART LEMPP, Das Kind im Menschen. Nebenrealitäten und Regression – oder: Warum wir nie erwachsen werden, Stuttgart 2003, 44.)

[1505] BIEHL, Erschließung, 185, Anm. 20. Biehl bezieht sich hier auf Eberhard Jüngel. Zudem stellte Cornehl bereits in den 70er Jahren des letzten Jahrhunderts fest, dass auch Umdenkprozesse, die eine »religionslose Verkündigung« in einer »mündig gewordenen Welt« verlangen, »nicht zur Preisgabe der überlieferten Vertrauensinhalte individueller Frömmigkeitspraxis« führen müssten (CORNEHL, Vorspiegelnd, 88).

[1506] Siehe dazu oben die Ausführungen in Anm. 1159.

[1507] Vgl. dazu etwa das Modell von JOHN J. GLEASON, Spiritual Assessment and Pastoral Response. A Schema Revised and Updated, in: The Journal of Pastoral Care 44 (1990), 66-73. Gleason machte in seiner Arbeit als Seelsorger die Erfahrung, dass ihm Menschen mit unterschiedlichen Spiritualitätsprofilen begegneten. Gleason spricht von vier unterten, persönlichen Gottesbild verabschiedet, die anderen finden genau darin ihren Gebetszugang.

Die Befragten sprechen meist vom lieben Gott;[1508] der richtende oder strafende Gott wird kaum erwähnt. Die Verwendung des Attributs *lieb* darf jedoch nicht überbewertet werden. Es dürfte in den wenigsten Fällen ganz bewusst gesetzt sein. Häufig wurde die Formel »der liebe Gott« auch ähnlich wie ein Eigenname benutzt; das wird deutlich an dem früher in der Kindererziehung eingesetzten Satz »Der liebe Gott sieht alles.«, der eher eine Drohung darstellt, als tatsächlich von einem liebenden Gott zu sprechen.

Auch in den praktisch-theologischen Gebetsauffassungen spielt das Attribut der Liebe eine sehr große Rolle. Die dunkle Seite Gottes scheint eher ein Randphänomen geworden zu sein.[1509] Diese Feststellung korrespondiert mit der Beobachtung, dass die Klage in der Diskussion um das Gebet weniger im Fokus ist als die Bitte.

Es gibt Befragte, die Gott einerseits im Gebet ansprechen, ihn andererseits aber als Kraftquelle beschreiben, an der man Anteil gewinnen kann.[1510] Dies bestätigt, dass die Vereinbarkeit von personaler Gottesvorstellung und der Vorstellung von Gott als höherer Macht nicht ausgeschlossen ist. Quantitative Umfragen, die bei ihren Erhebungen in diesem Punkt keine Mehrfachnennungen möglich machen, kommen daher eventuell auf verzerrte Ergebnisse.

In einigen Fällen haben Laien zudem kein bewusstes, genau definiertes Gottesbild, was für sie die Sinnhaftigkeit des Gebets aber offensichtlich nicht mindert. Auch unter den praktisch-theologischen Gebetsauffassungen findet man die Ansicht, dass es keine Voraussetzung des Gebets ist, einen klar definierten Gottesbegriff zu haben.[1511] Eventuell spiegelt sich das auch darin wieder, dass in den Gebetsauffassungen

---

schiedlichen *Welten* (*worlds*), die er durch folgende Stichworte charakterisiert: *Welt A* - »*natural literalism*«, *Welt B* - »*repressed literalism*«, *Welt C* - »*broken myth*«, *Welt D* - »*the myth of the hero*« (a.a.O., 67f.). Gleason ist es wichtig, dass er als Geistlicher den Menschen jeweils in der Welt begegnet, in der sie sich zum Zeitpunkt der Begegnung bewegen (vgl. a.a.O., 69).

1508 Siehe Anm. 204.

1509 Siehe oben die Ausführungen unter *3.4.2.2 Bezugspunkt*, 237ff.

1510 Vgl. das Zitat aus E-012/345-353 in Anm. 87; sowie aus E-008/396 auf Seite 86, und aus E-020/500 in Anm. 206.

1511 Vgl. die Darstellung bei Wüst-Lückl, Theologie, 34. Siehe dazu außerdem die Ausführungen zu *Grundzüge der Gebetsauffassung* Zimmerlings, 126f.

wenig Konkretes über die Gottesanreden zu lesen ist. Eine Ausnahme bildet hier lediglich die Anrede »Vater«. Der Befragten, die zu einer Göttin, einem Gott oder auch zum Universum usw. betet, ist damit nicht zwingend ein ungeklärtes Gottesbild vorzuwerfen. Es ist vielmehr auch denkbar, dass für diese Befragten das *Dass* eines Gegenübers für ihr Gebet die entscheidende Rolle spielt, und in einem hohen Maße Bewusstheit darüber herrscht, dass sich dieses Gegenüber menschlicher Vorstellungskraft entzieht.[1512] Auch bei einem Mann, der Gott im kindlichen Gebet als Vater anspricht, Gott aber auch mit einer Ehefrau vergleicht, gibt es verschiedene Aspekte in Bezug auf das Gottesbild. Es wäre falsch, an diesem Punkt von einer »Indifferenz« zu sprechen, wie sie heute oft für den Bereich der synkretistischen Spiritualitäten angenommen wird.[1513] Vielmehr wurde immer schon in verschiedenartigen Bildern von Gott gesprochen. Ein einzelner Mensch kann durchaus mehrere dieser verschiedenartigen Bilder in sein individuelles Gottesbild integrieren.

Inwieweit es sich bei derartigen Vorstellungen um christliche Gottesbilder handelt, kann zwar diskutiert werden. Die empirischen Ergebnisse zeigen jedoch, dass die traditionellen christlich-theologischen Gottesvorstellungen – etwa die Trinität oder das Bekenntnis zu Jesus Christus – im Gebet der Laien kaum eine Rolle spielen.[1514] Damit geht

---

[1512] Vgl. das Zitat aus E-012/345-353 in Anm. 87.

[1513] Siehe dazu unten die Ausführungen unter *4.2.1.2 Problematisierung des Individualisierungsbegriffs in Bezug auf Gebetskonzepte*, 292ff.

[1514] Hanne Köhler, Den dritten Schritt vor dem ersten tun? Zum »Miteinander Beten« am Beispiel des christlich-islamischen Dialogs, in: ZGDP 19 (2001), 51-53, hier 51, stellt in Bezug auf die Diskussion um das gemeinsame Gebet von Christen und Muslimen dar, dass die theologischen Gründe, die gegen ein solches Unternehmen angebracht werden, für die Basis meist keine Rolle spielen. So kämen z.B. »trinitarische Formeln in den persönlichen Gebeten der Menschen« nicht vor; auch »das Bekenntnis zu Jesus Christus als wahrem Mensch und wahrem Gott« sei »außerhalb der Kerngemeinden wenig verbreitet«. Köhler fragt in Bezug auf solche Erkenntnisse, was es bedeute, »dass offensichtlich viele Christinnen und Christen die Positionen nicht teilen, die in der einschlägigen Diskussion als die das Christentum grundsätzlich vom Islam trennenden beschrieben werden« (a.a.O., 53). Vgl. hierzu auch die Aussagen in kirchengeschichtlicher Perspektive, wie sie z.B. von Andreas Kalckhoff für den katholischen Bereich getroffen werden: »Daß die *kirchenamtliche* Glaubenslehre zu allen Zeiten nur begrenzten Einfluß auf die Religiosität und Lebenspraxis der großen Bevölkerungsmehrheit hatte, mag Kirchengeschichtler nicht überraschen. Dies bildete auch kein Problem, solange die von der Lehrmeinung

die Frage einher, welche Konsequenzen daraus gezogen werden müssten, wenn man feststellt, dass diese für die Betenden weitgehend egal sind.

4.1.4 Gebetsorte in Verbindung mit der körperlichen Dimension des Gebets

In der Auswertung der Bayreuther Studie wird deutlich, dass auch Gebetsorte eine wichtige, nicht zu vernachlässigende Rolle spielen. Von den Befragten werden Orte genannt oder beschrieben, die das Gebet fördern. Für manche Befragte ist das Gebet ausschließlich oder vor allem an diesen Orten zu praktizieren. Der Ort des Gebets kann außerdem nicht isoliert von der Körperlichkeit des Gebets betrachtet werden. Unterschiedliche Orte legen unterschiedliche Körperhaltungen nahe. So vollzieht z.B. eine Befragte ihr Gebet im Bett auf der Seite liegend;[1515] zwei Befragte suchen zum Beten bewusst die Natur auf. Die eine geht während des Gebets spazieren, die andere sucht ganz gezielt einen Stein auf, auf den sie sich zum Beten setzt.[1516] Zwei Befragte gehen zum Gebet in Kirchenräume. Einer der beiden berichtet von einer Ausnahmesituation, in der er wiederholt in eine Kirche zum Beten gegangen ist.[1517] Ein weiterer Befragter hat sich in seinem Haus einen eigenen Altar für das persönliche Gebet eingerichtet, vor den er sich zum Morgengebet setzt.[1518] Es wird deutlich, dass für eine Gebetspraxis nicht nur Texte eine Rolle spielen, sondern ebenso die Situationen, Umstände und Atmosphären, in denen Menschen solche Texte anwenden. Vermutlich ist es nicht ganz unwichtig, an welchen Orten bzw. in welcher Atmosphäre sie das Beten kennengelernt bzw. erlernt haben.

---

abweichende Frömmigkeit des Kirchenvolkes als Ausdruck von Unwissenheit, als Ketzerei oder als ›kirchliche Mißstände‹ beurteilt werden konnten.« (ANDREAS KALCKHOFF, Glaube oder Aberglaube? Volksfrömmigkeit und Volkskultur, in: HerKorr 39 [1985], 235-238, hier 236.) Kalckhoff stellt in Frage, dass Frömmigkeit weiterhin »als innere Übereinstimmung mit den Lehren der Kirche« und entsprechender »Lebensgestaltung« begriffen werden könne (vgl. a.a.O., 237).

1515 Vgl. dazu oben das Zitat aus E-038/374-378, 56f.

1516 Vgl. die Zitate aus E-011/662-666 in Anm. 152 und E-023/256, 40.

1517 Vgl. dazu oben die Zitate aus E-047/66, 40; und E-036/127-135 in Anm. 119.

1518 Vgl. das Zitat aus E-048/10-14 in Anm. 83.

Räume und Körperhaltungen sind folglich wichtige Teile des Gebetskonzepts[1519] des Einzelnen. Das ist wenig verwunderlich, da Religion immer »*an die Bedingungen des Sinnlichen* gebunden« ist.[1520] Umso erstaunlicher ist es, dass die körperliche Dimension in den meisten praktisch-theologischen Gebetsauffassungen zwar für wichtig erachtet wird, aber sehr viel weniger reflektiert wird als die geistige Dimension des Gebets. So ist die Frage durchaus berechtigt, ob eine protestantische Praktische Theologie, die zwar zunehmend ein ganzheitliches Menschenbild vertritt, das den Menschen in den Dimensionen Körper, Geist und Seele wahrnimmt, nicht dennoch nach wie vor den Geist überbetont.[1521] Vielleicht ist auch die protestantische Angst, »die Stille der Natur und des Kosmos religiös zu erleben«,[1522] nicht überwunden, wenngleich in vielerlei Hinsicht schon Öffnungen geschehen sind.[1523] Dort, wo es noch nicht geschehen ist, ist es wichtig, die Wortlastigkeit in Bezug auf das Gebet aufzugeben und verstärkt darüber zu reflektieren, wo ganz konkrete Orte des Gebetes sind und welche Gefühle sich mit diesen Orten verbinden.[1524]

[1519] Zum Begriff des Gebetskonzepts unten die Ausführungen unter *4.2.1.1 Begriff »Gebetskonzept«*, 291f.

[1520] KARLE, Reformstress, 41.

[1521] KOLL, Körper, widmet sich diesem Thema ausführlich. Siehe dazu außerdem unten die Ausführungen unter *4.2.2.2 Vergleich der Anderswelten von Theologen und Laien*, 305ff.

[1522] LEUENBERGER, Zeit, 162. Auch Seitz ist sich dieser Problematik bewusst. Mit Joachim Track stellt er fest, dass es »die lange einseitig wortbezogene evangelische Frömmigkeit« nicht vermocht hat, »Glauben und Erfahrung, Gewißheit und Beteiligtsein miteinander zu verbinden«; und er fährt fort: »Ihr starkes Bestehen auf Sündenbewußtsein und Sündenvergebung verstellte dem mit so vielen Sinnfragen behafteten heutigen Menschen den Blick für ihre lebenstragende und befreiende Funktion.« (MANFRED SEITZ, Evangelische Spiritualität - Den Glauben leben, in: RENATE SEITZ u. SIEGFRIED HANSELMANN [Hrsg.], Den Glauben leben. Evangelische Spiritualität. Hilfen zum Verständnis. Anregungen für die Praxis, Rothenburg o. d. Tauber 1994, 23-36, 31.)

[1523] Zu nennen wären hier z.B. Formen der ganzheitlich orientierten Jugendarbeit, wie sie z.B. in der Pfadfinderei praktiziert wird. Auch gestaltete Wanderwege, die zu Gebet und Meditation einladen, oder auch Klostergärten werden auch von Protestanten aufgesucht und geschätzt.

[1524] Dies kann auch gestützt werden durch die Erkenntnis Zulehners, wonach »subjektive Religiosität [...] mehr eine Emotion als ein Gedankengebäude, mehr eine Grundstimmung denn eine rational durchdachte und systematische Überzeugung« ist (ZULEHNER u.a., Religion, 65).

Dass die Betrachtung der körperlichen Dimension des Gebets die Forschenden wiederum an die Grenzen des empirisch Nachvollziehbaren bringt, mag ein weiterer Grund dafür sein, dass sie bislang wenig Beachtung in den Gebetsauffassungen gefunden hat: Körperhaltungen können zwar beschrieben werden, wie der Körper aber während des Gebets vom jeweils Betenden empfunden wird – was z.B. etwaige mit dem Gebet verbundenen Körperübungen im Einzelnen bewirken – ist schwieriger dazustellen. Mit Hilfe der Phänomenologie werden mittlerweile Versuche in diese Richtung unternommen.[1525]

4.1.5 Funktionen des Gebets

Das Gebet ist eine Hilfe zur Bewältigung des Lebens – in dieser Erkenntnis stimmen die Auswertung der Bayreuther Studie und die praktisch-theologischen Gebetsauffassungen überein. Allerdings sind bei den Befragten eher kleinere Episoden im Blick als ihr gesamtes Leben oder ihr gesamtes Selbst. Die Befragten – Laien wie Pfarrer – erfahren im Gebet Hilfe für den Start in den Tag oder können den Tag am Abend wieder abgeben und darin die nötige Ruhe für die Nacht finden. In den praktisch-theologischen Gebetsauffassungen sind die Wirkungen viel breiter angelegt. Es ist davon die Rede, dass Betende im Gebet lernen, sich selbst zu bejahen, oder von Selbstrechtfertigung frei werden. Diese weite Perspektive findet sich so in den Aussagen der Befragten nicht. Es besteht jedoch auch nicht zwingend ein Widerspruch zwischen den

---

[1525] Vgl. z.B. Koll, Körper; insbesondere die Ausführungen unter *LeibKörper* (a.a.O., 50-87). Kolls Ansatz wurde in diese Arbeit nicht aufgenommen, weil nach ihrer Definition ein »Körpergebet« dort stattfindet, »wo das körperliche Gestalten und Erleben im Zentrum stehen« (a.a.O., 150). Es geht Koll um ein Gebet, das »vorrangig oder ausschließlich körperlich intoniert« (ebd.) wird. »Ein Beten kann hingegen dann nicht als Körpergebet gelten, wenn es nach eigenem Verständnis erst jenseits körperlicher Vorbereitung beginnt oder sich von körperlichen Vollzügen lediglich begleitet oder unterstützt sieht« (ebd.). In vielen Gebetsvorgängen, wie sie von den Befragten der Bayreuther Studie beschrieben werden, spielen jedoch das Wort und die Sprache eine wesentliche Rolle. Koll behandelt in ihrer Untersuchung – entsprechend der Definition von »Körpergebet« – vorranging solche Ansätze, die »mit Traditionen der Meditation oder Kontemplation in Verbindung stehen« (ebd.), z.B. das »Körpergebet der Urgebärden« nach Willigis Jäger und Beatrice Grimm (vgl. a.a.O., 155ff.) oder »Kontemplatives Beten: das Jesusgebet nach Franz Jalics« (vgl. a.a.O., 197ff.).

Aussagen der Befragten und denen der Gebetsauffassungen der Praktischen Theologie. Wenn ein Mensch im Morgengebet Kraft für den Tag findet, so hat er sich eventuell von der Vorstellung befreit, an diesem Tag alles allein leisten zu müssen. Benannt wird das, was oben in Bezug auf die praktisch-theologischen Gebetsauffassungen als *Persönlichkeitsbildung* bezeichnet wurde, von den Befragten jedoch nicht. In ihren Reflexionen geht es um die Bewältigung einzelner Tage oder Situationen.

Weitere Parallelen zwischen den Gebetskonzepten der Befragten und den praktisch-theologischen Gebetsauffassungen lassen sich dort ausmachen, wo Menschen davon berichten, etwas vor Gott offen zu legen – z.B. die Geschehnisse des Tages im Abendgebet mit den Kindern oder ihr Gebet in der Nähe der Beichte verorten. Hier scheinen auch im Gebet der Befragten ethische Implikationen auf. Doch auch diese haben eher Auswirkungen auf ein kleineres Umfeld als auf das große Ganze, wie es etwa im Blick ist, wenn aus dem Gebet »die Gabe des Zorns gegen das Unrecht«[1526] hervorgeht. Eine Ausnahme bildet jene befragte Pfarrerin, die versucht, in ihrem Mittagsgebet ein Bewusstsein für die Gefährdung der Schöpfung zu bewahren.

4.1.6 Formen des Gebets

4.1.6.1 Geprägte Texte und freie Gebetssprache

Die Auswertung der Bayreuther Studie hat gezeigt, dass Menschen Texte der Tradition zu ihren Gebetstexten machen. Das stützt die These, nach der sich Betende in Texten der Tradition wiederfinden. Es ist also nicht so, dass für den heutigen Menschen »keine Verse bereitstehen«.[1527] Es stellt sich vielmehr die Frage nach Gemeinschaften, welche die Aneignung von Tradition übernehmen, sofern nicht davon ausgegangen wird, dass die Familie weiterhin der Ort dafür ist. Dazu gehört es, darüber nachzudenken, wie Orte und Gelegenheiten beschaffen sein müssen, so dass sie für das Gebet förderlich sind. Es geht beim Erlernen des Gebets nicht ausschließlich darum, sich Texte anzueignen. Ob ein Text

---

[1526] Steffensky, Flucht, 35.

[1527] Bohren, Gebet 1, 90. Dabei ist die Krise des Gebets für ihn nicht unbedingt eine Krise des Textes, sondern vielmehr ein »Problem der Seele« (Heschel, zitiert nach Bohren, Gebet 1, 230). Siehe dazu außerdem unten die Ausführungen unter *4.2.3 Stagnation, Veränderung und Entwicklung des Betens*, 309ff.

zum Gebet wird, ist wesentlich davon abhängig, in welcher Gemeinschaft und welcher Atmosphäre er gebetet wird. Dennoch gilt, dass religiöse Vollzüge – folglich auch das Gebet – erlernt werden müssen. Beim Erlernen des Gebets ist die Gebetssprache ein wesentlicher Faktor. Diese enthält Bilder, die dem heutigen Menschen nicht unbedingt geläufig sind. Sie muss zum Teil ähnlich wie eine Fremdsprache erlernt werden.[1528] Zugleich ist es notwendig, die Gebetssprache und ihre Bilder soweit zu öffnen, dass auch neue Texte traditionsbildend werden können.[1529] Diese Spannung zwischen alt und neu gilt es auszuhalten.[1530]

[1528] Karle, Reformstress, 42, stellt weniger in Bezug auf die Sprache von religiösen Vollzügen als vielmehr für die Religion allgemein fest: »Religion ist weniger mit einem Produkt als mit einer Sprache vergleichbar. Wer Religion ernst nimmt, der muss sie sich aneignen, ihre Sprache sprechen und die Sprachgemeinschaft kennen lernen, um seinen individuellen Stil zu finden.«

[1529] So weist z.B. Fulbert Steffensky, Das Haus, das die Träume verwaltet – Kirche, in: Fulbert Steffensky, Das Haus, das die Träume verwaltet, Würzburg [6]2000, 9-27, hier 10, darauf hin, wie wichtig »die Fremde« im Glauben ist, zum einen um nicht auf sich selbst zurückgeworfen zu sein und zum anderen um das auszudrücken, wofür uns selbst die Sprache fehlt: »Wenn die Unruhe des Lebens uns verzehrt und uns selber die Sprache schwerfällt, können wir uns einen Spruch und ein Lied leihen, etwa von Johann Franck aus dem 17. Jahrhundert, und singen: ›Tobe, Welt, und springe; ich steh hier und singe in gar sichrer Ruh!‹ Wenn die Tyrannen das Leben würgen, kann ich in einem fremden Lied singen: ›We shall overcome!‹ Ich singe in einer fremden Sprache, in diesem Fall sogar wörtlich genommen. Ich muß nicht ganz dahinter stehen. Da die Sprache nicht meine ist, identifiziere ich mich nicht ganz mit ihr. Auch mein Unglaube hat ein Recht. Aber ich identifiziere mich auch nicht völlig mit meinem Unglauben. Ich leihe mir die Sprache meiner Geschwister, der lebenden und der toten, und lasse das Leben nicht stumm.« (A.a.O., 11.) Dennoch muss die Sprache neben dem Fremden auch Heimat bieten und das kann nur geschehen, wenn sich Sprache auch verändern und erneuern darf: »Die christlich-jüdische Tradition ist kein Aufruf zur Rettung der Normalität und des Immer-schon-Dagewesenen. Sie vertreibt uns eher aus Gewohnheiten. Das Wort ›neu‹ ist in ihr wichtiger als das Wort ›alt‹. Das gilt auch für die Gestalt unserer Frömmigkeit, das gilt auch für die Weise unserer Gottesdienste. Nichts steht fest, und nichts ist endgültig. Unveränderlichkeit ist ein Merkmal des Todes, nicht des Lebens.« (A.a.O., 12.) Siehe zu Steffenskys Heimatbegriff auch die Ausführungen in Anm. 1620.

[1530] So scheint z.B. der bereits erwähnte Psalm 23 ein alter Text zu sein, in dem sich Menschen auch heute noch wiederfinden. Es ist aber nicht ausgeschlossen, dass moderne Texte solche Kriterien erfüllen. Ein Beispiel ist das so genannte »Gelassenheitsgebet«, das zwar vermutlich auf mittelalterliche Vorbilder zurückgeht, aber nach dem Zweiten Weltkrieg im deutschsprachigen Raum »weite Verbreitung« fand. (Vgl. Frieder Schulz, Über die Herkunft des ›Gebetes um Gelassenheit‹, Oetinger zugeschrieben, in: Frieder Schulz,

Geprägte Texte als Einstieg in ein Gebetsritual finden sich sowohl bei den Befragten wie auch in der praktisch-theologischen Gebetsliteratur. Geprägte Texte können einen Gebetsprozess eröffnen. Sie haben dabei die Funktion, den Einstieg in das Gebet zu erleichtern. In den besprochenen Gebetsauffassungen wird auch von *Sammlung* gesprochen. Das Phänomen wird dort nicht nur für das einzelne Gebetsritual besprochen, sondern auch für das Gebetsleben im Ganzen. Dahinter steht z.B. die Vorstellung, dass ein Mensch in seiner Gebetsentwicklung vom diskursiven zum affektiven und von dort zum »Gebet der Einfachheit« kommen soll.[1531]

Die Personen, die sich in freikirchlichen oder evangelikalen Gruppen bewegen, bevorzugen das Gebet in freier Sprache. Hier wäre es interessant, in weiteren Studien zu eruieren, welche Texte oder Textbausteine diese freie Sprache prägen. Es ist zu vermuten, dass auch hier wiederkehrende Textbausteine angewandt werden, so dass auch hier in einem weiter gefassten Sinn von geprägter Sprache gesprochen werden kann. Das Interviewmaterial gibt dazu jedoch keine Aufschlüsse.

4.1.6.2 RITUALISIERTES GEBET

Ritualisierte Formen des Gebets, d.h. Formen, bei denen das Gebet in einen größeren Ablauf eingeschlossen ist oder zu einer bestimmten Tageszeit stattfindet, werden von den meisten dargestellten praktisch-theologischen Gebetsauffassungen unterstützt, wenn nicht sogar unbedingt empfohlen. Häufig werden konkrete Vorschläge für den gezielten Aufbau eines Rituals gemacht. Begründet werden diese Vorschläge unter anderem mit der Sorge, dass das Gebet sonst nicht ausreichend

Mit Singen und mit Beten. Forschungen zur christlichen Gebetsliteratur und zum Kirchengesang. Gesammelte Aufsätze mit Nachträgen 1994, Hannover 1995, 95-100, hier 95.) Der Text dieses Gebets, wie es am häufigsten verwendet wird, lautet: »Gott gebe mir die Gelassenheit, Dinge hinzunehmen, die ich nicht ändern kann, den Mut, Dinge zu ändern, die ich ändern kann, und die Weisheit, das eine vom anderen zu unterscheiden.« (Ebd.) Schulz ist davon überzeugt, dass Reinhold Niebuhr das Gelassenheitsgebet in den USA verfasst hat (vgl. a.a.O., 97). Er geht weiter davon aus, dass es durch die »US-Besatzungsstreitkäfte nach Deutschland« (a.a.O., 96) kam. Ein weiteres Beispiel für einen moderneren Gebetstext ist Dietrich Bonhoeffers »Von guten Mächten wunderbar geborgen«.

[1531] Vgl. z.B. die Darstellung der Gebetsauffassungen von Kardinal Lercaro bei KLEIN, Begegnung, 236. Klein setzt diese parallel mit den drei Wegen der orthodoxen Tradition: »Weg der Anfänger«, »Weg der Fortgeschrittenen« und »Weg der Vollkommenen«.

oder nicht richtig gepflegt würde. Interessanterweise spielt die Gefahr der Vergesetzlichung in diesen Überlegungen kaum eine Rolle.[1532] Eher wird die Gefahr des Erstarrens der Gebetspraxis gesehen. Die Befragten, die ritualisierte Gebetsabläufe beschreiben, praktizieren diese eher aus Gewohnheit. Sie erwähnen nicht, dass sie sich zum Gebet zwingen müssten.[1533] Auch wird bei den befragten Laien kein gezielt erdachter oder gezielt übernommener Aufbau beschrieben. Es hat eher den Anschein, dass die beschriebenen Rituale über einen längeren Zeitraum hinweg aus den persönlichen Erfahrungen heraus entwickelt wurden. Ausnahmen stellen ein Pfarrer und eine Pfarrerin dar.[1534]

Pfarrerinnen und Pfarrer sehen sich bisweilen zum Gebet verpflichtet. Kurt Marti kann dieser Form der Gebetspflicht Positives wie Negatives abgewinnen: Er spricht davon, dass der »Zwang auch heilsam sein« kann, wenn er die Erfahrung macht, selber unerwartet in der »Mechanik der Worte« aufzutauchen.[1535] Andererseits sieht er die Gefahr, in dieser Verpflichtung »unaufrichtig« zu werden.[1536] In der Bayreuther Studie sprechen sich zwei Pfarrer ganz bewusst gegen eine ritualisierte Gebetspraxis aus. Einer von beiden wurde pietistisch erzogen und legte das ritualisierte Gebetsverhalten in Abgrenzung zu seiner Erziehung später ab. Bei ihm kann man den Eindruck gewinnen, dass ihm die Vorgaben aus der Kindheit und Jugend mit der Zeit zu gesetzlich schienen, so dass er es heute bevorzugt, das Gebet nach Gelegenheit und Bedürfnis zu vollziehen.[1537]

Pfarrer und Pfarrerinnen scheinen unter anderem auch aus einem Berufsethos heraus zu beten. Es ist ihnen deswegen auch wichtig, sich Zeit für das Gebet zu nehmen. Sie machen sich verstärkt Gedanken darüber, wie ihre Gebetspraxis aussehen kann und soll. Die in den Gebetsauffassungen bisweilen sehr ausführlich dargestellten Gebetsabläufe könnten daher für Pfarrerinnen und Pfarrer, die ihre Gebetspraxis überprüfen und gegebenenfalls verändern wollen, Inspirationen bieten. Es mag auch möglich sein, dass Pfarrerinnen und Pfarrer ihre Erfahrun-

---

1532 Zum ambivalenten Verhältnis der protestantischen Theologie zum Ritual siehe oben die Ausführungen in Anm. 1190.

1533 Es kann nicht ausgeschlossen werden, dass das bisweilen dennoch der Fall ist.

1534 Vgl. E-029 und E-048.

1535 Marti, zitiert nach REBLIN, Beten, 19.

1536 Vgl. ebd.

1537 Vgl. z.B. oben das Zitat aus E-036/366-370, 57.

gen mit derartigen Abläufen an interessierte Gemeindeglieder weitergeben – sei es im persönlichen Gespräch oder auch in Glaubenskursen o.Ä. Die Auswertung der Bayreuther Studie legt nicht unbedingt nahe, dass viele Laien sich auf einen derartigen Prozess der Umgestaltung bzw. Ausweitung ihrer Gebetspraxis einlassen würden. Sie haben vielmehr ihren Umgang mit dem Gebet gefunden. Die Frage, ob ihr Gebet wahres Gebet ist, stellt sich den Laien vermutlich kaum – es ist schlicht ihr Gebet. Laien die bislang kein mehrgliedriges Ritual um das Gebet pflegen, dürften es folglich kaum vermissen. Auch ist es unwahrscheinlich, dass Laien sich auf derartige lange Rituale, wie sie zum Teil in den Gebetsauffassungen vorgeschlagen und für die tägliche Praxis gefordert werden, einlassen können.

Eine andere Frage ist es – ähnlich wie bereits bei den Überlegungen zur geprägten Sprache –, inwieweit Menschen geprägte und ritualisierte Formen brauchen, um das Gebet überhaupt zu erlernen. Es wird hier nicht ausschließlich an konkret ausformulierte Gebete gedacht: Wiederkehrende Gebetssettings mit wechselnden, frei gesprochenen Texten können einen ähnlichen Effekt haben wie die Wiederholung geprägter Gebetstexte.

Bei den befragten Laien, die das Gebet zu festen Zeiten pflegen, steht ein Bedürfnis oder eine Gewohnheit hinter der Praxis. Das gilt auch für die befragte Pfarrerin und die Pfarrer, jedoch nicht in der Ausschließlichkeit wie bei den Laien. Entgegen der Meinung, dass das Gebet seine »Bedeutung für die Strukturierung des Alltags«[1538] an die Medien abgegeben habe, hat diese Form des Gebets in beiden Gruppen strukturierende *Funktion*. Es ist Teil des Morgenrituals oder bildet in der Nacht den Abschluss des Tages.[1539] Über die Häufigkeit dieser Praktiken lässt sich zwar keine Aussage machen, auch nicht darüber, inwiefern die Medien ebenfalls zur Strukturierung des Tages beitragen, doch auch im vormedialen Zeitalter werden nicht ausschließlich religiöse Praktiken die Struktur des Tages bestimmt haben. Es wäre also schwierig, an diesem Punkt eine Verfallstheorie zu bemühen.

[1538] BIEHL, Erschließung, 176.

[1539] Siehe dazu oben die Ausführungen unter *2.2.1.2 Begründung und Reflexion der Gebetspraxis innerhalb fester Gebetszeiten*, 35ff.

4.1.6.3 Situatives oder spontanes Gebet

Das spontane Gebet findet in den praktisch-theologischen Gebetsauffassungen weniger Beachtung. Ein Grund dürfte darin liegen, dass es für die Forschung schwerer zu greifen ist als das ritualisierte Gebet. Es wird aber meist positiv bewertet und als Ziel eines längeren Übungswegs mit dem ritualisierten und geprägten Gebet gesehen. Aus dem Interviewmaterial geht nicht hervor, ob die Befragten, die das Gebet nach Bedürfnis praktizieren, einen solchen Prozess durchlaufen haben.

Laien sprechen davon, dass sie in schlechten Zeiten verstärkt zum Gebet (zurück-)finden. Dieses Phänomen stützt Steffenskys These, wonach der Mensch das Nicht-Einverständnis mit seinen Lebensbedingungen eher zum Ausdruck bringt als das Einverständnis. Demnach liegt dem Menschen Bittgebet näher als das Dankgebet. Dieses Phänomen kann dadurch erklärt werden, dass sich die Frage nach Kontingenz[1540]

[1540] Der Begriff der *Kontingenz* kann nicht eindeutig bestimmt werden: »Das Spannungsfeld des Begriffs der Kontingenz reicht heute vom ›Schicksal‹ bis zu Dürrenmatts dramaturgischem Begriff der ›Panne‹!« (Alois Müller, Überlegungen zum Verhältnis von Religion und Kontingenz, in: Anton A. Bucher u. K. Helmut Reich, Entwicklung von Religiosität. Grundlagen – Theorien – Praktische Anwendung, Freiburg [Schweiz] 1989, 35-50, hier 43, Anm. 1.) Daneben werden heute »Zufall bzw. Zufälligkeit [...] als umgangssprachliches Äquivalent für Kontingenz verwendet« (a.a.O., 44, Anm. 1). Ein noch weiter gefasstes Verständnis verhandelt alles, was als »unverfügbar« gilt – »von der nicht-notwendigen Geburt über Glück, Leiden und Not bis zum Tod« –, unter dem Begriff der *Kontingenz* (ebd.). In der Folge ist es wichtig, wie mit der Frage der so genannten *Kontingenzbewältigung* umgegangen wird. Grundsätzlich wird es als eine Funktion der Religionen gesehen, dem Menschen bei der Bewältigung von *Kontingenzerfahrungen* zu helfen. Es ist jedoch nicht eindeutig zu bestimmen, ab wann die »Verarbeitung« von Kontingenzerfahrungen tatsächlich »*religiösen* Charakter« gewinnt. (Vgl. Jürgen Lott, Religion in unserer Gesellschaft, in: HRE Bd. 1, 1987, 10-21, hier 17.) Nach Henning Luther, »Grenze« als Thema und Problem der Praktischen Theologie. Überlegungen zum Religionsverständnis, in: Henning Luther, Religion und Alltag. Bausteine zu einer Praktischen Theologie des Subjekts, Stuttgart 1992, 45-60, hier 57, ist das erst der Fall, »wenn sie *transzendierende* Kräfte freisetzt«: »Dies bedeutet, daß die Kontingenzerfahrung zum Anlaß genommen wird, die Grenzen des bisherigen Selbst- und Weltverständnisses zu überschreiten, sich ins Gebiet des Fremden und Anderen vorzuwagen, um dann das eigene Lebensgebiet mit neuen Augen zu sehen. Es kann also gerade nicht darum gehen, der Kontingenzerfahrung den Stachel des Unvertrauten zu nehmen und zu versuchen, sie mit dem bisherigen gewohnten Verstehensmuster zu versöhnen und zu vereinbaren.« Wenn Soziologen Religion so beschreiben, dass das Verständnis von Transzendenz »*innerhalb* der Grenzen der Sozialwelt« (ebd.) bleibt, handelt es sich im Verständnis Hen-

vor allem dort auftut, wo auch die Sinn- oder Warum-Fragen gestellt werden, und diese ergeben sich vor allem dann, wenn »Menschen mit Situationen von Ohnmacht, Hilflosigkeit und Unvermögen konfrontiert sind«.[1541] Gebet bietet religionssoziologisch betrachtet eine Möglichkeit, auf Kontingenzerfahrungen zu reagieren.[1542] So ist es positiv zu werten, wenn Menschen im Gebet die Widersprüchlichkeiten ihres Lebens zum Ausdruck bringen können.[1543] Die These Bohrens, wonach der Mensch das Bitten erst erlernen müsse, ist vor diesem Hintergrund zu hinterfragen. Möglicherweise hat sie Anhaltspunkte im Alltagsleben, aber im Gebetsleben scheint das Bitten für viele Menschen kein Problem darzustellen.

Bei den interviewten Pfarrern und der Pfarrerin findet sich die Aussage, dass sie in arbeitsreichen Zeiten *bewusst* verstärkt beten. Das erinnert – obwohl er nicht von den Befragten diesbezüglich nicht zitiert wird – an die Haltung Martin Luthers, dem der Satz zugeschrieben wird: »Ich habe heute viel zu tun, darum muss ich viel beten«.[1544] Während

---

ning Luthers nicht um Religion. So beurteilt z.B. auch Isolde Karle den Religionsbegriff Luckmanns als »ganz und gar anthropologisch« (Karle, Reformstress, 18). Religion wird als »diesseitig, individualistisch und innerlich beschrieben«; man braucht sie »um die Frage nach der eigenen Identität beantworten zu können, weniger um religiös zu kommunizieren« (ebd.). Karle fragt weiter, »ob es sinnvoll ist, den Religionsbegriff [...] so weit und vage anzusetzen« (a.a.O., 19). Sie zieht in Zweifel, dass »etwas Kontingentes« – wie »das Tragen von Markenkleidung« die »Ekstase« in »Fußballstadien« oder »anrührende Deutungen von Lebensgeschichten und -schicksalen« im Film – helfen kann »Kontingenz zu bewältigen« (A.a.O., 27).

[1541] Detlef Pollack, Religiöser Wandel in modernen Gesellschaften: Religionssoziologische Erklärungen, in: Richard Faber u. Frithjof Hager (Hrsg.), Rückkehr der Religion oder säkulare Kultur? Kultur- und Religionssoziologie heute, Würzburg 2008, 166-191, hier 184. Pollack konkretisiert diese Situationen mit den Beispielen »Krankheit, Tod, Armut, unaufhaltsamen sozialem Abstieg, Ungerechtigkeit, [...] dem Zerbrechen sozialer Beziehungen oder unerklärlichen inneren Ängsten« (a.a.O., 184).

[1542] Vgl. a.a.O., 185. Andere Möglichkeiten wären etwa, »sich in psychotherapeutische Behandlung [zu] begeben, sein Verhalten [zu] verändern, Gespräche mit guten Freunden [zu] führen, sich in harte Arbeit [zu] stürzen oder auch seine Erwartungen zurück[zu]nehmen« (ebd.).

[1543] Vgl. Karle, Reformstress, 28. Karle bezieht sich hier auf die Deutung religiöser Erfahrungen.

[1544] Nicht in der Form dieses Satzes aber sinngemäß findet sich diese Haltung in Martin Luther, Eine einfältige Weise zu beten, für einen guten Freund, in: Martin Luther, Erneuerung von Frömmigkeit und Theologie, hrsg. v. Karin Bornkamm u. Gerhard

Pfarrer das Gebet in arbeitsreichen Zeiten in Abgrenzung zur Situation zu sprechen, spricht es eine Laiin direkt in die Stresssituation hinein. Das weckt den Anschein, dass Personen im Pfarrberuf das Gebet bewusster einsetzen, während Menschen ohne theologische Ausbildung spontaner mit dem Gebet umgehen.

4.1.6.4 Gebet in Gemeinschaft und Gottesdienst

Prioritätscharakter des gottesdienstlichen Gebets?

Die praktischen Theologen sehen meist im gemeinschaftlichen Gebet die eigentliche Form des Gebets. Zwei der befragten Laien verteidigen hingegen die Wirksamkeit des persönlichen Gebets gegenüber dem gottesdienstlichen Gebet. Das legt die Vermutung nahe, dass sie eine Haltung, die dem gottesdienstlichen Gebet einen höheren Wert beimisst, kennen, aber nicht akzeptieren.

Im Interviewmaterial der Bayreuther Studie gibt es nur wenige Aussagen zum gottesdienstlichen Gebet. Das kann bedeuten, dass für die am Gottesdienst Teilnehmenden andere Elemente des Gottesdienstes wichtiger sind als das Gebet.[1545] Eine Ausnahme bilden die Befragten, die den Gottesdienst einer freikirchlichen Gemeinde bevorzugen: Für sie ist die Kommunikation mit Gott ein entscheidender Teil des Gottesdienstes. Den Vorteil des freikirchlichen gottesdienstlichen Gebets sehen sie darin, dass sich die am Gottesdienst Teilnehmenden am Gebet beteiligen können und die Gebete nicht allein vom Pfarrer gesprochen werden. Auch von anderen Befragten werden gottesdienstliche Gebetsformen angesprochen, in die sich der Einzelne konkret einbringen

---

Ebeling, Frankfurt a. M. 1995, 268-292, (WA 38;358-375), hier 269: »Erstlich, wenn ich fühle, daß ich durch fremde Geschäfte oder Gedanken kalt und ohne Lust zu beten geworden bin, wie denn das Fleisch und der Teufel stets das Gebet abwehren und hindern, nehme ich mein Psälterlein, laufe in die Kammer oder, wenn's der Tag und die Zeit ist, in die Kirche zu den Leuten und fange an, die zehn Gebote, das Glaubensbekenntnis und, je nachdem wie ich Zeit habe, etliche Sprüche Christi, des Paulus oder der Psalmen mündlich für mich selbst zu sprechen, ganz und gar wie die Kinder tun.«

[1545] Vgl. Kerner, Gottesdienst, 7: »Im Zentrum steht für die meisten die Predigt. [...] Sie ist mit hohen Erwartungen besetzt. Die Hörenden wollen etwas mitnehmen.« Wie das Gebet im Gottesdienst eventuell einen höheren Stellenwert bekommen kann, erörtert die Vf. in folgendem Artikel: Johanna Lunk, Gottesdienst und Gebet, in: Klaus Raschzok u. Konrad Müller (Hrsg.), Grundfragen des evangelischen Gottesdienstes, Leipzig 2010, 17-34.

kann.[1546] Diese Aussagen könnten zum einen nahe legen, dass das gottesdienstliche Gebet für die Befragten vor allem dann Relevanz hat, wenn individuelle Aspekte eingetragen werden können.[1547] Eine mögliche Begründung hierfür ist darin zu sehen, dass sich im Gebet das persönliche Gottesverständnis manifestiert. Dieses Verhältnis ist so intim, dass der Einzelne es nicht vom gottesdienstlichen Gebet oder von der Institution Kirche, in Person des Pfarrers, bestimmt wissen will.[1548] Zum anderen besteht die Möglichkeit, dass sich die Befragten von der gottesdienstlichen Gebetssprache zu wenig »existentiell berührt«[1549] fühlen. Wenn Gebetssprache »primär inneren Erfahrungen eine äussere Form« gibt, dann müsste auch die Gebetssprache des gemeinsamen Gebets »das gemeinsamen Wünschen, Hoffen oder Träumen« widerspiegeln.[1550]

[1546] Siehe dazu oben die Ausführungen unter *2.3.6 Verantwortung für das gottesdienstliche Gebet*, 52f.

[1547] Diese Ergebnisse können durch Pohl-Patalongs Ergebnisse zum gottesdienstlichen Gebet gestützt werden. Pohl-Patalong arbeitet in der Zusammenschau ihrer Ergebnisse mit »Erlebnislogiken«. *Logik* will sie dabei nicht »philosophisch oder mathematisch verstanden« wissen, sondern alltagssprachlich: »Etwas in einer bestimmten Logik zu erleben bedeutet, es in einer bestimmten Richtung oder unter einem bestimmten Gesichtspunkt zu erleben.« (Pohl-Patalong, Gottesdienst, 93.) In der »Konstruktion von ›Erlebnislogiken‹« bzw. der Darstellung der Ergebnisse in Erlebnislogiken sieht Pohl-Patalong den »Vorteil, dass Wertungen und Erwartungen an den Gottesdienst zurücktreten zugunsten des ›Wie‹ des Erlebens« (a.a.O., 94). Für das gottesdienstliche Gebet erkennt sie u.a. die *Erlebnislogik*, dass die Befragten hier die »Möglichkeit« sehen, »die Themen vor Gott zu bringen, die die Befragten bewegen« (a.a.O., 146). Gemäß einer weiteren Erlebnislogik verstehen die Befragten »das Gebet als Chance, sich auf sich selbst zu konzentrieren und ›innezuhalten‹«. Das Gebet bietet in dieser Ergebnislogik »Raum für eigene Anliegen [...], die vor Gott getragen werden« (a.a.O., 147). Der Unterschied zwischen den beiden Erlebnislogiken, die zunächst sehr ähnlich klingen, liegt darin, dass sich erstere auf das Fürbittengebet bezieht. Die Befragten erleben das Fürbittengebet dann als stimmig, wenn sie darin Anliegen wiederfinden, die sie selbst auch bewegen. Das können sowohl ganz konkrete Ereignisse oder Personen sein, die für die Gemeinde eine aktuelle Relevanz haben, aber auch die »globale[] Perspektive« wird durchaus als »persönlich bewegende Dimension erlebt« (ebd.). Die zweitgenannte Erlebnislogik umfasst hingegen die ganz persönlichen Gedanken und Anliegen der Befragten und bietet ihnen Raum.

[1548] Siehe dazu auch die Ausführungen unter *4.2.1.2 Problematisierung des Individualisierungsbegriffs in Bezug auf Gebetskonzepte*, 292ff.

[1549] Wüst-Lückl, Theologie, 358.

[1550] A.a.O., 360.

Konvergenzen von gottesdienstlichem und persönlichem Gebet

Einige der besprochenen Gebetsauffassungen gehen davon aus, dass sich Gemeindeglieder im Gottesdienst die Sprache des gottesdienstlichen Gebets aneignen und sich auf diese Weise gottesdienstliches Gebet und privates Gebet gegenseitig bedingen. Inwieweit das tatsächlich der Fall ist, bleibt zu prüfen. Den vorangegangenen Ausführungen zur Folge dürfte der bewusste Einfluss des gottesdienstlichen Gebets auf das private gering sein. Manche Befragten grenzen ihr persönliches Gebet deutlich vom liturgischen ab.[1551] Doch es gibt auch Situationen, in denen die Befragten persönliche Anliegen im gottesdienstlichen Gebet vertreten wissen wollen. Die Bewegung scheint eher vom privaten Gebet zum gottesdienstlichen zu gehen als umgekehrt. Dem Gebet der Gruppe wird manchmal eine größere Wirkmächtigkeit zugeschrieben.[1552] Die Gemeinschaft ist dann nicht Inhalt des Gebets, sondern trägt die Verantwortung dafür, dass es Teilen der Gemeinschaft gut geht. Auch abseits vom gottesdienstlichen Geschehen beschäftigt es die Befragten, wie eine Gebetsgemeinschaft beschaffen sein muss. Es wird festgestellt, dass man nur mit bestimmten Personen beten kann. Diese Frage nach den Voraussetzungen einer Gebetsgemeinschaft spielt in den theologischen Abhandlungen zum Gebet keine Rolle.

Zweimal wird die vorgeschriebene ritualisierte Gebetspraxis in einer Gruppe als Zwang beschrieben. Es handelt sich hierbei um semifreiwillige Praktiken. Diese Gefahr wird auch in den praktisch-theologischen Gebetsauffassungen reflektiert.[1553]

4.1.6.5 TISCHGEBET

Das Tischgebet wird meist als eine Form des Dankgebets aufgefasst. Es ist davon auszugehen, dass hier im Regelfall geprägte Texte verwendet werden. Sowohl bei den Befragten als auch in den praktisch-theologischen Gebetsauffassungen wird es als eine Form dargestellt, die vor allem auch mit Kindern praktiziert wird. Es ist gleichzeitig die Form,

---

[1551] Siehe dazu oben die Ausführungen unter *2.3.5 Abgrenzung des persönlichen Gebets vom gottesdienstlichen Gebet*, 51f.

[1552] Nicht immer wird diese höhere Wirkmächtigkeit den am Gottesdienst Teilnehmenden auch zugetraut. Siehe dazu die Ausführungen oben unter *2.3.4 Zweifel an der Wirksamkeit der gottesdienstlichen Fürbitte*, 50f.

[1553] Siehe z.B. die Ausführungen oben zum *Gebet in Gemeinschaft und Gottesdienst* in Bohrens Gebetsverständnis unter *Form und Gestalt*, 155ff.

durch die Kinder das Gebet von den Kindertageseinrichtungen in die Familien (zurück)bringen.

Interessant ist, dass in zwei der praktisch-theologischen Gebetsauffassungen an dieser Stelle eigene Erfahrungen eingebracht werden. Diesen Erfahrungen nach wurde die Ernsthaftigkeit des Tischgebets angezweifelt, weil es zu sehr als bloße Form und weniger als mit Ernst und innerer Beteiligung gesprochenes Gebet wahrgenommen wurde. Beide sehen das an dieser Stelle jedoch nicht negativ.[1554] Dass beim Tischgebet die Form in den Vordergrund rückt, mag seinen Grund auch darin haben, dass es als Gebet auch das Anfangsritual des Essens ist und ihm somit auch die Funktion einer »Disziplinierungsmaßnahme« zukommen kann.[1555]

4.1.7 Verhältnis von persönlichem Gebet und Handeln

Die Frage nach dem Verhältnis von (persönlichem) Gebet und dem Handeln nimmt nicht mehr den Raum ein, den sie in den 70er Jahren des 20. Jahrhunderts hatte, als unter anderem das politische Nachtgebet praktiziert und zumindest in kirchlichen Kreisen verstärkt diskutiert wurde. Auch bei der Durchsicht der praktisch-theologischen Gebetsauffassungen entsteht der Eindruck, dass Gebet und Handeln heute selbstverständlich zusammengehören und es keinen Grund gibt, sie gegeneinander auszuspielen. Die Aufschlüsselung der Funktionen des persönlichen Gebets hat vielmehr gezeigt, dass das Gebet sowohl in den praktisch-theologischen Gebetsauffassungen als auch in den Beschreibungen der Befragten in unterschiedlichen Weisen Hilfestellungen zum Leben gibt.[1556] Das Leben und damit auch das Handeln wird durch das Gebet erleichtert. Da die großen politischen und gesellschaftlichen Themen im privaten Gebet kaum eine Rolle spielen, ist auch die Frage nach dem Verhältnis von Gebet und Handeln nur insofern relevant, als die Frage gestellt werden kann, warum die Gebetsanliegen, die über den Bereich des Persönlichen hinausweisen, kaum in das private Gebet einfließen. Damit verbindet sich die Frage, ob die von Steffensky propagier-

---

[1554] Siehe oben die Ausführungen zum Tischgebet in der Gebetsauffassung von Bohren unter *Form und Gestalt*, 155ff., sowie die von Steffensky beschriebene Szene in Anm. 641.

[1555] Hauenstein, Spuren, 152.

[1556] Siehe dazu oben die Ausführungen unter *4.1.5 Funktionen des Gebets*, 277f.

te Förderung der »Gabe des Zorns« durch das Gebet eine realistische Vorstellung ist.

4.1.8 Erhörung und Wirkweise des Gebets

Sowohl bei Laien als auch bei Pfarrern und Pfarrerinnen werden zwei unterschiedliche Weisen der Wirkung des Gebets beschrieben: Zum einen kann ein Gebet direkt in eine Situation hineingesprochen werden – z.B. in die stressige Berufssituation oder im öffentlichen Verkehrsmittel beim Blick in die Gesichter missmutiger Menschen. In diesen Fällen wird eine direkte konkrete Wirkung vor Ort erwartet. Gebet kann aber auch als bewusste Auszeit vom Alltag gesehen werden. Das Gebet wird dann gerade nicht in die stressige Situation hineingesprochen, sondern es wird sich bewusst abseits der stressigen Situation Zeit für das Gebet genommen. Das Gebet soll dann in der Folge Kraft geben für das, was vor einem liegt; der Betende soll die Wirkung dieser Gebetszeit mit in den Alltag nehmen.[1557] Im ersten Fall ist die erwartete Wirkung direkt auf die Situation bezogen, es wird z.B. im selben Moment Kraft benötigt. Im zweiten Fall geht es darum, aus der Situation auszubrechen und Ruhe zu finden bzw. Kraft zu bekommen, um sich in der Folge wieder den täglichen Herausforderungen zu stellen.

Die direkte und konkrete Gebetserhörung wird in den empirischen Ergebnissen verhältnismäßig wenig zum Thema gemacht, in den theologischen Gebetsauffassungen aber oft diskutiert. Ersteres könnte seinen Grund darin haben, dass die Betenden gar nicht in dem Maß auf einer ausschließlich naiven Erhörungsvorstellung stehen bleiben, wie das vielleicht vermutet wird. Wären die Erhörungsvorstellungen derart einfach, würden vermutlich viele enttäuscht vom Gebet ablassen, wenn ihre Wünsche nicht erfüllt würden. Die Befragten entsprechen jedoch eher dem Schema: »Gott erhört die Gebete, aber nicht immer so, wie wir uns das vorstellen.« Die konkreten Wünsche werden meist unter den Vorbehalt Gottes gestelllt. Man erwartet von sich selbst Geduld, wenn die Erhörung nicht sofort eintrifft. Man will Gott nicht als Automat ver-

---

[1557] Dies ist z.B. dort der Fall, wo eine Befragte nicht Hilfe in Folge des Gebets erwartet, sondern im Gebet Ruhe erfährt, die ihr hilft, den Alltag zu bewältigen, so dass sie das Gebet an sich als »Lebenshilfe« bezeichnen kann. Siehe E-029/48-50; sowie die Ausführungen unter *2.6.2.2 Erwartung der Hilfe*, 80f.

standen wissen etc. Die Gebetserhörung scheint bei den Befragten weniger im Fokus zu sein als in den praktisch-theologischen Gebetsauffassungen.[1558] In den praktisch-theologischen Gebetsauffassungen sind es zum einen die Anfragen der Religionskritik an das Bittgebet sowie die Abneigung gegen das so genannte naive Gebet, die dazu führen, dass die direkte Gebetserhörung verstärkt diskutiert wird.

Die Vorstellung des Kraftgewinns bzw. der Energetisierung durch das Gebet findet sich bei den Befragten wie auch in der praktisch-theologischen Literatur zum Gebet. Der Begriff »Kraft« schillert; auch er kann nicht eindeutig definiert werden, da auch Kraft individuell verschieden empfunden wird. Dennoch lassen sich Unterschiede in den Vorstellungen zur Kraft beschreiben: Sowohl in den praktisch-theologischen Gebetsauffassungen als auch bei den Laien dürfte häufig eine geistige Kraft (Durchhaltevermögen, mentale Stärke etc.) gemeint sein. Josuttis – zum Teil auch Klein – hingegen versteht unter Kraft eine tatsächliche, körperlich spürbare Energie. Vergleichbare Vorstellungen finden sich auch bei zwei der Befragten.

Dort, wo das Gebet als Hilfe bezeichnet wird,[1559] kann eine Wirkungsvorstellung, ähnlich den performativen oder auch rezeptionsästhetischen Vorstellungen in den praktisch-theologischen Gebetsauffassungen, erkannt werden. Das Gebet hilft, indem es praktiziert wird.

Die Auffassung, dass hinter einem nicht-erhörten Gebet eine Glaubensprüfung steht, wird nur von Josuttis und einer Befragten direkt vertreten. Einige Gebetsauffassungen gehen davon aus, dass grundsätzlich alle Gebete erhört werden, dass Gott aber bisweilen anders erhört, als vom Betenden erwartet. In diesen Gebetsauffassungen wird nicht erörtert, ob diese andere Art der Erhörung, von den Betenden ebenfalls als Prüfung empfunden wird.

[1558] Für eine solche These spricht z.B. auch die bei HAUENSTEIN, Spuren, 184, dargestellte Studie von Donald Capps, wonach schon 9-12-Jährigen wörtliche Erhörung nicht mehr unbedingt wichtig ist. Auch HERMANN BRAUN, Reden mit Gott? Ein Versuch über das Gebet, in: FRANÇOIS VOUGA (Hrsg.), Wort und Dienst. Jahrbuch der Kirchlichen Hochschule Bethel, Bielefeld 2001, 307-321, hier 312, stellt die These auf, dass »das Beten auch faktisch nicht am Ertrag gemessen [wird]«. Er nennt als Beispiel die Gebete für Frieden seinerzeit im Kosovokrieg: Obwohl die Luftangriffe andauerten, sagte niemand »wir werden nicht erhört, also hören wir auf damit« (ebd.). Siehe außerdem unten die Ausführungen unter *Regression und Gebet*, 309ff.

[1559] Siehe dazu auch oben die Ausführungen unter *2.6.2.2 Erwartung der Hilfe*, 80f.

4.2 Weiterführende Beobachtungen

4.2.1 Gebetskonzepte als Grundlage des persönlichen Gebets

4.2.1.1 Begriff »Gebetskonzept«

Die Ergebnisse der Studie zeigen sehr deutlich, dass Menschen ihre Frömmigkeit und damit auch ihr Gebet nicht an *einer* vorgegebenen Lehre ausrichten.[1560] Sie entwickeln eigene Gebetskonzepte.[1561] Dazu zählen auf der einen Seite die jeweilige Gebetspraxis und auf der anderen Seite die Deutungen und Begründungen, die die Befragten für ihr Beten und für ihre Gebete finden. Beides, die Praxis und die darauf bezogene Sinngebung, müssen dabei nicht zwingend übereinstimmen. Gebetsdeutungen entwickeln Betende vor allem anhand der Reflexion von Erfahrungen, die sie selbst im Lauf ihres Lebens mit dem Gebet und seinen Wirkungen machen. Dabei ist es sehr wahrscheinlich, dass kirch-

[1560] Winfried Gebhardt, Experte seiner selbst – Über die Selbstermächtigung des religiösen Subjekts, in: Michael N. Ebertz u. Rainer Schützeichel (Hrsg.), Sinnstiftung als Beruf, Wiesbaden 2010, 33-41, hier 34, spricht z.B. von der »Selbstermächtigung des religiösen Subjekts«, die sich dadurch zeigt, dass sich »ein neuer, hochgradig individualisierter ›religiöser Menschentypus‹« entwickelt, »der sich den dogmatischen Lehrsätzen und Machtansprüchen der Kirchenleitungen und Universitätstheologie ›stillschweigend‹, aber konsequent entzieht, um seine eigenen religiösen Bedürfnisse in eigener Verantwortung, aufgrund sich selbst zugesprochener religiöser Kompetenz und auf je individuelle Art zu befriedigen«. Inwiefern dies tatsächlich so eigenbestimmt geschieht, wird noch zu diskutieren sein; siehe dazu unten die Ausführungen unter *4.2.1.2 Problematisierung des Individualisierungsbegriffs in Bezug auf Gebetskonzepte*, 292ff.

[1561] Den Begriff *Gebetskonzept*, wie ihn Hauenstein versteht, kann hier nicht in der vollen Komplexität übernommen werden, da das Studiendesign der Bayreuther Studie die gewünschte Fülle nicht hergibt. Dennoch soll der Konzeptbegriff in seiner Grundtendenz hier für die Gebetsauffassungen der Befragten zugrunde gelegt werden. Hauenstein weist darauf hin, »dass die Wahrnehmung eines Vorgangs oder Äusserungen über einen Vorgang nicht identisch sind mit diesem Vorgang selbst« (Hauenstein, Spuren, 20). Zwischen der Wahrnehmung eines Vorgangs und der Äußerung über diesen Vorgang »ereignen sich Vermittlungsprozesse oder Transformationen« (ebd.): »In diesem Prozess erhält der Vorgang unter anderem seine sprachliche und begriffliche Gestalt. Der Gebetsvorgang wird zum ›Gebet‹ oder verallgemeinert zum Gebet. *Die Vermittlungsinstanzen, die diese Transformationen begleiten oder bewirken, bezeichne ich als Gebetskonzepte.*« (Ebd.) Gebetskonzepte »ermöglichen dem oder der einzelnen die Wahrnehmung bestimmter Verhaltensweisen oder psychischer Vorgänge als Gebetsvorgänge bei sich selbst und bei anderen« (a.a.O., 21).

liche Lehren Einflüsse auf die Gebetspraktiken und -deutungen des Einzelnen genommen haben; sie machen aber nur *einen* Teil der Konzepte aus.[1562] Die Gebetskonzepte sind Momentaufnahmen und daher veränderlich.[1563]

Im Abgleich mit den im zweiten Teil dargestellten verschiedenen wissenschaftlich-theologischen Zugängen zum Gebet soll hier noch einmal darauf hingewiesen werden, dass geschlossene Systeme wie das streng offenbarungstheologische oder das anthropologische für die praktisch-theologische Arbeit letztlich wenig austragen, da sie die Wirklichkeit der Betenden nicht mit einbeziehen bzw. der Erkenntnis nicht Rechnung tragen, dass wesentlich mehr Aspekte die Gebetskonzepte beeinflussen als nur eine konkrete Gebets*lehre* bzw. die praktische Umsetzung einer solchen.[1564]

4.2.1.2 Problematisierung des Individualisierungsbegriffs in Bezug auf Gebetskonzepte

Gebet als vermitteltes Geschehen

Der in der Spiritualitäts- bzw. Religiositätsforschung viel beachtete Begriff der *Individualisierung* ist trotz der beobachteten Konstruktion von Gebetskonzepten durch den Einzelnen für das persönliche Gebet irreführend, denn das persönliche Gebet war immer schon individuell geprägt. Persönliche Gebetserfahrungen können heute – und konnten auch früher schon – nur individuell gemacht und in der Folge individuell beschrieben werden, da es hier um die Empfindungen und Bedürfnisses des Einzelnen sowie vor allem um seine ganz persönliche Gottesbeziehung geht.[1565]

1562 Wie groß dieser Anteil tatsächlich ist, lässt sich schwer ermitteln; siehe dazu unter anderem die Ausführungen im folgenden Abschnitt *4.2.1.2 Problematisierung des Individualisierungsbegriffs in Bezug auf Gebetskonzepte*, 292ff.

1563 Siehe dazu unten die Ausführungen unter *4.2.3 Stagnation, Veränderung und Entwicklung des Betens*, 309ff.

1564 Siehe dazu unten die Ausführungen unter *4.1.4 Gebetsorte in Verbindung mit der körperlichen Dimension des Gebets*, 275ff.

1565 Tatjana Schnell, Implizite Religiosität. Vielfalt von Lebensbedeutungen in religiösen Ausdrucksformen, in: Wilhelm Gräb u. Lars Chabonnier (Hrsg.), Individualisierung – Spiritualität – Religion. Transformationsprozesse auf dem religiösen Feld in interdisziplinärer Perspektive, Berlin 2008, 111-135, hier 111, stellt die Frage, ob »das Christentum als Sinnquelle jemals ein ›Monopol‹ innehatte […]; subjektive Lebensbedeutungen können

Diese Erkenntnis muss in Beziehung zu der These gesetzt werden, dass das individuell geprägte Gebet – wie religiöse Sprache allgemein – immer auch ein kollektives Moment hat: Gebet muss erlernt und es muss vermittelt werden, und das wiederum kann nur durch andere Menschen geschehen. Das bedeutet, dass die ersten Gebetserfahrungen, die ein Mensch macht, immer von einer Gemeinschaft getragen sind – und sei es auch nur die Gemeinschaft von zwei Personen. Der Einzelne generiert seine Gebetserfahrungen und seine Kenntnisse zum Gebet nicht aus sich selbst.[1566] So zeigen unter anderem die Verwendung der klassischen Gebetsgattungen durch die Laien sowie auch des Bezugspunkts »lieber Gott« deutlich, dass es in der Gebetspraxis durchaus typische Aspekte gibt, die für viele gelten und die nicht vom Einzelnen jeweils neu geschaffen werden.

Außerdem werden Gebetserfahrungen nicht nur im privaten Gebet des Einzelnen, sondern auch in größeren Gemeinschaften gemacht. Auch diese beeinflussen die Gebetskonzepte der Einzelnen. Ein Individualisierungsbegriff, der davon ausgeht, das Gebet reduziere sich heute in einem strengen Sinn auf den persönlichen bzw. privaten Bereich, verkennt diese Wirklichkeit der Gebetspraxis. Neuere empirische Erkenntnisse gehen vielmehr davon aus, dass der Religiosität im deutschsprachigen Raum (weiterhin) die Lehren und Traditionen der Kirchen zugrunde liegen.[1567] Es wird vermutet, dass die Uneindeutigkeit in Be-

---

damals wie heute neben anderen religiösen Traditionen auch immanente Sinnquellen umfasst haben.« Dies kann auch möglich gewesen sein, obwohl der »öffentliche Ausdruck von Verbundenheit mit dem Christentum [...] über viele Jahrzehnte ein zentraler Bestandteil des Alltags« war (ebd.).

[1566] So hält KARLE, Reformstress, 39, fest, dass Religion »nicht einfach im ›Innen‹ zu finden ist«. Sie fährt fort: »Ohne religiöse Bildung und ohne religiöse Symbole und Sprachformen ist es nicht möglich, Glauben zu lernen, religiös zu empfinden und bestimmte Erfahrungen als religiöse zu deuten. Der Glaube wächst von außen nach innen, nicht von innen nach außen.« (A.a.O., 39f.) Vgl. auch die Perspektive Steffenskys in Anm. 1190.

[1567] So führt z.B. KARLE, Reformstress, 62f., Anm. 139, mit Bezug auf die Studien von Detlef Pollack Folgendes aus: »Gefragt danach, ob man auch ohne Kirche religiös sein könnte, geben alle Befragten, ob Kirchenmitglieder oder nicht, mit überwältigender Mehrheit eine positive Antwort. Fragt man hingegen, wie viele von denen, die nicht zur Kirche gehen, sich selbst für religiös halten, sind die Zusammenhänge sehr schwach (im Westen 14%, im Osten 2%). Umgekehrt schätzen sich im Westen 93% der häufigen Kirchgänger als religiös ein.« (Karle entnimmt die Daten bei DETLEF POLLACK, Säkularisierung –

zug auf die Religiosität nicht aus der Wahlfreiheit kommt, sondern aus einer eher gleichgültigen Haltung gegenüber der Vielfalt an religiösen Angeboten. Je weniger über die eigene und andere Religionen gewusst wird, desto weniger groß ist die Wahrscheinlichkeit, dass sich ein Mensch »im Bereich individualisierter Religion positionieren« kann.[1568] Die Wahlfreiheit ist zudem immer auch beeinträchtigt durch die »vorgegebenen lebensweltlichen Strukturen«.[1569] Jemand, der in einem Dorf mit »klar strukturierten sozialen Bezügen«, in dem auch »ein ›geordnetes‹ Verhältnis zur Kirche« dazugehört, aufwächst, wird seine Religiosität anders leben als ein Mensch, dessen Leben von wechselnden sozialen Bezügen geprägt ist.[1570]

Handlungs- und Deutungsfreiheit des Einzelnen und Locality

Wie ist dann damit umzugehen, dass einige Befragte vorgeben, dass sie für das Gebet keiner vermittelnden Instanz – wie der Kirche – bedürfen?[1571] Die Befragten beanspruchen sowohl Handlungs- als auch Deutungshoheit über ihr persönliches Gebet, so dass sie trotz des vermeintlichen Einflusses durch die Kirchen bzw. durch das kirchliche Traditionsgut davon abweichende Gebetskonzepte entwickeln. Men-

---

ein moderner Mythos? Studien zum religiösen Wandel in Deutschland, Tübingen 2003.) Als weiteres Beispiel können Studien zu Gebetswänden in Kirchen angeführt werden: Hier fällt auf, dass Menschen, die nicht zwingend gläubig sein müssen, sich einer christlichen Form und meist auch deren Sprache bedienen. (Vgl. dazu Leuenberger, Zeit, 42.) Auch Gräb stellt fest, dass »individuelle Sinndeutungen« nicht in »Privatsprachen« stattfinden (Gräb, Spiritualität, 38). Nach Gräb vermögen es auch Menschen, die spirituell und dabei nicht religiös sein wollen, meist nicht, ihre Sinndeutungen von der vorhandenen religiösen Sprache zu lösen. Spiritualität muss von »religiösen Überlieferungen, allgemeinen religiösen Vorstellungskomplexen und tradierten Symbolen Gebrauch machen« (ebd.).

[1568] Vgl. Karle, Reformstress, 44. Karle beruft sich hier auf die empirische Jugendstudie von Holger Oertel, »Gesucht wird Gott?« Jugend, Identität und Religion in der Spätmoderne, Gütersloh 2004. Oertel vertritt hier die These, »dass der postulierte Bastelglaube vieler Jugendlicher in Wirklichkeit nicht sehr individuell ist«; »bei näherem Hinsehen« erweise er sich vielmehr »als eine *Collage von nicht differenziert wahrgenommenen Deutungsmustern eigener und fremder religiöser Kulturen«* (Karle, Reformstress, 42).

[1569] Schwab, Konzeptionen, 139.

[1570] Vgl. ebd., 138.

[1571] Siehe dazu oben die Ausführungen unter *2.3.3 Unverbundenheit beider Gebetsformen*, 49f.

schen tendieren heute oft »nicht zur weltanschaulichen Eindeutigkeit und Abgrenzung«,[1572] was ohne Zweifel auch Einfluss auf das Gebet hat. Dennoch bedienen sie sich der kirchlich geprägten Begriffe und Praktiken. Nicht immer geht es dabei um eine Adaption dieser Begriffe und Praktiken. Sie können auch zur Abgrenzung der eigenen Gebetskonzepte von den institutionellen Gebetslehren oder -praktiken gebraucht werden. Bei allem ist aber klar, dass zumindest für das Erlernen des Gebets und auch für eine mögliche Abgrenzung des eigenen Gebetskonzepts eine vorgegebene Gebetslehre oder -praxis benötigt wird. Das Gebet des Einzelnen entsteht also in einem Gemeinschaftserleben. Folglich speist sich auch das Gebetskonzept des Einzelnen immer aus diesem gemeinschaftlichen Erleben, das er mit mindestens *einer* anderen Person teilt. Da die Gebetskonzepte auf dem gemeinschaftlichen Erleben aufbauen, bleiben sie immer auch auf Gemeinschaft bezogen. Es ist davon auszugehen, dass sich aufgrund dieser Erfahrung auch beim Gebet ein Bedürfnis nach »Zugehörigkeit«[1573] einstellt, ein Bedürfnis nach einem gemeinschaftlichen Gebetserleben, dem eine »gemeinsame Imagination«[1574] zugrunde liegt.

Für die Verbindung von gemeinsamer Imagination, gemeinschaftlichem Erleben und persönlichem Zugehörigkeitsgefühl, die auch für das Gebet zentrale Bedeutung besitzt, hat Jeannett Martin den Begriff »locality« eingeführt. *Locality* beschreibt bei Martin eines der zentralen Bedürfnisse, das Menschen zu religiösen Praktiken veranlasst. Imagination ist, wie bereits erwähnt, eine der zentralen Bestandteile der Locality. Der Einzelne sucht sie, um sein Bedürfnis nach »Orte[n] der persönlichen Identifikation« und nach »Bereichen sozialer und emotionaler Zugehörigkeit« zu befriedigen.[1575] Der Einzelne kennt also nicht nur das

---

[1572] ZULEHNER u.a., Religion, 83.

[1573] MARTIN, Mensch, 54, hat in ihrer Auswertung der Bayreuther Studie herausgefunden, dass die Befragten »[i]m Reden über den eigenen Alltag und bei der Darstellung persönlicher Alltagsrituale [...] immer auch auf Bedürfnisse [verweisen], die ihrem beschriebenen Handeln zugrundeliegen«. Eines dieser Bedürfnisse bezeichnet sie mit dem amerikanischen Kulturanthropologen Arjun Appadurai als »Locality«.

[1574] MÜLLER, Locality, 112. So stellt sich durchaus die Frage, ob die These Werbicks, dass Beten heute mehr und mehr zur »Privatsache« geworden ist, stimmt (vgl. WERBICK, Gemeinsam beten, 38f.). Auch die Idee eines im gottesdienstlichen Gebet bewusst gesetzten Gegenpols zum privaten Gebet erscheint dann fragwürdig (vgl. a.a.O., 53).

[1575] MARTIN, Mensch, 54.

Bedürfnis nach Handlungs- und Deutungshoheit, sondern auch das Bedürfnis nach einem Raum, in dem er Gemeinschaft leben kann.

Im Regelfall können deswegen die Kirche und ihre Gemeinschaftsformen (Familie, Gottesdienstgemeinde, Haus- und Gebetskreise, Jugendgruppen, Kindergärten etc.) die *Locality* in Bezug auf das Gebet schaffen. Auch wenn sich Betende vom gottesdienstlichen Gebet distanzieren, so ist doch davon auszugehen, dass es zumindest indirekt auch die private Gebetspraxis beeinflusst hat oder dennoch weiterhin beeinflusst. Dazu ist es zunächst notwendig, dass »das *Gebet* als eigenständiger Hauptteil eines Gottesdienstes wahrnehmbar ist«.[1576] Im persönlichen Bereich kann das Gebet durchaus verschiedene, auch sehr weitläufige Formen haben – etwa, wenn bloßes Nachdenken (vor Gott) als Gebet bezeichnet wird. Im öffentlichen Gottesdienst hingegen muss das Gebet dem Menschen die Vorstellung ermöglichen, dass er nun mit seinen Anliegen vor Gott steht.[1577] Es muss darüber nachgedacht werden, wie das öffentliche Gebet formuliert und gestaltet sein soll: Bis zu welchem Grad ist es notwendig, für religiöse Vollzüge eine Fremdsprache zu erlernen? Inwieweit ist es nicht auch sinnvoll – dort, wo es noch nicht geschehen ist –, Gebetssprache in Gottesdiensten zu lockern und dadurch wirklichkeitsoffener zu gestalten?[1578] Wo werden andere Ausdrucksformen als die rein verbalen eingebracht?

Des Weiteren ist es wichtig, dass es überhaupt Orte gibt, an denen gebetet wird, zu denen sich Menschen in ein Verhältnis setzen können und an denen sie – wenn sie es wünschen – mitbeten können. Gebet braucht Locality.

[1576] Müller, Locality, 111. Vgl. dazu auch Lunk, Gottesdienst und Gebet.

[1577] Vgl. Müller, Locality, 111.

[1578] Siehe z.B. folgenden Vorschlag von Friedrich K. Barth, Gerhard Grenz, u. Peter Horst, Gottesdienst menschlich. Eine Agende, Wuppertal 1990, 100: »Beten sollte sich darum bemühen, partnerschaftliches Miteinander-Reden und das Bedenken des Notwendigen aufzunehmen – besonders aber solche menschlichen Äußerungen, die Ausdruck von Beziehungen sind, die über uns selbst hinausweisen: ›sich etwas wünschen‹ – ›anderen etwas wünschen‹ – ›zugeben und eingestehen, daß ...‹ – ›sich Sorgen machen um‹ – ›befürchten, daß ...‹ – ›nachdenken über‹ – ›klagen über‹ – ›gute Einfälle haben‹ – ›sich freuen über‹ – ›dankbar sein für‹ – ›erlebt haben, daß ...‹ usw. Diese Gott entgegenkommenden Äußerungen sollten ins Gebet genommen werden und neben dem enggewordenen Kanon der klassischen Gebetsworte (›Laß uns‹ – ›gib uns‹ – ›hilf uns‹ – ›vergib, daß ...‹ – ›wir danken dir, daß ...‹ – ›wir loben dich‹ – ›wir preisen dich‹ usw.) vorrangig verwendet werden.«

Neben dem öffentlichen Gebet im Gottesdienst findet ein solches Gebetsleben in Klöstern und geistlichen Gemeinschaften statt. Für Menschen, die ganz gezielt auf der Suche sind oder ihre Gebetspraxis erneuern wollen, können auch Kurse, die z.B. zum Herzensgebet anleiten, ein solcher Ort sein. Der Besuch von geistlichen Gemeinschaften oder Kursen kommt zwar in den Ergebnissen der empirischen Studie mit dem konkreten Verweis auf das Gebet nicht vor,[1579] dennoch handelt es sich bei diesen Formen um Möglichkeiten, Erfahrungen mit dem Gebet zu machen, die in das Gebetskonzept des Einzelnen integriert werden können. Dies wird gerade auch deshalb möglich, weil der Einzelne sich hier einbringen kann und sein Gebet dabei auch in eine Gemeinschaft eingebunden weiß. Wie oben gesehen, ist es oft der Wunsch an das gottesdienstliche Gebet, dass die individuellen Aspekte Eingang finden dürfen. Betrachtet man das Angebot, das es derzeit auf diesem Sektor gibt, ist durchaus davon auszugehen, dass Menschen sich darauf einlassen, auf diese Weise ihr Gebet zu verändern, zu erneuern etc.

Menschen, die von sich sagen, dass sie die Kirche nicht zum Beten brauchen, haben sich zumindest – was das Gebet angeht – aus dem gemeinsamen Imaginationsraum gelöst, vielleicht, weil ihnen das gemeinsame Erleben des Gebets in diesem Raum nicht (mehr) möglich war. Manche finden andere Räume, wie etwa die Befragte, die einem Kloster Geld schicken würde, damit ihr Gebetsanliegen in deren Gebet einbezogen wird.[1580]

[1579] Eine Befragte berichtet jedoch von Gottesdiensten, die sie im Kontext von geistlichen Gemeinschaften erlebt hat: »Wir waren einmal bei dem Kloster [*Ortsangabe*] [...] und haben da ein bisschen zugehört, bei dem Gottesdienst [...]. Und da habe ich mir schon gedacht: ›Das hat irgendwie etwas.‹ Da war die Liturgie vielleicht auch ausgeschmückter, oder irgendwie war der Rahmen einfach ein anderer, so dass ich mich besser herein versenkt habe. Da ist irgendwie mehr geflossen. Oder [*Ortsangabe*] war auch soetwas. Da bin ich eben zur Tür rein gekommen [...], wir waren ganz müde von der Reise und dann war da, so [*Ortsangabe*]-Gesang und die Kerzen vorne [waren] an, so ganz viele und da habe ich mir echt gedacht: ›Hier wohnt Gott.‹ Also da kam mir das so richtig [...] vor [...]. Da habe ich etwas davon gehabt, von dieser [...] kirchlichen Stimmung, die ich sonst einfach so als etwas Offizielles empfinde. Aber das sind eher so Ausreißermomente.« (E018/207-209)

[1580] Vgl. das Zitat aus E-012/373-375, in Anm. 195.

Gebetskonzepte und Gebetslehre

Individualisierungstendenzen in Bezug auf Gebetskonzepte sind ebenso erkennbar wie der Gemeinschaftsbezug, mit dem eine gewisse Abhängigkeit von Überlieferung und Tradition verbunden ist. Es wurde deutlich, dass Gebetskonzepte von Erfahrungen bestimmt werden, die mit dem Beten gemacht werden. Die »Erfahrungsorientierung« ist beim Gebet nicht zwingend ein »Ausdruck der Individualisierung«.[1581] Dass dennoch auch Praktiken und Deutungen aus anderen Religionen und Weltanschauungen in die Gebetskonzepte von Christen Einzug erhalten, kann kaum verhindert werden. Aus praktisch-theologischer Perspektive macht es wenig Sinn, diese Einflüsse in irgendeiner Weise zu verurteilen oder darüber nachzudenken, ob das Gebet der Beeinflussten noch als christliches Gebet zu gelten habe. Es ist hilfreicher zu eruieren, in welcher Form aus christlicher Sicht positiv auf Gebetskonzepte Einfluss genommen werden kann; so wie es z.B. oben im Bezug auf die Locality aufgezeigt worden ist.

4.2.1.3 Gebetskonzepte von Befragten

Im Auswertungsteil (Kap. 2) wurden einzelne Aspekte aus den verschiedenen Gebetskonzepten betrachtet. Im Folgenden sollen verschiedene Gebetskonzepte einzelner Befragter zusammengestellt werden. Ziel ist es aufzuzeigen, dass deren Gebetskonzepte durchaus komplex sein können.[1582]

In diesem Zusammenhang werden an einigen Stellen Aussagen aufgegriffen, die oben nicht besprochen wurden. Dabei handelt es sich um Aussagen, die das Gebet nicht direkt betreffen, aber interessant für die Frömmigkeitsstruktur einer Person sind. Die Anzahl der Befragten, die sich zum Gebet äußert, bzw. die Menge der Aussagen zum Gebet erlauben es nicht, aus den folgenden Zusammenstellungen Gebetstypen zu erheben.

[1581] Vgl. HUBERT KNOBLAUCH, Spiritualität und Subjektivierung der Religion, in: WILHELM GRÄB u. LARS CHABONNIER (Hrsg.), Individualisierung – Spiritualität – Religion. Transformationsprozesse auf dem religiösen Feld in interdisziplinärer Perspektive, Berlin 2008, 45-57, hier 55.

[1582] Auf manches, was oben bereits ausführlich besprochen wurde, wird hier nur noch einmal verwiesen, um längere Wiederholungen zu vermeiden.

Laien

Bei den Laien finden sich sehr unterschiedliche Gebetskonzepte. Einige sind sehr stringent, andere erscheinen eher diffus.

Befragte, die freikirchliche Veranstaltungen besuchen oder sie besucht haben, erzählen grundsätzlich mehr zum Gebet. Das Nachdenken über das Religiöse allgemein spielt bei ihnen eine größere Rolle. Sie scheinen sich mit dem Thema des Gebets auch stärker auseinandergesetzt zu haben als jene Befragten, die eher dem volkskirchlichen Spektrum zuzuordnen sind. Bei ihnen ist es daher einfacher, eine Zusammenschau zu erstellen.

So grenzt z.B. ein Befragter (E-008) sein Gebet in zwei Richtungen ab: Zum einen sieht er sein Gebet nicht in der liturgischen Sprache beheimatet; zum anderen will er sein Gebet nicht als »Fluchtpunkt« verstanden wissen.[1583] Über die Gründe für die zweite Abgrenzung lässt sich nur spekulieren: Vielleicht kennt der Befragte religionskritische Anfragen an die Gebetspraxis, die er sich selbst bereits gestellt hat oder die andere an ihn gestellt haben. An dieser Stelle hätte dann ein Diskurs mit anderen auf sein Gebetskonzept Einfluss genommen bzw. er wurde sich aufgrund eines solchen Diskurses über einen Aspekt seines Gebetskonzepts bewusst. Eben dieser Befragte beschreibt zwei verschiedenartige Gebetsformen – das kindliche und das immerwährende Gebet –, die er ohne Probleme nebeneinander praktizieren kann. Auch sein Gottesbild hat dementsprechend verschiedene Facetten, deren Kombination ausgesprochen ungewöhnlich ist: Das kindliche Gebet richtet er an den »Vater«, im immerwährenden Gebet spricht er im Alltag mit Gott, so als würde er mit einer Ehepartnerin sprechen.[1584] Es scheint, als würde das »immerwährende« Gebet in der persönlichen Wertung des Befragten höher stehen als das kindliche Gebet, das er aber dennoch nicht verleugnet. Im kindlichen Gebet kann er ganz konkrete Ziele, Wünsche und Probleme vor Gott bringen. Das immerwährende Gebet begleitet ihn durch seinen Alltag und hilft ihm, diesen zu bewältigen. Es wird deutlich, dass zwei sehr unterschiedliche Vorstellungen problemlos nebeneinander im Gebetskonzept des Befragten bestehen. Bei diesem Befragten wird zudem deutlich, dass es in seiner Biographie eine größere Veränderung im Gebetskonzept gegeben hat: Er hat die Bibel- und Ge-

---

[1583] Vgl. die Zitate aus E-008/394, 47, aus E-008/396 in Anm. 243.

[1584] Siehe dazu die Ausführungen unter *2.2.3 Immerwährendes Gebet*, 47.

betskreispraxis einer strengeren christlichen Organisation hinter sich gelassen – deren Gebetsverhalten ihm unter anderem etwas zu zwanghaft erschien.[1585] Er hat sich einem offeneren Kreis in seiner Ortsgemeinde angeschlossen. Er vermutet, dass sein Gebetsverhalten anders wäre, wenn er eine Partnerin hätte.

Eine weitere Befragte (E-020), die ebenfalls dem freikirchlichen Spektrum angehört, hat ein sehr ausgefeiltes Gebetskonzept. Sie erklärt, dass es eine gute Voraussetzung für ihren späteren Glauben an Gott war, dass sie selbst einen guten Vater hatte. Es fiel ihr daher immer leicht zu beten.[1586] Sie bespricht heute ihre Lebenssituationen mit »Jesus«. Sie bittet in ganz konkreten Situationen um Rat und erfährt Hilfe, ob sie nun einen Gegenstand sucht oder krank ist.[1587] Das Bittgebet begründet sie mit Bibelzitaten. Wenn eine Bitte nicht erhört wird, hat sie die Bitte falsch formuliert oder muss sich im Nachhinein eingestehen, dass sie eine spezielle Antwort von Gott gewollt hat und die Bitte dementsprechend manipulativ formuliert war.[1588] Sie äußert aber auch, dass Gott kein Automat sei, was für sie ein Grund dafür sein kann, dass ein Gebet nicht erhört wird.[1589] Die Befragte ist überzeugt, dass Gott Gebetsbitten erfüllt und versteht Gott auch als Kraftquelle, von der dem Menschen Energie zukommt.[1590] So vereint sie verschiedene Gottesvorstellungen und damit auch Gebetsvorstellungen in sich.

Manche Befragte vereinen in ihren Gebetskonzepten äußerst unterschiedliche Formelemente miteinander. So erzählt z.B. die Befragte (E-011), die zum Beten spazieren geht, dass sie währenddessen sowohl geprägte Texte aufsagt, aber auch – vermutlich in Alltagssprache – mit Gott schimpft.[1591] Dieselbe Frau schreibt zudem eine Liste mit Gebetsanliegen, die sowohl Wünsche als auch Danksagungen enthalten kann.[1592] Sie ist der Meinung, dass man sein Bestes geben muss, um im Gegenzug vom Schöpfer auch zu erhalten, was man braucht. Wenn ihr Gebet einmal nicht erhört wird, ist sie zunächst enttäuscht, weil sie versucht

1585 Vgl. dazu oben das Zitat aus E-008/294, 63.

1586 Vgl. dazu oben das Zitat aus E-020/118-122, 86.

1587 Vgl. die Zitate aus E-020/64-66 in Anm. 192 sowie aus E-020/164 in Anm. 191.

1588 Vgl. dazu oben das Zitat aus E-020/206-208, 79f.

1589 Vgl. dazu oben das Zitat aus E-020/72, 79.

1590 Vgl. das Zitat aus E-020/500 in Anm. 206.

1591 Vgl. das Zitat aus E-011/662-666 in Anm. 152.

1592 Vgl. dazu oben das Zitat aus E-011/616-622, 67.

hatte, ihr Bestes zu geben. Sie bezichtigt sich selbst dann aber der Ungeduld, weil sie die Gebetserhörung zu schnell erwartet.[1593]

Dass für die Gebetserhörung so unterschiedliche Erklärungen – auch innerhalb der einzelnen Gebetskonzepte – gefunden werden, lässt vermuten, dass die Erwartung, dass Bitten wörtlich erfüllt werden, gar nicht unbedingt immer die große Bedeutung besitzt, wie in der Literatur vermutet wird. Das Beten und Wissen um Gott, der da ist, scheint oftmals wichtiger zu sein.[1594]

Ein in sich sehr konsistentes Gebetskonzept hat jene Befragte, die verschiedene Anreden für die Gottheit verwendet. Sie sieht im Gebet die Möglichkeit zum energetischen Ausgleich.[1595] Darin liegt ihrer Meinung nach auch eine Erklärung dafür, warum viele Menschen in schlechten Zeiten mehr beten als in guten.[1596] Gott ist eine Kraft, die durch das Gebet angezapft werden kann. Sie selbst kann das für sich in der Situation, in der sie Kraft benötigt, tun. Betet man für eine andere Person, so kann es nötig sein, dass mehrere Menschen gemeinsam beten, um genügend Energie zu mobilisieren. Ob der Kraftgewinn für diese Person, z.B. in Form der Genesung bei Krankheit, auch eintrifft, hängt von der Qualität der Betenden ab.[1597] Die Anrede an die Gottheit braucht sie nur, um die Kraft anrufen zu können. Wie deren Namen letztlich lautet, spielt nicht die entscheidende Rolle. Die Gottheit ist ihrer Meinung nach nicht dafür verantwortlich, ob es ihr gut geht oder nicht. Ihr Gebetskonzept ist ihrer Meinung nach nicht geeignet für Kinder. Diese brauchen zunächst ein einfacheres Gebetskonzept und vor allem eine einfachere Gottesvorstellung. Gott sollte den Kindern als jemand vermittelt werden, der immer da ist, auch wenn man mit der Mutter Streit hat.[1598]

Pfarrer und Pfarrerinnen

Bei Pfarrern spiegelt sich in den Deutungen ihrer Gebetskonzepte der theologische und der innerkirchlicher Diskurs. Sie sind damit in ihren Reflexionen auch näher an dem, was bei der Darstellung der praktisch-

---

1593 Vgl. oben die Zitate aus E-011/624-636, 80f., sowie E-011/666-668 in Anm. 202.

1594 Siehe auch die Ausführungen unter *4.1.8 Erhörung und Wirkweise des Gebets*, 289ff.

1595 Vgl. dazu oben die Zitate aus E-012/317, 82; und E-012/345-353 in Anm. 87.

1596 Vgl. das Zitat aus E-012/104-108 in Anm. 129.

1597 Vgl. das Zitat aus E-012/373-375 in Anm. 195.

1598 Siehe die Ausführungen zu E-012 unter *Begründungen und Deutungen* im Unterpunkt Laien, 90ff.

theologischen Gebetauffassungen unter *Grundzüge* verhandelt wurde, und zum Teil auch näher an den dort beschriebenen Formen. Zudem liegt die Vermutung nahe, dass bei Pfarrern auch die Erwartungshaltungen bzw. die *vermuteten* Erwartungshaltungen von Gemeindegliedern eine Rolle spielen. Dazu kommen die Ansprüche, die die Befragten aufgrund ihres Berufs an sich selbst haben.

Unter den Befragten finden sich zwei, eine Pfarrerin und ein Pfarrer, die sich gezielt Gebetsrituale geschaffen haben.

Exemplarisch sollen hier die Aspekte des Gebetskonzepts der Pfarrerin dargestellt werden. Sie hat ein sehr ausgeprägtes Gebetsleben; sie betet morgens, mittags und abends. Ihr Morgengebet folgt einem klaren Ablauf nach den Regeln Martin Luthers: Sie spricht als erstes das Glaubensbekenntnis, betet dann das Vaterunser und Luthers Morgensegen. Es schließt sich ein Gebet mit Gebetsanliegen an, die sie einer vermutlich selbst geführten Liste entnimmt. In diesem Zusammenhang erwähnt sie Menschen, die in einer schwierigen Situation sind oder etwas Neues beginnen. Weiterhin integriert sie die Herrnhuter Losungen in ihr Morgenritual.[1599] Sie begründet diesen Teil ihrer Gebetspraxis damit, dass sie das, was sie verkündigt, auch glaubt und liebt.[1600] Bedürfnis und Anspruch prägen ihr Gebetskonzept gleichermaßen. Mit Luthers Morgensegen wird zunächst der eigene Übergang von der Nacht zum Tag vollzogen, mit den Anliegen der Gebetsliste weitet sich der Blick auf andere Menschen und vor allem auch auf Gemeindeglieder. Die Pflege und Form des Mittagsgebets hat ihren Ursprung in der Katastrophe von Tschernobyl. Diese Katastrophe war der Auslöser dafür, dass eine Art Gebetsgemeinschaft unter Bekannten entstanden ist. Diese halten – egal wo sie sich gerade befinden – um die Mittagszeit inne und werden sich in einem ebenfalls sehr ausführlichen Ritual der Bedrohung der Schöpfung und des Friedens auf der Welt bewusst.[1601] Hier geht der Blick nun in die gesamte Welt. Die Pfarrerin fühlt sich einer Gebetsgemeinschaft zugehörig, die das Szenario der Gefährdung der Welt bzw. der Bedrohung mit ihr teilt. Ihr Abendgebet dient der Bewältigung des eigenen Tages. Sie spricht vom Zur-Ruhe-Kommen und verwendet die Metapher, dass sie *den Tag an Gott zurückgibt*. Dieses Gebet scheint das einzige Gebet zu sein, dass komplett von Bedürfnissen gelenkt wird, die allein

---

[1599] Vgl. das Zitat aus E-029/12-18 in Anm. 94.

[1600] Vgl. das Zitat aus E-029/8, 37.

[1601] Vgl. das Zitat aus E-029/34-36 in Anm. 98.

ihre eigene Person betreffen. Sie erfährt in diesem Gebet Befreiung.[1602] Auch das Gebet in arbeitsreichen Zeiten verhilft ihr zu mehr Ruhe. Die Pfarrerin verwendet in ihrer Gebetspraxis sehr viele geprägte Texte, gestaltet manche Gebete aber auch frei. Sie spricht in ihren Gebeten Gott direkt an. Gott ist es, der ihr die Tage schenkt. Insgesamt ist das Gebet für sie »eine echte Lebenshilfe« und »Ergänzung« für ihr Tun.[1603] Diese Pfarrerin entspricht in ihrem ritualisierten Gebetsverhalten am ehesten den in manchen praktisch-theologischen Gebetsauffassungen dargestellten Gebetsritualen. Sie ist auch die einzige, die in ihrer Gebetspraxis immer die Außenperspektive im Blick behält.

Zwei der befragten Pfarrer lehnen das ritualisierte Verhalten für Gebete ab – zumindest dann, wenn sie alleine und nicht im Kontext ihrer Familie beten. Einer der beiden begründet dies damit, dass das ritualisierte Gebet nicht seine Form sei; ein ritualisiertes privates Gebetsverhalten sei ihm nicht wichtig.[1604] Er rechnet aber damit, dass seine Gemeindeglieder ein anderes Gebetsverhalten von ihm erwarten würden.[1605] Auch dieser Pfarrer geht folglich davon aus, dass an seine Rolle gewisse Erwartungen geknüpft sind, auch was sein privates Gebetsverhalten angeht. Er zieht jedoch nicht wie Marti den Schluss, dass er diesen Erwartungen auch nachkommen muss.[1606]

Bei dem anderen Pfarrer hat die Ablehnung des ritualisierten Gebets biographische Ursachen: Er grenzt sich damit gegen das pietistische Gebetsverhalten ab, das er in seiner Kindheit erlebt hat.[1607] Es war letztendlich das Studium, das ihn zur Ablösung vom pietistischen Ritual geführt hat.[1608] Er pflegt heute eine Frömmigkeit, die sich an seinem Bedürfnis orientiert. Er beschreibt, dass er, als seine Frau schwer erkrankt war, verstärkt das Bedürfnis hatte zu beten. Dazu hat er regelmäßig, nachdem er sie besucht hatte, einen Kirchenraum aufgesucht.[1609] Kirchenräume sind in seinem Gebetskonzept Orte, die das Gebet för-

---

[1602] Vgl. dazu oben das Zitat aus E-029/46, 39.

[1603] Vgl. dazu oben das Zitat aus E-029/48-50, 81f.

[1604] Vgl. das Zitat aus E-047/178-182 in Anm. 170.

[1605] Ebd.

[1606] Siehe dazu oben die Ausführungen unter *Form und Gestalt* in Reblins Gebetsauffassung, 198f.

[1607] Vgl. dazu oben das Zitat aus E-036/366-370, 57.

[1608] Vgl. ebd.

[1609] Vgl. das Zitat aus E-036/127-135 in Anm. 119.

dern.[1610] In dieser Zeit war es ihm auch wichtig, dass andere Menschen »mitfühlen, mitdenken, trösten, beten«.[1611] Hier wäre es nun interessant zu erfahren, welchen Stellenwert er selbst dem Gebet *für andere* beimisst und wo dieses in seinem Gebetskonzept einen Ort hat. Wenn er von anderen erwartet, dass sie für ihn beten, so liegt es nahe, dass auch er weiterhin für andere betet. Es zeigt sich bei ihm an anderer Stelle, dass Gebet und Nachdenken nahe beieinander liegen,[1612] so dass die Möglichkeit besteht, dass in seinem Gebetskonzept *An-jemanden-Denken* und *Für-jemanden-Beten* ebenfalls ineinander übergehen. Obwohl er sich vom ritualisierten Gebetsverhalten an sich verabschiedet hat, pflegt er in Bezug auf seine Kinder dennoch ein Ritual: Er geht, wenn seine Kinder schon schlafen, an deren Bett und denkt nach bzw. betet.[1613] Den Grund für diese Praxis sieht er darin, dass er selbst als Kind und Jugendlicher von seinem Vater gesegnet wurde und dieses Ritual lange Zeit positiv erlebt hat.[1614] Er lehnt folglich weniger das ritualisierte Gebet ab als vielmehr den Zwang, den er hinter dem ritualisierten Gebet seiner Kindheit sah.

Interessanterweise berichten zwei Pfarrer und eine Pfarrerin davon, dass sie ihre Gebetsweisen wenigstens einmal in ihrer Biographie deutlich verändert haben. Bei mindestens zweien hat es dabei richtiggehende Brüche gegeben, die sich auch aus einer theoretischen Beschäftigung mit dem Gebet oder der Frömmigkeit im Allgemeinen ergeben haben. Bei den Laien sind hingegen eher Veränderungsprozesse zu beobachten.

4.2.2 Anders- und Bilderwelten

4.2.2.1 Unterscheidung von Gegenwelt und Anderswelt

Es existiert die Vorstellung, dass der Betende im Gebet in eine Art »Gegenwelt« eintritt.[1615] Der Begriff der *Gegenwelt* wird im Folgenden durch

---

1610 Vgl. ebd.

1611 Vgl. ebd.

1612 Vgl. die Zitate aus E-036/28-30 in Anm. 102; sowie 036/133 in Anm. 164.

1613 Vgl. das Zitat aus E-036/28-30 in Anm. 102.

1614 Vgl. das Zitat aus E-036/32-34 in Anm. 116.

1615 Vgl. Bohren, Gebet 1, 83. Nach Bohren erfordert z.B. die traditionelle Gebetssprache den Eintritt »in eine Art Gegenwelt, in ein Novum, das meine alte Welt überholt«. Auch bei Werbick, Gemeinsam beten, 53, findet sich eine solche Vorstellung.

den der *Anderswelt* ersetzt, denn *Gegenwelt* wäre nur dann zutreffend, wenn sich Betende beim Gebet in eine völlig andere Welt begeben würden. Das mag, wenn das Gebet einen eindeutig eschatologischen Bezug hat, der Fall sein: Wenn z.B. im Bittgebet für einen unheilbar Kranken eine Welt erbeten wird, in der es keine Krankheit mehr gibt. Doch andererseits wird das Gebet in vielen Gebetsauffassungen gerade nicht als etwas vom Leben und Alltag Abgegrenztes verstanden. So entspricht – um im Beispiel zu bleiben – die Vorstellung der *besseren Welt bei Krankheit* meist dieser *irdischen Welt ohne Krankheit*. Mit Henning Luther gesprochen, »impliziert« eine »Zwei-Welten-Theorie«, wie sie im Begriff der *Gegenwelt* unterstellt ist, »letztlich einen dichotomischen Weg«.[1616] Dem ist ein Begriff vorzuziehen – dem hier der Begriff der *Anderswelt* entspricht –, der die Welt nicht als »eindimensional« und »widerspruchsfrei« versteht, sondern als eine Welt, in der sich »selber erweist«, dass »das, was ist, nicht alles ist«.[1617] Dafür wird hier mit dem Begriff *Anderswelt* ein dialektischer Begriff eingeführt. In der Anderswelt wird »[d]as Andere der Welt« nicht als von der Welt »getrennt« verstanden, aber dennoch »von ihr unterschieden«.[1618] Das Gebet ist dann nicht mit der Anderswelt gleichzusetzen, sondern es ist vielmehr die Brücke, die in diese Anderswelt führt bzw. die Verbindung mit ihr darstellt.

4.2.2.2 Vergleich der Anderswelten von Theologen und Laien

In praktisch-theologischen Gebetsauffassungen speisen sich die Anderswelten aus den Aussagen von Schrift und Tradition. Dagegen legt die Auswertung der empirischen Studie nahe, dass sich die einzelnen Betenden – entsprechend der individuellen Gebetskonzepte – selbst Anderswelten »konstruieren«.[1619] Theologen denken stärker systemimmanent theologisch. Ihr Denken orientiert sich an bereits vorhandenen theologischen Systemen. Oft entwickeln Theologen Hermeneutiken des Wortes und lassen dabei außer Acht, dass das Gebet außerhalb des theo-

---

[1616] Henning Luther, Religion und Weltabstand, in: Henning Luther, Religion und Alltag. Bausteine zu einer Praktischen Theologie des Subjekts, Stuttgart 1992, 22-29, 28.

[1617] A.a.O., 29.

[1618] Ebd.

[1619] Dieses Ergebnis wird gestützt durch religionssoziologische Erkenntnisse. Dort ist meist von anderen Wirklichkeiten die Rede. Vgl. die Ausführungen zur *Kontingenz* in Anm. 1540.

logischen Kosmos auch ganz anders praktiziert wird. Demnach ist es für die Theologen ein Vorteil, dass sie sich in den theologischen Bildwelten bewegen können und in ihnen auch eine geistliche Heimat finden,[1620] weil diese für sie konsistent sind. Dieser Vorteil kann anderen zum Nachteil werden, wenn theologische Gebetsauffassungen keine anderen Heimaten zulassen. Dies kann z.B. der Fall sein, wenn der theologischen Gedankenwelt der Vorzug gegeben wird und die Dimension der körperlichen Erfahrung im Gebet weniger oder gar nicht reflektiert wird. Möglicherweise benötigen Theologen oder Religionsexperten aufgrund der hohen abstrakten Ebene, auf der sie sich bewegen, die körperlichen Gebetserfahrungen nicht in dem Maße, wie sie für manche Laien notwendig sind.[1621]

Dort, wo vor allem das Bild des aufgeklärten Menschen zugrunde gelegt wird, kommen die praktisch-theologischen Gebetsauffassungen bisweilen zu dem Schluss, dass dem heutigen Menschen die traditionellen Bilder nicht mehr angeboten werden können. Doch ähnlich wie eine Sprachtheorie überholt ist, die nur solche Begriffe zulassen will, für die es einen realen Gegenstand als Gegenüber gibt, so sind auch Gebetsauffassungen überholt, die das Gebet rein rational begreifen wollen. Solche Gebetsauffassungen sind als Kunstprodukte zu werten, die nur von wenigen adaptiert werden können und sich deswegen auch nicht durchgesetzt haben.[1622] Sie suchen Gott im Menschen und haben offenbar

---

[1620] Dabei ist es von Vorteil, sich bewusst zu machen, dass das »Recht auf Heimat [...] ein begrenztes Recht« ist und dass »ich um dieses Recht keinen Krieg führen darf« (Steffensky, Kirche, 10). Dies gilt für Theologen und Kirchenleute ebenso wie für Gruppierungen innerhalb der Kirche oder einzelne Gläubige. Nach Steffensky schließt dieses *Recht auf Heimat* und die damit verbundenen Einschränkungen »das Recht auf die von uns bevorzugte Sprache; auf *unsere* Lieder und auf *unsere* Lieblingsinhalte« ein. Steffensky vermutet, dass dort, wo ein Kampf um diese Heimaten entsteht, »die verschiedenen Gruppen immer nur sich selbst einklagen« und dass dahinter »auch ein bornierter Provinzialismus stecken« kann. Siehe hierzu auch die Ausführungen in Anm. 1529.

[1621] Theologen haben ihre *große Erzählung* nicht verloren. Koll, Körper, 15, sieht einen Zusammenhang zwischen dem »Ende aller großen Erzählungen«, das mit »der Pluralisierung und Individualisierung« unserer Gesellschaft einhergeht, und der immer größeren Bedeutung, die der Körper für den durchschnittlichen Einzelnen bekommt.

[1622] So wertet z.B. Heimbrock, Frömmigkeit, 26f., das Frömmigkeitsverständnis von Otto als Reaktion auf die (falsch verstandene) Säkularisierungsthese. Für Otto wurde die »Verstehbarkeit« das »Kriterium der Zeitgemäßheit« der Frömmigkeit. Auch wenn dieses Phänomen vorrangig in die Zeit der 70er-Jahre des 20. Jahrhunderts fällt, gibt es dennoch

nicht das Bedürfnis, über sich hinaus zu kommunizieren.[1623] Demgegenüber ist offensichtlich, dass der heutige Mensch sich nach wie vor gerne in Bilderwelten begibt.[1624] Theologie und Kirche tun gut daran, ihre eigenen jüdisch-christlich verwurzelten, traditionellen Bildwelten zu pflegen.[1625] Diese haben den Vorteil, dass sie die Ambivalenzen des Lebens gelten lassen.[1626] »Fiktionalität« kann »sich also der Alltagserfahrung gegenüber als produktiv« erweisen. Das Gebet ist dabei »vor dem Vorwurf ›bloßer‘ Fiktionalität [...] dadurch geschützt, daß es durch die Thematik und die Verantwortlichkeit des Beters auf die Alltagssituation kritisch bezogen bleibt«.[1627] Richtig adaptiert sollte sich das Gebet damit

---

Auswirkungen bis in unsere Zeit. So beobachtet z.B. Susanne Heine, Raum des Textes – Raum der Predigt, in: Hanns Kerner (Hrsg.), Predigt in einer polyphonen Kultur, Leipzig 2006, 47-63, hier 55, einen Zweig in unserer Gesellschaft, der sich gerne auf die »Realistik der Fakten als ›Absolutismus der Wirklichkeit‹« zurückziehen würde.

1623 Vgl. Biehl, Meditation, 244. Vgl. zudem die Einschätzung von Heimbrock, Frömmigkeit, 27, der »wesentliche Aspekte sowohl biblischen Glaubens als auch der Wirklichkeit menschlicher Existenz heute« in Ottos Gebetsauffassung nicht beachtet findet, da »die moderne Rationalität [...] zum Maßstab theologisch verantwortbarer Frömmigkeit« wird. Heimbrock kann die von Otto geforderte Art der Frömmigkeit »salopp« auch »als ›verkopfte‹ Religiosität« bezeichnen (ebd.).

1624 Nach Gräb, Spiritualität, 43, begibt sich der moderne Mensch nicht nur gerne in diese fiktiven Bildwelten, er zieht aus ihnen auch Sinndeutung: »In der modernen Kultur erfüllen für viele Menschen auch die fiktionalen Welten der Literatur und des Films spirituelle Bedürfnisse. Sie liefern auch Bilder und Geschichten, die es machen, dass Menschen sich in ihrem Gefühlsbewusstsein unmittelbar angesprochen finden und sich deutend zum Sinn des Ganzen der Welt und ihres Lebens verhalten.«

1625 So stellt z.B. Heine, Raum, 56, in Bezug auf die Predigt fest: »Je mehr [...] die Theologie und mit ihr die Predigt die Wahrheit des Glaubens objektiv zu begründen versucht und den Raum des Virtuellen aus der Auslegung verbannt, desto mehr überlässt sie auch die Stiftung von Bedeutsamkeit der individuellen Phantasie und den Medien. Die Massenproduktion virtueller Welten bringt ohne Zweifel die Gefahr des Realitätsverlustes mit sich und kann zu einer autistischen Rezeptionssituation führen. Aber daran bloß Kritik zu üben und im Gegenzug auf dem Realitätsprinzip zu beharren, würde der menschlichen Deutungsnatur widersprechen. Vielmehr bedarf die Deutungsnatur einer Deutungskultur, und dazu könnte die Predigt einen wichtigen Beitrag leisten.«

1626 Nach Karle, Reformstress, 26, gilt das, »[...] insofern der Glaube auch als Kraft zum Verzicht auf Sinngebung in Sinnkatastrophen erfahren werden kann und er gerade in dieser Verneinung und Verweigerung einer schicksalhaften Ergebung an Gott und seiner (unambivalenten) Güte festhält«.

1627 Biehl, Erschließung, 185.

als tragfähiger erweisen als etwa die Identifikation mit einem Filmcharakter oder einem Fußballverein.[1628]

Für die Theologie und die Kirche geht es darum wahrzunehmen, dass sie Bilder für die Anderswelten liefern kann und dass es auch wichtig ist, solche zur Verfügung zu stellen. Diese Bilder können die Basis für eine Gebetsauffassung bilden oder in ein bereits Vorhandenes einfließen. Es darf jedoch nicht der Vorstellung aufgesessen werden, dass die Betenden die angebotenen Bilder eins zu eins übernehmen. Um die Spannung zwischen eigener Imagination und gemeinsamer Imagination aufrecht zu erhalten,[1629] ist es jedoch wichtig, den Betenden auch solche Bilder anzubieten, die ihnen sperrig erscheinen. Es ist wichtig, bei den alten, bewährten Bildern zu bleiben, sie bisweilen aber auch in eine Sprache zu fassen, die dem heutigen Menschen verständlich ist.[1630] Um erahnen zu können, welche Metaphern und Bilder von Menschen angenommen werden, ist es notwendig, die qualitativ-empirische Arbeit auf dem Gebiet des Gebets, aber auch der Spiritualität insgesamt fortzuführen. Die Auswertung der Bayreuther Studie im Abgleich mit den praktisch-theologischen Gebetsauffassungen hat z.B. bereits ergeben, dass Rituale und Texte, die das Bild vom *Zurückgeben des Tages in die Hände Gottes* aufnehmen, eine Möglichkeit darstellen. Auch andere Texte, die sich großer Beliebtheit erfreuen, wurden bereits erwähnt.[1631] Hans-Günter Heimbrocks beinahe 30 Jahre alte These in Bezug auf das Gebet hat demnach nicht an Wichtigkeit verloren: »Gelebte Religion in neuen Formen heute lebt nicht zuerst von der Information über Fakten. Vielmehr scheint zu ihren genuinen Ausdrucksmitteln die bildhafte Sprache der Symbole zu zählen. Diese spontan entwickelten Symbole wollen die Wirklichkeit nicht einfach abbilden, sie geben vielmehr immer schon Deutung und Auslegung von Wirklichkeit, wenn auch

---

[1628] Vgl. Karle, Reformstress, 27.

[1629] Siehe dazu oben die Ausführungen unter *4.2.1.2 Problematisierung des Individualisierungsbegriffs in Bezug auf Gebetskonzepte*, 292ff.

[1630] So hält z.B. Steffensky, Kirche, 27, fest: »Wir schulden einer säkularen Öffentlichkeit die Fremdheit unserer Geschichten. [...] Ich muß als Theologe auch einem Nichtchristen verstehbar machen können, welche Schönheit und welche Freiheitsmomente Begriffe wie Kreuz, Gnade, Vergebung und Schuld haben. Ich muß zeigen können, daß diese Nüsse eßbare Kerne haben.«

[1631] Siehe die Ausführungen in Anm. 1530.

manchmal eine naive oder unreflektierte.«[1632] Es gilt für Theologie und Kirche, ihre Symbole und Bilder aufzuwerten, so dass diese fürs Gebet fruchtbar gemacht werden können und sie den Betenden zur Hilfe kommen, wenn sie im Gebet »aus dem Alltagshandeln auszubrechen«[1633] möchten.

4.2.3 Stagnation, Veränderung und Entwicklung des Betens

4.2.3.1 Stufen- und spiralförmige Elemente der Gebetsentwicklung

Regression und Gebet

Da dem Gebet immer wieder der Vorwurf gemacht wurde, dass es sich aus regressiven Anwandlungen speise und auch Gottesdienstbesucher in Bezug auf das Gebet unmündig gehalten würden, muss das Phänomen der *Regression* kurz in den Blick genommen werden.

Regression ist ein Begriff aus der Psychoanalyse und kann als »die Rückkehr zu Verhaltens- und Reaktionsweisen, zu Beziehungsformen und zu Wahrnehmungs- und Interpretationsweisen, die der Betreffende in seiner psychischen, geistigen, emotionalen und sozialen Entwicklung schon überwunden hatte«,[1634] definiert werden. Dabei muss es sich nicht um ein pathologisches Phänomen handeln.[1635] Um das Phänomen in Bezug auf das Gebet einzuordnen, ist es hilfreich, »die Unterscheidung zwischen einer malignen und einer benignen Regression«[1636] auf das Gebet zu übertragen.

Von einer malignen und damit negativen Form der Regression in Bezug auf die Gottesvorstellung – und in diesem Zusammenhang auch in Bezug auf das Gebet – kann gesprochen werden, »wenn Menschen [...] in ihrer Gottesvorstellung auf einem kindlichen Niveau verharren, das sich deutlich von ihrem alltäglichen Funktionsniveau im Beruf oder auch im Privatleben unterscheidet«, oder wenn »einseitig und undialek-

---

[1632] Heimbrock, Frömmigkeit, 29.

[1633] Biehl, Erschließung, 185.

[1634] Lempp, Kind, 23.

[1635] Vgl. a.a.O., 26. Vielmehr geht Lempp davon aus, dass Regression »ein menschliches Wesensmerkmal schlechthin« ist.

[1636] Michael Klessmann, Pastoralpsychologie. Ein Lehrbuch, Neukirchen-Vluyn [3]2006, 319. Klessmann stellt diese Unterscheidung in Bezug auf den Gottesdienst dar.

tisch nur Gottes Nähe und Liebe betont« wird.[1637] Eine andere, aber ebenfalls für das Gebet relevante Form der malignen Regression wird beschrieben, wenn im Gebet einseitig »Hoffnung auf ein besseres Jenseits« ausdrückt wird und die Möglichkeit, die Verhältnisse im Hier und Jetzt zu verändern, nicht in den Blick genommen wird.[1638] Stagniert eine Gebetsentwicklung an einem solchen Punkt, kann das vielleicht für die religiöse Entwicklung negative Folgen haben. Generell ist jedoch anzunehmen, dass nicht alle Befragten an einer linearen Entwicklung ihrer Gebetspraxis interessiert sind, was – wie unten zu zeigen sein wird – auch nicht zwingend negativ gedeutet werden muss. Für die benigne Form der Regression geht man davon aus, dass sich der Mensch in einer sehr frühen Lebensphase, der »Zeit der Symbiose«,[1639] ein »ständiges Reservoir schöpferischer Kräfte« anlegt,[1640] auf das er im Erwachsenenalter zugreifen kann. Man kann auch von einer »Nebenrealität« sprechen, in die sich der Mensch zurückziehen kann, wenn die »Hauptrealität« das übersteigt, was der Mensch im jeweiligen Moment ertragen kann oder will.[1641] Wichtig ist, dass es sich um einen »zeitweiligen« und nicht dauerhaften Rückzug handelt, in dem der Mensch sich entspannt oder Erholung und Kraft findet.[1642] Dank solcher Regressionen schafft es der Mensch, »die Anstrengungen des Lebens [zu] bestehen«.[1643] Wenn Menschen also im Gebet kindliches Vertrauen erleben können und daraus Kraft für ihren Alltag gewinnen, muss das keinesfalls negativ gewertet werden. Dies ist ein Phänomen, das auch einige der praktisch-

---

1637 KLESSMANN, Pastoralpsychologie, 319.

1638 Ebd.

1639 Ebd.

1640 Michael Balint, zitiert nach KLESSMANN, Pastoralpsychologie, 319.

1641 Vgl. LEMPP, Kind, 49f.

1642 KLESSMANN, Pastoralpsychologie, 319. Auch MICHAEL MEYER-BLANCK, Inszenierung des Evangeliums. Ein kurzer Gang durch den Sonntagsgottesdienst nach der Erneuerten Agende, Göttingen 1997, 20, beschreibt die Möglichkeit einer »positiven ›Regression‹« im Gottesdienst; diese kann direkt auf das Gebet übertragen werden: »Der unter Fortschrittszwang stehende Mensch entdeckt wieder die Notwendigkeit der Regression neben der Progression. Gerade wenn der Mensch eine große Aufgabe, einen großen Schritt vor sich hat, tritt er erst einen Schritt zurück, um Kraft und Schwung für den Anlauf zu haben. In diesem Sinne ist der Gottesdienst ein heilender Rückschritt wie der Traum und analytische Therapie. Das Vertraute, Gewohnte, Wiederholte macht die therapeutische Funktion des Gottesdienstes aus.«

1643 KLESSMANN, Pastoralpsychologie, 320.

theologisch Gebetsauffassungen durchaus positiv würdigen: Im kindlichen Aspekt des Gebets wird ein Zeichen der vertrauensvollen Beziehung zu Gott gesehen.

Eine erwachsene Frau, die sich durch das Gebet vor dem Zubettgehen – im Übergang vom Tag zur Nacht – in einen Schutzraum begibt, den sie schon in ihrer Kindheit als positiv erlebt hat, ist deshalb nicht zwingend als naiv und damit negativ zu bewerten. Auch ein Befragter, der das kindliche und das immerwährende Gebet in seinem Gebetskonzept vereint, ist nicht etwa der Unentschlossenheit zu bezichtigen, sondern kann eine im christlichen Sinne ganzheitliche Gebetsauffassung haben. Entsprechendes gilt für das Konzept eines befragten Pfarrers, der sein Morgengebet als Gegenrechnung für die Wohltaten Gottes versteht, gleichzeitig aber darum weiß, dass diese Deutung kindliche Züge trägt.

Verbindung von Beziehungs- und Stufenmodell für das Gebet

Die vorangehenden Betrachtungen zeigen, dass so genannte regressive Momente im Gebet nicht zwingend negativ bewertet werden müssen. Es ist ferner zu beachten, dass einige Befragte die kindlichen Aspekte in ihren Gebetskonzepten selbst ebenfalls nicht negativ werten und auch nicht ändern wollen. Dass sie selbst ihr Gebet als »kindlich« einschätzen, führt zu der Annahme, dass eben diese Befragten auch eine Vorstellung von einem *erwachsenen* Gebet haben. Mitunter sind sie sich dieser Vorstellungen von einem erwachsenen Gebet oder einem »besseren« Gebet auch bewusst, können oder wollen diese aber in ihrer eigenen Praxis gar nicht umsetzen. So vermutet z.B. eine Befragte, dass eine regelmäßige ritualisierte Gebetspraxis davor bewahren würde, in schlechteren Zeiten mehr zu beten als in guten.[1644] Das wirft die Frage auf, inwieweit die Paradigmen, die die Befragten zum Gebet in sich tragen, und das, was sie im Gebet tatsächlich tun und erleben, zusammenpassen. Anders formuliert: Warum bringen die Befragten ihre Ideale und ihr tatsächliches Leben nicht in Einklang oder wollen dies auch gar nicht? Eine Hilfestellung kann hier die »auf Gordon Allport (1960) zurückgehende Unterscheidung von extrinsischer und intrinsischer Religiosität« bieten.[1645] *Extrinsisch* steht dabei für eine Religiosität, die »nach

---

[1644] Vgl. dazu oben das Zitat aus E-031/519, 44.

[1645] Hauenstein, Spuren, 78.

aussen, an formalen Vorgaben und Autoritäten«[1646] orientiert und damit fremdbestimmt ist. *Intrinsische* Religiosität orientiert sich hingegen an persönlichen Erfahrungen und Bedürfnissen und richtet sich wenig bis gar nicht »nach formalen äusseren Vorgaben«.[1647] Die persönlichen Erfahrungen und Bedürfnisse dominieren dementsprechend das Gebet, andere Formen sind den Befragten bekannt, aber sie sind nicht in den Bereich der Bedürfnisse übergegangen und bleiben entsprechend fremd.[1648]

Die Befragten scheinen zum Zeitpunkt der Interviews mit ihren Gebetspraktiken und -deutungen weitgehend zufrieden zu sein. Sie haben ein bestimmtes Level erreicht und hinterfragen dieses nicht weiter.[1649] In ihren Gebeten pflegen sie die Beziehung zu Gott, und sie berichten von förderlichen Wirkungen des Gebets. Die meisten lassen auch anklingen, dass sie seit der Zeit, in der sie das Gebet erlernt haben, eine Entwicklung durchgemacht haben. Am deutlichsten werden Entwicklungen und auch Brüche von Pfarrinnen und Pfarrern beschrieben. Die Gebetsentwicklung geht bei Laien (zum Teil auch bei den befragten Pfarrern) eher als ein unbewusster »Prozess des ›individuellen Reifens‹« vonstatten denn als ein bewusster »subjektiver Konstruktionsvorgang«.[1650] Bei manchen kommt dieser Prozess an einem bestimmten Punkt zu einem relativen Stillstand, d.h. die Befragten bleiben bei ihrer bewährten Praxis.

Viele Theorien religiöser Entwicklung gehen hingegen davon aus, dass sich der Mensch im Laufe seines Glaubenslebens »vom Selbstverständnis als unmündiges Kind hin zum Mitarbeiter Gottes«[1651] entwickeln sollte, und auch wenn die praktisch-theologischen Gebetsauffas-

---

1646 Hauenstein, Spuren, 78.

1647 Ebd.

1648 Dieses Modell entspricht in etwa der Vorstellung von einer *eigenen* und einer *gemeinschaftlichen* Imagination mit dem Unterschied, dass die gemeinschaftliche Imagination nicht grundsätzlich fremd bleibt, sondern in verschiedenen Lebensphasen unterschiedlich wichtig für den Einzelnen sein kann.

1649 Demgegenüber geht z.B. Klein, Begegnung, 247, davon aus, dass der Christ sich auch im Gebet »nie mit dem begnügen [kann], was er erreicht hat«.

1650 Gebhardt, Experte, 36.

1651 Klessmann, Erziehung, 77. So beschreibt es auch Schlapkohl, Kind, 969: »die Stufenmodelle der rel[igiösen] Entwicklung [...] postulieren eine Abhängigkeit des Glaubens von der Entwicklung des logischen Denkens. Dadurch wird der frühe Glaube zur Vorstufe des eigentlichen, reifen erwachsenen Glaubens.«

sungen dies nicht offensiv propagieren, so vermitteln die Darstellungen doch häufig den Eindruck, dass alle Betenden letztendlich zu Meistern dieses Fachs werden sollten. Es handelt sich häufig um Gebetsideale, die z.B. durch ein konsequentes Einüben erreicht werden können. Diese Ideale bringen zwei Schwierigkeiten mit sich: Zum einen sind sie häufig durch eine Systemimmanenz gekennzeichnet, in die sich Laien nicht oder nur schwer einfinden dürften: Die praktischen Theologen nehmen – sei es bewusst oder unbewusst – ihre eigenen Gebetserfahrungen in ihre Gebetsauffassungen oder -konzepte auf und gehen dabei oft von Voraussetzungen aus, die bei vielen anderen Menschen nicht gegeben sind.[1652] Die andere Schwierigkeit ergibt sich aus dem zuvor Dargestellten: Die Befragten streben solche Ideale nicht an, sie scheinen vielmehr zufrieden mit ihrer eigenen Gebetspraxis zu sein. Auch die Überlegungen zum kindlichen Aspekt des Gebets haben bereits gezeigt, dass es in Bezug auf die Gebetsentwicklung nicht nur eine lineare Linie gibt, die für Weiterentwicklung steht, sondern auch eine Bewegung zurück. Der Betende kann damit auch einen Bogen zurückschlagen auf eine Stufe, die er bereits hinter sich gelassen hatte.

Christliche Spiritualität muss immer zuerst »Beziehungsspiritualität« sein. Das Gebet gilt dabei als »Grundmuster christlicher Spiritualität«, da es der vorrangige Ort ist, an dem der Mensch in Beziehung mit Gott tritt. Durch dieses Beziehungsgeschehen ist der Mensch nicht auf sich allein zurückgeworfen, und nur so wird Rechtfertigung möglich.[1653] Demgegenüber birgt eine reine »Entwicklungsspiritualität« zum einen die Gefahr, dass der »sinnvolle[] Widerstand und [die] heilsame Grenze« durch ein Gegenüber verloren geht und sich der Einzelne in der Folge im »Mittelpunkt eines Kosmos aus Dingen und Personen« sieht und sich selbst überschätzt.[1654] Zum anderen kann das Gebet im Rahmen einer Entwicklungsspiritualität zum »Abbild« der »Leistungsgesellschaft«[1655] werden: Sobald das Gebet nicht den erwünschten Effekt erzielt, ist der

---

[1652] So wird jemand, der in die Sprache der Tradition nicht hineingewachsen ist oder anderweitig Zugang zum Gebet gefunden hat, in dieser Sprache kaum Trost, Heimat o.Ä. finden. Jemand, der nie vom Herzensgebet gehört hat, wird sich nicht fragen, ob sein am Dialog orientiertes Gebet unzureichend ist.

[1653] Michael Nüchtern, Spiritualität – ein Zauberwort, in: DtPfrBl 102 (2002), 320-323, hier 323.

[1654] A.a.O., 322.

[1655] Ebd.

Einzelne auf sich zurückgeworfen und muss sich die Frage stellen, ob er bzw. seine Gebetpraxis nicht genüge.[1656] Es ist in erster Linie wichtig, die Beziehungsebene als Fundament des christlichen Gebets stark zu machen. Auf dieser Basis kann es dann auch im christlichen Bereich zu einer Weiterentwicklung der Gebetspraxis kommen.[1657] Dann ist es auch nicht so sehr entscheidend, welche der verschiedenen Formen zur Anwendung kommen. Dem Betenden stehen verschiedene Möglichkeiten offen, unter denen er schließlich die seine finden wird.[1658] Dann sollte es auch kein Problem darstellen, wenn einige im Gebet virtuoser sind als andere.[1659] Für die Praktische Theologie bleibt es notwendig, sich in ihrer Forschung »nicht auf das ›persönliche Gebetsleben der religiösen Genien‹ [zu] beschränken«,[1660] sondern auch »das Gebetsverhalten des ›normalen‹ religiösen Menschen zu eruieren«.[1661]

1656 Vgl. NÜCHTERN, Spiritualität, 322. Siehe dazu außerdem die folgende Aussage von BEINTKER, Christliche Spiritualität, 56f.: »Erfolgsorientierung mag einer auf die Effektivität des Handelns bedachten modernen Denkweise geschuldet sein. Aber auf dem sensiblen Gebiet des geistlichen Lebens wäre es der Sache geradezu abträglich, wenn man sich auf das Messen und Bilanzieren spiritueller Erfolge verlegen wollte. Hier muss man mit langen Wegen rechnen, muss man ein Gefühl für die Langsamkeit entwickeln und sich durchaus in Geduld und Demut üben. Nicht zufällig gehören Pilgerwege, Kreuzwege, ja Durststrecken und Wüstenwanderungen zu den bewährten Lebensformen christlicher Spiritualität.« Die Gefahr des Leistungsdenkens im Gebet wird in einigen der besprochenen Gebetsauffassungen bedacht; siehe oben die Zusammenfassung unter *Anthropologisches aus den besprochenen Gebetsauffassungen*, 240ff.

1657 Die positive Seite der Entwicklungsspiritualität wird von NÜCHTERN, Spiritualität, 323, folgendermaßen beschrieben: »Zum Geschöpfsein gehört als gute Gabe die Möglichkeit eines Wachsens, eines ständigen innerweltlichen Transzendierens.«

1658 So versteht NÜCHTERN, Spiritualität, 323, die Beziehungsebene der Spiritualität folgendermaßen: »Das Gegenüber des Glaubens ist keine Zwangsjacke, sondern ein Haus, in dem man ankommen, eine Heimat und eine Form finden, aber auch immer wieder Neues entdecken kann und wird.«

1659 Vgl. STEFFENSKY, Schwachheit, 30. Auch Max Weber betonte, dass »Virtuosenreligiosität« eine Vorbildfunktion hat, aber ihre Ansprüche für »die Alltagsethik nicht maßgebend« sei. (Vgl. Weber, zitiert nach MICHAEL N. EBERTZ u. FRANZ SCHULTHEIS: Einleitung: Populare Religiosität, in: MICHAEL N. EBERTZ u. FRANZ SCHULTHEIS [Hrsg.], Volksfrömmigkeit in Europa. Beiträge zur Soziologie popularer Religiosität aus 14 Ländern, München 1986, 11-52, hier 26.)

1660 FLASCHE, Gebet, 462. Bei dem im Zitat hervorgehobenen Ausdruck handelt es sich um ein Zitat von Heiler.

1661 Ebd.

4.2.3.2 Gebet mit Kindern – Gebet als Kind

Es ist unbestritten, dass die Kindheit eine wichtige Phase in der religiösen Sozialisation darstellt; vielleicht sogar die Phase, ohne die aus einem Kind auch kein betender Erwachsener wird. Diesen Schluss lassen sowohl die empirischen Ergebnisse als auch die erfahrungsbezogenen Beispiele aus der praktisch-theologischen Gebetsliteratur zu. Viele Menschen halten es für wichtig, mit Kindern zu beten; einige – sowohl unter den Befragten als auch unter den Vertretern der Praktischen Theologie – führen ihre Gebetspraxis auf Gebetserfahrungen in der Kindheit zurück bzw. beschreiben die Gebetserfahrungen Dritter, die wesentlich von den Erlebnissen der Kindheit geprägt sind.[1662]

Es ist müßig, darüber zu diskutieren, ob das Gebet früher einen größeren Stellenwert im Familienleben hatte.[1663] Mit Steffensky ist aber vermutlich festzuhalten, dass »[d]ie Subjekte früher wohl nicht religiöser als heute [waren]«, in der Gesellschaft war die Religion jedoch präsenter.[1664] Auf der anderen Seite wird festgestellt, dass Kinder häufig »der Anlass zu einer ausdrücklichen Suche einer rel[igiösen] Dimension im familiären Alltag und der Möglichkeit, sie zu gestalten«,[1665] sind. Die Auswertung der Bayreuther Studie zeigt zudem, dass auch Kinder das Gebet aus Kindergarten oder Schule in die Familien (zurück)bringen. Diese Kinder haben so viel Freude am Gebet, dass sie es auch zu Hause praktizieren möchten. Es scheint ein Gespür dafür vorhanden zu sein, dass Kinder diese kleinen rituellen Formen schätzen,[1666] so dass bei den

---

[1662] Vgl. z.B. das Kindheitsgebet von E-038 in E-038/264-266, 54, oder die bei Bohren berichtete Episode aus dem Leben von Karl Barth. Siehe dazu oben die Ausführungen zu *Form und Gestalt* in Bohrens Gebetsauffassung, 155ff.

[1663] Immer wieder wird beklagt, dass die Familie nicht mehr der Garant für »die ununterbrochene Tradierung des Christentums an die jeweils nachwachsende Generation« sei und damit auch nicht mehr für das Gebet. (Vgl. Norbert Mette, Art. Familie [Elternhaus], in: Lexikon der Religionspädagogik Bd. 1, 2001, 542-548, hier 542.)

[1664] Steffensky, Kirche, 23. Auch Heine, Raum, 47, hält fest, dass das, »was Erasmus von Rotterdam die res publica Christiana genannt hatte«, zusehends verloren gegangen ist und damit »auch die jüdisch-christliche Vorstellungswelt aus der Öffentlichkeit« verschwunden ist.

[1665] Mette, Familie, 547.

[1666] Kinder nennen, wenn sie zum Gebet befragt werden, zunächst vor allem formale Elemente wie die Gebetshaltung oder das Amen. (Vgl. Gerhard Büttner, Erziehung als Arbeit am »kulturellen Gedächtnis«. Überlegungen zur Gebetspraxis im Kindergarten, in: DtPfrBl 102 [2002], 438-443, hier 440.)

befragten Erwachsenen auch die Bereitschaft vorhanden ist, diese Formen aufzunehmen.

Es herrscht sowohl bei den Befragten, die das Gebet mit Kindern reflektieren, als auch in den besprochenen Gebetsauffassungen Einigkeit darüber, dass sich das Gebet mit Kindern von dem der Erwachsenen unterscheidet.[1667] Mit Kindern wird verstärkt ritualisiert gebetet, selbst dann, wenn Befragte das ritualisierte Gebet für ihre ganz persönliche Gebetspraxis ablehnen oder nicht pflegen.[1668] Es wird argumentiert, dass Kinder eine solche Ordnung brauchen.[1669] Interessant ist, dass viele der praktisch-theologischen Gebetsauffassungen davon ausgehen, dass Erwachsene solche Ordnungen ebenso brauchen.

Aus den Aussagen über das kindliche Gebet im Erwachsenenalter wurde bereits deutlich, dass es die Ordnung allein nicht sein kann, die selbst Erwachsene ihr Gebet als kindlich einstufen lassen. Vielmehr wird das Gefühl des Beschütztseins genannt, das aus der Kindheit mit in das Erwachsenenalter getragen wurde. Auch die Laien, die vom Gebet mit ihren Kindern erzählen, geben den Schutz bzw. die Geborgenheit für die Kinder als Grund für das Abendgebet oder die religiöse Erziehung überhaupt an.[1670] Nicht das ritualisierte Gebet macht das Besondere aus, sondern dass es »eingebettet« ist »in eine Beziehungssituation«.[1671] Zwei der Befragten beschreiben ein Abendritual mit Kindern, das einen größeren Ablauf umfasst, der unter anderem beinhaltet, über den Tag zu sprechen.[1672] Bei einem Befragten ist das Gebet Teil des Ablaufs. Solche

---

[1667] Im Folgenden wird ganz bewusst über das Gebet *mit* Kindern gesprochen und nicht etwa über das Gebet *der* Kinder, da die Interviewpartner und -partnerinnen Erwachsene waren und folglich aus ihrer erwachsenen Perspektive auf das Gebet mit Kindern oder das Gebet ihrer eigenen Kindheit blicken. Bei einer Einbeziehung des Gebets *der* Kinder müsste das weite Feld der Kindertheologie aufgemacht sowie religions-pädagogische Konzepte zur Gebetsentwicklung bei Kinder einbezogen werden, was im Rahmen dieser Arbeit nicht leistbar ist. Die Zusammenschau der Aussagen aus der Auswertung der Bayreuther Studie und aus den praktisch-theologischen Gebetsauffassungen zu diesem Thema kann jedoch interessant für die Weiterarbeit im Rahmen der Religionspädagogik sein.

[1668] Diese These wird z.B. ganz ähnlich von BIEHL, Erschließung, 177, vertreten.

[1669] Vgl. z.B. die Zitate aus E-047/50-54 in Anm. 272; sowie E-047/56 in Anm. 284.

[1670] Siehe dazu die Ausführungen oben unter *Regression und Gebet*, 309f.

[1671] HAUENSTEIN, Spuren, 189.

[1672] Vgl. die Zitate aus E-047/50-54 in Anm. 272; und E-016/47-62 in Anm. 285, wobei das Ritual von E-016 kein Gebet umfasst.

Praktiken werden von Theologen wie Leuenberger unterstützt, für den es zum Nachtgebet dazugehört, »dass ausgesprochen werden kann, was ungerade ist«.[1673] Aber auch dort, wo das Abendgebet mit den Kindern für die Mutter die Bedeutung hat, die Kinder in Gottes Hände zu geben, werden die Kinder Beziehung erleben, ohne dass diese einen lautsprachlichen Ausdruck findet.[1674]

Eine Befragte vertritt die These, dass Kinder das Gebet später nicht mehr so sehr brauchen.[1675] Allerdings stellt sich die Frage, ob sie tatsächlich das Gebet nicht mehr brauchen oder ob sie das Ritual nicht mehr mit den Eltern vollziehen wollen. Daran schließt sich die Frage an, wo Jugendliche und junge Erwachsene, die aus den »infantilen Ideen über das Gebet«[1676] herauswachsen, die Möglichkeit finden, in einen neuen Modus zu finden, der bisweilen auch kindliche Aspekte integrieren kann. Es scheint tatsächlich so, als hätten diejenigen Befragten, die für ihr persönliches Gebet kindliche Züge benennen, ihre Gebetspraxis weitergehend reflektiert; sie können diesen Aspekt meist von anderen Zügen des Gebets abgrenzen.[1677] Es wäre eine Aufgabe zu erforschen, woran es liegt, dass manche diesen Sprung schaffen und andere nicht.

Es gilt festzuhalten, dass Kindertagesstätten in kirchlicher Trägerschaft ein nicht zu unterschätzender Ort sind, an dem Kinder Gebet erleben. Da Kinder nun auch in Deutschland zunehmend früher solche Einrichtungen besuchen, bietet sich hier auch außerhalb der Familie ein Ort, an dem Kinder schon im Kleinkindalter mit dem Gebet in Berüh-

---

[1673] LEUENBERGER, Zeit, 180. Zu solchen Praktiken gibt es auch Kritik bzw. Anfragen: KARIN ULRICH-ESCHEMANN, Mit Kindern beten, in: GlLern 1 (1986) 74-81, hier 78, ist der Meinung, dass eine solche »ideale Situation« in den Familien kaum geschaffen werden kann, um am Abend noch einmal gemeinsam zu reflektieren. Auch ist es nicht immer wünschenswert, dass Erlebte vor dem Zubettgehen noch einmal herzuholen. Ulrich-Eschemann findet, dass gerade in »Zeiten der Unruhe und Unsicherheit« alte Gebetstexte und nicht das eigene Produzieren-Müssen befreiend wirken können.

[1674] Vgl. dazu oben das Zitat aus E-024/329, 96.

[1675] Vgl. z.B. die Zitate aus E-019/28 in Anm. 275. Eine andere beschreibt, dass das gemeinsame Nachtgebet aufgegeben wurde, als das Kind ca. neun Jahre alt war; vgl. das Zitat aus E-024/285 in Anm. 280.

[1676] Harold Loukes, zitiert nach BARGHEER, Gebet, 100.

[1677] Siehe dazu oben die Ausführungen unter *2.7.4 Kindliches Gebet bei Erwachsenen*, 85ff.

rung kommen können.[1678] Im höheren Alter können auch konfessionelle Schulen einen Beitrag leisten, wie es von einer Befragten berichtet wird.[1679] Es ist interessant, dass Kinder das Gebet von den Einrichtungen ausgehend (wieder) in Familien eingeführt haben. An die Bereitschaft, das Gebet in die Praxis der Familien aufzunehmen, kann auch anderweitig angeknüpft werden, z.B. indem in den Gemeinden mit den Kindertageseinrichtungen gemeinsam Gottesdienste gefeiert werden, zu denen auch die Eltern eingeladen sind. Daneben bieten Mini- oder Kleinkindgottesdienste eine ähnliche Chance. Auch Krabbelgruppen in Gemeinden sind Orte, an denen Eltern und Kinder gemeinsam Gebet erleben und leben können. Darüber hinaus ist es möglich, in Taufgesprächen auf das Thema Gebet einzugehen und, wenn es gewünscht wird, Hilfestellungen zu geben. Es kann darauf hingewiesen werden, wie gerne Kinder kleine Rituale wie das Tisch- oder das Gute-Nacht-Gebet annehmen.

Wenn Bohren von der Mühe spricht, die es koste, Texte der Tradition heute anzueignen,[1680] so klingt das nach gezielten pädagogischen Zielen und auch nach einem späten Anfang. Wenn Kinder die Chance haben, früh mit Texten der Tradition[1681] – das gilt sowohl für Gebetstexte als auch z.B. für Texte aus dem traditionellen Liedgut – vertraut zu werden, sind sie selbstverständlicher für sie. Es ist wichtig, dass das auf spielerische Weise und eben nicht unter Leistungsdruck geschieht.[1682]

4.3 Zusammenfassung

Mit Josuttis ist zu sagen, dass theologische Korrektheit nicht unbedingt der Maßstab – oder zumindest nicht der alleinige Maßstab – ist, den man an praktisch-theologische Gebetsauffassungen legen sollte. Prak-

---

1678 Hierzu ist m. E. die Arbeitshilfe Frieder Harz, Mit Kindern beten. Situationen klären. Praxis gestalten, Bayreuth 1992, empfehlenswert. Sie vertritt einen sehr offenen Gebetsbegriff und weiß die heutige Situation mit der Tradition zu verbinden.

1679 Vgl. das Zitat aus E-004/53 in Anm. 273.

1680 Vgl. Bohren, Gebet 1, 90.

1681 Der Begriff *Texte der Tradition* ist hier nicht beschränkt auf *alte* Texte; es kann sich auch um geprägte Texte neueren Datums handeln.

1682 Eine solche spielerische Arbeit ist dann auch Arbeit am kulturellen Gedächtnis. (Vgl. den Titel des Aufsatzes von Büttner, Erziehung.)

tisch-theologische Gebetstheorien sollten andere Intentionen haben, z.B. poimenische.[1683] Schließlich macht nicht »die intellektuelle Rationalisierung« aus dem »Ereignis« *Gebet* ein *wahres* Gebet, »sondern die existentielle [...] Situation des Beters«.[1684] Das Gebet »als Praxis des Glaubens« wird nie »in radice vor der Vernunft verantwortet« werden können.[1685]

Fest steht, dass die Sinnhaftigkeit für die Betenden nie von *einer* ganz konkreten Gebetslehre abhängt. Die Sinnhaftigkeit entsteht im Erleben und Leben von Gebet. Sie ist in erster Linie beeinflusst von den Gebetskonzepten derjenigen Menschen, die einem anderen das Gebet vermitteln oder – besser gesagt – nahe bringen.[1686] »Deshalb werden die in den Kirchen tradierten spirituellen Formen nie ganz dem Bedürfnis des einzelnen Menschen entsprechen, wie auch die persönlich entwickelten Formen nie vollständig in den tradierten Formen aufgehen werden. Nur das Aushalten dieser Spannung kann [...] die kirchliche Tradition bereichern und sie vor Erstarrung schützen«.[1687] Das bedeutet auch,

---

1683 Vgl. Josuttis, Wort, 404f.

1684 BARGHEER, Gebet, 27.

1685 Vgl. WÜST-LÜCKL, Theologie, 58. Wüst-Lückl stellt »zwei konträre Denkwege« dar, auf denen das Gebet in der systematischen Theologie behandelt werden kann. Zum einen kann das Gebet »als Nachvollzug theologischer Erkenntnis und Theorie« (a.a.O., 106) verstanden werden. Als einen Vertreter führt er Heinrich Benckert an, der die These vertritt, dass weder die Religionswissenschaften noch die Philosophie noch die Praktische Theologie das Gebet angemessen verhandeln könnten, da sie »immer schon den dogmatischen Erweis des Sinnes von ›Gebet‹« voraussetzten (Benckert, zitiert nach WÜST-LÜCKL, Theologie, 107). Der andere Weg sieht im »Erfahrungscharakter der Gebets*praxis*« eine Voraussetzung »für das dogmatische Nachdenken« (WÜST-LÜCKL, Theologie, 106).

1686 Die Theologie muss bedenken, dass die »Ausformung der Spiritualität eines Menschen« immer »eng mit seiner Biographie verknüpft« ist und »geprägt durch sein ganz persönlich geformtes Verhältnis zu Gott«. (Vgl. RENATE SEITZ u. FRANZ PESCHKE, Spiritualität der Hauptberuflichen – Ausbildung und Praxis, in: RENATE SEITZ u. SIEGFRIED HANSELMANN [Hrsg.], Den Glauben leben. Evangelische Spiritualität. Hilfen zum Verständnis. Anregungen für die Praxis, Rothenburg o. d. Tauber 1994, 73-76, hier 73. Bei diesem Text handelt es sich um die Zusammenfassung einer Gruppenarbeit.)

1687 Ebd. Der eben zitierte Satz macht einen Gegensatz auf. Er sieht auf der einen Seite, dass es die Spannung zwischen den persönlichen Spiritualitätsformen und den tradierten der Kirche braucht, damit die kirchlichen Traditionen nicht in die »Erstarrung« verfallen. Auf der anderen Seite ist davon die Rede, dass diese Spannung »die persönliche Frömmigkeit von dem Abgleiten in die eigene Beliebigkeit bewahren« soll. In dieser Formulierung schwingt eine Gegenüberstellung mit, die nach der in dieser Arbeit adaptierten Theorie von *Locality* nicht übernommen werden kann. Es bedarf der Spannung zwischen

dass es weiterhin notwendig sein wird, die persönlichen Gebetskonzepte von Laien zu eruieren. Hier gilt es auch, die Vielfalt unterschiedlicher Frömmigkeitstypen[1688] zu beachten, sie ernst zu nehmen und nicht gegeneinander auszuspielen.[1689] Die Tatsache, dass Gebet immer etwas Vermitteltes ist, macht deutlich, dass das Gebet immer von einer Gemeinschaft ausgeht und auch immer auf Gemeinschaft bezogen bleibt. Es mag sein, dass der Bezug zur Gemeinschaft für den Einzelnen im erwachsenen Gebetsleben an Bedeutung verliert, doch er bleibt durch das Bedürfnis nach Locality Bestandteil der Gemeinschaft.[1690] Dass die Gebetsauffassungen der Kirchen weiterhin einen Einfluss auf persönliche Gebetskonzepte haben, da sich religiöse Sprache und Rituale in unserem Sprachraum aus den Traditionen der Kirche speisen, wurde oben dargestellt.[1691] Es ist daher eine dringende Aufgabe von Theologie und Kirche, den Menschen Gebetsauffassungen und -metaphern anzubieten und vor allem vorzuleben, die für die Menschen in einfacher Weise nachvollziehbar sind. *Einfach* bedeutet in diesem Fall, dass es wenig hilfreich ist, Gebetsauffassungen und -praktiken anzubieten, die derart komplex sind, dass sie eine komplette Neuausrichtung des Ge-

---

dem Gebetskonzept des Einzelnen und der Gebetsauffassung der Kirche. Siehe dazu auch folgende Aussage von NÜCHTERN, Spiritualität, 323: »Das Gegenüber des Glaubens ist keine Zwangsjacke, sondern ein Haus, in dem man ankommen, eine Heimat und eine Form finden, aber auch immer wieder Neues entdecken kann und wird.« Vgl. außerdem MÜLLER, Überlegungen, 42: »Anders ausgedrückt: Religion als dogmatisch-ritualistisches und bürokratisch-sakrales System, das unfähig ist, freie Kommunikation über Kontingenzerfahrungen zu ermöglichen und Gemeinschaft zu stiften, hat in den Augen jener Menschen, die nicht mehr bereit sind, Kontingenzbewußtsein durch Unterwerfung unter eine Autorität zu unterdrücken oder zu kompensieren, ausgespielt.«

1688 SEITZ, Evangelische Spiritualität, 35, schlägt die Einteilung »bibelorientiert, evangelikal, liturgisch, meditativ, emanzipatorisch, sozial, charismatisch« vor. Siehe auch die Einteilung von Gleason in Anm. 1507.

1689 Vgl. ebd. BEINTKER, Christliche Spiritualität, 51, hält, obwohl er den Versuch macht, eine »Kriteriologie« für eine christliche Spiritualität aufzustellen, fest, dass diese »niemals uniform« ist: »Jeder Mensch wird seine eigenen Erfahrungen sammeln, seinen eigenen Weg gehen und eine ihm gemäße Praxis des Glaubenslebens ausbilden können. Gottes Geist ist ein Freund der Vielfalt.« Und er fährt fort: »Nichts ist fataler als genormte Frömmigkeitsstandards, an denen die einen die Christlichkeit der anderen messen.«

1690 Siehe dazu oben die Ausführungen unter *Handlungs- und Deutungsfreiheit des Einzelnen und Locality*, 294ff.

1691 Siehe dazu oben die Ausführungen unter *4.2.1.2 Problematisierung des Individualisierungsbegriffs in Bezug auf Gebetskonzepte*, 292ff.

betslebens eines einzelnen Menschen fordern.[1692] Auch ritualisierte Gebetsabläufe, die einen hohen Zeit- und Konzentrationsaufwand fordern, wie sie in einigen der praktisch-theologischen Gebetsauffassungen vorgeschlagen werden, stellen sicher sinn- und wirkungsvolle Praktiken dar, gehen aber an den Möglichkeiten vieler Menschen vorbei. Die empirischen Ergebnisse legen die Vermutung nahe, dass nur wenige Menschen derart über ihr Gebet reflektieren, dass sie zu dem Schluss kommen, ihre Gebetspraxis ausbauen zu wollen oder gar eine komplett neue Praxis zu benötigen.[1693] In der Auswertung der Bayreuther Studie wurde deutlich, dass Menschen eher kleinere Gebetsformen praktizieren wie z.B. das Gebet vor dem Schlafengehen. Breitere ritualisierte Abläufe finden sich bei Pfarrern und Pfarrerinnen sowie Menschen mit evangelikalem Hintergrund.

Auch wenn der Einzelne eher weniger über das Gebet reflektiert als vielmehr dessen Sinnhaftigkeit in der Praxis erfährt, macht der Gemeinschaftsaspekt dennoch deutlich, dass es Räume geben muss, in denen das Gebet öffentlich lebendig ist, wo es vorgelebt wird, wo es aber auch erfahren und reflektiert werden darf.[1694] Das Bedürfnis nach gemeinsamen Imaginationen braucht Orte. Es stellt sich die Frage, welche Orte die Kirche hierfür bereithält. Wie kann sie heute Impulse geben, dass Menschen das Gebet für sich entdecken bzw. weiter praktizieren?

Es wurden oben verschiedene Orte benannt, die dafür durchaus geeignet sind. In Bezug auf die Kinder ist die Gebetspraxis in Kindertageseinrichtungen nicht zu unterschätzen. Auch das Gebet mit Kindern in den verschiedenen kindgerechten Gottesdienstformen kann eine Rolle spielen.[1695] Dabei muss deutlich sein, dass an diesen Orten nicht *für*

[1692] Anders denkt hierüber z.B. WÜST-LÜCKL, Theologie, 14: »Es wäre ein schwerwiegendes Versäumnis, das Gebet der Frömmigkeit des Einzelnen zu überlassen und einzig in praktisch-theologischer Methodik nach dem Wie des Betens zu fragen.«

[1693] Die Praktische Theologie hat hier sicher auch die Aufgabe, die »theologische[n] Deutungsangebote« auf eine Ebene zurückzuholen, die auch den Laien verständlich ist. Von Religionssoziologen wird beobachtet, dass die Theologie durch »die Differenzierung der Gesellschaft« dazu gezwungen wird, »ihre Begriffe auf einem immer höheren Abstraktionsgrad zu formulieren« (KNOBLAUCH, Religionssoziologie, 135).

[1694] Vgl. NÜCHTERN, Spiritualität, 322. Nüchtern äußert sich über die notwendige Reflexion über Spiritualität folgendermaßen: »Die Voraussetzung solcher Reflexion sind Lebensräume, in denen Kommunikation über religiöse Orientierungen möglich sind.«

[1695] Siehe dazu oben die Ausführungen unter *4.2.3.2 Gebet mit Kindern – Gebet als Kind*, 315ff.

Kinder gebetet wird, sondern eine Gebetsgemeinschaft zwischen Erwachsenen und Kindern besteht. Die Gebetsformen und -räume sollten so beschaffen sein, dass sowohl Kinder als auch Erwachsene an diesen Orten das Gebet leben können. Für Erwachsene wurden ebenfalls Gottesdienste als Orte der gemeinsamen Imagination benannt. Entsprechendes gilt auch für das Gebet in geistlichen Gemeinschaften oder Klöstern, zu dem sich Menschen mit ihrem eigenen Beten in ein Verhältnis setzen können, und das die Möglichkeit zum Mitbeten bietet.[1696] Auch Kirchengebäude werden als Räume empfunden, die das Gebet fördern. Hier drückt sich in anderer Weise Gebetsgemeinschaft aus, da diese Räume das Potential haben zu sprechen, ohne »mit Worten zu erschlagen«[1697]. Dazu ist es wichtig, dass sie den Menschen zugänglich bleiben.[1698]

Das öffentliche Gebet sollte so beschaffen sein, dass den verschiedenen Dimensionen des Lebens – wie sie im Wesentlichen in den verschiedenen klassischen Gebetsgattungen ausgedrückt werden – Raum gegeben wird. Dadurch können sich Menschen mit ihren ganz persönlichen Anliegen einfinden. Es ist wichtig, an der Bipolarität festzuhalten, die auf der einen Seite das regressive Moment im Gebet nicht verurteilt, sondern als das Moment begreift, in dem der Betende Kraft aus seinem Urvertrauen schöpft;[1699] auf der anderen Seite steht der Teil der christlichen Bildwelt, die die Ambivalenzen des Lebens gerade nicht aufheben will, die sich nicht in allen Lebenslagen dem *lieben Gott* demütig ergibt, sondern aufschreit und klagt.

Wie in der Bilderwelt eine Vielfalt angeboten werden muss, so auch in den Formen. Damit ist nicht ein Ausufern in die Beliebigkeit gemeint, sondern das Nutzen der vielfältigen Formen, welche in der christlichen Gebetstradition bereits vorhanden sind und die ernst nehmen, dass das Sprechen eines Textes nur *eine* Dimension des Gebets ist.

Es wird deutlich, dass viele Einzelgedanken aus den Gebetsauffassungen der Praktischen Theologie mit Ergebnissen aus der Bayreuther Studie übereinstimmen und helfen, diese einzuordnen. Auf der anderen

---

1696 Siehe dazu oben die Ausführungen unter *4.2.1.2 Problematisierung des Individualisierungsbegriffs in Bezug auf Gebetskonzepte*, 292ff.

1697 NÜCHTERN, Spiritualität, 323.

1698 Siehe dazu oben die Ausführungen unter *4.1.4 Gebetsorte in Verbindung mit der körperlichen Dimension des Gebets*, 275ff.

1699 Siehe dazu oben die Ausführungen unter *Regression und Gebet*, 309ff.

Seite gehen aber sämtliche praktisch-theologischen Entwürfe einerseits über das real praktizierte Gebetsleben von Befragten (auch in der Summe) hinaus, andererseits wird dieses in seinen lebensbezogenen Verknüpfungen nur unzureichend erfasst.

Literatur

- Bargheer, Friedrich W.: Gebet und beten lernen. Die theologisch-anthropologischen Grundlagen und die lebensgeschichtliche Verarbeitung ihrer Krise, Gütersloh 1973.
- Barth, Friedrich K., Grenz, Gerhard u. Peter Horst: Gottesdienst menschlich. Eine Agende, Wuppertal 1990.
- Bäumer, Bettina: Art. Gebet/Meditation/Mystik, in: Johannes Figl (Hrsg.), Handbuch der Religionswissenschaften, Göttingen u.a. 2003, 702-712.
- Beintker, Michael: Christliche Spiritualität – Versuch einer Kriteriologie, in: Hans Krech u. Udo Hahn (Hrsg.), Lutherische Spiritualität – lebendiger Glaube im Alltag, Hannover 2005, 39-61.
- Benke, Christoph: Was ist (christliche) Spiritualität? Begriffsdefinitionen und theoretische Grundlagen, in: Paul M. Zulehner (Hrsg.), Spiritualität – mehr als ein Megatrend, Ostfildern 2004, 29-43.
- Berger, Klaus: Art. Gebet IV. Neues Testament, in: TRE Bd. 12, 1984, 47-60.
- Bernet, Walter: Gebet. Mit einem Streitgespräch zwischen Ernst Lange und dem Autor, Stuttgart/Berlin 1970.
- Biehl, Peter: Erschließung des Gottesverständnisses durch elementare Formen des Gebets. Religionspädagogische Erwägungen zu einer These G. Ebelings, in: EvErz 36 (1984), 168-188.
- Biehl, Peter: Gebet und Meditation, in: HRE Bd. 1, 1987, 241-254.
- Biehl, Peter: Was ist Erfahrung? Erfahrung als hermeneutische, theologische und religionspädagogische Kategorie, in: Peter Biehl, Erfahrung, Glaube und Bildung. Studien zu einer erfahrungsbezogenen Religionspädagogik, Gütersloh 1991, 15-52.
- Bloth, Peter C.: Art. Gebet IX. Praktisch-theologisch, in: TRE Bd. 12, 1984, 95-103.
- Bohren, Rudolf: Bittgebet und Klage, in: Rudolf Bohren, Geist und Gericht. Arbeiten zur Praktischen Theologie, Neukirchen-Vluyn 1979, 158-164.
- Bohren, Rudolf: Gebet und Gedicht. Versuch eines Vergleichs, in: Rudolf Bohren, Geist und Gericht. Arbeiten zur Praktischen Theologie, Neukirchen-Vluyn 1979, 165-168.

- Bohren, Rudolf: Das Gebet 1, Waltrop 2003.
- Bohren, Rudolf: Das Gebet 2, Waltrop 2005.
- Boos-Nünning, Ursula: Die Dimensionen der Religiosität. Zur Operationalisierung und Messung religiöser Einstellungen, München/Mainz 1972.
- Braun, Hermann: Reden mit Gott? Ein Versuch über das Gebet, in: François Vouga (Hrsg.), Wort und Dienst. Jahrbuch der Kirchlichen Hochschule Bethel, Bielefeld 2001, 307-321.
- Brück, Michael von: Art. Meditation/Kontemplation I. Religionswissenschaftlich, in: RGG^4 Bd. 5, 2002, 964f.
- Büttner, Gerhard: Erziehung als Arbeit am »kulturellen Gedächtnis«. Überlegungen zur Gebetspraxis im Kindergarten, in: DtPfrBl 102 (2002), 438-443.
- Casper, Bernhard: Das Ereignis des Betens. Grundlinien einer Hermeneutik des religiösen Geschehens, München 1998.
- Cornehl, Peter: »... Vorspiegelnd altgewesene Vertrautheit.« Gebet und Gebetserfahrung heute, in: Friedrich W. Bargheer u. Ingeborg Röbbelen (Hrsg.), Gebet und Gebetserziehung, Heidelberg 1970, 86-110.
- Cullmann, Oscar: Das Gebet im Neuen Testament. Zugleich Versuch einer vom Neuen Testament aus zu erteilenden Antwort auf heutige Fragen, Tübingen ^{2}1997.
- Dalferth, Ingolf U.: Religiöse Erfahrung und Offenbarung, in: Wilhelm Gräb u.a. (Hrsg.), Ästhetik und Religion. Interdisziplinäre Beiträge zur Identität und Differenz von ästhetischer und religiöser Erfahrung, Frankfurt a. M. 2007, 183-203.
- Dietrich, Stephanie: Das schweigende Gebet. Zur Grundlage des Verständnisses von schweigendem Gebet in ökumenischem Blickwinkel, Leipzig 2000.
- Ebeling, Gerhard: Das Gebet, in: ZThK 70 (1973), 206-225.
- Ebertz, Michael N. u. Franz Schultheis: Einleitung: Populare Religiosität, in: Michael N. Ebertz u. Franz Schultheis (Hrsg.), Volksfrömmigkeit in Europa. Beiträge zur Soziologie popularer Religiosität aus 14 Ländern, München 1986, 11-52.
- Ehnmark, Erland: Religion und Magie. Frazer, Söderblom und Hägerstrom, in: Leander Petzoldt (Hrsg.), Magie und Religion. Beiträge zu einer Theorie der Magie, Darmstadt 1978, 302-312.
- Fischer, Heinz: Mit der Gemeinde beten. Neue Fürbitten, Göttingen 2002.

- Flasche, Rainer: Art. Gebet, in: HRWG Bd. 2, 1990, 456-468.
- Fugmann, Haringke G.: Die Bestattung. Wahrnehmungen aus zwei neuen empirischen Untersuchungen unter evangelisch Getauften in Bayern, Nürnberg 2008.
- Fugmann, Haringke G.: Die Hochzeit. Wahrnehmungen aus zwei neuen empirischen Untersuchungen unter evangelisch Getauften in Bayern, Nürnberg 2008.
- Fugmann, Haringke G.: Die Konfirmation. Wahrnehmungen aus zwei neuen empirischen Untersuchungen unter evangelisch Getauften in Bayern, Nürnberg 2008.
- Fugmann, Haringke G.: Die Taufe. Wahrnehmungen aus zwei neuen empirischen Untersuchungen unter evangelisch Getauften in Bayern, Nürnberg 2008.
- Fugmann, Haringke G.: Von Wendepunkten und Zeremonienmeistern. Kasualtheorien im Lichte zweier empirischer Untersuchungen, Frankfurt a. M. 2009.
- Gebauer, Roland: Art. Gebet III. Neues Testament, in: RGG[4] Bd. 3, 2000, 488-491.
- Gebhardt, Winfried: Experte seiner selbst - Über die Selbstermächtigung des religiösen Subjekts, in: Michael N. Ebertz u. Rainer Schützeichel (Hrsg.), Sinnstiftung als Beruf, Wiesbaden 2010, 33-41.
- Gleason, John J.: Spiritual Assessment and Pastoral Response. A Schema Revised and Updated, in: The Journal of Pastoral Care 44 (1990), 66-73.
- Gräb, Wilhelm: Spiritualität - die Religion der Individuen, in: Wilhelm Gräb u. Lars Chabonnier (Hrsg.) Individualisierung - Spiritualität - Religion. Transformationsprozesse auf dem religiösen Feld in interdisziplinärer Perspektive, Berlin 2008, 31-44.
- Härle, Wilfried: Den Mantel weit ausbreiten. Theologische Überlegungen zum Gebet, in: NZSTh 33 (1991), 231-247.
- Harz, Frieder: Mit Kindern beten. Situationen klären. Praxis gestalten, Bayreuth 1992.
- Hauenstein, Hans U.: Auf den Spuren des Gebets. Methoden und Ergebnisse der empirischen Gebetsforschung, Heidelberg 2002.
- Hausammann, Susanne: Atheistisch zu Gott beten? Eine Auseinandersetzung mit D. Sölle, in: EvTh 31 (1971), 414-436.
- Heiler, Friedrich: Das Gebet. Eine religionsgeschichtliche und religionspsychologische Untersuchung, München [5]1969.

– Heimbrock, Hans-Günther: Frömmigkeit als Problem der Praktischen Theologie, in: PTh 71 (1982), 18-32.
– Heimbrock, Hans-Günther u. Peter Meyer: Einleitung: Im Anfang ist das Staunen, in: Astrid Dinter, Hans-Günther Heimbrock u. Kerstin Söderblom (Hrsg.), Einführung in die Empirische Theologie, Göttingen 2007, 11-16.
– Heimbrock, Hans-Günther u. Peter Meyer: Praktische Theologie als Empirische Theologie, in: Astrid Dinter, Hans-Günther Heimbrock u. Kerstin Söderblom (Hrsg.), Einführung in die Empirische Theologie, Göttingen 2007, 17-59.
– Heine, Susanne: Raum des Textes – Raum der Predigt, in: Hanns Kerner (Hrsg.), Predigt in einer polyphonen Kultur, Leipzig 2006, 47-63.
– Herrmann, Jörg u. Jörg Metelmann, Dimensionen des Erfahrungsbegriffs. Skizzen zur Theorie und Phänomenologie der Jetztzeit, in: Wilhelm Gräb u.a. (Hrsg.), Ästhetik und Religion. Interdisziplinäre Beiträge zur Identität und Differenz von ästhetischer und religiöser Erfahrung, Frankfurt a. M. 2007, 23-50.
– Herms, Eilert: Was geschieht, wenn Christen beten?, in: Eilert Herms, Offenbarung und Glaube, Tübingen 1992, 517-531.
– Huber, Stefan: Aufbau und strukturierende Prinzipien des Religionsmonitors, in: Religionsmonitor 2008, hrsg. v. Bertelsmann Stiftung, Gütersloh 2007, 19-28.
– Huber, Stefan u. Constantin Klein: Kurzbericht zu ersten Ergebnissen des Religionsmonitor der Bertelsmann Stiftung (Befragung in Deutschland), URL: http://www.bertelsmann-stiftung.de/cps/rde/xchg/SID-0A000F0A-2EC650FA/bst/hs.xsl/85217_85220.htm (Stand: 08.07.2008).
– Huber, Wolfgang, Friedrich, Johannes u. Peter Steinacker (Hrsg.), Kirche in der Vielfalt der Lebensbezüge. Die vierte EKD-Erhebung über Kirchenmitgliedschaft, Gütersloh 2006.
– Huber, Wolfgang: Glaube ist auch dort wichtig, wo Religion nicht selbstverständlich ist. Ein Kommentar aus evangelischer Perspektive, in: Religionsmonitor 2008, hrsg. v. Bertelsmann Stiftung, Gütersloh 2007, 70-75.
– Janssen, Jacques A. P. J. u.a.: The Structure and Variety of Prayer. An Empirical Study of Dutch Youth, in: JET 13 (2002), 29-54.
– Jörns, Klaus-Peter: Die neuen Gesichter Gottes. Was Menschen heute wirklich glauben, München 1997.

- Josuttis, Manfred: Religion als Handwerk. Zur Handlungslogik spiritueller Methoden, Gütersloh 2002.
- Josuttis, Manfred: Einleitung, in: Rudolf Bohren, Das Gebet 1, Waltrop 2003, 7-9.
- Josuttis, Manfred: Das unerhörte Wort. Zu R. Bohrens Lehre vom Gebet, in: DtPfrBl 104 (2004), 403-405.
- Josuttis, Manfred: Verführung zum Leben. Über die Geheimnisse des christlichen Glaubens, Gütersloh 2006.
- Kalckhoff, Andreas: Glaube oder Aberglaube? Volksfrömmigkeit und Volkskultur, in: HerKorr 39 (1985), 235-238.
- Karle, Isolde: Kirche im Reformstress, Gütersloh 2010.
- Kerner, Hanns: Der Gottesdienst. Wahrnehmungen zum Gottesdienst aus einer neuen empirischen Untersuchung unter evangelisch Getauften, Nürnberg 2007.
- Kerner, Hanns: Die Predigt. Wahrnehmungen zum Gottesdienst aus einer neuen empirischen Untersuchung unter evangelisch Getauften in Bayern, Nürnberg 2007.
- Kerner, Hanns: Die Kirchenmusik. Wahrnehmungen zum Gottesdienst aus zwei neuen empirischen Untersuchungen unter evangelisch Getauften in Bayern, Nürnberg 2008.
- Kerner, Hanns: Lebensraum Kirchenraum. Wahrnehmungen aus einer neuen empirischen Untersuchung unter evangelisch Getauften, in: Hanns Kerner (Hrsg.), Lebensraum Kirchenraum. Das Heilige und das Profane, Leipzig 2008, 7-15.
- Kerner, Hanns: Wie viel Ordnung braucht der Sonntagsgottesdienst? Ergebnisse zweier empirischer Untersuchungen, in: Hanns Kerner (Hrsg.), Zwischen Heiligem Drama und Event. Auf dem Weg zu einer zukunftsfähigen Agende, Leipzig 2008, 7-21.
- Klein, Christoph: Das Gebet in der Begegnung zwischen westlicher und ostkirchlicher Theologie und Frömmigkeit, in: KuD 34 (1988), 232-250.
- Klein, Christoph: Das Gebet als Rede und als Geschehen. Berührungen zwischen ostkirchlichem und lutherischen Gebetsverständnis, in: Peter Hauptmann (Hrsg.), Kirche im Osten. Studien zur osteuropäischen Kirchengeschichte und Kirchenkunde, Göttingen 1990, 58-69.
- Klein, Christoph: Das grenzüberschreitende Gebet. Zugänge zum Beten in unserer Zeit, Göttingen 2004.

- Klessmann, Michael: Das Gebet als Erziehung des Wunsches. Eine religions- und pastoralpsychologische Perspektive, in: PTh 94 (2005), 73-82.
- Klessmann, Michael: Pastoralpsychologie. Ein Lehrbuch, Neukirchen-Vluyn [3]2006.
- Knoblauch, Hubert: Religionssoziologie, Berlin/New York 1999.
- Knoblauch, Hubert: Qualitative Religionsforschung. Religionsethnographie in der eigenen Gesellschaft, Paderborn u.a. 2003.
- Knoblauch, Hubert: Spiritualität und Subjektivierung der Religion, in: Wilhelm Gräb u. Lars Chabonnier (Hrsg.), Individualisierung – Spiritualität – Religion. Transformationsprozesse auf dem religiösen Feld in interdisziplinärer Perspektive, Berlin 2008, 45-57.
- Köhler, Hanne: Den dritten Schritt vor dem ersten tun? Zum »Miteinander Beten« am Beispiel des christlich-islamischen Dialogs, in: ZGDP 19 (2001), 51-53.
- Koll, Julia: Körper beten. Religiöse Praxis und Körpererleben, Stuttgart 2007.
- Kurz, Gerhard: Metapher, Allegorie, Symbol, Göttingen [6]2009.
- Lange, Ernst: Streitgespräch. Ein Briefwechsel zwischen Ernst Lange und Walter Bernet, in: Walter Bernet, Gebet. Mit einem Streitgespräch zwischen Ernst Lange und dem Autor, Stuttgart/Berlin 1970, 153-163.
- Langendörfer, Hans: Überraschende Diversität religiöser Orientierung. Ein Kommentar aus katholischer Perspektive, in: Religionsmonitor 2008, hrsg. v. Bertelsmann Stiftung, Gütersloh 2007, 64-69.
- Lempp, Reinhart: Das Kind im Menschen. Nebenrealitäten und Regression – oder: Warum wir nie erwachsen werden, Stuttgart 2003.
- Leuenberger, Robert: Frömmigkeit als theologisches Problem, in: ThPr 2 (1967), 110-188.
- Leuenberger, Robert: Zeit in der Zeit. Über das Gebet, Zürich 1988.
- Lott, Jürgen: Religion in unserer Gesellschaft, in: HRE Bd. 1, 1987, 10-21.
- Luibl, Hans J.: Des Fremden Sprachgestalt. Beobachtungen zum Bedeutungswandel des Gebets in der Geschichte der Neuzeit, Tübingen 1993.
- Lunk, Johanna: Gottesdienst und Gebet, in: Klaus Raschzok u. Konrad Müller (Hrsg.), Grundfragen des evangelischen Gottesdienstes, Leipzig 2010, 17-34.
- Lüpke, Johannes von: Art. Herz, in: RGG[4] Bd. 3, 2000, 1695-1697.

– Luther, Henning: Einleitung. Praktische Theologie des Subjekts, in: Henning Luther, Religion und Alltag. Bausteine zu einer Praktischen Theologie des Subjekts, Stuttgart 1992, 9-20.
– Luther, Henning: »Grenze« als Thema und Problem der Praktischen Theologie. Überlegungen zum Religionsverständnis, in: Henning Luther, Religion und Alltag. Bausteine zu einer Praktischen Theologie des Subjekts, Stuttgart 1992, 45-60.
– Luther, Henning: Religion und Weltabstand, in: Henning Luther, Religion und Alltag. Bausteine zu einer Praktischen Theologie des Subjekts, Stuttgart 1992, 22-29.
– Luther, Martin: Eine einfältige Weise zu beten, für einen guten Freund, in: Martin Luther, Erneuerung von Frömmigkeit und Theologie, hrsg. v. Karin Bornkamm u. Gerhard Ebeling, Frankfurt a. M. 1995, 268-292. (WA 38;358-375)
– Martin, Jeannett: Mensch – Alltag – Gottesdienst, Bedürfnisse, Rituale und Bedeutungszuschreibungen evangelisch Getaufter in Bayern, Berlin 2007.
– MAXQDA2.Einführung, Berlin 2004.
– Mette, Norbert: Art. Familie (Elternhaus), in: Lexikon der Religionspädagogik Bd. 1, 2001, 542-548.
– Meyer-Blanck, Michael: Inszenierung des Evangeliums. Ein kurzer Gang durch den Sonntaggottesdienst nach der Erneuerten Agende, Göttingen 1997.
– Meyer-Blanck, Michael: Art. Gott VI. Praktisch-theologisch, in: RGG[4] Bd. 3, 2000, 1127-1130.
– Mössinger, Richard: Zur Lehre des christlichen Gebets. Gedanken über ein vernachlässigtes Thema evangelischer Theologie, Göttingen 1986.
– Mühling-Schlapkohl, Markus: Art. Metapher III. Religionsphilosophisch, in: RGG[4] Bd. 5, 2002, 1167f.
– Müller, Alois: Überlegungen zum Verhältnis von Religion und Kontingenz, in: Anton A. Bucher u. K. Helmut Reich, Entwicklung von Religiosität. Grundlagen – Theorien – Praktische Anwendung, Freiburg (Schweiz) 1989, 35-50.
– Müller, Gotthold: Art. Gebet VIII. Dogmatische Probleme gegenwärtiger Gebetstheologie, in: TRE Bd. XII, 1984, 84-94.
– Müller, Konrad: Gottesdienst und Locality, in: Klaus Raschzok u. Konrad Müller (Hrsg.), Grundfragen des evangelischen Gottesdienstes, Leipzig 2010, 79-113.

- Nicol, Martin: Meditation bei Luther, Göttingen ²1991.
- Nicol, Martin: Art. Meditation/Kontemplation II. Christentum, in: RGG⁴ Bd. 5, 2002, 965-967.
- Nüchtern, Michael: Spiritualität – ein Zauberwort, in: DtPfrBl 102 (2002), 320-323.
- Oertel, Holger: »Gesucht wird Gott?« Jugend, Identität und Religion in der Spätmoderne, Gütersloh 2004.
- Orth, Stefan: Hat Beten Zukunft?, in: HerKorr 54 (2000), 595-597.
- Otto, Gert: Wandlung der Frömmigkeit. Eine Problemskizze, in: ThLZ 90 (1965), 721-728.
- Otto, Gert: Über das Gebet, in: Friedrich W. Bargheer u. Ingeborg Röbbelen (Hrsg.), Gebet und Gebetserziehung, Heidelberg 1970, 31-48.
- Pirner, Manfred L.: Religiosität als Gegenstand empirischer Forschung, in: Hans-Ferdinand Angel u.a. (Hrsg.), Religiosität. Anthropologische, theologische und sozialwissenschaftliche Klärungen, Stuttgart 2006, 30-48.
- Pohl-Patalong, Uta: Gottesdienst erleben. Empirische Einsichten zum evangelischen Gottesdienst, Stuttgart 2011.
- Pollack, Detlef: Religiöser Wandel in modernen Gesellschaften: Religionssoziologische Erklärungen, in: Richard Faber u. Frithjof Hager (Hrsg.), Rückkehr der Religion oder säkulare Kultur? Kultur- und Religionssoziologie heute, Würzburg 2008, 166-191.
- Pollack, Detlef: Säkularisierung – ein moderner Mythos? Studien zum religiösen Wandel in Deutschland, Tübingen 2003.
- Preul, Reiner: Art. Ritus/Ritual III. Dogmatisch, in: RGG⁴ Bd. 7, 2004, 556f.
- Raschzok, Klaus: Evangelische Aszetik. Zur Wiederentdeckung einer Disziplin der akademischen Praktischen Theologie und ihrer Forschungs- und Lehrgestalt, in: Ralph Kunz u. Claudia Kohli Reichenbach (Hrsg.), Spiritualität im Diskurs. Spiritualitätsforschung in theologischer Perspektive, Zürich 2012, 13-36.
- Reblin, Klaus: Beten und leben, in: Erhard Domay u. Jürgen Frank (Hrsg.), Arbeitsbuch Gebete. Ideen, Anleitungen, Beispiele und Überlegungen zur Gestaltung gottesdienstlicher Gebete, Gütersloh 1994, 19-24.
- Religionsmonitor 2008, hrsg. v. Bertelsmann Stiftung, Gütersloh 2007.

- Sauter, Gerhard, Das Gebet als Wurzel des Redens von Gott, in: GlLern 1 (1986), 21-38.
- Schäfer, Rolf: Gott und Gebet. Die gemeinsame Krise zweier Lehrstücke, in: ZThK 65 (1968), 117-128.
- Schindler, Regine: Erziehung zur Hoffnung. Ein Elternbuch zur religiösen Erziehung, Lahr 1986.
- Schnell, Tatjana: Implizite Religiosität. Vielfalt von Lebensbedeutungen in religiösen Ausdrucksformen, in: Wilhelm Gräb u. Lars Chabonnier (Hrsg.) Individualisierung – Spiritualität – Religion. Transformationsprozesse auf dem religiösen Feld in interdisziplinärer Perspektive, Berlin 2008, 111-135.
- Schlapkohl, Corinna: Art. Kind/Kindheit III. Dogmatisch, in: RGG[4] Bd. 4, 2001, 969f.
- Schrodt, Christoph: »Betet im Geist!« Vorläufige Bemerkungen über ein vernachlässigtes Thema, in: Festhalten am Bekenntnis der Hoffnung, Festgabe für Prof. Dr. Reinhard Slenczka zum 70. Geburtstag, hrsg. v. Christian Herrmann u. Eberhard Hahn, Erlangen 2001, 119-131.
- Schulz, Frieder: Über die Herkunft des ›Gebetes um Gelassenheit‹, Oetinger zugeschrieben, in: Fieder Schulz, Mit Singen und mit Beten. Forschungen zur christlichen Gebetsliteratur und zum Kirchengesang. Gesammelte Aufsätze mit Nachträgen 1994, Hannover 1995, 95-100.
- Schwab, Ulrich: Geschlossene Konzeptionen und permanenter Wandel – Religiosität in der Moderne zwischen institutioneller Bindung und individueller Konstruktion, in: Albrecht Grözinger u. Jürgen Lott (Hrsg.), Gelebte Religion. Im Brennpunkt praktisch-theologischen Denkens und Handelns, Rheinbach 1997, 130-141.
- Schweitzer, Friedrich: Gelehrte, gelernte, gelebte Religion. Zum Verhältnis von Religion, Leben und Lernen, in: Albrecht Grözinger u. Jürgen Lott (Hrsg.), Gelebte Religion. Im Brennpunkt praktisch-theologischen Denkens und Handelns, Rheinbach 1997, 142-156.
- Seitz, Manfred: Gebet und Gebetserhörung. Praktische Theologie des Betens, in: ZW 46 (1975), 279-288.
- Seitz, Manfred: Christliche Meditation. Zugänge durch die Geschichte, in: Manfred Seitz, Praxis des Glaubens. Gottesdienst, Seelsorge und Spiritualität, Göttingen 1978, 199-205.

- Seitz, Manfred: Beten lernen, lehren, üben, in: Manfred Seitz, Erneuerung der Gemeinde. Gemeindeaufbau und Spiritualität, Gemeindeaufbau und Spiritualität, Göttingen 1985, 83-94.
- Seitz, Manfred: Christsein heute. Gelebter Glaube zwischen überlieferter Form und neuer Gestalt, in: Manfred Seitz, Erneuerung der Gemeinde. Gemeindeaufbau und Spiritualität, Gemeindeaufbau und Spiritualität, Göttingen 1985, 57-67.
- Seitz, Manfred: Sind das noch Gebete?, in: ZW 60 (1989), 52-53.
- Seitz, Manfred: Evangelische Spiritualität – Den Glauben leben, in: Renate Seitz u. Siegfried Hanselmann (Hrsg.), Den Glauben leben. Evangelische Spiritualität. Hilfen zum Verständnis. Anregungen für die Praxis, Rothenburg o. d. Tauber 1994, 23-36.
- Seitz, Manfred: Praktische Theologie des Gebets, in: Mitteilungsblatt II/2012 der Lutherisch Liturgischen Konferenz in Bayern, 8-22. (URL: http://www.llkb.de/mtb/10II.pdf [Stand: 08.04.2012])
- Seitz, Renate u. Franz Peschke, Spiritualität der Hauptberuflichen – Ausbildung und Praxis, in: Renate Seitz u. Siegfried Hanselmann (Hrsg.), Den Glauben leben. Evangelische Spiritualität. Hilfen zum Verständnis. Anregungen für die Praxis, Rothenburg o. d. Tauber 1994, 73-76.
- »Spiritualität in Deutschland« – Eine Untersuchung der GfK Marktforschung im Auftrag der Identity Foundation Düsseldorf, URL: http://www.identityfoundation.de/was-wir-tun.0.html#Spiritualitaet (Stand: 07.01.2009).
- Steffensky, Fulbert: Spiritualität – an inneren Bildern vom Leben bauen, in: Renate Seitz u. Siegfried Hanselmann (Hrsg.), Den Glauben leben. Evangelische Spiritualität. Hilfen zum Verständnis. Anregungen für die Praxis, Rothenburg o. d. Tauber 1994, 37-50.
- Steffensky, Fulbert: Gott ist der erste Beter, oder: Das Leben zur Sprache bringen, Beobachtungen aus konfessionsspezifischer Sicht, in: Ulrich Willers (Hrsg.), Beten: Sprache des Glaubens, Seele des Gottesdienstes. Fundamentaltheologische und liturgiewissenschaftliche Aspekte, Tübingen/Basel 2000, 233-240.
- Steffensky, Fulbert: Das Haus, das die Träume verwaltet – Kirche, in: Fulbert Steffensky, Das Haus, das die Träume verwaltet, Würzburg ^{6}2000, 9-27.
- Steffensky, Fulbert: Das Leben in die Sprache retten – Beten, in: Fulbert Steffensky, Das Haus, das die Träume verwaltet, Würzburg ^{6}2000, 42-50.

- Steffensky, Fulbert: Rituale als Lebensinszenierungen, in: Fulbert Steffensky, Das Haus, das die Träume verwaltet, Würzburg ^{6}2000, 95-105.
- Steffensky, Fulbert: Gebet: Die Flucht in den Blick der Güte, in: ZDTh 17 (2001), 25-36.
- Steffensky, Fulbert: Purer Sinn, ohne Zweck. Wer beten will, kann von dem jüdischen Journalisten Leon Wieseltier lernen, in: Zeitzeichen 4 (2003), 18-21.
- Steffensky, Fulbert: Die Schwachheit und die Kraft des Betens, in: Norbert Dennerlein u. Udo Hahn (Hrsg.), Das Beten - Herzstück der Spiritualität, Hannover 2005, 9-31.
- Stock, Konrad: Art. Erfahrung VI. Fundamentaltheologisch, in: RGG^{4} Bd. 2, 1999, 1402f.
- Stollberg, Dietrich: Ora et Labora. Beten und Gebet - Arbeitsthesen zur Information und Diskussion, in: PTh 94 (2005), 65-72.
- Tietz, Christiane: Art. Sprache III. Religionsphilosophisch, in: RGG^{4} Bd. 7, 2004, 1610-1612.
- Ulrich, Hans G.: Gebet, in: GlLern 1 (1986), 13-21.
- Ulrich-Eschemann, Karin: Mit Kindern beten, in: GlLern 1 (1986), 74-81.
- Utsch, Michael: Gebet als Glaubensmedizin. Überlegungen zu anmaßenden und angemessenen Gebetshaltungen, in: Materialdienst der EZW 67 (2004), 3-11.
- Wallraff, Martin: Art. Magie IV. Kirchengeschichtlich 1. Alte Kirche und Mittelalter, in: RGG^{4} Bd. 5, 2002, 669-672.
- Weber, Max: Soziologische Grundbegriffe, Tübingen ^{6}1984.
- Werbick, Jürgen: Gemeinsam beten? Fundamentaltheologische und praktisch-theologische Überlegungen zu einem heiklen Thema, in: Erich Garhammer, Peter Scheuchenpflug u. Hubert Windisch (Hrsg.), Provokation Seelsorge. Wegmarkierungen heutiger Pastoraltheologie. Für Konrad Baumgartner, Freiburg/Basel/Wien 2000, 38-54.
- Werbick, Jürgen: Der Zweifel gehört dazu. Gespräch mit Jürgen Werbick über die Bedeutung des Gebets und die landläufige Gebetspraxis, in: Zeitzeichen 4 (2003), 33-36.
- Weyel, Birgit: Welche Agende brauchen wir 2017? in: Michael Meyer-Blanck, Klaus Raschzok u. Helmut Schwier (Hrsg.), Gottesdienst feiern. Zur Zukunft der Agendenarbeit in den evangelischen Kirchen, Gütersloh 2009, 150-164.

- Wiggermann Frans A. M.: Art. Magie I. Religionswissenschaftlich, in: RGG[4] Bd. 5, 2002, 661f.
- Wüst-Lückl, Jürg: Theologie des Gebetes. Forschungsbericht und systematisch-theologischer Ausblick, Freiburg (Schweiz) 2007.
- Zimmerling, Peter: Evangelische Spiritualität, Wurzeln und Zugänge, Göttingen 2003.
- Zinser, Hartmut: Art. Gott I. Religionswissenschaftlich, in: RGG[4] Bd. 3, 2000, 1098-1100.
- Zulehner, Paul M., Hager, Isa u. Regina Polak, Kehrt die Religion wieder? Religion im Leben der Menschen 1970-2000, Bd. 1: Wahrnehmen, Ostfildern 2001.